# 未来引擎

邵春堡 著

中信出版集团｜北京

图书在版编目（CIP）数据

未来引擎 / 邵春堡著 . —北京：中信出版社，2022.12

ISBN 978-7-5217-4888-8

I . ①未… II . ①邵… III . ①技术革新 – 研究 IV. ① F062.4

中国版本图书馆 CIP 数据核字（2022）第 202906 号

未来引擎
著者： 邵春堡
出版发行：中信出版集团股份有限公司
（北京市朝阳区惠新东街甲 4 号富盛大厦 2 座 邮编 100029）
承印者： 北京诚信伟业印刷有限公司

开本：787mm×1092mm 1/16　　印张：28.75　　字数：365 千字
版次：2022 年 12 月第 1 版　　印次：2022 年 12 月第 1 次印刷
书号：ISBN 978–7–5217–4888–8
定价：99.00 元

版权所有·侵权必究
如有印刷、装订问题，本公司负责调换。
服务热线：400–600–8099
投稿邮箱：author@citicpub.com

# 赞誉

**◎ 张玉卓**

中国科协党组书记、分管日常工作副主席，中国工程院院士

当前，变革涌流席卷世界，迅猛发展的科技创新正以前所未有的程度深刻影响人类文明形态和走向。不断变化的世界，也为未来学提供了前所未有的研究领域和空间。立足世界趋势审视科技发展的机遇和挑战，《未来引擎》从治理的角度为关注科技的公众提供了新的视角。

**◎ 张晓刚**

国际标准化组织（ISO）原主席，国际钢铁协会原副主席

春堡新著《未来引擎》抓住了人们关注的"未来"和"技术"这两个热词，利用技术开辟未来，期望未来体现技术价值，两者结合产生的梦幻般的神奇，足可以将原来追星的青年男女吸引到科技创造未来的方向上来，也能够把风投者和创新企业引导到新科技驱动的事业上。浏览这本书犹如奔赴在未来的路上，感受过程中新科技革命对经济社会转型的促动，数字技术的蓬勃发展和广泛应用，实际上正在将全社会置于数字化、智能化、网络化之中，数字智能化的社会将是未来的大潮流。

◎ 宁高宁

华润集团原董事会主席，中粮集团原董事长，中化集团原董事长

科技通往未来，看似抽象，其实具体。邵春堡博士的专著兼顾两者，概述科技成就，归纳科技规律；预测科技影响，给产业和社会针对性启示。企业是科技向未来的中间站，既承接科技前沿探索，又担负转化、创新和实施重任。科技创新成了企业发展的唯一出路。过去企业创新多是跟随和同质化，差异化和原发性较少，未来企业创新应当超越承接，致力于科学至上、技术攻关、产品创新，这样才能借助科技，赢得未来。

◎ 尚冰

中国互联网协会理事长，中国移动集团原董事长，工业和信息化部原副部长

《未来引擎》涉及大量新科技，并将数字技术作为创新要素最多、应用最广、辐射效应最大的技术创新领域。我认同作者的分析，一是第三次科技革命和这轮科技革命的影响叠加形成强大推力，二是每项数字技术迭代形成内在驱动。数字科技及其产业化的影响概括起来就是：横向上，互联网、物联网、元宇宙，将形成全球实体和虚拟的广泛连接；纵向上，互联网的一代、二代、三代技术，将把过去、现在和未来连接起来。网络成为最基础的技术，连接成为最普遍的现象。

◎ 张景安

国际欧亚科学院院士，中国科技体制改革研究会理事长，科技部原秘书长，国际欧亚科学院中国中心副主席

春堡博士的专著《未来引擎》，立意在科技塑造未来、影响世界，并用较为有根据的、潜在的、发展的科技去探寻未来趋势。这本书不

只强调科技光鲜亮丽的正面，还针对科技的异化、负面、威胁，去分析科技与社会的张力和对抗，用科技伦理、政策监管和法律法规去引导和干预科技的走向，让其符合人类的共同利益。有了这个因素，就增加了预测未来更多的客观和清醒。

## ◎宋志平

**中国上市公司协会会长，中国企业改革与发展研究会会长**

春堡同志著述颇丰，这本新著将科技创新作为未来引擎，是很好的主题，也是公司发展的增长极。在企业创新的生产要素崭新组合中，将科技作为核心要素，就能更好地推进科学—技术—创新—产业化的逻辑发展。书中论述科技产业化和数字经济形态，就是新科技革命和产业创新的一种必然结果和时代表达，随着众多科技的进化、融合和集成，繁荣的经济、辉煌的未来定会从科技创新中泛现。

## ◎王庭大

**中国科学院大学马克思主义学院院长，中国科学院原党组成员**

新一轮科技革命和产业变革正深刻改变世界发展的面貌和格局。春堡同志的这本书在充分论述新科技革命的产生、特点和影响中，肯定新科技正在造福人类未来，同时直面新科技可能带来的伦理风险和挑战，从科技与社会的关系角度深刻分析，并主张用科技伦理和适度监管去引导科技创新和产业化推进，这将极大减少消极影响，有力地扩展科技革命成果。读来颇有启发，愿向读者推荐。

## ◎杨春光

**国家公务员局原副部长级副局长，中国国际经济技术合作促进会理事长**

春堡同志的专著《未来引擎》，牵涉科技、经济、社会和合作共享等内容，正好与中国国际经济技术合作促进会的工作范围相吻合。

作者作为我们促进会的副会长，也可以说为我们工作的理论探索和创新开了个头，在此乐于将这本书推荐给读者。

## ◎张学记

俄罗斯工程院外籍院士，美国医学与生物工程院院士，英国皇家化学学会会士，欧洲科学院院士

春堡博士的新著，把科技与未来产业、生活、社会、文化的关系，全景式地呈现出来，描述的四条路径令人关注：一是生产力嬗变将推动未来的奇迹般发展；二是社会将转型到数字智能新形态；三是锻造突显数字化、空间化、时间化、智能化的未来链轨；四是打造共享科技和发展的基座。这本书很可能为打开未来之门赢得密钥。

## ◎叶自成

北京大学教授，北京大学中国战略研究中心主任

邵春堡博士有宏阔的视野，广泛涉猎各个领域的新现象、新发现，在此基础上形成了他的未来系列研究的基本框架。这对他是巨大的挑战。经过三年艰苦的努力，他的《未来引擎》正式出版，《未来发展》也已脱稿，相信读者从他的"未来"著作中定能有所收获，从而对未来社会的走向有所了解和把握。

## ◎徐晓林

华中科技大学教授、博导、公共管理学院原院长

春堡同志在他的每个工作岗位上都善于实践探索和理论创新，且都以一书的方式呈现出来，这也体现了他的理论素养和勤奋精神。这本书是他从事"未来战略和人类共同体"研究后的第一本，面向世界、面向未来，读来耳目一新，深受启发，所涉内容文理交融，对于青年学子拓宽视野、放眼未来大有裨益。

# 推荐序一

> 尤政
> 中国科协副主席、中国工程院院士、华中科技大学校长

在当代，科学技术发展深刻改变了人类的自然认知图景，改变了人类的生活方式、生产方式和行为空间。同时，科学技术发展的动力结构、组织载体和资源基础也在发生变化。

20世纪以来，以相对论、量子力学、宇宙大爆炸理论、生物分子学、大陆漂移–海底扩张–板块构造理论为标志的科学革命基本完成，科学理论体系已建立，科学发现高峰期已过。科学发展正处于库恩在《科学革命的结构》一书中描述的"常态科学时期"，科学家取得重大研究成果的难度越来越大，纯基础研究投入产出的边际科学收益极低，新的科学革命未见端倪。科学研究多限于"小问题"，如中微子质量和宇宙物质–反物质不对称起源、板块运动动力机制、大脑记忆如何产生和重现、纳米尺度下高效催化反应的作用机制等。

科学越来越成为重塑世界格局、推动技术创新和创造人类未来的主导力量。在"解决科学问题"的内在推动和"社会发展需要"的外在牵引下，科学发展呈现出一些新的变化趋势，并突出表现为科学全球化进程加快，国际大科学工程、大型国际科学研究中心、大型国际科学研究基地、大型国际科学研究团队渐渐增多；重大使命任务引导新的学科融合，科学发展日益汇聚融通；"互联网+"正在改变科

学交流生态，开放科学重塑科学的边界；科学的组织化程度越来越强，科学被整合到不同层级的组织范畴中。正如经济合作与发展组织（OECD）在《OECD科学、技术与创新展望2021：危机与机遇时刻》研究报告中指出的，科学的主要发展趋势是全球化、国际合作、开放科学、跨学科研究与组织化。

20世纪以来，人类正经历以微电子技术、原子能技术、航天技术、海洋工程、遗传工程为标志的新一轮技术革命。托夫勒在《第三次浪潮》一书中指出，新技术革命是人类的"第三次浪潮"，正推动人类进入信息社会。

目前，新一轮技术革命正向纵深拓展。OECD在《OECD科学、技术与创新展望2016》研究报告中，对技术发展进行了预测，认为未来技术发展将集中于生物技术、先进材料、数字技术、能源与环境技术领域。OECD列出了40种未来关键和新兴技术，其中包括物联网、大数据分析、人工智能、神经技术、纳米卫星、纳米材料、添加剂制造、先进储能技术、合成生物技术和区块链。在《衡量数字化转型：未来路线图》研究报告中，OECD特别强调，技术的未来发展趋势是以数据为中心，以数字前沿领域为导向，主要包含数字技术、人工智能技术及其应用。

在新一轮技术革命中，技术竞争日益激烈。国家之间、组织之间围绕技术主导权展开了多层级、多形式、多类型竞争；同时，又形成多层级、多形式、多类型的技术联盟，单一国家、单一组织的技术竞争升级为多国家、多组织的联盟竞争。技术跨界融合引发创新越来越普遍，科学研究和技术应用融合正推动各种可能、实用的新应用领域快速扩展；跨界融合技术平台为快速创新提供了基础，为颠覆性创新拓展了空间，为"从0到1"创新增加了可能性。

在新一轮技术革命中，技术全球扩散加速。新工艺、新技术、新材料、新产品、新服务一旦出现，就可能在世界各地迅速采用，许多国家通过建设科技园区、工业研究院、技术孵化器等形式，加快新技术及其衍生产品的开发和应用。技术更替速度加快，一项新技术从开发、应用、成熟到淘汰的时间周期从以十年计缩短到以年计，有时甚至更快。处于新兴技术前沿的国家和组织，可能会先完成新技术开发和应用；而追赶型国家和组织，可能面临选择技术方向和研发投资风险，或陷入不断学习不断落后的困境。

邵春堡先生这本书中论及的"科技革命"，我颇感兴趣，并借此序交流我的理解与认知。

# 推荐序二

> 王渝生
> 中国科学院教授、博导，中国科技馆原馆长，国家教育咨询委员会委员

五千多年前，世界文明四分天下，中国占其一。中国是世界四大文明古国之一。

两千多年前，古埃及、古巴比伦、古印度文明出现了中断，中华文明持续发展，并与新兴的古希腊、其后的古罗马文明并驾齐驱。

一千多年前，欧洲进入了中世纪，科技、经济和社会发展乏善可陈，史称"黑暗的中世纪"，而这一时期，中华文明的农、医、天、算四大科学体系和以"四大发明"为代表的技术发明，在世界上独领风骚，处于领先地位。

近代几百年前，欧洲相继出现文艺复兴、宗教改革、思想解放运动，特别是16世纪的天文学革命、17世纪近代科学的诞生、18世纪的产业革命、19世纪的电力革命，西方国家在机器大生产的资本主义道路上奔跑，把明清以降依然在封建老路上蹒跚爬行的东方大帝国远远地抛在了后面。中国近代科学技术的发展经历了一个充满艰辛与屈辱，继而奋斗自强的过程。

20世纪初期，相对论和量子力学的诞生，是继五百年前日心说和经典力学的近代科学革命之后的现代科学革命，继而引发了物质科学和生命科学领域的重大变革。

20世纪中期，出现了宇宙大爆炸模型、全球大地构造板块模型、物质结构夸克模型和遗传基因DNA（脱氧核糖核酸）双螺旋模型。

　　20世纪后期，新能源、新材料、空间技术、信息技术、基因工程、人工智能等高新技术蓬勃发展。

　　历史雄辩地证明，科技革命总是极大地改变着人类社会发展的历程。这是因为：科学技术是生产力，是第一生产力；科学思想是精神力量，是第一精神力量。

　　然而，在后工业时代，人与自然是对立的，人对大自然着重征服、索取，而不留意保护，结果受到严厉报复：资源匮乏、能源枯竭、环境污染、生态破坏，全球天气变热，珍稀物种灭绝，自然灾难频仍，科学应用于技术和人类社会生活，出现了正反两方面的作用，即所谓双刃剑效应。

　　这本书以新科技革命为火把，踏上探索未来之旅。

　　科技是怎么发生的？这是走向未来要弄清的源头。本书从科技发展史出发，特别结合新科技的萌芽和产生过程，提炼出科技发生的三个要素，即人类需求不息的呼唤，科学家的创造动能和研发特质，科技规律的神秘作用。三个要素有机结合、相互作用，形成科技的发生机制，使科技推陈出新，繁荣发展。

　　新科技革命有何特点？这也是作者在探索中揭示出来的重要观点。在透视科技的多领域群发和强劲力度的基础上，将激增、即用、融合、领先列为新科技革命的四个特征，比如，阐述激增这个特点，就罗列了激增的速度、内容、效率等现象，并分析其背后存在的一组不衰的推力，包括范式突破、厚积薄发、灾难刺激、投资拉动等。新科技激增的本质，既给未来传递了人类的现实困境，也是人类积极参与未来的解决方案。几个特征论述充分，令人折服，让人耳目一新。

　　新科技革命的影响是什么？这是科技塑造未来的方式，也是这本书的重点所在。正在爆发的新科技革命，除了以传统格式推引经济、生活、社会、文化发展，最伟大和深远的影响在于，颠覆性变革生产力要素，铺设通向未来的链轨，生成超越工业社会的数字化形态，奠定共享发展的基座。仅以新科技革命引发的生产力嬗变为例，它使机器人跻身劳动力队伍，劳动工具的智能性质超出其工具定位，劳动对象因为传感器和物联网的进入，在沉寂中生出了能动的活力，这一影响力，足以推动未来世界的奇迹性变化。

如何消除未来引擎中的负效应？作者的答案是伦理引导和适当监管。科技的复杂性和不确定性也带来异化、负效应和潜在风险，其背后的科技与社会关系，揭示出问题的本质依然在人。这就需要科技伦理的引导和监管，进而将科技消极因素压缩到最小，将其正能量扩展到最大，如此方能创造更加美妙的未来。

这本书以科技为主轴，贯穿历史、现实与未来，以历史为基础，以现实为起点，以预测未来作目标，对涉及的问题深入思考，条分缕析，洋洋洒洒数十万字，蔚为大观，充分展示了科技魔力——引擎未来的新科技革命，或者说是未来引擎——从科技革命到全新世界。

对于以未来战略为研究方向的忘年交邵君春堡，八旬老顽童甚感欣佩，是为序。

# 自序

## 科技照亮未来

现在人们不停地更换手机、电脑、软件等日常工具，更新购物、上学、开会、就医、就业、养老等行为方式。这些真实而繁华的现象，都是科技深水静流的变化。科技无所不在、无时不有。

科技在融入人们的现实工作和生活时，拓宽了人们对宏观世界、微观世界、生命世界、地下世界、能源材料世界、数字化世界等多个世界的认知，不断地带来惊喜和神奇。

曾几何时，科技还未列入国家和社会战略，第一、二次科技革命，连许多国家和地区都未能深入影响到，距离百姓生活就更加遥远了。21世纪以来，科技的快速发展对社会产生了广泛影响，决定的因素在于科技发生机制和科技影响环节。

科技发生机制有三个要素：一是社会和人类的需求，呼唤科技改变我们的落后现状，改善我们的生活；二是科技人员，尤其是科学家，靠自己的创造动能和特质，为人类的愿望和理想从事辛苦的科技研发；三是科技产生有自身发展的客观规律，不以人的意志为转移。

科技由可能变为现实，全靠上述三个要素的有机结合。这轮科技革命的爆发，就与几十年前甚至一个世纪前人们的愿望和社会需求不无关系，虽然它们没有直接进入科技程序，但是它们构成产生科技的那个时代的社会土壤，会以各种方式影响和渗透科技的过程和目的。科技人员的创造动机、严谨态度和执着追求，是把社会强烈愿望和科技产生的客观规律结合起来的桥梁。在长期艰苦的探索中，经过主观和客观两种因素的结合，使科学发现捷足先登，在此基础上，产生技术发明和创造，然后企业进行技术创新，向着技术的应用和产业化方向发展。

在这个过程中，有两点引人注目：一是科技的结果总会趋于和接近人们的愿望，毕竟科技也是人类的社会活动，但不排除有的科技成果难以符合人们的愿望；二是科学与技术乃至产业之间，并不总是按照次序出现和相互对应，不少情况是错位的。有的科学理论并未发展成实用技术；有的技术成果并不一定先有科学基础。因此在历史上就有科学革命或者技术革命。一般情况下，技术革命才能够带来产业革命。

科技对全社会产生广泛影响，体现在以下方面。

一是对产业的影响。科技成果出现后，需要科技创新和产业化过程，特别是科技革命的强烈推动，高强度、大规模的产业化将形成产业革命，直接带动生产力和生产方式变革。

二是对生活的影响。利用新科技生产的产品和服务，一旦进入市场，将对大范围的生产消费和生活消费产生积极影响。普遍和经常性地使用新的产品和服务，就在逐渐和深刻地改变人们的生活方式。

三是对社会变革的影响。新科技对生产方式和生活方式的改变，将导致生产力对生产关系的影响，进而对国家和社会的制度、管控、治理发生影响，以致引发社会变革，引起分配、就业、消费等方面的革命。

四是对思想文化的影响。科技对产业、经济、生活、社会发生影响后，各个方面因科技影响带来连锁改变，必然间接地反映和渗透到人们的思想、文化和思维方式中，沉淀为一种精神。

科技的影响既涉及物质和经济方面，也有关社会和精神方面。利用科技既能生产物质产品和服务，也能产出文化和思想产品。许多新产品和新工具中除了智慧性、技巧性的东西，还蕴含着新的文化和思维方式。其中，科学更多地作用于思想文化，技术更多地作用于物质生产，这是由科学和技术两者的特性决定的。

科学和技术的结合形成科技。科学通过观察、实验、仿真和分析去研究大自然中各种事物和现象并探求原理，目的在于认知世界，解决理论问题；技术通过各种手段、形式、方法及过程，在现有事物基础上产生新事物，或改变现有事物的性能和功用，目的在于为人类和社会服务，解决实际问题。发现属于科学，发明和创造属于技术。科学提供知识，并为技术的发展提供基础和支撑，技术提供应用这些知识的手段与方法，并不断向科学研究提出新的课题。

近代以前，科学与技术各行其道，或者说以前的基础研究和技术发展在两条轨道上并行；近代以来，科学与技术的联系日益密切，两者相互转化和交织，彼此渗透和推动。人们顺理成章地将两者合称"科技"。没有科技的贡献，人类也许还在原始社会的黑暗中徘徊摸索。科技不断创新和进步，开辟新的未来，促进社会发展和繁荣，承担着塑造未来的神圣使命。

本书名为《未来引擎》，重在表述科技对未来的影响。科技如何预见未来，又会给予我们什么启示？

可以肯定地说，用科技探测未来，比其他任何渠道和方式都更加可靠。著名哲学家休谟（1711—1776）描绘过他那个时代人们看待世界的被动心态。他说："我们不知道为什么下雨？为什么打雷？为什么地震？为什么会发生自然灾害？我们既不能阻止这种伤害我们的事情发生，也不能预测它的到来。我们被悬挂在这充斥恐惧和未知的世界！"问题是科学研究的灵魂或核心。"一个问题，就是一个智力上的愿望。"[①] 然而，

---

[①] 资料来源：M, Polanyi. "Problem Solving", *The British Journal for the Philosophy of Science*. Vol. 3. No. 30, 1957.

科学的目的不能仅仅是解释世界，更重要的还在于改造世界。在科技出现前，人类经历了漫长黑暗的中世纪。

真正改变愚昧无知局面的正是科学。牛顿的旷世巨著《自然哲学的数学原理》，揭示了自然界隐藏着的数学原理。牛顿告诉人们，自然其实是用数学写成的。自然界的万事万物，从微观粒子到庞然巨物，从行星运转到苹果落地，都蕴含着数学原理。这预示着这个世界并不是无规律、不可知的，恰恰相反，它无比精确地按照规律运行，而且这个规律是可以被我们了解和掌握的。

虽然亚里士多德的《物理学》与柏拉图的《蒂迈欧篇》等对话，构成了自然哲学的源头，甚至有人将亚里士多德称作"科学之父""物理学之父"，但事实上，亚里士多德的《物理学》是自然哲学，不是近代意义上的物理学。自然哲学较多依赖一般经验与观察，而近代以来的科学更多依赖和借助仪器进行观察，通过实验得出事实与结论。因此，牛顿等一批伟大的科学家的发现，是历史性和开创性的，带来科技改变世界的力量，让人类摆脱了宗教的束缚，树立了人的尊严；为法国启蒙思想和唯物主义哲学奠定了科学基础，预示着科学时代的降临；为之后的工业革命奠定了科学理论基础。

牛顿等科学家揭示自然规律后，马克思论证了生产力决定生产关系、经济基础决定上层建筑的原理，揭示了社会发展规律。可见，无论自然科学还是社会科学，都有利于解释未知的事件，预测未来的世界。从此，科学和技术有了长足进步。现在的科技研发更多与国家和社会的战略发展规划相结合，自然科学与社会科学也在密切配合和成果互用，科技对未来发挥着过程中的预见和成果利用后的影响作用。

我们要了解的世界、期待的未来，与有什么样的科技息息相关。虽然科技无法使我们想要什么就能拥有什么，但是科技使得"但凡人能想象到的事物，必定有人能将它实现"这句话越来越像真理。有经济学家曾说，科技成果产生后，转化为产业一般还需几十年；科技革命较之常规科技有更强大和更深远的影响力。这次科技革命,除了对经济、生活、社会、文化产生传统影响,真正伟大的影响在于以下四个方面。

一是深刻改变生产力要素及其关系。科技革命对生产的深刻影响,使机器人跻身劳动力队伍,劳动工具的智能性质超出其工具定位,劳动对象在扩大范围的同时具有了能动的活力,生产力家族的嬗变将导致近代以来生产方式、生产关系的最大变革。

二是架设通向未来的四条链轨。科技革命塑造的未来社会特征,体现在数字化、时间化、空间化和智能化上。未来的世界,空间超认知,数字成标识,时间量子化,智能驭天下。

三是生成超越工业社会的数字智能形态。我们正在从工业社会转换到数字智能社会,它是由数字智能科技决定的。人类社会经历的经济社会形态并不多,转换社会形态是伟大的历史性事件。

四是奠定未来社会共享发展的基座。新科技的通用性、融合性、共享性,决定了未来社会发展将更多利用网络、平台、数据等,在全球化和开放性的环境中,必将走出一条广阔的共享发展之路。

本书意义不仅在于描绘科技对社会的影响,还在于揭示社会对科技的影响。科技的进步与落后,科技的正面与负面,与其说是科技的责任,不如说是人类和社会的责任。我们只要给科技提出和平的、安全的、健康的、发展的社会需求,并在研发过程中积极引导和监管,就会最大限度地减少科技的负面影响,让科技朝着有利于社会和谐与发展的方向演进。

新科技革命方兴未艾,有一些科技在整装待发,有一些科技处于默默酝酿之中,还有更多的科技在萌芽中。它们的使命在于播种未来,影响未来。十年树木,百年树人,科技永恒不倦地塑造着未来。

本书共十二章,分为三个部分。第一部分是前四章,论述新科技革命,包括新科技的成就、革命性节奏、科技爆发的必然和崭新特点；第二部分是第五至九章，剖析科技如何影响世界，包括常规推动力、生产力革新、特殊影响力、数智新形态和共享发展底座；第三部分是后三章，论述新科技重塑世界时所伴生的问题，以及如何用科学伦理积极导航，包括科技的挑战、科技与社会的平衡发展、科技伦理的引导。三个部分的内容关联递进，论述新科技革命、科技影响世界、科技伦理导航。

《未来引擎》希冀的直接作用，在于人们从这轮科技革命中看到未来朦胧的全新世界，并在已经开始的未来中，使更多的人理性对待新科技的利好和挑战，积极应对生产要素变化对劳动就业的渐进调整，顺应数字化转型，企业和单位能够借助技术、网络、数据支持的共享平台，开展新的生产和工作，并使每个人充满活力地利用新科技，适应新的生产方式、工作方式、生活方式，在迈向未来的数字化、智能化、空间化、时间化的链轨上，做好准备和选择。

《未来引擎》希冀的间接作用，在于人们从新科技革命的引擎中，分别看到从数字经济到共享发展的"未来发展"，从社会组织到制度文明的"未来社会"，从危机潜伏到突破境遇的"未来人类"。期盼本书对笔者未来系列研究涉及的上述内容也能起到引擎作用，防止未来成为空想者的乐园，真正把未来前景建立在科技革命及其影响的扎实基础之上，进而使未来少些战争，多些和平；少些灾难，多些安全；少些贫穷，多些富足，促进人的自由和全面发展，向着人类共同体的方向挺进。

# 目录

## 第一章 科技的N个世界 __ 1

跨越世纪——科技多点突破和众领域群发 __ 1

宏观世界——在太空探索中逐渐打开 __ 5

微观世界——量子力学的窗口透出亮光 __ 13

生命世界——探索中缓缓揭开神秘面纱 __ 17

地下世界——深海深地探测中开阔视野 __ 24

能源材料世界——伴随生态建设重塑自身 __ 27

数字世界——信息智能技术超群出众 __ 32

## 第二章 新科技的革命节奏——以数字智能科技为例 __ 49

汹涌的信息技术加速迭代 __ 50

融合形成数字智能科技 __ 56

科技与产业交互推进 __ 66

向着未来强劲而持续地引爆 __ 73

## 第三章 科技爆发的必然 __ 77

科技爆发的要素和特殊条件 __ 77

社会需求驱动科技爆发 __ 80

科创者的创造动能和特质 __ 89

科技的客观规律 __ 107

## 第四章　全新的样态 __ 124

激增的特征 __ 124

即用的机遇 __ 146

融合的趋势 __ 158

领先的优势 __ 167

## 第五章　巨大的推引力 __ 173

新科技的强大远超过往 __ 173

引发产业革命的价值 __ 181

生活方式新变化 __ 191

催生社会变革 __ 194

萌动的思想文化新浪潮 __ 200

## 第六章　生产力家族嬗变 __ 205

劳动者的深刻变化 __ 206

劳动工具的革命突变 __ 225

劳动对象的活力和范围 __ 233

三要素内部关系的变化 __ 245

## 第七章　导向未来的链轨 __ 249

以资源性、信息性、智能性为标志的数字化 __ 249

以全球性、外太空、网络性为特色的空间化 __ 253

以资本性、虚拟性、延展性、太空性为特点的时间化 __ 259

以自动性、感知性、能动性为标志的智能化 __ 272

## 第八章　数智形态生成 __ 276

渐变到质变的社会发展 __ 276

科技价值扩张升值的逻辑 __ 282

数智形态萌芽的特点和转型 __ 286

数字化防疫加速新形态生成 __ 289

数字治理折射未来塑造 __ 293

数字智能时代的方向和前景 __ 301

## 第九章　共享发展基座 __ 307

科技的通用性有利于科技普遍应用和共享 __ 307

开放合作是扩散共享范围的重要条件 __ 314

共享现象-共享经济-共享发展 __ 320

共生、普惠、高效是共享发展的品质 __ 328

## 第十章　对未来的挑战 __ 335

新科技带来的异化现象 __ 335

新科技及运用带来的挑战 __ 343

长期存在的科技负效应和威胁 __ 352

科技负效应的原因分析 __ 355

科技负效应拷问社会责任 __ 358

## 第十一章　平衡科技与社会 __ 366

科技和社会互动的作用 __ 366

科技与社会矛盾牵涉时间因素 __ 372

科技与社会相互控制的关系 __ 376

科技与社会的张力和对抗 __ 382

## 第十二章　科技伦理的导航__ 391

科技的锋芒和任性需要伦理的平衡和引导__ 391

科技"能够的"与伦理"应该的"相统一__ 402

科技中立和自由的安全__ 408

坚守伦理原则是根本引导__ 413

政策杠杆干预化解科技风险__ 419

依法治理科技风险和问题__ 425

**后记　过去未去，未来已来__ 431**

# 第一章
# 科技的N个世界

20世纪中叶以来的70多年间,世界科技多点突破、众领域群发、持续迭代、融合创新、同产业交互推进,正在形成新的科技革命。

在众多科技领域的突破中,我们很难选择一个重要技术来代表新的科技革命,因为信息技术、生命科学、人工智能、航天科技等颠覆性科技都很突出,科技革命已经不满足于以往的单一性,它在为我们塑造许多独立王国,呈现一个又一个崭新世界,不断刷新我们的认知。

同时,我们也难以在科技持续发展和迭代升级中确定一个时间界标,科技的创新和发展似滚滚洪流,持续涌现,况且有代表性的技术往往置于重大技术革命的后期。

这轮科技革命发端于20世纪,目前仍处于进行时。新科技革命的强大势头值得多视角展示。

## 跨越世纪——科技多点突破和众领域群发

科技革命跨世纪已有两次,第一次科技革命在18世纪60年代至19世纪中期,第二次科技革命在19世纪70年代至20世纪初,它们的跨世纪突出在工业革命上，即重大科技的广泛应用。

这轮科技革命跨世纪，产业化紧步科技后尘，科技的广泛应用快过前两次，特别是数字智能产业的规模已成气候。然而，科技多点群发持续进行才是跨世纪的重点，科技爆发仍在过程中，更大规模、更多内容、更长时间的产业革命还在后头。

科技看突破，产业看热潮。第三次科技革命后的产业化没有前两次科技革命带动的工业革命那样的规模和影响。人们常常将工业革命和科技革命合二为一来认识，且受20世纪下半叶科技相对平静的影响，不少研究者将那个时期比喻为"科学沉寂"的几十年，相应地将21世纪前20年作为科技发展的黄金期。

20世纪后50年和21世纪的前20年，都是这轮科技革命发展的过程。20世纪后期，科技未集中在一个火山口喷发，没有给人革命性科技的印象。然而，定义和评判科技的重大进步，更需要用回顾的视角来审视它的诞生和成长，直到光芒绽放。现在看或者放远看，20世纪后期是新科技革命的组成部分，它同21世纪掀起的科技高潮紧密相连。

## 20世纪后期的科技多点连续突破

20世纪的后几十年，科技低调发展，默默前行，科技的多点爆发，为后来科技多领域群发奠定了基础。

一是夸克的发现使人类对微观物质世界的认识跨了一大步。中子、质子、介子这类强子，是由更基本的单元——夸克组成的，很多物理学家称夸克为"层子"，这个发现验证了标准模型理论，可帮助人们了解宇宙由创生到未来的演化。

二是宇宙大爆炸理论得到实证支持，能帮助我们了解宇宙的起源和思考宇宙的未来，进一步解开自然之谜。

三是DNA分子双螺旋模型的提出开启了分子生物学时代。使遗传的研究深入分子层次,"生命之谜"被打开,人们清楚地了解了遗传信息的构成和传递的途径。

四是大地板块构造学说得到更多科学验证和海洋地质学的支持,被认为是地质学上的"哥白尼革命"。

五是在核能与核技术领域,第一颗氢弹爆炸成功,第一座原子能发电站建成并应用,还发展出CT(电子计算机断层扫描)临床技术和磁共振扫描技术(MRI)。

六是在信息技术领域,电子计算机经历集成电路各个阶段后,促进计算机向巨型和微型发展,跨入个人电脑时代。

七是在激光技术领域,世界上第一台激光器制成,它用红宝石晶体做发光材料,用发光强度很高的脉冲氙灯做激发光源,在这种受激辐射[①]作用下产生一种超强光束,成为激光。

八是在生物技术领域,DNA的重组能创造性地利用生物资源,实现人类改造生物的遗传特征。20世纪80年代以来,已获得上百种转基因动植物,对农业发展极具意义。转基因药物的研制和生产将为人类健康带来福音。1997年还成功培育出克隆绵羊"多莉"。

此外,在能源、材料、自动化、海洋和环境等高新技术方面都有长足进步。

## 21世纪前20年科技在多领域密集群发

继20世纪科技在多点突破后,21世纪由点向面扩散,经过相当长时间的研发和融合,引爆各领域群发。在此仅概括一些现象,后文会详述群发的情景。

---

[①] 受激辐射是激光器中基本物理的一种过程。在光辐射中存在三种辐射过程,一是自发辐射,二是受激辐射,三是受激吸收。

在信息领域，人工智能、量子信息、移动通信、物联网、区块链为代表的新一代信息技术加速应用，宽带、无线、智能网络快速发展，超级计算、虚拟现实、网络制造与网络增值服务突飞猛进。

在生命科学领域，合成生物学、基因编辑、脑科学、再生医学等孕育新的变革。

在人口健康领域，包括疾病早期预测诊断与干预、干细胞与再生医学有了突破。

在制造领域，融合机器人、数字化、新材料的先进制造技术正加速推进制造业向智能化、服务化、绿色化转型。

在能源和资源领域，以清洁高效和可持续为目标的能源技术加速发展，将引发全球能源变革，可再生能源、大规模储能、动力电池、智慧电网等成为重要发展方向。

在新材料领域，呈现个性化、复合化和多功能化趋势。

在空间海洋领域，正在拓展人类生存发展的新领域。

在农业领域，包括生物多样性演化过程及其机理，高效抗逆、生态农业育种科学基础与方法，营养、土壤、水、光、温度与植物相互作用的机理和控制方法等基本问题得到突破。

此外，可控核聚变、量子科学、无人驾驶、超高速列车等的发展，将有可能直接改善我们的生活。

## 根本与成长的前后关系促使科技热潮不减

21世纪以来，科技接连不断突破，缘于过去的根本性建设与现在成长性爆发的关系，包括20世纪与21世纪，21世纪初与现在的过程关系，突出表现为以下三种现象。

一是若干领域的科技已经掀起两三轮爆发的高潮，如70多年来航天科技、生物革命、信息革命，都得益于20世纪后期的孕育及其发端，现在仍然具有强劲的发展势头。

二是各个领域或某项科技呈迭代前行。

三是许多科技不满足于已有突破，借助通用性数字科技，或者与相关科技的融合，竭力改进、升级和完善。比如，诸多信息技术和智能制造的前沿科技的涌现，从根源上说是互联网大脑模型发育的结果，尽管现在可以利用互联网技术改造传统工业领域，但这都不是从0到1的推进，而是从1到10的进展。

我们正处于数字化时代，有人说21世纪是人工智能的时代，我们正迎来生物革命的时代。用科技热词对21世纪进行描述，只是新科技革命的局部亮点，它的全部则是灿若星河。我们将会见到科技宇宙中的各种世界。

## 宏观世界——在太空探索中逐渐打开

宏观世界有多大？一直以来人们将"原子"作为宏观世界与微观世界的分界线。大约在公元前400年，古希腊哲学大师德谟克利特便提出原子论：宇宙万物由不可分割的原子构成。

人类认识宏观世界，是从小到大、由近及远、由现象到本质、由少到多、由地球探索到太空探索的过程。

在地球上看地球，与在月球上看地球，是两种视角，感受不同。

1961年4月12日，苏联宇航员加加林是第一个进入太空并看到地球全貌的人。

1969年7月21日，美国宇航员阿姆斯特朗踏上月球时，他说这是自己的一小步，却是人类的一大步。

2022年4月，神舟十三号三名中国航天员，从空间站出舱看地球，身临其境的航天员翟志刚说："我顺着脚底往下一看，太深了，老远了，深不见底啊！我可得抓住啊……我一看飞船也是悬空的，地球也在天上悬着,无依无靠啊,我都怕地球从空中飘跑了……"[1]我们看着他们拍摄的地球视频,蓝白相间的美景,分不清哪里是白云,哪里是海浪。

一直致力于将人类送上火星的太空探索技术公司SpaceX的首席执行官埃隆·马斯克,预测人类将在数年后登陆火星,那又将是什么样的感受呢?正是科学家用探索太空的方式,打开了人类认识宏观世界的门户。

地球是人类的摇篮,人类不会永远生活在摇篮里。我们所知文明意识的可能寿命,就像广袤黑暗中的一支细小蜡烛,用不了多久可能就会熄灭,比如遇到一颗巨大的流星,或遭遇极端的气候变化,或爆发第三次世界大战,都可能让文明终结。

飞离地球,探索宏观宇宙成为人们的伟大理想。太空探索承载着人们对日月星辰的好奇,以及对"我们来自何方""我们为什么在地球""我们是怎么到这里来的""我们在宇宙中是否孤独""我们该往何处去"等问题的终极思考。为了了解宇宙的本质,必须扩大意识范围和规模,走向星际。

进入太空是为了探索宏观世界,探索太空本身也是认识宏观世界的过程,是人类从自身感官能力上升到借助航天航空器、探测器以及载人航天器飞越太空的过程,也是借助射电望远镜、红外望远镜、X射线和伽马射线望远镜帮助人类观测极为遥远的未知宇宙空间的过程。

人类以航天器为主要手段,突破地球大气层和重力影响,利用全电磁波谱,拓展着引力波等多信使,研究宇宙的崭新窗口,仰观天文,俯察地理,纵览太空,探索宇宙。

空间科学为感知地球深空环境、破解全球变化挑战、珍爱宜居地

---

[1] 资料来源:人民资讯. 翟志刚,宇宙级梗王![EB/OL]. https://baijiahao.baidu.com/s?id=1713709488893631140&wfr=spider&for=pc.

球家园，提供了全新视角。在70多年探索和积累宏观世界的条件中，创造了两个辉煌的太空时代。

第一个太空时代，从1957年到20世纪末，有以下三个特点。

一是美苏争霸把航空航天事业推向高潮。苏联发射第一颗人造地球卫星，继而发射载人宇宙飞船，让人类首次飞向太空；美国"阿波罗"11号飞船登月，人类第一次踏上月球；苏联建造空间站，人类首次在太空有了活动基地；美国发射航天飞机，从此人类可以自由进出太空。

二是掀起探测月球的热潮，人类不断地向月球发射许多探测器。

三是航空航天具有高投入、高风险的特点。每项太空任务往往需要投入上亿甚至数十亿、上百亿美元。1971年苏联发生从空间站返回时的惨烈事故，三名宇航员遇难；1986年"挑战者号"航天飞机升空后不久爆炸，七名宇航员遇难；2003年2月1日美国"哥伦比亚号"航天飞机失事，七名宇航员遇难。

第二个太空时代，从21世纪初开启，有以下四个特点。

一是建造空间站。1998年国际空间站正式建站，2010年完成建造并全面使用，由美、俄、欧、日、加等国航天局共同运营，预计2024年退役。

2021年4月天和核心舱发射入轨，中国空间站拉开在轨建造序幕，同年6月航天员进入空间站核心舱，在轨驻留3个月，开展舱外维修维护、设备更换、科学应用载荷等一系列操作。2022年将完成空间站建造任务。其间神舟十三号、十四号载人飞船到达中国空间站，并且两批航天员各驻留半年进行科研。截至2022年11月3日，中国空间站"T"字构型组装完成，由天和核心舱和问天实验舱、梦天实验舱组成了"三室两厅"格局。

二是全球掀起空间探索热潮。美国、中国、日本、阿联酋以及欧洲国家发出探测器登陆火星、木星、彗星、小行星、月球开展探测，还将小行星、月球的样品带回地球。比如，中国月球探测工程首任首席科学家欧阳自远院士说，中国人很快就会踏上月球了，我们整个的月球探测的规划：第一步通过嫦娥一号、二号、三号、四号，全面和重点了解月球，包括到月球背面去；第二步建设月球科研站，实施载人登月探测，建设有人驻留的月球基地，开发利用月球资源。再比如，2022年9月27日，美国国家航空航天局航天器首次撞击小行星证明，人类或许有能力改变自己被毁灭的命运，因为大约6 600万年前，一颗小行星砸向地球，恐龙无法避免，最终走向灭绝。

全球探索空间，仅从2021年全球火箭发射情况，就能感受到探索热潮的汹涌程度。2021年发射145次，发射入轨航天器数1 732，入轨质量为769.6吨，创21世纪以来新高。其中，中美俄相对2020年均有较大涨幅，占据全球航天发射的绝大部分。

在太空探索的热潮中有许多精彩的故事，历经45年的"旅行者1号"仍然让人牵挂。1977年9月美国发射的"旅行者1号"，带着探索行星的伟大使命，遨游在浩瀚的宇宙。先用两年时间抵达"行星之王"木星，并对木星和木卫星进行了探测，后来看到土星环的壮观，发现了土卫六上的大气层，可能太专注于观察土卫六，从此飞向幽深的黑暗。它曾提供木星、土星及其卫星的详细照片，也是至今离地球最远的人造卫星。

科学家预计，现在"旅行者1号"仍有足够的能源支持星际飞行，并且可以和地球保持联络，但从2025年之后，"旅行者1号"就会失去能量，彻底和地球失去联系，并成为漂浮在宇宙中的一艘"流浪探测器"。

"旅行者1号"携带了一份记录着人类文明和模样的金唱片，在它以后漂泊的数亿年中，或许有一天人类走不出地球，消散于宇宙尘埃中，它可能会向宇宙送出这份珍贵的礼物，也能向这个无垠的宇宙证明人类曾经来过，也曾有过璀璨耀眼的文明，更在悠长无限的宇宙岁月中，努力留下了存在过的痕迹。

当然，"旅行者1号"要飞出太阳系还需1.7万年，这对于人类文明来说太漫长了。如果人类文明能够一直延续发展下去，以现在科技的发展速度，1.7万年的时间足以让人类科技发展到远超想象的地步。那个时候，人类有可能早已掌握了光速飞行技术，甚至是超光速飞行技术，有了如此快的速度，我们也不需要"旅行者1号"去探索系外行星和外星文明了。

当人类有了更快的速度之后，第一时间可能会派出飞船将"旅行者1号"接回，随着人类对宇宙的认知提升，不少科学家对"旅行者1号"充满担忧，因为它上面携带着地球的坐标信息，也有可能"旅行者1号"永远回不来。从太空上看去，地球就是一个蓝色小点，而许多人造卫星和探测器是从这个蓝色小点出发的，它们多么希望人类能珍惜地球，远离战争、暴力、污染，维护好人类的家园。

三是马斯克和SpaceX引人关注。近年来私人集团的太空探索和旅游开始活跃。马斯克及其SpaceX频频亮相：

1.SpaceX的黑科技降低了太空探索成本，可回收火箭并能多次使用，大大降低了成本；他们自己研发并即将使用的猛禽二代发动机单台推力达到230吨，结构更加紧凑和优化，成本比一代版本降低到一半左右；其星舰上的黑科技隔热罩，由特殊材料做成隔热瓦，隔热效果更好，成本比以前航天飞机时代大幅降低，后续还有待验证。

2.2020年5月，SpaceX用它的"猎鹰9号"运载火箭成功发射其载人飞船"天龙2号"，把两名航天员送上太空，使美国结束了长达九年没有载人飞船可乘的尴尬局面，让SpaceX成为全球第一家拥有载人航天能力的私人机构。

3.2022年4月9日，四人团队搭乘SpaceX的"奋进"号龙飞船到达国际空间站，开启太空旅行新纪元。2021年的全球航天，可以说商业太空飞行如火如荼，让一部分人先飞起来。维珍银河、蓝色起源和SpaceX公司都实施了首次以游客为主体的载人飞行任务，俄罗斯航天局也先后将两组非职业宇航员送入太空。

4. 马斯克希望在2029年能够实现载人登陆火星，2050年在火星建造城市，将100万人送上火星，引发了人们特别是年轻人强烈的太空探索热情。登陆火星更具挑战性，发射飞船到月球只需4天38万千米，若到火星需要580天2亿千米，宇航员来回需要3年时间，每人需要饮食3吨多。飞船空间是寸土寸金，还要携带大量燃料，宇航员需要一直在密闭空间生活，对心理素质极富挑战。

火星引力仅为地球的37.5%，在火星上只要轻轻一跳，就能跳两三米高。或许你会感到新奇，但是对于人类来说，如果在火星的低重力环境下长时间生存，那无疑会使人类的骨骼变得疏松，增加骨折的可能。

此外，火星的低重力环境还会对人体血液循环，以及心脏等器官带来一些影响。火星上的气压不到地球的1%，平均气温零下60摄氏度，表面无液态水，这些情况人体都需要适应。

如果采集土壤样本，不小心携带可能有的生命回到地球，则会引发难以预测的后果。

然而，登陆火星是与其他星球比较后的最优选择，马斯克的火星计划甚至可能有去无回，但仍有很多人想要参与，作为登陆火星的先驱，是伟大而悲壮的事业。但愿宇航员能够安全着陆火星，安全返回地球。

最近在网上看到对马斯克的一个访谈，他谈到2030年千舰齐发，星辰大海，去了解宇宙的本质。想必人们也关心有关他登陆火星的最新考虑和准备工作。马斯克说，他们正在生产大量的飞船和助推器，为了在火星建立一个自给自足的城市，他认为需要1 000艘左右的星舰，要让任何想去的人都能去成，并对星舰重复使用，作为一种通用的运输方法。一旦在火星上建立推进剂工厂，人们就可以前往小行星带，并最终去往太阳系的任何地方。访谈记者感叹，到2030年，每隔几年，大约有1 000艘星舰齐飞，每艘载有100名或更多乘客，那个画面将震撼心灵。马斯克说，就像《太空堡垒卡拉狄加》里面的舰队出发。

5.SpaceX"星链"互联网卫星如果全部建成，将多达数万颗，卫星数过多，将来报废可能会成为太空垃圾，颇受争议。

"嫦娥之父"叶培建院士说，Space X的成功具有里程碑意义，甚至有可能为第二个太空时代的到来铺平道路。这个时代的显著特点就是超低的成本，大量的运输。除了超低成本的火箭，还包括各种超低成本的中小卫星和航天器。

四是发挥大科学装置在深空探测研究中的作用。2019年，美国的哈勃太空望远镜公布了最新的宇宙照片"哈勃遗产场"（HLF），展现了一部壮丽的宇宙星系演化史。

2016年，中国建造的500米口径球面射电望远镜（FAST）是目前世界最大单口径、最灵敏的射电望远镜，接收面积达25万平方米，已发现超过240颗脉冲星，在快速射电暴的研究中取得重要成果。这个"中国天眼"发现了迄今宇宙最大原子气体结构，尺度比银河系大20倍。

还有一批性能更先进的大科学装置正在加快建设。如，多国在建的平方千米阵列射电望远镜（SKA），由位于澳大利亚西部的低频阵列和位于南非的中频阵列两部分组成，接收面积约1平方千米，这是人类有史以来建造的最大天文装置。繁荣的太空时代，创造和发射载人飞船或无人的空间探测器，目的在于揭示宇宙形成与演化的奥秘。

探索天体运行、星系演化、宇宙起源，是认识宏观世界的重要途径。人们把大量分子、原子和光子组成的物体称作宏观物体，如牛顿力学描述的质点、电磁场或光等。

长期以来，人类对宏观世界的探索，聚焦于"两暗一黑三起源"："两暗"指暗物质、暗能量；"一黑"指黑洞；"三起源"指宇宙起源、天体起源、宇宙生命的起源。

一是暗物质和暗能量是21世纪两朵新"乌云"。20世纪20年代的研究表明宇宙在膨胀和加速膨胀，原因是在可观测的物质之外，存在暗物质和暗能量。宇宙中可见物质占4.9%，暗物质占26.8%，暗能量占68.3%。暗物质不发光，不发出电磁波。

探测暗物质有三种方式。

第一种是对撞机探测，如欧洲的大型强子对撞机。

第二种是地下进行直接探测，我国在四川锦屏山地下实验室开展了相关实验。

第三种是间接探测，主要在外层空间收集和分析高能宇宙射线粒子和伽马射线光子，寻找暗物质存在的证据。

2015年中国发射的"悟空号"暗物质粒子探测卫星，搭载国际上最高分辨率、最低本底[①]的空间高能粒子望远镜，获得精度最高的电子宇宙射线探测结果，发现能谱上存在一处新的结构可能与暗物质有关。2020年中国参与的最大规模的星系巡天项目，成功测量宇宙背景膨胀及结构增长率，这是依托星系巡天得到的最强暗能量观测证据。

二是黑洞研究打开宇宙和天体起源的新视野。黑洞给人神秘的感觉。其实它是密度极大、体积极小的天体，具有强大引力，连光都无法逃脱。1964年科学家发现第一个恒星级黑洞后，又发现更多的黑洞。2015年发现距地球128亿光年、质量为太阳120亿倍的超大质量黑洞。

2019年4月，全球八地的观测网络，经过两年观测和分析，同步直播距地球5 500万光年、质量为太阳65亿倍黑洞的照片，让人们首次看到黑洞"面貌"。2019年11月中国依托郭守敬望远镜（LAMOST），发现了一个迄今为止质量最大的恒星级黑洞。

黑洞研究有利于认识宇宙演化。国际上很多重要的天文设施，都把探测黑洞作为重要任务。2020年的诺贝尔物理学奖颁发给了致力于

---

① 常见于建筑材料放射性检测和水质分析中，如同我们称量东西要"除皮"一样，扣除本底后得到对象的净值。

黑洞研究的科学家。

目前，中国在2021年前后发射了具有高灵敏度加大视场特性的"爱因斯坦探针"卫星，就是为了探索黑洞等致密天体。中国实施"黑洞探针""天体号脉"等探测计划，将有力推动对黑洞的深入研究。

三是探索和揭示"三起源"的奥秘。科学家一直试图以高能粒子、宇宙射线等方式探究宇宙起源和演化。

1916年爱因斯坦预言引力波的存在，直到2015年才探测到引力波信号，开启引力波天文时代，为研究宇宙起源与演化开辟了新途径。

随着用激光干涉仪聆听来自宇宙深处引力波的大型研究仪器等项目的推出，以及三位科学家因引力波研究获得2017年诺贝尔物理学奖，全球兴起引力波探测热潮。

2020年发现的中等质量黑洞，就是借助引力波探测取得的成果。中国近年来启动的"太极计划""天琴计划"，就是建设原初引力波观测站，2021年给出了北天最精确的宇宙微波背景辐射极化天图。

## 微观世界——量子力学的窗口透出亮光

人们将物质世界按其大小分成两个范围，除了宏观世界，就是微观世界。微观世界有多小？人们一般把分子、原子、原子核、质子、中子、电子、光子等称为微观客体。微观客体遵循的物理学规律称为微观规律，符合微观规律的客观物质世界就是微观世界。

原子小到在化学反应中不能再被分割，所谓原子论牢不可破，那么怎么进入原子这个堡垒去认识微观世界呢？

有意思的是，在物理层面原子世界的"大门"依然可被打开。后来发现电子要比原子小很多，电子便可以成为打开原子世界大门的一把"钥匙"，但是还需要一种操纵"电子"的设备才行，这是因为看得见固然重要，看得清才是人类驾驭微观世界的重中之重。

通过不断提升电子显微镜分辨率，2018年，通过结合叠层成像术（ptychography）算法驱动，创造了一个世界纪录：将最先进的电子显微镜的分辨率提高了两倍。可以看到原子分辨率更加精细，我们的视线终于进入精彩至极的原子世界，便有了"一花一世界，一草一天堂"的情景。微观世界的广阔不亚于宏观世界的无边无际，人类可在这里孜孜不息地追求和探索。

量子理论是描述微观世界的一种理论。量子是能表现出某物质或物理量特性的最小单元。爱因斯坦承认："我思考量子问题的时间百倍于思考广义相对论的时间。"爱因斯坦要的是一场比量子力学更为彻底的革命。微观世界小至基因编辑、粒子结构、量子调控等。

量子力学的作用越来越让人感觉大于经典力学。量子力学主要研究原子、分子、凝聚态物质，以及原子核和基本粒子的结构和性质。

量子力学已渗透到我们生活的方方面面，由于量子力学，人们才创造了很多自然界不存在的新材料、激光、计算机等，甚至也在重新武装化学。

虽然没有量子力学，也曾发明了玻璃、各种金属，但那更多的是一种自发的或经验论的成功。有人说掌握了量子力学，就拥有了改变世界的能力，有了量子力学指导，就能有目的地去创造新的物质。

今天，英特尔的尖端芯片上，能够摆放数十亿个微处理器，这要归功于量子力学；在量子力学的推动下，目前超导材料从研究阶段向发展阶段转变，正被运用在越来越多的尖端科技中。正是量子物理让我们对世界的理解有了天翻地覆的改变，可谓"遇事不决，量子力学"。

粒子标准模型的成功是认识微观世界的重要里程碑。量子力学的发展让科学家可以对基本粒子做出精确的描述。在粒子物理学里，标准模型描述了强力、弱力及电磁力这三种基本力，2013年，科学家依靠大型强子对撞机（LHC）发现了希格斯粒子，完成了标准粒子模型确认工作的最后一环，由此，标准粒子模型预言的61种基本粒子已全部被发现。

中国科学家利用大亚湾中微子实验装置，发现了一种新的中微子振荡模式，被认为是该领域最重要的突破之一。2020年，中国科学院发现标准模型以外的一种全新的自旋-物质相互作用方式，可以说是标准模型之外的全新物理，为研究暗物质打开了一个全新的窗口。[①]

微观物质结构研究开始从观测时代走向调控时代。理论和实验手段的进步，有条件让科学家能够观察和定位单个原子，且在低温下利用探针尖端精确操纵原子。"观测时代"走向"调控时代"，为能源、材料、信息等产业发展提供新的理论基础和技术手段。2012年，诺贝尔物理学奖就授予了测量和操纵单个量子系统的突破性试验方法。

中国在这一领域具有很强的理论和技术储备，铁基高温超导、多光子纠缠、量子反常霍尔效应等重大项目，获得国家自然科学一等奖。在拓扑绝缘体、外尔费米子、马约拉纳束缚态等方面，也取得重大成果。

中国的量子密钥通信处于世界前沿地位。量子通信是利用量子纠缠效应进行信息传递的新型通信方式，是近二十年来量子论和信息论结合产生的崭新领域，已逐步从理论走向实验，并向实用化发展。量子通信分为量子密码通信、量子远程传态和量子密集编码等。按传输的信息内容分为经典通信和量子通信，前者主要传输量子密钥，后者用于量子隐形传态和量子纠缠的分发。

量子通信的最大优势是绝对安全和高效率性。量子通信将信息加密传输，在此过程中密钥充满随机性，即使被相关人员截获，也不易获取真实信息。量子通信还有较强的抗干扰能力、很好的隐蔽性能、较低的噪声比，以及广泛应用的可能性。

---

① 资料来源：白春礼. 世界科技前沿发展态势［EB/OL］. 中国人大网，2020-12-29. http://www.npc.gov.cn/npc/c30834/202012/82db70cfac174b609efe2dc64cb9c68a.shtml.

可以说，量子隐形传态，是一种全新的通信方式，类似于科幻电影中的星际穿越，它能借助量子纠缠的特性，将未知的量子态传输到遥远地点，而不用传送物质本身，是远距离量子通信和分布式量子计算的核心功能单元。

中国发射首颗量子通信科学实验卫星"墨子号"，在国际上首次实现千公里级星地双向量子密钥传送和量子隐形传态，成功实现了洲际量子密钥保密通信，为构建覆盖全球的量子密钥保密通信网络奠定了坚实基础。

量子计算研究备受国际高度关注且竞争激烈。一台操纵50个微观粒子的量子计算机，对特定问题的处理能力可超过目前运行能力最强的超级计算机，相比经典计算机实现指数级别的加速，具有重大社会价值和经济价值，如密码破译、大数据优化、材料设计、药物分析等。

2017年，中国构建了世界首台超越早期经典计算机（ENIAC）的光量子计算原型机。2019年，谷歌宣布开发出54量子比特的超导量子芯片，对一个电路采样100万次只需200秒，而当时运算能力最强的经典计算机Summit需要1万年，率先实现"量子优越性"。中国构建76个光子的量子计算原型机"九章"，实现了具有实用前景的"高斯玻色取样"任务的快速求解，比目前最快的超级计算机快100万亿倍。目前，谷歌、微软、IBM等跨国企业都在这方面投入巨资，可以预见，未来围绕量子计算机的国际竞争会更加激烈。

量子力学最接近宇宙本质，也是科学家的"困惑之源"。

上述的宏观世界和微观世界，虽然都属于物理世界，但奇妙的是两者存在以下三个明显的区别。

一是预测性。宏观世界有很多事情可准确预测。根据事情初始参数，结合牛顿第二定律就可准确预言事情的发展轨迹。微观世界则不同，根本无法获取初始参数，而且有很多物理量相互矛盾，比如微观粒子的位置和动量不能同时获取，微观粒子产生某运动的时间和能量也不能同时获取。无法获取基本参数就意味着无法根据已发现的规律来预言微观粒子的将来，只能给出一个概率值而不是确定值。

二是确定性。宏观世界有很多东西是确定的，但微观世界的粒子则不同。微观粒子可以同时处于多个位置的叠加态，当然，这不等于说微观粒子此时就一定同时处于多个位置，而是微观粒子每个位置都会分到一定出现的概率值。在我们观察微观粒子的一瞬间，微观粒子会从多个位置变成一个位置，这样只会观察到微观粒子处于一个位置的状态，不可能看到微观粒子同时处于多个位置。

三是因果性。在宏观世界观察事物演化进程基本没有影响，你看或者不看，对物体运动状态并没有影响，主观意识不能直接作用于客观世界而产生影响。微观世界则不同，一旦对微观粒子进行观察，会使得微观粒子从原来的叠加态强制变为本征态，微观粒子的运动状态会因你的观察而改变，似乎人的观察会直接干扰微观世界的演化进程，人的主观能动性好像发挥了比我们对宏观世界更大的作用。

## 生命世界——探索中缓缓揭开神秘面纱

生命世界是迷宫般的宇宙，横跨微观和宏观两个世界。生命以及生命的意义是什么？生命科学正在加速研究生物从分子到细胞结构内部的生命现象，揭示生命活动规律和生命本质。生命科学的繁荣定会帮助人们解开许多难解之谜。

### 探索生命奥秘

生命世界奥秘无穷。生命在各个层次上，都有非常精妙的结构和功能。从电子、原子、分子，到细胞、组织、器官，再到个体、群体、生态，通过三次生物学革命，揭示了生命更多的奥秘。

第一次是分子生物学革命，1953年沃森和克里克发现了DNA双螺旋的结构，预示着人们即将揭开生命遗传的神秘面纱，可以更为深入地认知生命过程，进行疾病控制和品种改良，开启了分子生物学时代，人们可以在分子层面对生命活动发生、发育、遗传、进化和衰老进行研究。

第二次是基因组学革命，从20世纪80年代开始基因组测序，到2022年3月31日，人类基因组完整序列公布，为系统解读生命百科全书和精准生物学的实施奠定坚实基础。

基因组学是生命科学最前沿、影响最广的领域之一。人体细胞DNA分子大约有10万个基因，由这些基因控制10万种人体蛋白质的合成。基因工程要寻找目的基因，通过对其剪切、剔除、连接、重组等操作，实现对生命体的调控。

我们所有遗传密码都藏在染色体里，染色体实际上就是DNA，将DNA堆紧，就成了一个个染色体。如果把DNA打开，它上面有四种碱基对的排列，四种碱基对可以用四个字母表示。四个字母的排列顺序构成生命的所有遗传密码。

随着对基因、细胞、组织等的多尺度深入研究，以及基因测序、基因编辑、冷冻电镜等新技术的进步，生物大分子结构研究的效率得到大大提升，生命科学研究正从"定性观察描述"向"定量检测解析"发展，并逐步走向"预测编程"和"调控再造"。分子生物学、基因组学、合成生物学等领域成果不断涌现，全面提升了人类对生命的认知、调控和改造能力。

有人将基因编辑技术比喻为"上帝的手术刀"，就是对基因序列进行精准的"修剪、切断、替换或添加"。自20世纪80年代出现以来，基因编辑技术不断改进和发展，2020年获得诺贝尔化学奖的CRISPR-Cas9技术，已成为基因编辑最有效、最便捷的工具，广泛应用于生命科学和临床研究。

第三次是合成生物学革命,被认为是继DNA双螺旋结构和人类基因组测序之后,又一改变世界的颠覆性技术。目前,科学家已经能够设计多种基因控制模块,组装具有更复杂功能的生物系统,甚至创建"新物种"。比如,利用合成生物学技术,培养出用于诊断早期癌症与糖尿病的细菌,合成抗疟药物青蒿素、抗生素林可霉素等药物,更简单高效地生产生物燃料,很有可能引发相关领域的产业革命。

贯穿三次生物学革命的显著特点是生命科学和物理、化学、数学、工程等学科交叉融合。从物理学家克里克与生物学家沃森将两个学科结合起来,发明DNA双螺旋结构开始,到人们认识并利用物理学提供的工具,研究DNA、蛋白质的三维结构,以及在分子层面进行的生物学研究。还有各种测序仪把基因组测序速度推进得很快,甚至超越摩尔定律,效率更高,成本更低。人类的基因组有30亿个碱基对,所花费的钱,从1亿美元指数级下降到后来不到1 000美元。

2009年美国发布《21世纪的新生物学》,力促各个学科交叉融合成新生物学。新生物学将对生物系统做出更深刻的理解,找出一些基础原理,写出一些公式,让生物学可以像牛顿方程那样进行预测,能够像工程学一样进行制造,使生命科学从观察性和定性的特点转向定量的和可预测的特点,将会对健康、环境、能源、食品、社会等各个方面,产生非常深远的影响。

脑科学崛起有可能再次掀起生命科学高潮。人与动物神经系统的结构与功能,是感觉、运动、学习、记忆、感情、行为与思维的活动基础。大脑细胞如何指导人与动物的行为,是未来生命科学最富潜力、最吸引人的领域。揭示人类大脑的秘密,必将促进认知科学与行为科学的兴起。

科学家已绘制出全新的人类大脑图谱,是脑科学、认知科学、认知心理学等相关学科取得突破的关键,为发展新一代神经及精神疾病的诊断、治疗技术方法奠定了坚实的基础。

脑科学蓬勃发展预示着一些重大的突破。比如，在从分子到行为的各层次上阐明学习、记忆与认知等活动的基础；发现和阐明一系列与记忆、行为有关的基因与基因产物；神经细胞的分化与神经系统的发育研究取得重大进展；脑机能在理论上的进展与突破会促进新一代智能计算机与智能机器人的研制；一系列神经性疾病与精神病的病因，可望在神经生物学研究中得到解释。

汤超院士在一次报告中说，在大脑进化中，大自然将其中很多神经元连起来，产生了物理学中简单系统的"相变"、复杂系统的"涌现"现象。每一个神经元单独产生不了意识，但把这些神经元连在一起，就忽然产生意识、语言、感情等，这些都远超生物学范畴。随着脑科学的深入研究，生命的奥秘会渐渐揭开谜底。

## 探索生命健康

探索生命奥秘，在于为生命健康服务。生物科学、生物技术、生物工程，一脉相承。健康科学是生命科学的分支，通过研究和理解人类和其他动物的功能，可以获取足够的信息和知识来帮助人类治疗和预防各种疾病，让生物技术和健康技术改善人类生活。

测出人类基因组全序列对人体系统会有更好的认识。随着人类基因组逐渐被破译，生命之图被绘就，认识人类基因与疾病的相关性，就可分离和确认与疾病直接相关的基因，用基因直接制药，或通过筛选后制药，对基因缺陷治疗会有帮助，具有科学价值和经济效益。事实上，利用基因疗法已经可以治疗血友病、心脏病及一些癌症等。基因药物已走进人们的生活，利用基因技术治疗更多疾病不再是奢望。

对人类自身进行更多研究有利于基因治疗疾病。很多疾病的原因将被揭示，有些疾病在发作前就能在分子水平上得到治疗，更会促进药物的设计，拿出"对因下药"的治疗方案，还有可能根据基因情况调整生活起居、饮食习惯。如果对人类"衰老基因"和"长寿基因"有详细了解，将会激发人们的生存和生活信心，促进人类健康、预防疾病、延长寿命。也许20年后，医生会根据个人基因图谱信息，对疾病做出基因诊断，预测某些疾病发生的可能性，进而对患者实施基因治疗和生活指导。

生命科学研究新技术、新方法将加速走向临床应用，正在推动医学走向"个性化精准诊治"和"关口前移的健康医学"阶段。2015年美国提出"精准医学计划"，在于"为每个人量身定制医疗保健"，世界范围内掀起精准医学热潮。目前，精准医疗在癌症等重大疾病的预防和治疗方面，取得多项突破。比如，中国科学院基于自组装的DNA折纸技术，构造出携带凝血酶的纳米机器人系统，在遇到肿瘤特异蛋白时释放出凝血酶，选择性切断血液供应以"饿死"肿瘤；又比如，通过人工智能处理海量数据，发现医生无法诊断的疾病。

干细胞和再生医学是与药物治疗、手术治疗并列的治疗方法，能够有效治疗心血管疾病、糖尿病、神经退行性疾病、严重烧伤、脊髓损伤等疑难疾病。中国科学院基于干细胞技术制备出引导脊髓组织损伤再生的生物材料，已开展修复脊髓损伤的大动物（狗）实验数百例，显示出良好的临床前景，并已进入临床阶段。2018年，世界上首例脐带间充质干细胞复合胶原支架材料治疗卵巢功能早衰临床研究完成，让卵巢功能衰竭的患者诞下健康婴儿。2019年，首例基因编辑干细胞治疗艾滋病和白血病患者完成。[1]

脑科学发展推进了人脑和精神疾病的诊治。随着对帕金森病、阿尔茨海默病、抑郁症等疾病机理的深入研究，新的治疗手段和药物不断出现。

---

[1] 资料来源：白春礼. 世界科技前沿发展态势［EB/OL］. 中国人大网，2020-12-29. http://www.npc.gov.cn/npc/c30834/202012/82db70cfac174b609efe2dc64cb9c68a.shtml.

健康技术促进了对传染病的预警预防、诊断、治疗。控制传染病，先找病原，再找检测方法，接着开发治疗的药物。在抗击新冠肺炎疫情中，中国科研人员快速分离鉴定出病毒毒株并与世卫组织共享病毒全基因组序列，为全球开展药物、疫苗、诊断研究提供了重要基础。

## 探索生命起源

生命起源是一个亘古未解的谜团，探索生命起源不仅要追根溯源弄清生命诞生的历史，更要了解生命与环境、整体与部分、结构与功能、微观与宏观、个体发育与系统发育，以及物质和能量与信息之间的辩证关系，以阐明遗传变异、生长分化、复制繁殖、新陈代谢、运动感应和调节控制等生命活动的机制，从而认识生命的本质，以实现人类控制和改造生命的目标。

在研究生命起源中，有宇生说、自然发生说、神创论、化学起源说、热泉生态系统等多种探索。科学家利用达尔文的进化论回答生命起源，但未得到满意的答案，且陷入最繁杂的理论迷宫。特别是"分子是不可简化的复杂性"，严重挑战了自然选择的学说。

20世纪后半叶，有关细胞的知识突飞猛进。RNA分子既有遗传信息功能又有酶功能的这一发现，为数十年踏步不前的"生命如何起源"的研究提供了契机。有人认为，信息不但出现在图画、数位序列和书写文字中，也可以编码形式存在于活细胞中。DNA的结构使它成为承载信息的理想载体。四种在DNA双螺旋中的碱基，具有存贮巨量信息的能力。

事实上，在已知的宇宙中，没有一样东西能比DNA存贮的信息更多，传递的信息更有效。数学家威廉·邓波斯基的《设计推论》一书，找出了可以辨认智慧活动的特征，认为小概率事件加上特定性，就能肯定设计的性质。

比尔·盖茨说，DNA就像电脑程序，远比我们设计的程序复杂。现在人们已有可能利用生物技术，将保存在特殊环境中的古生物或冻干尸体的DNA扩增，揭示其遗传密码，建立已绝灭生物的基因库，研究生物的进化与分类问题。

纵览科学界对生命起源的探索，似乎这个领域具有惊人的弹性，研究者以各种方式适应达尔文、超越达尔文，甚至转向新的研究框架，以不同的眼光审视生命。

太空生物探索是生命起源的重大课题，地球上的人类正在向外层空间发射电波和接收信号。外星人与地球人之间可能存在的学术和技术差距不仅是一种危险，也是自然科学的重大前沿问题，一直在持续进行。

此外，保护生物多样性也是生命科学紧迫的任务。由于生物体是由不同层次构成的，每个层次都有其自身独特的结构和功能，生死的本质也不同，对个体而言，有生必有死，死亡是生命发生、发展的必然规律。

但是对种群而言，并无生死之别，生命是永恒的，除非像恐龙那样种群灭绝。因为生物不同类别的个体、种群、群落，构成了整个生态系统。生态系统的力量和延续性是单个生物无法比拟的。生物和生物的关系、生物和环境的关系，自然界中的几百万种生物的来源和进化，都关系到整个生命系统。因此，系统性研究和保护生物，推动生态建设，才是保护生命的根本。

有学者发文称，生态系统每天有100多种生物灭绝，很多生物在没有被人类认识以前就已消亡[1]，这对人类无疑是一种灾难。顺应生命科学迅速发展的形势，许多国家及一些国际组织提出《国际地圈及生物圈计划》《生物多样性利用与保护研究》等投资巨大的生命科学研

---

[1] 资料来源：陈郁，秦奋，余明全. 浅谈中国环境问题及对策方略[J]. 内江科技. 2007(1).

究计划。这些生态学以及生物多样性保护与利用的研究，将会指导人类遵循自然规律，积极保护自己的生存环境，启发和强调人类协调发展、可持续发展，这是关系人类整体命运的战略。

## 地下世界——深海深地探测中开阔视野

人们总说上天入地下海，现在"上天"捷报频传，"入地下海"也在通过深地深海的科学探测，拓展人类认识自然的新视野。

### 深海探测带来认识深海的新时代

500年前达·芬奇设计潜水服，150年前凡尔纳写《海底两万里》，过去的科学幻想正在成为今天的现实。

探索深海在于了解海洋的奥秘、地球的奥秘。水深超过2千米的深海，占据地球表面积的3/5，无论温室气体排放的归宿，还是气候长期变化的源头，都要追溯到海水深层。海底是距离地球内部最近的地方，大陆地壳平均35千米厚，大洋地壳则为7千米。到深海底部探索，有望揭示板块运动的规律，窥探地球内部的真相。

深海蕴藏着丰富的矿产、油气和生物资源。目前，海洋石油产量占世界石油产量的30%。近年来全球重大油气发现，70%来自水深超过1 000米的水域。海底有非常丰富的待开发资源，比如海底的微生物新陈代谢极其缓慢，生殖周期在千年以上，人类尚不知如何利用其"长寿基因"；太平洋一片深海黏土所含的稀土元素可供人类使用几十年，但开采利用技术尚待研发。现在人类关注的重点已从近海走向深海大洋，更加重视海洋资源的保护和开发利用。

深海探索有深潜、深钻、深网三大手段，也就是深潜科学考察、国际大洋钻探、海底科学观测网建设。

深潜是直观的深海探索，最深到达海底，在空间和时间上都有局限。20世纪后半期，人类顶住水柱压力进入深水海底。1960年"的里雅斯特"号深潜器下潜到太平洋马里亚纳海沟水深10 916米的海底，首次将两人送入地球表面的最深处。经过长期探索，深潜器发展为作业型，配有动力系统和取样设施，1979年在东太平洋发现黑烟囱热液系统。20世纪80年代，美、法、苏、日分别建造载人深潜器，最深可潜6 500米。2019年美国的载人深潜器第二次突破10 000米深度。2012年中国"蛟龙"号载人深潜器下潜至7 062米。2020年11月10日，中国首艘万米级载人潜水器"奋斗者"号下潜深度达到10 909米，在马里亚纳海沟成功坐底，再次刷新中国载人深潜纪录。

伴随自动化和人工智能的发展，无人遥控潜水器发展快、使用广，将成为未来海洋探测和开发的主要装备。如美国的"回声航海家"超大型无人潜水器，中国的"海马"号4 500米级遥控潜水器、"潜龙"号无人无缆自主潜水器、"海龙"号无人有缆潜水器等，正在壮大中国深潜器的阵营。"海斗一号"是中国首台作业型全海深自主遥控无人潜水器，搭载高清摄像系统，首次采用全海深高精度声学定位技术和机载多传感器信息融合技术，装备了全海深电动机械手，能够完成深渊海底样品抓取、沉积物取样、标志物布放、水样采集等多项科考作业，2020年5月在马里亚纳海沟完成四次万米下潜，最大下潜深度10 907米，中国成为继日、美后第三个拥有万米级无人潜水器的国家。

深钻从海底往下深入。大洋钻探技术要求高、投入大，需要国际合作。半个世纪以来，科学界在世界大洋钻井4 000多口，取回岩芯40多万米，加深了人类对地球的认识。比如20世纪70年代的大洋钻探，证实地球构造运动的板块学说，找到了气候长期变化的轨道驱动；后来的钻探发现了海底的天然气水合物，以及地壳里微生物构成的"深部生物圈"。

深网将传感器放到海底，联网观测，突破深潜运行的时间限制，从而将海面船只的短暂测量，转到海洋内部长期观测。无论遭遇台风还是地震，都可连续运作，将深海的现场数据实时送到实验室。海底观测网是预警地震海啸最有效的手段。世界上85%的火山在海底，布设海底装置能够实时监测火山爆发，将来或能对海底火山爆发做"现场直播"。

中国东海和南海分别建立海底科学观测系统，从海底向海面进行全天候、实时和高分辨率的多界面立体综合观测。近十年来，建设中的海底科学观测网除光缆联网的设备外，还有大量无线联网的活动观测平台，包括自主水下航行器、水下滑翔机、海底爬行车等。

海洋新技术催生新型蓝色经济，多功能水下缆控机器人、高精度水下自航器、深海海底观测系统、深海空间站等海洋新技术的研发应用，将为深海海洋监测、资源综合开发利用、海洋安全保障提供核心支撑。

深海开发是面向未来的事业。16世纪的"地理大发现"是横向进入海洋，现在则是垂向进入海洋。

## 颠覆性思想开启深地探测新纪元

我们生活在地球上，却对脚下知之甚少，如山脉和盆地怎么形成，岩浆怎么从地幔上升到地表，基地物质怎么出露，大陆怎么变形，矿产怎么形成。各大国通过探测建立对地球深部的结构模型、物质模型，来增强人类对地球深部的认知。

在地球探测方面，围绕科学研究、资源开发利用、防灾减灾等目标，人类活动范围不断向地球深部拓展。钻探是验证地球物理勘探的信息和获取地下实物样品的唯一手段，包括固体矿产钻探、石油天然气钻探、科学钻探、工程施工钻探、地热钻探。钻探目的不同，钻探深度也不同。

人类地下建筑的深度一般到百米量级，世界上最深的地铁即朝鲜平壤地铁，建在地下200米左右，最深的海底隧道即日本的青函隧道，位于地底240米；核废料的存储一般在地下500~1 000米的深度；中国在地下2 400米建设的锦屏地下实验室，是目前世界上岩石覆盖最深的地下实验室，用岩石屏蔽宇宙射线开展暗物质研究；南非姆波尼格金矿是目前世界上最深的矿井，深度达到4 350米。再往深处是科学超深井钻探项目，如美国联合多国实施的大洋钻探计划，在各大洋完成过千个钻孔，取芯深度最大超过9 500米；2018年中国实施的全球首个钻穿白垩系的科学钻井工程，钻探及取芯深度达到7 018米；目前，世界上最深钻井纪录是苏联创造的科拉超深钻孔，深度达12 262米。超深科学钻探井是入地的"望远镜"，实施一口万米的科学钻探井，其技术难度不亚于建造一艘小型航母。

总的来说，地球内部可利用的成矿空间分布在地表到地下1万米，目前世界先进水平的勘探开采深度已达2 500~4 000米，直接探测深度还未突破地球最外层的地壳，即平均厚度约17千米，探测的手段和能力还很不够，人类对赖以生存的地球了解十分有限，向地球深部进军是战略科技问题。地质勘探技术和装备研制技术方面的研发，将使地球更加透明，随着人类对地球深部结构和资源的认识日益深化，将会为开辟新的资源能源提供更多、更好的条件。

## 能源材料世界——伴随生态建设重塑自身

能源和材料是科技发展的两大领域，在以往推进经济社会发展的同时，也导致了环境污染、生态破坏、资源开采过度等问题。科技正在着眼解决能源、材料发展与生态环境的矛盾。现在，能源、材料和信息并列为当今高科技的三大支柱。随着国际社会在解决气候问题、生态环境问题方面达成共识并开展合作，科技在能源和材料发展上都朝着与生态环境相一致的方向，使能源和材料这两个原来独立性较强的领域，越来越走向更多的结合，趋于能源材料相统一的世界。

在人类的历史长河中，经历了以旧石器、新石器、青铜、铁器、钢铁、水泥、硅等工具和材料为标志的时代，又感受过太阳、雷电、水、火以及柴草、煤炭、石油等各种能源创造的生存环境。人类未来将迎来能源科技和材料科技的大变革，材料正在进入纳米时代，能源将进入太阳能、核能和氢能的开发和利用时期。特别是为解决气候、环境、生态问题，摆脱了能源和材料各自发展的路线，走上了兼顾生态环境的可持续发展的路子。

从某种意义上说，材料产业依托的是资源，使用资源的每一步都要消耗能源。材料的生产，是原料的开采、提取、制备、生产加工、运输、使用和废弃的过程，要消耗大量的资源和能源，并排放出大量的废气、废水和废渣，污染人类生存的环境，并带来诸如温室效应、臭氧层破坏，以及光、电磁、噪声和放射性污染等问题。从能源、资源消耗和造成环境污染的根源分析，材料及制品的生产是造成能源短缺、资源过度消耗乃至枯竭的主要原因之一。在大量消耗有限矿产资源的同时，材料生产和使用给人类的生态环境带来严重的负担。

因此，能源和材料的发展，都出于提高自身功能与改进生态环境相统一的目的，正是这样的动机和目的，材料科技和能源科技的发展都在发生革命性转变。

比如，新材料领域正在向个性化、绿色化、复合化和多功能化的方向发展，金属、陶瓷、高分子和复合材料快速进步；石墨烯、柔性显示材料、仿生材料、超导材料、智能材料、拓扑材料等层出不穷。材料强度与韧性不断强化，抗疲劳、耐高温、耐高压、耐腐蚀等性能进一步提高，为制造业发展和极端环境作业提供了更加可靠的保证。在应对航天器与大气层高速摩擦产生的高温方面，以及在太空的高真空、极高和极低温度、各种高能带电粒子等极端环境作业中，对材料提出很高的要求。在深海探测领域，中国为"奋斗者"号球形载人舱研发的高强度、高韧性新型钛合金——Ti62A，在搭载3名潜航员的大尺寸下，还要承受超过110兆帕的压力，相当于2 000头非洲象踩在一个人的背上，难度可想而知。[①]有意义的是，材料革命伴随着能源科技的进步在结合中共同发展。

全球新一轮能源革命的兴起，正在同新材料的发展相结合，推动能源技术和材料技术向着绿色、低碳、安全、高效、智慧的方向加速转型，在化石能源清洁高效利用、可再生能源、第四代核能、大规模储能以及动力电池、智慧电网等方面，都取得突破性进展。

页岩油气的有效开采，应用水平井多段清水压裂的颠覆性技术，将改变全球能源格局。应用物理与化学结合的方法形成的一项技术，将对低成熟度页岩油、稠油进行原位改质，有效地开发和利用巨大油气资源。纳米技术和新材料在提高油气采收率，催生地下纳米机器人驱油和地下油水分离技术等方面，使多用途激光工具与钻井技术结合，有可能颠覆传统的钻井方式，由激光熔融替代机械破岩，提高钻井效率。

氢能源将对能源领域产生颠覆性影响，主要是其低成本、高性能的氢燃料电池技术和低成本、高效率的工业化制氢技术。氢能作为二次能源已经上升至我国战略能源的高度。如果借助石墨烯、纳米超材料的电解制氢技术取得重大突破，氢燃料将可能大规模甚至完全替代化石燃料。随着新材料聚合物电解质膜燃料电池技术的成熟，以及相关基础设施的完善，以氢能为动力的汽车、火车和轮船，将替代燃油机动车成为主要交通工具。欧洲已开展天然气管道掺输氢气的试验项目，为氢产业大规模发展做准备。薛其坤院士认为："获取氢能源的途径在于高效的太阳能转化技术，还需材料科学、量子科学、AI等学

---

① 资料来源：白春礼. 世界科技前沿发展态势［EB/OL］. 中国人大网，2020–12–29. http://www.npc.gov.cn/npc/c30834/202012/82db70cfac174b609efe2dc64cb9c68a.shtml.

科的科学家共同努力。"[1]

储能技术可为电网提供调峰调频、削峰填谷、黑启动、需求响应支撑等多种服务，提升传统电力系统的灵活性、经济性和安全性。

在可再生能源开发方面，储能显著提高风电和太阳能发电的消纳水平，支撑分布式电力及微网。随着分布式光伏、小型生物质能源、天然气冷−热−电三联供、燃料电池等分布式能源技术的日益成熟，以及相关的储能、数字化等技术的进展，分布式能源将获得迅猛发展。储能还将在能源互联互通、融合新能源汽车在内的智慧交通网络方面发挥关键作用。

基于新材料的新型电池储能技术，如石墨烯超级电容器、碳纳米材料自储能器件、超导电磁储能技术等，有可能为能源行业带来颠覆性影响。如果低成本、高效率的储能技术进入大规模的商业化应用，将极大地促进可再生能源的发展，使新能源交通工具大规模甚至完全替代燃油交通工具。大规模储能系统的应用，将更加高效地促进能源转换与利用，实现能源的时空平移，解决能源在生产、传输以及使用环节的不同步性等问题。

目前，多种储能技术已展示巨大发展潜力，如物理储能、电化学储能、储热、储氢等，在新能源并网、电动汽车、智能电网、微电网、分布式能源系统、家庭储能系统、无电地区供电工程等不同应用方面，具有广阔的市场前景。

可控核聚变将会成为人类理想的终极能源。可控核聚变的主流技术主要有磁约束核聚变和惯性约束核聚变两种。目前，全世界核聚变相关研究计划较多，如国际热核聚变实验堆计划、美国国家点火装置、美国悬浮偶极子试验装置、加拿大通用聚变、欧洲高功率激光能

---

[1] 资料来源：Eric_Richard. 马斯克：特斯拉想要在中国发展，不会用车当"间谍"[EB/OL]. 2021−03−20. https://www.bilibili.com/read/cv10383260/.

源研究计划和德国Wendelstein 7-X等。2007年中国加入国际热核聚变实验堆（ITER）计划，也推动了中国自身的核聚变科技研究。中国已圆满完成聚变工程实验堆（CFETR）概念设计，正式开展工程设计。

中国环流器2号A（HL-2A）装置和全超导托卡马克核聚变实验装置等大科学装置也先后建成，多项物理实验研究成果居于世界前列。HL-2A在中国首次实现了偏滤器位形放电、高约束模式运行。2017年7月，"人造太阳"在世界首次实现5000万度等离子体持续放电101.2秒的高约束运行，再次创造了磁约束核聚变研究新的世界纪录。[1]先进核能技术的研发重点，是研发固有安全特性的第四代反应堆系统、燃料循环利用及废料嬗变堆技术，以及核聚变示范堆的设计与实现，确保可持续性、安全性、经济性和防核扩散能力。

人类一旦掌握了可控核聚变技术，就等于掌握了恒星的能量利用方式，将拥有取之不尽、用之不竭的能量。因为核聚变的原料来自海水里的氘元素，原料成本几乎可忽略不计。有了可控核聚变，就有了无限廉价电力，到时内燃机将成为历史，石油沦为化工原料；极大降低矿物开采、提炼成本；大规模海底渔业养殖、大规模沙漠农业成为可能；粮食问题彻底解决，无需耕地，直接无土栽培，用海水淡化，电费忽略不计；星际航行成为可能，开发太阳系不再是梦想；温室气体得以控制，大型绿化得以实现，不计成本改善地球生态。这是我们最期盼的未来。[2]

此外，各类新兴技术将会对现有能源市场带来深远影响，比如先进材料的开发可以显著提高电池性能，比如通过回收从空气中捕捉的二氧化碳来合成燃料，而将合成气体转化为液态碳氢化合物的过程还需要"费托合成"，而合成这种燃料也必须耗费更多的能源，包括电

---

[1] 资料来源：金之钧，白振瑞，杨雷. 能源发展趋势与能源科技发展方向的几点思考[J]. 中国科学院院刊，2020(5).
[2] 资料来源：智sir. 大科技停滞时代[EB/OL]. 新浪财经，2021-04-01. https://baijiahao.baidu.com/s?id=1695835722775693314&wfr=spider&for=pc.

能与热能，这些问题都需在研究和探索中予以克服。[①]

总之，人类正生活在一个材料与能源构建的新世界。新材料与新能源的产业化，涌现出大量新产品，渗透到生产、工作和生活之中，改善了人们的生存条件，提高了人们的生活质量；新材料和新能源奠定着新的经济与技术基础，成为国家经济实力的一个标志，改变着世界面貌；新材料科技和新能源科技，推进了人类对自然的新认识，拓展了人的生存能力与发展空间，从某种意义上说，推进了人类文明的进步。

## 数字世界——信息智能技术超群出众

几十年来，在诸多科技领域发展中，信息科技越来越显示出主流作用，信息技术汹涌而来，影响力震撼，特别是云计算、大数据、人工智能和区块链等新一代信息科技不断爆发，亮点频闪，在广泛应用和产业化中，开始形成一个数字化的世界，这在科技发展史上极为少见。当然，信息科技的爆发取决于前期积累，是量变引起的质变，而且技术发展本身会加速演变进程，当它们突破一个奇点，一切相伴而来。接下来，我们由近及远来盘点信息科技的重要发展节点。

### 2021年火起来的元宇宙

元宇宙（Metaverse）是新出现的融合性信息技术。"Metaverse"一词由"Meta"和"Verse"两部分组成。"Meta"意为"超越"，"Verse"意为"宇宙"，合译为"超越宇宙"，形容一个广阔的虚拟空间，就是

---

[①] 资料来源：徐璐明. 战机靠二氧化碳就能飞行？美军宣布"重要里程碑"：成功把二氧化碳变成航空燃料［EB/OL］. 人民资讯，2021-10-25. https://baijiahao.baidu.com/s?id=1714577153420577678&wfr=spider&for=pc.

未来的互联网。

第一代互联网是个人计算机（PC）时代，第二代则是移动互联网时代。第三代互联网，就是未来互联网，它是由虚拟现实、增强现实、混合现实、数字孪生、大数据、物联网、云计算、人工智能、区块链等数字智能技术融合而成的虚拟世界，它将是一个持久的、共享的、三维的空间。

元宇宙属于新出现的融合性技术，我们在这里对此详加阐述。

## 1. 元宇宙的两个起源

元宇宙的社会起源和科技起源，反映了生产力与生产关系的辩证统一关系。

一是社会起源。20世纪五六十年代，西方社会物欲横流，人们在表面富裕的陷阱中沉醉于物质的消费。后来"中产阶层"在世界一些地方崛起，他们的休闲时间增多，劳动时间相对减少，不少人在物质消费中逐渐迷失自我，社会不断被物化和异化。在愤世嫉俗、充满戾气的情绪笼罩下，人们很想寻找精神寄托，期求心灵净化，得到些许慰藉。小说《雪崩》中的元宇宙正是人们向往的精神世界的反映。

人有生物和精神两种功能，集于一身，不可分割。只有当物质需求得到一定保障后，人类才能更好地将现实世界与精神世界联系起来。机器人取代人的劳动，正好具有这样的发展趋势，相信以后有条件使人的精神功能得到充分发挥。那个科幻的元宇宙将有条件变成现实。

仅有社会起源，没有科技跟进，元宇宙可能永远停留在理想和科幻状态。幸运的是，元宇宙的科技与人们的愿景，亦步亦趋。

二是科技起源。科技的启动和发展，是将理想和科幻变成现实最可靠的方法。"人们能想到什么，科技大体总会为我们塑造出什么"，科技的发展使这句话越来越像真理。

第一，创造虚拟环境。20世纪60年代虚拟现实（VR）、增强现实（AR）技术的出现，生成最早的虚拟环境，似乎反映了人们对虚拟性精神世界的迫切需求。

第二，虚拟技术小融合。20世纪90年代虚拟现实、增强现实掀起热潮。钱学森了解到虚拟现实技术后，想到将之用于人机结合和人脑开发的层面，并给其取名为"灵境"，他认为灵境技术的产生和发展将扩展人脑的感知和人机结合的体验，使人与计算机的结合进入深度结合时代。[①]

随着虚拟现实与增强现实逐渐走向融合，两者优势互补，形成混合现实（MR），使合成物体和现实物体能够实时交互。

第三，数字孪生出现。21世纪初产生了一种以仿真为核心的技术，带来数字映射、数字镜像，类似实体系统在信息化平台中的双胞胎，在实体与虚拟的数据和信息交互中可发挥重要作用。

第四，虚拟技术大融合。2016年出现的扩展现实（XR），融合了虚拟现实、增强现实、混合现实，可在计算机生成的环境中进行创造、协作和探索，并在2018年迎来虚拟技术的火爆发展。

第五，数字技术的支撑。互联网、物联网、人工智能、传感器、区块链、5G等通用型数字技术加速发展，在支撑沉浸式技术中，促进虚拟技术与通用性数字科技的结合。随着分布式存储技术为底层的Web3.0降低信任成本，为去中心化提供了可能，可让价值上网，并使虚拟世界更加宏大和丰富。

经过几次技术融合，元宇宙形成运作机制。与以往基于数字技术的虚拟产品的最大不同在于，元宇宙的目标是基于多种数字技术形成的系统化复合数字世界。

---

① 资料来源：上海交大钱学森图书馆. 钱学森30年前给VR取名为"灵境"［EB/OL］. 环球网科技. 2021-11-26. https://baijiahao.baidu.com/s?id=17174277689500836 18&wfr=spider&for=pc.

第六，元宇宙横空出世。2021年有两个事件标志着元宇宙的产生。一个是带有元宇宙性质的一些游戏公司，对原始游戏进行了某些突破，使参与者不仅融入游戏中，还能在游戏里设计游戏，使玩家成为游戏的一部分，同现实世界一样可以交流互动，这种运转机制鼓励了这类游戏公司，如游戏平台Roblox当年就曾在纽交所上市。

另一个是Facebook（脸书）改名为Meta，不管当时出于什么动机，一些互联网公司先后跟进，并制定各自类似于元宇宙的战略策略。其实，在此之前已有互联网公司想到了虚拟技术的发展，如2020年年底腾讯公司创始人马化腾就提出"全真互联网"概念，致力于打开虚拟世界和真实世界交互的大门。这些都反映了元宇宙发展的客观趋势，元宇宙的探索浪潮开启了。

元宇宙的科技起源是相关技术融合和集成的过程，加之社会现象和人们的动机，使元宇宙的目标驱动更加明确，就是积极促进人的生物功能与精神功能的结构合理，发挥更好的综合效果，使元宇宙始终朝着为人类服务的方向发展。

## 2.元宇宙的两个发展

元宇宙产生后既要朝着人们理想的终极愿景前行，又要尊重现实，遵循规律，循序渐进地推进。尤其要明确发展的远期目标与近期目标的区别，防止混淆远近发展的不同目标设定。有段时间，部分人把远期发展误以为近期发展，失去对元宇宙发展的理性引导，导致相关投资上下波动。因此，要警惕这种现象的反复，保护好人们对元宇宙发展的信心。

一是远期发展。未来元宇宙发展有个终极愿景，就是要迎来一个元宇宙时代。在元宇宙时代，无论参与主体、功能作用、科技条件，同近期发展都不相同。

在主体上，参与元宇宙的应该是多数人。到时可能机器人已取代相当一部分人的劳动和工作，人类主要从事智能劳动，加之普遍使用机器人后，相应的分配制度变革，人们的物质和文化消费有可能得到保障，进而使很多人从事科技、研究、娱乐、游戏、创作等能获得精神快乐的智能劳动。

元宇宙是与实体世界平行的虚拟世界环境，正好适应人类以精神、文化、智能、创造为主的工作。这就有点儿像马克思设想的人的全面发展和自由人联合体的描述。

在功能上，虚拟与现实实施交互可以做许多事情。它将给人们的生活和产业带来更多的价值。比如，在元宇宙可以与朋友和家人聚会、工作、学习、玩耍、购物、创造，收获当前难以想象的全新体验。又比如，未来信息将以全息图的形式被瞬间传送，无需借助交通工具就可到达办公室，或与朋友们参加音乐会，或回到父母家中。再比如，在现实的工业场景中，我们可以实现远程协作来指导维修、维护等工作。

当然，人们不会浪费元宇宙的便利，将会把更多时间花在有意义的事情上，包括经济、社会、文化等方面的发展。现在的数字智能技术在社交文化的应用方面已占优势，未来元宇宙的社会和文化会更加发达。

数字经济已成为经济发展的重要增长极，元宇宙将成为数字经济的更强劲推动力，带来数字经济的更大繁荣。

特别是将数字技术的二维应用转变到三维的虚拟世界，产生的数据和流量将成倍增长，通过大量运用物联网、传感器、人工智能、区块链、云计算、大数据和先进网络等技术，数据要素充分流通，必然会带来经济效益的指数级提升，那时的数字经济规模和质量将是现今无法比拟的。

可以说，元宇宙是典型的数字经济形态，"具有永续性、开放性、自治性和沉浸感等特征，符合现代经济的发展趋势"[1]。扎克伯格说，

---

[1] 资料来源：吴桐，王龙. 元宇宙：一个广义通证经济的实践［J］. 东北财经大学学报，2022(2).

元宇宙"将会成为数十亿人日常生活的一部分",将会对人类发展产生深远影响。

在技术上,现在遇到的问题将逐步得以解决。元宇宙经过若干阶段,经过几十年甚至一个世纪的发展,加之元宇宙融合性技术的导入期和产业化过程,技术及其融合会相当成熟,那时的元宇宙,将不再需要3D眼镜或VR式头枕,手机和日常设备将能弹出3D全息图,而3D全息显示器可提高动态影像逼真度,声学全息图改善超声成像,基本上能保障和支撑多数人进入元宇宙,在虚拟世界接触到的任何事物,都能让人身临其境。当然旧的技术问题解决了,还会出现新问题。

有了终极愿景,近期发展才有信心和奔头,由近及远,逐步实现美好理想。

二是近期发展。受技术和社会条件等因素制约,近期的元宇宙只能是局部和探索式的发展。虽然构成元宇宙的单项技术,在产业上的应用已经成熟,但是多种技术的融合,还需在元宇宙机制的探索和运转中不断磨合和完善。因此,相比未来的元宇宙,近期发展会有一些欠缺。

在主体上,暂时不会形成社会的广泛性参与。因为多数人迫于现实就业和物质生活需求,没有更多时间和心情进入虚拟世界。近期探索中的元宇宙很可能是针对新一代数字原住民、知识分子、中产阶层、有闲人士。即便多数人进来,技术和内容也难以承受和满足。

在功能上,现在一些功能还欠成熟或未开发出来。融合了整体技术的元宇宙,还不能涉猎更多产业,不能成为人们的一种日常生活。

元宇宙的近期发展可能更多应用于游戏、娱乐、旅游、培训、会展、体育和个别实体产业,不能真正构建现有物理世界的完整数字映像,也就无法全面覆盖人类的工作和生活。近期发展是对未来元宇宙发展的积极探索,需要积累经验。当然,对涉及元宇宙的有些产业可以进行战略投资、长线投资。

在技术上,目前元宇宙还是各种科技的粗放式融合。比如,仍需

第一章 科技的N个世界 37

戴头显，即便应用5G网络，假如带宽和网络质量有问题，应用虚拟技术的人相对集中，也会出现卡顿现象。特别是交互的网络架构、操作系统、应用软件等技术还需要加强研发。

重视近期发展和探索，向着未来挺进，就会逐渐驾轻就熟，举一反三，逐步扩大元宇宙的发展覆盖面。

### 3.探索元宇宙的两个准备

对元宇宙的探索，要做好思想和行为两方面的准备。

一是认识准备。现在对元宇宙最大的共识是，它是一个与现实世界平行的虚拟世界。有三个观点极为重要。

第一，身临其境的虚拟世界会比现实世界更加广大。过去我们通过阅读报刊书籍、观看各种影视内容来了解世界，缺少沉浸感、真实感。真正身临其境了解世界，就需要我们徒步或者乘坐飞机、高铁、汽车等各种工具，亲身到达现实中的某个地方，即便从事外交、外事、外贸、旅游和探测工作，人的一生所能到达的地方也很有限，去不了更多、更远的地方。

但是，元宇宙与实体交互，通过沉浸感受帮助我们走进更广泛的世界，包括各国城市村庄、各种地理环境，甚至外太空。元宇宙会方便我们到达现实不能到达的地方，而且会有种逼真感。因此，有人说未来是一个真实世界要面对多个虚拟世界。

第二，元宇宙会让人类的意识永恒存在。人类借助脑机接口技术上传人的思维体系到数字世界，将逐渐摆脱肉体的束缚，取而代之的是永恒的精神意识，元宇宙可以直接刺激人类神经元，实现我们想要的任何感官享受。人类可能会完成从物理世界到数字世界的高度迁移，从而以意识体的形式实现永生。

随着人工智能的不断发展，用户在虚拟世界的"化身"或数字人会越来越逼真，将在真人过世后依旧存在。同时，基于完全自愿的原则，参与者可随时叫停，删除已采集的全部数据。需注意的是，这样做是否符合道德伦理要求。

第三，虚拟现实越来越逼真。本质上虚拟世界也是现实世界衍生的产物，从唯物辩证法的思想来看，任何事物都不是凭空想象的。所有解决虚拟世界的问题都会在现实中找到答案。

元宇宙的虚拟主流化趋势，将使虚拟世界与物理世界一样真实，我们无时无刻不连接在网上，虚拟世界和现实世界的边界越来越模糊。比如，机器智能正在完成更多以前由人类完成的工作，机器将解释手势，预测我们的眼睛会看哪里，识别情绪，甚至是我们神经元的生物电，等等。[①]

虽然元宇宙是虚拟的，但其实也充满了物质和能量。比如微纳技术、微电子、微机电、微智能系统，高度凝结了大量精细化的材料和能量。量子物理也让我们对世界的理解有了天翻地覆的改变，比如，英特尔的尖端芯片上，摆放了数十亿个微处理器，就要归功于量子力学。其实，这种现象符合了物质、能量、信息并存中，信息的比重越来越大的趋势。

有了认识上的准备，就会在适应元宇宙的探索中，做到心中有数，逐步推进。

二是适应准备。元宇宙突如其来，对许多人来说，有点弄不清，看不明，除了上述起源和发展的铺垫，还要做好三方面的适应。

第一，技术上的递进式适应。常用的各种网络链接，都在不知不觉中快速升级。固定电话把固定的各个地点连接起来，移动通信和互联网使每个人之间都能互联互通，物联网把所有的东西连接起来，元

---

[①] 资料来源：乔·拉多夫．九大科技塑造元宇宙未来［EB/OL］．欧科链讯．2022-02-17. https://baijiahao.baidu.com/s?id=1724994181536377613&wfr=spider&for=pc.

第一章　科技的N个世界

宇宙将把地点、人、物以立体场景的方式连接起来。

第二，由平面应用到立体应用的适应。现在，我们生活在现实世界，其实也生活在诸如微信、博客、抖音等若干虚拟世界，微信等平台像个平面元宇宙，我们每天在朋友圈、公众号、博客、抖音上表达观点、发布图片、分享各种各样的生活。对大部分人来说，线下线上生活表现出来的人格和社会关系，没有太多不同。但也有很多人在线上和线下完全不同，生活中沉默寡言，到网络里就滔滔不绝。

未来的元宇宙就是今天看到的每个小的平面元宇宙的立体化、动态化。我们今天看到的华为、阿里巴巴、腾讯、百度、京东、字节跳动、美团、小米、苹果、亚马逊等所有科技公司，都在推进一个技术融合的元宇宙。

第三，由部分应用到广泛应用的适应。目前的娱乐、游戏、会展、培训、教育、体育、旅游，及个别先驱实体产业，经常应用元宇宙，就是未来日常生活和工作应用元宇宙的一种操练，这样将会自然过渡到元宇宙的普遍使用。

有意识地注意适应环节，就会在正确的认识指导下，少走弯路，顺应逻辑，把理性的认识变成自觉的行为。

抓住元宇宙起源和发展的机会，在于深刻认识和适应元宇宙的探索浪潮。

## 2017年以来更加瞩目的虚拟货币和区块链

区块链是所有创新技术中颠覆性最大的，它的应用及带来的结果最难预测。但至少我们相信，智能合约[①]平台将会改变未来经济资源

---

① 智能合约（smart contract）是一种旨在以信息化方式传播、验证或执行合同的计算机协议。

利用的终端活动、企业追逐资本的方式、人们获取劳动报酬的方式。

各种类型的加密数字货币的技术基础是区块链,有人将其称为网上网。它是一种看不见、摸不着的虚拟技术,却具有足以颠覆时代的力量。它的价值不仅在于支撑虚拟货币一路前行,而且其影响正在溢出金融及科技领域,重塑世界,并有望带领人类从信息互联网时代过渡到价值互联网时代。

现在使用的各种数字支付方式已经逐渐取代原来的现金流通,未来的数字货币将会颠覆几千年来使用的支付方式。区块链具有长远潜力,不是短期内就能见到它的全部功效的。2013—2014年,当时20岁左右的维塔利克·布特林(Vitalik Buterin)创办了以太坊(Ethereum),从此,以太坊成了一个开源和具有智能合约的公共区块链平台,或者是下一代加密货币与去中心化应用平台。

## VR元年和2020年AR/VR"解冻"

VR是虚拟现实,AR是增强现实,MR是混合现实。2016年是VR元年,之后几年低调发展。2021年全球虚拟现实产业进入新一轮爆发期,这也是以VR/AR为代表技术之一的元宇宙在2021年得以火爆的基础。

2016—2017年的虚拟现实与增强现实技术改变了人与人、人与软件系统交互的方式。特别是增强现实将计算机生成的图像甚至声音叠加在我们对现实世界的感知上。AR在技术上是一个巨大的挑战,用户可以利用它从多角度理解三维环境,AR的基础是虚拟投影与现实世界的集成。

2018—2019年的沉浸式体验技术扩展了AR和VR的混合现实,带给用户沉浸式体验,构造虚拟的沉浸式环境。2020年的多重体验技术注重为用户带来多重感官与模式的体验。VR/AR迎来发展的春天。

## 2014年起人工智能总在沸腾中

2014—2015年开始火热的智能机器（Smart Machines），将环境感知技术与深度信息分析相结合，设计出能让系统认识环境、自我学习以及自主行动的高级算法。

2016年着重对万物联网信息和先进机器学习算法的利用，带来智能软件的解决方案。2017—2018年的智能物件技术，利用人工智能和机器学习实现高级行为。2019—2020年的自主物件，倡导利用人工智能技术实现传统上只能由人类执行的任务，从而更自然地与周边环境及人员进行互动。

人工智能研发如火如荼，整体进入快车道，不同领域有各自的特色和精彩。虽然总体上仍处于弱人工智能阶段，但是计算机的记忆能力和计算能力已远超人类，人工智能正在快速地由弱人工智能走向强人工智能，再进入超人工智能。人工智能与人类的思考方式不同。目前人工智能正在向着整合和深度的趋势发展，以深度学习为代表的人工智能将推动科技、医疗、电子、金融等行业的快速发展。

当然，人工智能在情感和创造性方面还有很大差距，人工智能可以干成年人干的活，但理解能力不如一岁小孩。它做不到把物体放到有障碍物的桌子上。

戴琼海院士曾在题为"人工智能未来的理解与创造"的演讲中指出，在自动驾驶领域中，人工智能已凸显其在鲁棒性、迁移性及能效比等方面的问题；在医疗领域中的应用凸显了人工智能算法自适应能力的局限，例如在做预测时发现对女性脑卒疾病的预测准确度不高；人工智能可解决一定的问题，但其工作原理还没有明确的可解释性。人工智能发展也有不顺，在深度学习领域，它还会遭遇瓶颈期。

人工智能的征途是星辰大海，未来发展空间广阔。总体上人工智能的进步速度比我们想象的要快。未来人工智能应该具备对大场景、多对象、复杂关系的精准理解，这样才能弥补现有人工智能的不足。"深度网络的发展很大程度上受到脑科学的启发，仅仅视觉听觉部分脑功能的发现，就极大推进了人工智能的发展。如果有机会了解全脑，相信那更会为人工智能带来巨大变化。"人类从20世纪中期开始探索人工智能，现在它已成为增长最快的领域之一，并且俨然成为一个非常广泛的概念，其影响将更加深远。

## 智能制造技术与再度兴起的机器人技术

智能制造作为新一代信息通信技术，与制造技术融合发展，代表着先进制造技术发展的主要方向，而机器人是实现智能制造的重要且特殊的载体。

智能制造的核心思想是以信息通信技术、自动化技术与制造技术交叉融合为基础，实现跨企业产品价值网络的横向集成，贯穿企业设备层、控制层、管理层的纵向集成，以及从产品设计开发、生产计划到售后服务全生命周期的工程数字化集成。智能制造能极大地提升产品的创新能力，增强企业快速响应市场的能力，提高生产制造过程的自动化、智能化、柔性化和绿色化水平，提升产品的质量和品牌影响力，促进制造业向产业价值链高端迈进。

新一轮智能制造发展的主要技术特点是信息化与工业化深度融合。通过大数据、云计算和物联网等泛在信息技术的应用，实现制造全过程深度信息化，打造新一代信息物理融合系统，实现智能制造的战略目标。机器人必将是未来智能制造的重要使能装备。机器人是高端智能装备的代表，是战略支撑技术，对现代制造业、民生服务业、国防安全和社会发展至关重要，被称为"制造业皇冠上的明珠"。

机器人诞生于20世纪60年代，其设计宗旨是在人类不可达或不适合于人类生产生活的环境中，辅助甚至代替人类高效率、高精度、高可靠性地完成各项工作。传统的工业机器人和以空间、深海探测为代表的专业服务机器人,贯彻了上述宗旨。在新一代信息通信技术、人工智能技术带动下,新一代机器人将突破感知、智能等核心技术瓶颈,具备强大的人机交互能力,形成与人、机器、环境间的多重协调能力,向上作为信息空间的有力延伸,向下覆盖更多制造功能,沿着人机协调与共融的方向发展。

机器人在探索空天海洋未知世界、改善人类生活质量等方面,将发挥不可替代的作用。机器人代替人类登上月球、火星,下潜到深达万米的海底,探索空天海洋未知世界。研发安全的新型智能化机器人装备,不仅能广泛地代替人类从事生产劳作,而且能够直接、安全地服务老年人、辅助残疾人。[1] 国际机器人联合会预测,机器人革命将会创造数万亿美元的市场。当前,德国、日本、美国等掌握着这一领域的一些核心技术,在机器人生产方面占据绝对优势。

## 2012—2016年火热的物联网成为技术行业主导

随着网络技术提升、网络空间扩张,由互联网人人互联,发展到物联网万物互联。

物联网是互联网的延伸,是建立在互联网上的泛在网络。物联网是通过射频识别、红外感应器、全球定位系统、激光扫描器等信息传感设备,按约定协议,把所有物品与互联网相连接,进行信息交换和通信,以实现对物品的智能化识别、定位、跟踪、监控和管理的一种网络。

物联网通过传感器相互感应,将用户与物体连接起来,使智能感

---

[1] 资料来源:于海斌. 智能制造与机器人技术发展新趋势(审时度势)[N]. 人民日报,2015-08-02.

官的人和物相互作用，进行信息交流与沟通。

如果用人体来比喻物联网，传感器相当于人的眼睛、鼻子、皮肤等感官，网络就是神经系统，用来传递信息，嵌入式系统则是人的大脑，在接到信息后要进行分类处理。

物联网的创新是集成性应用的创新，一个技术成熟、服务完善、产品类型众多、界面友好的应用，将是设备提供商、技术方案商、运营商、服务商协同合作的结果。

物联网技术最初以实现移动设备互联为核心，2014—2015年物联网聚焦各种事物数字化，结合数据流提供服务。2016年在数字化背景下，构建新平台、采用新架构，实现万物信息互联。2017—2018年物联网平台技术发展到期望膨胀期，物联网更多地将人、流程、数据和事物相结合，使网络连接变得更加相关、更有价值，加上地面基站与卫星通信集成，从而真正做到覆盖全球。

知名投资人孙正义认为，2021年全球拥有18亿台PC、86亿台移动设备、157亿台物联网设备。2035年这类数据将会增长2 400倍，在未来20年，物联网设备的数量将会超过1万亿台。物联网将与人工智能密切结合，如同眼睛与大脑的配合，会使生物得到新的进化。物联网将会引领新一轮技术爆炸。

## 2012—2013年大数据和算法广受关注

"大数据"是新近出现的术语，人们对它有不同的定义。实际上将传统的软件和数据库技术难以处理的海量、多模态、快速变化的数据集称为大数据，至少涵盖数据量、数据种类和数据采集速度等关键内容。有人增加了数据的真实性和它们为企业带来的价值。有效挖掘大数据的价值已成为信息技术发展的重要方向。因为后期大数据多隐含在相关计算以及人工智能技术中，其发展更多体现在具体的技术应用方面，如人工智能、机器学习、数字孪生、超自动化等技术。

从现状看，人类正在经历从数据被侵到数据觉醒。过去用户的检索、浏览、购买等数据被互联网公司收集，现在已引起消费者的强烈关注，网民开始进入数据觉醒状态，这会推动完善数据权立法。

从趋势看，数据权立法将从智慧城市向全领域拓展。数据权是区别于物权和知识产权的新型产权，只有在数据权界定清楚的前提下，数据才能按照市场规则、资本利得规律合理流动，从而减少信息孤岛，避免陷入数字化鸿沟。

算法是传统的，人工智能作为算法则不同于传统算法。根据我们想要从数据中获取的信息和知识的类型，我们将从中提取一种或几种工具。这些工具中有许多是以传统算法的形式出现的，也有对这些算法的改进或改编，其统计和代数原理非常相似。

现在这些算法之所以比以前更有意义，是因为现在可用的数据量比上述算法最初构想时要大得多，特别是机器的计算能力允许在更大范围内使用这些技术，给旧的方法以新的用途。

在某些方面，人工智能在大数据和数据分析中起着不可或缺的作用。人工智能相对于传统算法的优势在于，它能够产生新的算法来解决复杂的问题。它独立于程序员的输入。一般的人工智能，尤其是机器学习是发明算法的算法。

## 2010年云计算风起云涌，2019年崛起边缘计算

云计算是一种全新的使用硬件和软件等计算资源的模式。计算资源所在地即远方的一个或者多个机房称为云端，人们使用的电脑、手机、平板电脑等输入/输出设备称为云终端，两者通过网络连接起来。云计算技术最早关注个人云，之后向云服务架构转移。2014年云计算相关的技术呈"井喷式"增长，由采用客户端的内存计算转向具有共

享性的云端储存进行的运算。2015年的云/客户端计算的重点放到了内容与应用程序状态在多重设备间同步，为应用程序向多重设备方向发展奠定了基础。

现在云计算拓展到分布式云计算。由于云服务常与物联网、会话系统等技术融合应用，云技术成为一些战略技术发展的核心与基础。

从云计算发展趋势看：

一是云网融合，将从基础设施即服务（IaaS）、平台即服务（PaaS）、软件即服务（SaaS）逐步升级，市场价值逐步提高。

二是软件云服务，电信运营商、软件企业、云服务企业能够百花齐放，出现更多新的软件服务巨头，为企业节省巨大成本。

三是基于移动互联社交的云存储爆发。2018年起，随着物联网技术出现后，信息数据呈爆炸式增长，从云到边缘的技术发展成为主流，集中式的云计算模型已无法满足万物互联背景下的海量数据的高效传输以及处理需求。

四是云原生平台运用云计算的核心能力。为了能在任何地方提供数字功能，企业将转向云原生平台，通过运用云计算，向技术创造者提供可扩展的弹性信息相关能力和服务，缩短价值实现时间并降低成本。

2019—2020年边缘计算凭借对海量数据进行实时处理的边缘计算平台，成为战略性技术的热点。

70多年，6个世界，远不是科技的全部和真实面貌，科技的宇宙有多个世界，难以数清。它的标准不是固定的，有我们感知的基本范围，也有我们感知不到的潜在世界。以上罗列的也仅仅是我们主观的认知，是显性的世界。我们期望的可能会出现，我们没有期望的也可能意外地给我们带来惊喜或悲伤。如果从我们的逻辑看，似乎科技的世界没有大小之分、领域之分，或许有失平衡和秩序，其实科技的每个世界都是以它所推进的程度以及带来的成就来衡量的。

我们以为微不足道的东西，科技可能将其放大成一个很大的世界，而我们认为很重要、成规模的范畴，科技可能将它归为十分渺小的单位。况且不同的人对于科技的认知也不同，如果换另外的朋友来概括科技的世界，可能会将生命世界划归到微观世界，也可能将能源世界单列为一个庞大的世界，将材料科技作为一个独立的王国……那将会是另一番景象。毕竟科技是由人的主观和客观规律结合起来决定的，有许多人类还难以把控的未知。既然科技可以预见未来，那它定会有无数胜过未来的招数，否则它怎么会去以小见大、以今天预判明日呢？让我们拭目以待。

# 第二章
## 新科技的革命节奏
——以数字智能科技为例

第三次科技革命发生以来，科技的爆发没有原来那样的时间节奏、重点内容、影响方式，这使人们觉得，科技似乎没有以前那样的突出成就，其实不然。这次新科技汹涌而来，迭代推进，融合成势，质的突破，革命性气势磅礴。

在时间上，这次科技爆发虽然没有像第一、二、三次科技革命那样的节奏，但是它跨越两个世纪，历时70多年，在不同领域集中爆发，并呈迭代规律，在每个科技领域进行着循环发展。航空科技、生物科技、信息科技等都是这样迭代前行，而且这种特殊的有规律的迭代仍在持续。

在内容上，这次科技爆发不是过去科技革命那种单一的项目，而是各领域群发和多点突破。事实上群发和多点突破的内容，以及多种科技融合的趋势，在力度上都显示出强劲的革命性，一些重点内容，如人工智能、基因科技、生命科学、量子力学的新突破，都使新的科技体现出蓬勃发展的势头，具有革命的锐气。

在影响力上，无论是新科技本身还是科技的应用和产业化，同新的科技内容密切相关。一边科技在爆发，另一边科技迅速产业化，常常是两者交织进行，形成对经济、社会和文化的初步影响。难怪科技界预测新的世纪是数字化世纪、人工智能世纪,是元宇宙的时代、生命科学的时代,这些至少说明,一些科技已经对社会发展有了积极的影响。随着科技革命由萌芽到形成再到兴盛,其对21世纪发展的推动,将会成为人类发展史上最伟大的事件,改变世界,影响未来。本章内容以数字智能科技为例,阐述新科技节奏变化和革命性的初步影响。

## 汹涌的信息技术加速迭代

新一代信息通信技术的创新没有止步,各项信息技术加速迭代,接踵而至,不断出新,展示了信息科技的活力。科技迭代在于不断改进性能,逐渐完善功能,实现替代、补充、衔接、整合、增强的作用。我们这里仅从微观、中观和宏观的不同角度,选择若干线条以见证信息技术的迭代。

### 互联网的迭代

互联网从阿帕网初创,到Web1.0的单向信息传递,又到Web2.0的进化和交互,再到Web3.0的融合与智能,代表着互联网的迭代递进。

互联网初创于1969年的美国,当时美军在阿帕网制定的协议下将其用于军事连接,经过逐渐发展、改造,从1980年起互联网可以民用。实际上当时的普通百姓与互联网无缘,因为通过计算机联网并传递信息需要专门的技术和程序语言,只有经过特别训练的人,或在这一研究领域的专业人员才能使用和驾驭互联网。

Web1.0是1989年英国科学家蒂姆·伯纳斯·李发明的万维网。他将超文本技术成功应用于欧洲核子中心(CERN)内部各个实验室的连接,并推断这一系统可以扩展到全世界范围。通过网络互联

（WWW），互联网上的资源可以在任何一台联网计算机的网页里比较直观地表示出来，并且资源之间在网页上可以相互链接。这改变了全球信息化的传统模式，真正开启了互联网的元年，带来了一个信息交流的全新时代。

从此，普通百姓使用互联网成为可能，不需要专门技能的训练就可查找网络资源。这时还是只读模式的网络，主要将以前没有放在互联网上的人类知识，通过商业的力量，放到网上去。这个阶段用户仅是被动参与。网络是信息提供者，用途相当有限，信息只是单向的，用户只能进行信息检索，只能解决人对信息搜索和聚合的需求。

Web2.0是蒂姆·奥莱利在2004年提出的概念，主要是利用Web平台，由用户主导而生成的内容互联网产品的模式。Web2.0是一种思想和趋势的转变，从只读模式进入"可读写"网络时代。用户可以自己创建内容并上传到网页，注重用户的交互作用，用户既是网站内容的浏览者，也是网站内容的制造者，由被动地接收互联网信息向主动创造互联网信息发展，从而更加人性化。Web2.0时代产生的大量数据资产处于无序状态，资产价值的创造者难以享受应得的权益，大量本属于国民资产的数据被网络平台垄断且不当得利。

Web3.0是为适应互联网价值重新分配的必然趋势而生。用户所创造的数字内容，所有权明确为用户所有，由用户控制，其所创造的价值，根据用户与他人签订的协议进行分配。在Web3.0中，数字内容不再是简单的数据，而是数字资产，因为它的权利得到了资产级别的保障。有了数据资产的产权属性并明确权属关系，人类才算真正进入信息时代。Web3.0更以用户为中心，数字身份认证、隐私保护、数据确权和去中心化都将是发展的关键。

在Web3.0时代，用户数据将以分布式存储的方式记录在不同的服务器上，不再依赖特定公司或是特定的中心化服务器。以分布式存储技术为底层的Web3.0大大降低了信任成本，进而为去中心化提供了可能，同时让价值上网，让虚拟世界更加宏大和丰富，也从技术层面支撑起元宇宙的产生和运作。

## 无线网络技术的迭代

无线网络通信技术几乎按照每十年一代的速度在不断推进。从1G、2G、3G、4G走到今天的5G，现在已进入6G的研发竞争中。1G仅限语音的蜂窝电话；2G实现语音通信数字化，支持文本传输；3G实现了语音、图片等形式的多媒体通信传输；4G实现了局域上网，视频时代加速到来。

5G开启了一个万物互联的时代，除了前述的作用，它还有三大特性，即更大的带宽、更低的时延、更广的连接。移动通信网络技术的更新换代加速着用户终端的跳跃性升级体验，每次升级都使终端功能的规模、质的品位乃至速率、体验方式和效果，好到超乎想象。

6G将会给我们提供更多的想象空间。6G不仅比5G的容量大、带宽高、时延短，而且会更紧密地与物理世界融通，与生产和生活融合。6G将使网络无处不在、无时不有，物就是网，网就是物，成为物网融合的时代。6G系统的天线将采用纳米天线，应用太赫兹波技术，其兼具微波通信以及光波通信的优点，即传输速率高、容量大、方向性强、安全性能高、穿透性强。

6G信息传输的速度至少要达到5G的10倍。利用高速通信技术，可以描绘出在相距很远的会议室或教室的个人的立体影像，由机器人照顾人们的未来社会。马斯克的星链计划有可能是未来通信行业的一个关键变数。低功耗架构、智能化、短距高带宽、卫星辅助覆盖、高精度定位，可能是6G的关键组成，通信系统将会从地面走向天空。

6G所构建的网络如同一台大型机器，仿佛还是有生命的，在各种复杂的环境下，随着环境变化呼吸着、流动着。它知道这个网络的所有状况，也能够预测到网络即将发生的一切变化，包括可能发生的故障，甚至是环境的变化，及时做好调整，并能持续进化，最大效率地做好信息传输和服务，而且不再需要管理人员。

## 虚拟数字世界迭代

许多数字智能技术几乎都是横向上融合和整合，纵向上将具有的综合性功能技术更新迭代地贯穿到底。如1997年有了元宇宙虚拟世界的思想和图像，2016年有了VR/AR的进展，之后又有数字孪生的推进。近两年则是在以往基于数字技术的虚拟产品的基础上产生元宇宙，符合当初设想的目标，成长到融合多种数字技术并形成系统化的复合数字世界。

最新的进展显示："声学全息图可以显著改善超声成像和医疗选择。未来的3D全息显示器可以提高动态影像逼真度，观众触摸全息图能真正发挥作用，我们将看到全息界面与设备进行交互的新方式，并在虚拟现实体验中添加全新的维度。"[1]

## 整体信息技术的迭代

信息技术领域整体平台和产业在持续地代际变迁。20世纪80年代以前普遍采用大型主机和简易的哑终端，被认为是第一代信息技术平台。

从20世纪80年代中期到21世纪初，广泛流行的是个人计算机和通过互联网连接的分散的服务器，被认为是第二代信息技术平台。

---

[1] 资料来源：江晓波，黄诗愉. 面向未来的100项颠覆性技术创新［EB/OL］. 全球技术地图，2021-11-05. https://baijiahao.baidu.com/s?id=1715587034957072431&wfr=spider&for=pc.

近10年来，以移动互联网、社交网络、云计算、大数据为特征的第三代信息技术架构蓬勃发展。纵向上集成电路、计算机、无线通信等分支技术不断升级，横向上融合渗透到制造、金融等其他行业。

第三代信息技术的研究方向，将从产品技术转向服务技术。研究目标是以信息化和工业化深度融合为主的"互联网+"。主要体现在以下三个方面：

一是网络互联的移动化和泛在化。移动互联网的普及得益于无线通信技术的飞速发展，4G和5G技术是进步的重要基础，以软件定义的互联网和以内容为中心的互联网，将会成为未来互联网发展的重要方向。过去几十年信息网络发展实现了计算机与计算机、人与人、人与计算机的交互联系，未来信息网络发展的一个趋势是实现物与物、物与人、物与计算机的交互联系，将互联网拓展到物端，通过泛在网络形成人、机、物三元融合的世界，进入万物互联时代。

二是信息处理的集中化和大数据化。近几年兴起的云计算将服务器集中在云计算中心，统一调配计算和存储资源，通过虚拟化技术将一台服务器变成多台服务器，能高效率地满足众多用户个性化的并发请求。为了满足日益增长的云计算和网络服务的需求，未来计算机研制的主要目标是"算得多"，即在用户可容忍的时间内尽量满足更多的用户请求。大数据的应用涉及各行各业，例如互联网金融、舆情与情报分析、机器翻译、图像与语音识别、智能辅助医疗、商品和广告的智能推荐等。大数据技术在5~10年后会成为普遍采用的主流技术。

三是信息服务的智能化和个性化。过去几十年信息化的主要成就是数字化和网络化，未来信息化的方向是智能化。智能化的本质在于能自动执行程序、可编程、可演化的系统，具有自学习和自适应功能。无人驾驶汽车是智能化的标志性产品，它融合集成了实时感知、导航、自动驾驶、联网通信等技术，比有人驾驶更安全、更节能。德国提出的工业4.0，其特征也是智能化，设备和被加工的零件都有感知功能，能实时监测，实时对工艺、设备和产品进行调整，保证加工质量。[①]

## 传感器技术的迭代

芯片好比大脑，传感器好比五官，这两个领域都是信息技术的核心。中国、美国、德国等都将传感器列为未来重大科技项目，努力在传感器上实现技术突破。

传感器是一种感应和转化的设备，它能检测到温度、声音、光线等信息，然后将它们转化为机器上的电流、电压等电信号，有了它，人类生产出来的机器才能实现智能化。

第一代传感器是结构传感器，其诞生于20世纪50年代。传感器的材料从金属发展到半导体、电介质、磁性材料等各种固体材料，它的结构主要是敏感元件和转换元件，敏感元件就是用来感应检测外界的信息，并将感应到的信息转化成电信号。

第二代传感器是集成传感器，比第一代更加丰富，种类多，功能多，包括声音感应、光感应、触屏，还有军事领域的雷达，包括毫米波雷达、红外线雷达等。再将这些传感器做成各种各样的检测设备，把很多传感器组合在一起或者把传感器和其他元件组合在一起。常见的手机指纹传感器是由光、压力、温度等多种传感器集成的。传感器和其他高科技结合，产生集成传感器芯片，它将传感器与小型的芯片等元件组合一体，这样传感器除了能感应和转化信号，还能处理信号，性能得到提升。集成传感器是硬件性能的巅峰。

这代传感器更为重要，比如一个手机至少有十几个传感器，一辆

---

[①] 资料来源：李国杰. 信息技术发展的新趋势（大势所趋）[N]. 人民日报，2015-08-02.

高档轿车有200多个传感器、一架飞机有1 000多个传感器、一列高铁有5 000多个传感器。传感器隐藏在每个设备里，如果没有它，无论高铁还是飞机、宇宙空间站都无法正常运行。

第三代传感器是智能传感器，它集合了软硬件的优势，再次提升传感器的性能，传感器成了智能设备的灵魂。如果说在互联网时代，传感器与芯片的地位并驾齐驱，那么在物联网时代，就要将传感器的地位排在芯片的前面。

未来十年，"智慧城市"将消耗400亿个传感器，然而，万物互联才是传感器的终极应用，专家一致将智能传感器看作互联的基石，想要互联，就需要网络世界与现实世界的连接。传感器就是连接的桥梁，谁支配传感器，谁就支配未来。①

新型网络技术将继续深刻改变人际交流和共享信息的基本模式，触发经济、社会、文化领域的变革。就连最基础的传输材料也呈代际发展，过去靠铜线传输通信，现在则有极细的光纤，比头发丝粗不了多少，通过光来进行信息传输，使信息传输量极大，可同时传播3 200个电视频道，并可传输几乎同等量的话音内容。过去我们的望远镜极其有限，现在有中国500米口径球面射电望远镜、波多黎各阿雷西博射电望远镜。科技的迭代让我们难以想象，它们都在改变着世界，提升着我们的生活。

## 融合形成数字智能科技

新一代信息技术、人工智能技术、数字科技、数据科技，在应用中相互融合和渗透，在迭代创新中已经不是原来单纯的某种技术，而

---

① 资料来源：硬核熊猫说. 被列为十大科技之首，重要性堪比芯片［EB/OL］. 腾讯网，2021-12-02. https://new.qq.com/rain/a/20220929A08KK000.

是呈现出融合、综合、集成的特征，这就需要新概念来包装，减少沟通成本。于是，一些综合性科技应运而生，比如各种信息技术的融合形成了数字智能科技，一些相关技术融合产生了元宇宙，等等。这些融合形成的科技向着通用和跨行业应用的方向发展。

## 数字智能科技产生于迭代和融合

数字智能科技是在信息科技、数字科技、智能科技等融合迭代中，在与产业交互中，在广泛应用于经济社会中，被实践所接受的综合性科技。

数字智能科技是新一代信息技术的迭代升级。新一代信息科技与数字技术、数据科学、人工智能之间相互融合，彼此促进，共同迭代。云计算、大数据、移动互联、物联网、人工智能、区块链等新技术都纳入其中，拓宽了"新一代信息技术"的内涵；量子计算、脑机接口等技术领域已突破传统信息技术领域的范畴，超出"新一代信息技术"原有的外延。

数字智能科技是数字科技与智能科技的融合。数字科技与计算机相伴，借助一定的设备将图、文、声、像等各种信息，转化为计算机可识别的二进制数字"0"和"1"后，进行运算、加工、存储、传送、传播、还原。智能科技是高新技术研究的交叉学科，研究与开发计算机技术、智能系统、智能信息处理、智能机器人、机器人感知与学习的科技，超出新一代信息技术的范畴。比如电子商务，就是对互联网和若干项数字技术的融合运用，从很大程度上解决了运营中的挑战。比如将AI应用于云计算系统的整体运行，就显示出人工智能的巨大潜力，可以改变我们对云计算的看法，尤其是在数据湖分析领域。

在数字科技与智能科技融合中，出现了数据–信息–知识的发展趋势，对数字科技、数据科学、信息科技、智能科技的融合，以及机器智能为主体的知识自动化，提出了新的需求。数字技术借助数据科学实现技术的突破和升级，比如未来的智能计算可能会突破现有信息计算架构，迎来量子计算、生物计算时代。数据科学也需要数字技术的支撑才能实现科学的数字化。在这个过程中，学科将不断融合，技术将不断综合，形成融合的数字智能科技。

数字智能科技是信息技术、人工智能技术与产业交互融合产生的。信息科技、智能科技与产业交互已经产生很好的效果。比如，十年前芯片和摄像头、手机融合在一起，孵化出现代智能手机等。虽然如此融合的案例已经或正在影响时代的发展，但是都已是过去时了。现在的数字科技、智能科技与产业的融合创新，将由以往的被动、随机融合转变为主动、有机融合，数字信息技术和人工智能技术在产业融合创新发展中，具有特殊作用和特殊动力，这种有机融合的爆发力、创造力、高维度将是极其惊人的，将会改变时代和打破既有规则。

数字智能科技是在经济社会实践中推动相关技术相互融合而形成的。在科技与产业交互前提下，融合起来的数字科技和智能科技，利用物理世界的数据，建构与物理世界形成映射关系的数字世界，并借助算力和算法来生产有用的信息和知识，以指导和优化物理世界中的经济和社会运行。实践中融合形成的数字智能科技，为数字经济、数字社会等广泛的领域注入新动力。

如果说信息技术、人工智能等技术是严格意义上的科技名称，那么从这些技术更新迭代到学科融合，再到技术与产业交互，最后到广泛实践的推动，已经变成数字智能科技。

## 元宇宙对相关技术的融合

前面概述过元宇宙掀起的浪潮。从技术融合的角度看，元宇宙是一个技术大融合的综合系统，涉及高速连接技术，AR、VR、XR、3D

显示等技术，安全技术，人机交互技术，数字货币技术，数字孪生技术，AI技术，大数据，物联网技术，云计算技术，传感器技术，信息同步技术等，这些技术不是简单放进一个框，而是要有机融合形成技术群的机制。它的融合有几个特点：

一是元宇宙的融合是在通用性数字技术的应用和产业化的条件下实现的。比如，虚拟现实、增强现实等技术早已产生，过去只是应用在自身功能的领域和方面，范围极其有限。有了互联网+、人工智能+、物联网+、传感器+、区块链+、大数据+等大背景，虚拟现实、增强现实等技术，就可以派上更多的用场，同其他技术一道成全元宇宙世界，使元宇宙成为与现实世界平行的虚拟世界。

二是元宇宙对各种技术的融合仍然处于不断探索、改进和完善中。比如怎样使算法、编程、信息熵、脑机接入、加密金融、量子计算等技术在元宇宙的机制中更好地交叉互动。

三是元宇宙作为多种技术融合的产物，决定了元宇宙的发展需要各种技术在集成中磨合和适应。每项技术的实质性推动都要顾及相关技术的协调应用和效果。比如，虚拟现实如何在多项技术融合的条件下，给人们带来更好的沉浸式体验，实现全感官体验，如何在一体机的耐久性上实现突破。因此，作为融合技术的元宇宙最在乎"木桶效应"，要求各项技术不能存在短板，协调性和融合性要求在技术上补短板，这恰恰也是一些不足的技术研发和创新的机会和增长点。

四是技术融合是其功能融合的保障。正是有了技术的融合和集成，才能保障和促成元宇宙各种功能的交互，比如要得到数字世界与物理世界的融合，就需要通过基于云+AI的基础设施同数字孪生技术的结合，对复杂系统建模、实时仿真、渲染，才能将物理世界简单、快速、逼真地映射到数字世界，可见元宇宙功能上的融合必须建立在技术融合的底座上。这样才能逐渐实现数字经济与实体经济的融合、数字生活与社会生活的融合、数字资产与实物资产的融合、数字身份与现实身份的融合[①]，最终实现人类社会对虚拟和现实交融的期望。

可见，"元宇宙与以往基于数字技术的虚拟产品的最大不同在于：元宇宙的目标是基于多种数字技术形成的系统化复合数字世界"[②]。

## 区块链是多种技术的融合集成

"区块链作为点对点网络、密码学、共识机制、智能合约等多种技术的集成创新，提供了一种在不可信网络中进行信息与价值传递交换的可信通道，由于具有分布式、不可篡改的独有性质，保证了区块链的'诚实'与'透明'，也为其在数字金融、物联网、智能制造、供应链管理、数字资产交易等多个领域的广泛应用创造了条件。区块链技术公开、不可篡改的属性，为去中心化信任机制提供了改变金融基础架构的能力。"[③]运用区块链内容，发挥其功能，可以建立数字世界的信任机制，建设去中心化网络，允许互不相识的人组织网络来保存可信记录。区块链是未来诚信经营的基础设施，为所有可能的交易提供一个中立和公平的结果。企业将区块链技术视为提高自身业务可追溯性的机会，可以保存不可变记录，没有任何麻烦或风险，网络上任何人都可以随时对其进行验证，可以用来增加工作的透明度，在客观上起到监督作用。因此，全球各行业都在积极布局区块链技术，试图通过"组合式创新"技术改变原有的业务与管理模式，放大了区块链的应用功能，这主要体现在以下四个方面。

一是区块链技术对货币信用和市场产生根本性影响。数字货币在

---

① 资料来源：于佳宁，何超. 元宇宙[M]. 北京：中信出版社，2022.
② 资料来源：吴桐，王龙. 元宇宙：一个广义通证经济的实践[J]. 东北财经大学学报，2022(2).
③ 资料来源：唐新华. 技术政治时代的权力与战略[J]. 国际政治科学，2021(2).

未来十年可能会进入普通大众的生活，逐渐成为主流。在数字货币时代，贪腐、网络洗钱、互联网金融诈骗将无处遁形。

二是区块链将在更多的领域发挥作用。区块链与各行业创新融合，正加速向其他领域渗透。人们克服难点、发挥优势，积极探索将区块链与金融服务、数字资产、慈善公益等行业相融合，利用日志存证、信息追溯等特点，解决各行业内原有的交易不公开、不透明等问题。通过区块链与其他技术的融合，实现产业创新，解决审批流程慢、效率低的问题。

三是区块链核心在于构建多方信任机制。去中心化是区块链技术强调的核心特征。实施去中心化不可避免地会造成效率的降低。随着跨链技术的不断发展，区块链的架构将演变为多方共同参与的可信任体系。即在多方信息不对称、背景不清晰的情况下，构建一个多方参与、安全信任的新型生态体系。特别是区块链分布式记账方式让信用机制变得扁平化、众筹化，符合互联网经济平等和共享的特点，从而成为数字世界的契约机制。例如，随着未来6G迈向太赫兹频率，同时会引入基于区块链的动态频段共享技术，数字世界内部的数据与技术的共享，物理世界与数字世界的交互，都要通过一种可信机制来完成，而由区块链充当这个角色比较合适。

四是建立区块链的生态规则。未来企业的广泛应用，将是区块链的主战场，联盟链将成为主流方向。在企业应用中，更重要的是如何从用户体验与业务需求出发，构建一套基于共识机制、权限管理、智能合约等多维度的生态规则。面对不断演进的区块链技术，同步考虑相应的技术标准和法律法规，增加区块链的可信程度，建立区块链的应用准则，加强监管，防范风险。以点对点和去中心化为代表的非对称加密技术，是一个具有颠覆意义的数据库技术。区块链上分布式账本的理念对于解决传统金融中的信息茧房问题，以及数据时代下的互信问题有着巨大的帮助。区块链技术的集成应用将在新的技术革新和产业变革中起到重要作用，拥有区块链技术就能改变世界，各国都期待在区块链时代抢占先机。

## 人工智能等技术跨行业应用

人工智能、神经网络和计算机技术具有跨行业应用功能。比如，计算机技术是多学科交叉发展的结果，其依赖电子工程、应用物理、数学、机械工程、现代通信技术、半导体电子学等多个学科，发展方向广泛且具有操作性。计算机技术暂时并未涉及物理学等基础科学发展的壁垒，面临人类生产生活的广泛需要，其功能实现不再单纯地取决于软件开发者的能力、数量，最终开发出启发式或简单的程序。

人工智能和神经网络新的发展，是基于大量并行使用的计算机算力，只需应用算法就可将海量数据调动起来以实现目的，这要归功于人工智能在图像识别、视频和物体分辨、语言获取、自然语言生成、图像生成、生物学理解等方面已取得的巨大进步。这项技术可以实现跨行业运用，正在改变我们的计算方式，未来一定会取得人们无法预期的成果。

人工智能技术武装起来的服务机器人、自动驾驶汽车、快递无人机、智能穿戴设备等，成为继机械化、电气化、自动化之后的智能化设备和工具，有利于更绿色、更轻便、更高效地发展生产和工作，有利于满足人类不断增长的个性化、多样化需求，增进人类福祉，展现超乎想象的神奇魅力，持续提升人类生活质量，提升人的解放程度。人工智能的优势体现在以下四个方面。

一是人工智能的认知能力将达到人类专家顾问级别。在一些领域，人工智能已有取代人类专家顾问的迹象。这主要源于性能更强的神经元网络、价格低廉的芯片以及大数据的融合，依赖机器深度学习能力的提升和大数据的积累。使用人工智能的人越多，它就越聪明；人工智能越聪明，使用它的人也就越多。

二是人工智能产品将全面进入消费市场。人工智能借智能手机已与人们的生活越来越近。情感机器人、导购和跟随功能机器人、门店接待导购机器人、智能点餐机器人，都颇受欢迎。智能机器人背后隐藏着巨大的商业机会，人们将会像挑选智能手机一样挑选机器人，随着产业和技术走向成熟，成本降低是必然趋势。

三是人工智能将成为可购买的智慧产品和服务。特斯拉公司就是用人工智能技术提升自动驾驶技术，地图导航软件就是用人工智能技术为用户规划出行路线，越来越多的医疗机构用人工智能诊断疾病。数学家丘成桐说："未来十年，数据科学和人工智能对医学的贡献，可能超过其他所有技术的总和，人工智能和数据科学的医学研究将变成医学和卫生保健的一个新领域。"越来越多的汽车制造商使用人工智能技术研发无人驾驶汽车，越来越多的普通人开始使用人工智能做出投资、保险等决策。

四是人工智能将会日益渗透到我们生活的方方面面，帮助我们生活得更轻松、更美好。科技将使人工智能可用、可靠、可知、可控，确保人类与机器之间友好、和谐，尽可能避免潜在负面影响。智能时代的大幕正在拉开，无处不在的数据和算法正在催生新型人工智能驱动的经济和社会形式，生物层、物理层、技术层可能融合为三位一体，人工智能正在改变这个世界。

## 技术汇聚的基础网络保障

基础网络是一系列技术的总和，随着更新迭代，一代胜过一代。以5G为例，在速度上5G比4G快了近100倍；在时延上，同等条件下5G的延迟低于1毫秒，而4G为30~70毫秒；在连接上，5G可以支持每平方千米至少100万台设备连接。对于个体来说，5G将提供增强现实、虚拟现实、超高清（3D）视频等更加身临其境的极致业务体验；对于企业和单位来说，5G支持并满足移动医疗、车联网、智能家居、工业控制、环境监测等物联网应用需求。5G技术有望成为未来数字经济乃至数字社会的"大脑"和"神经系统"，帮助人类实现"信息随心所至、万物触手可及"的体验，并带来一系列产业创新和巨大经济及战略利益。

"5G乃至6G网速的指数级提升，终端的存储将产生瓶颈，但技术进步、生产力提升需求、生活方式需求、市场规模需求是一个相互促进的过程，6G将在保障网络基础上，与区块链、云计算结合打造数字孪生世界，让其更好地为人类服务。"[①]

## 技术融合的平台和延伸

新一代信息技术发展和无线传输、无线充电等技术的融合实用化，提供了人与人、人与物、物与物、人与服务互联的丰富高效的工具与平台。随着大数据普及，人类活动将全面数据化，云计算为数据的大规模生产、分享和应用提供基础。各种专业互联网不断涌现，由此延伸和拓展到智慧地球、智慧城市、智慧物流、智能生活等各方面，形成无时不有、无处不在的信息网络环境，对人们的交流、教育、交通、通信、医疗、物流、金融等各种工作和生活需求做出全方位、及时的智能响应。运用大数据等技术，能够发现新知识、创造新价值、提升新能力。大数据具有的强大张力，将给我们带来许多改变，推动人类生产方式、商业模式、生活方式、学习和思维方式等发生深刻变革。

---

① 资料来源：唐怀坤. 2021—2025年数字经济九大技术趋势展望[J]. 通信世界，2021(1).

## 技术群支撑的万物互联

物联网利用通信若干技术把传感器、控制器、机器、人员和物等联在一起，形成人与物、物与物相连。它对于信息端的云计算和实体端的相关传感设备的需求，使得产业内的联合成为未来的必然趋势，也为实际应用领域打开无限可能。

物联网产业链包含八大环节，即芯片提供商、传感器供应商、无线模组和天线厂商、网络运营商（含SIM卡商）、平台服务商、系统及软件开发商、智能硬件厂商、系统集成及应用服务提供商。

随着产业的成熟，支持不同设备接口、不同互联协议，可集成多种服务的共性技术平台。物联网的广泛应用，使移动设备、嵌入式设备、互联网服务平台成为主流。当下的智能家居、智能设备的应用都有物联网的影子，未来将有数量巨大的IP地址、传感器、可穿戴设备，以及虽感觉不到却可与之互动的东西，时时刻刻伴随着人们。进入房间、商店、公共场所、社区，各种东西能够相互感应，全面自动化和感应化，这将是一种智能化状态。

物联网是一个新的江湖，它的真正价值和直接市场在于工业和商业领域，它所带来的产业价值将比互联网大30倍。随着行业应用和产业化的逐渐成熟，将会有更大的公共平台、共性技术平台出现。各种智能化设备的广泛应用，人物感应，都将逐步普及到社会各个方面，改变人们的生活、工作、娱乐和旅行方式，甚至改变全球企业之间的交互，未来所有的公司都是物联网企业，它们享受着物联网的各种便利，利用物联网工具和技术，生产物联网产品，为人们提供物联网服务。

物联网的未来前景广阔。人类已在利用物联网进行月球、深海探测，无人驾驶汽车将在陆地上安全奔驰。物联网创造财富的价值完全建立在大数据基础上，强有力的数据支持是物联网发展的保障。

当今世界，信息科技、数字科技、智能科技相互融合激荡，正在构成不同的综合性科技，向着更多领域、更广泛的市场持续渗透和影响。数字智能科技已成为时代洪流，正在卷入经济社会的发展大潮，形成塑造未来的一股强大力量。

以数字智能科技为例来认识这次科技革命的力度和革命性，并非把数字世界看作科技的全貌。事实上，数字世界的奇迹和缤纷多彩的互联网世界都是建立在许多技术融合的基础之上的。在我们每一次触摸屏幕的背后，或许都是几个行业几十年来技术、经验、过程整合的一次体现。如果说是技术研发出了工具，工具孕育出了环境，环境相互影响，那技术现在在哪里呢？就是各个领域同在发力的科技。人们越是看重数字科技发展的成就，看重数字科技对现实世界的影响力，就越要重视其他各种科技的成就和影响。未来世界的推动需要数字驱动和实体驱动。比如将数字技术用在健康、教育和能源上的比尔·盖茨，近年来在美国呼吁重视制造业的安迪·格鲁夫，还有以 PayPal 起家的彼得·泰尔和埃隆·马斯克。许多科技界和产业界人士共同建立起数字世界，他们又很明智地投身于实体产业，将数字科技与实体科技统一起来，发挥科技及其产业的综合优势。

## 科技与产业交互推进

时来天地皆同力。科技是产业的牵引，根据技术－产业转化原理，新科技革命的成果在市场经济的条件下，在一定时期，将会转化并发展成为产业。随着科技不断爆发，科技与产业的融合与循环发展，从基础研究到产业化的速度越来越快。特别是当科技成为世界变革最高驱动力的时候，不计其数的资金被投入技术开发和产业化中，试图改变世界。形成新型产业的条件有三个，一是最新科技，二是社会需要，三是资本力量。其实科技力量的背后都是人类活动。所有科技进步都反映人和社会的需求，正是人类及其社会活动将资本和科技相结合，才形成科技与产业的交互，也意味着新产业的主要发展趋势。

## 交叉融合的新科技孕育着新产业

无论是从重大科学发现和技术演进趋势来说，还是从人类共同面临的可持续发展需求来说，孕育中的新产业基于多重技术的交叉融合。过去的技术与产业融合是简单的、非规模的，比如，机械和电气融合，孵化出发电机和电动机等；电化学和新材料融合，孵化出动力电池和电动汽车等。现在的融合则是交叉、交互、成规模。以新能源汽车、移动互联网、大数据、云计算、人工智能、物联网、区块链为代表的新技术将进入大规模产业化应用的加速阶段，新技术深刻改变着制造业和服务业的生产组织方式，推动产业朝着智能化、定制化的方向发展。数字智能技术与脑科学、数学等学科领域的交叉融合将会极大地推动人工智能、机器人技术产业的发展，同时对人类在新时期揭示大脑的秘密也具有重要的促进作用。伴随着这种发展趋势，产业的专业化分工将进一步细化，劳动生产率也将进一步提升。

## 高新科技率先产业化

高新技术产业主要是通过对信息技术、生物技术、新材料技术等这些高新科技的一种或多种进行研究、开发、应用、扩散，而不断形成相应的产业。这种产业所拥有的关键技术往往开发难度大，而一旦开发成功，会具有高于一般的经济效益和社会效益。经济合作与发展组织出于国际比较的需要，依照20世纪末的有关指标，提出高新技术产业的四个分类，将航空航天制造业、计算机与办公设备制造业、电子与通信设备制造业、医药品制造业等确定为高新技术产业。这一分法为世界大多数国家所接受，主要是以高技术研究成果为起点，以市场为终点，经过技术开发、产品开发、生产能力开发和市场开发四个不同阶段，使知识形态的科研成果转化为物质财富，其最终目的是高新技术产品打入国内外市场，获得高经济效益。

2021年，中国的高新技术制造业利润较上年增长48.4%，两年平均增长31.4%，占规模以上工业利润的比重较2020年、2019年分别提高2.1和4.2个百分点，展现出较强的发展活力，高新技术制造业引领作用突出。高新技术产业化的各阶段相互联系，相互依存，构成了依次递进的线路，使高新技术不断由产业点向产业链进而向产业群延伸和扩展。比如，中国科学院在量子信息领域取得一批重大研究成果，量子通信得到广泛应用，未来能根本解决通信安全问题。量子计算机一旦突破，将推动人工智能、航空航天、药物设计等多个领域的飞跃发展。为了巩固和扩大科技产业化，反过来加强产业科技化，我们需要推进产业硬科技化，夯实并更新现在产业体系的硬科技基础，包括人们所熟悉的新能源、人工智能、生命科学、半导体、芯片、信息技术、宇航技术，以及纳米技术在内的新材料技术。

## 数字智能科技普遍产业化

随着数字智能科技的不断产生和迭代，新科技不断地跟进相关产业快速进入应用，在电子信息产业、人工智能产业、信息咨询产业、超导信息产业、光信息产业、生物信息产业、宇宙信息产业等产业基础上，正在融合成数字智能科技大产业，促进产业数字化转型，形成庞大的数字智能产业。此外，根据产业需要实现5G、云计算、物联网、人工智能、数字孪生、VR/AR等融合，将所有的产业大数据进行全方位的系统整合，成为支持产业发展的新形态的生产要素，并与算法体系相结合。还可以利用区块链技术实行产业区块链化，建立以区块链为重要组成部分的新产业基础结构，推动整合产业链、价值链和供应链，以实现基于数字智能科技创新的指数化增长、产业集群性增长、经济的可持续增长、共享模式的增长。

特别是近十几年，计算机科学比其他科技发展步伐快、力度大、应用广，形成一股比过去的科技革命产业化更大的风潮。比如，从无人驾驶到智慧交通，从直播带货到智慧物流，从5G通信到数字货币，从网络扶贫到数字乡村，技术的突破为经济发展打开新的空间，为产业升级提供新动力。据统计，数字经济在发达国家经济中占到60%以上，在中国目前占36.2%，对GDP（国内生产总值）增长贡献率已达67.7%。[1] 再如，数字智能三大工具的广泛应用反映了产业化推进的广度，主要是电脑广泛应用、互联网广泛应用、机器人广泛应用，反映了不同时期数字智能科技的产业标志。

## 专业技术的产业群落逐渐兴起

除前面讲到的一些科技产业，还有若干产业群落的兴起。

一是由利用基因生产各种转基因产品的基因产业、生物化学产业、生物食品产业、生物医药产业、生物能源产业等构成的生物技术产业群。

二是由纳米材料产业、纳米器件及设备产业，包括微型机器人、纳米加工产业、纳米应用产业等构成的纳米科技产业群。

三是由宇宙交通运输业、宇宙材料产业、宇宙能源产业，包括在太空建立太阳能发电站、宇宙建筑业及宇宙旅游业等构成的宇宙开发产业群。

四是由海洋机器人、海洋资源业、海洋能源业、海水淡化业、海

---

[1] 资料来源：王硕. 新一轮科技革命有何特点？中国科学院院长最新解析[N]. 人民政协报，2020-11-12.

洋建筑业等构成的海洋开发产业。

五是由优生、康养、保健、长寿组成的人口产业、"绿色"食品产业、环境工程、生态工程、循环经济等构成的"绿色"产业群。

六是在现代科技水平及自然科学与社会科学统一的基础上展开的咨询产业、软件产业、人才产业、文化产业、出版产业、传播产业等知识产业群。①

## 科技产业化造就伟大公司

不同的科技塑造不同的产业，成就伟大的公司。过往的科技曾经孕育和壮大了工业、能源、消费、金融等不同产业的大企业。西门子、宝马、奔驰、奥迪、波音、通用电气等都是第二次科技革命的产物，IBM电脑、微软系统、苹果产品等都产生于第三次科技革命。

20世纪50年代以来的第三次工业革命、70年代以来的个人计算机革命、90年代以来的互联网革命也成就了一批大的信息科技公司。仅从信息科技革命的发生说起，比如，受益于个人计算机革命的微软从20世纪90年代成为巨头公司并延续至今，诞生于个人计算机时代爆发于移动互联网时代的苹果，还有互联网时代出现的谷歌、亚马逊、脸书等。

承接20世纪信息科技的发展，21世纪以来频频爆发的数字智能科技出现不久，就适应现实需要，扩大应用范围，并得到资本和产业的积极响应和支持。新产业和新经济改变了交易方式，数字技术更好度量、更好评价，节省了交易成本，谷歌、腾讯、阿里巴巴等互联网企业不是一个简单的现象，而是科技从量变到质变的结果。在推进数字智能技术产业化中，一方面实现科技的价值，另一方面又反馈到研

---

① 资料来源：钱时惕. 新科技革命的内容、特点与未来［J］. 科学新闻，2008-05-07.

发中改进提升，推动科技的迭代晋级，进而再次推进产业化的升级，涌现出一批批新的伟大公司。

20世纪七八十年代，互联网技术突飞猛进中，全球开始铺设支撑互联网的电缆，形成连接世界的基础设施。同时，E-mail "@" 诞生，TCP（Transmission Control Protocol）的发展，世界上第一个 ".com" 域名 Symbolics.com 被成功注册，微软视窗的冲击，万维网规则形成。苹果、思科、华为、中兴诞生。

20世纪90年代，互联网技术突破基于个人间联系的E-mail阶段，相继诞生了基于互联网的经济实体Archie（第一个网络搜索引擎）、网景、雅虎、亚马逊、eBay、Altavista、谷歌、腾讯、阿里巴巴。这些崭新的经济实体成了弄潮儿，开始主导互联网技术创新和应用的持续爆炸。

21世纪前10年，相继出现了社交平台形式的经济实体——维基百科、支付宝、脸书、优兔、推特、苹果、优步、腾讯QQ、小米。同时出现了新的经济模型或新的商业模式。2008年中本聪发表关于比特币的论文，2009年1月中本聪在位于芬兰赫尔辛基的一台小型服务器上，创建了第一个区块和第一枚比特币，向人们展示了比特币与区块链的使用方法。

21世纪近10年，数字智能技术得到更大发展，相继出现了不同形式的经济体，如微信、字节跳动、NFT（不可替代通证）、以太坊网络及以太坊区块链，NFT将附加信息合并到比特币中，致力于改进比特币区块链。2015年以太坊区块链推出以来，履行数字形式承诺协议的"智能合约"更具体地应用于在区块链或分布式账本上进行的通用计算。[①]现在的Roblox游戏平台、Meta、Epic、微软、腾讯、字节跳

---

① 资料来源：托马斯-弗雷. 元宇宙简史 | 未来学家版［EB/OL］. 价值新经济智库，2021-11-01. https://www.artda.cn/xinmeitidangan-c-11832.html.

动、小米等则是元宇宙理论的实体。

## 科技产业化成就相关行业

纵观全球科技，一项核心技术足以支撑一个行业、一个产业，甚至一个领域的持续发展，这些核心技术的创造过程，没有一个不是花费了大量精力和金钱，耗费了几年、几十年，甚至是几代人的心血。资本对科技的嗅觉最灵敏，其对科技的应用推广和产业化参与最早，到技术成熟中后期逐渐降温，也是资本最早开始悄悄消退。可见科技的发展和成功靠的是坚守和努力，来之不易。成功的科技就要抓紧应用。这是一个拼应用落地、拼解决痛点的时代。唯有将科技的赋能效应向社会各行业、各方向延伸落地，才能展现科技的价值，使企业在行业内站稳脚跟，形成自身的核心优势。科技创新与科技应用在资本的作用下相辅相成，促进和衍生了新的科技，同时也促进了科技的广泛应用和产业化。

一项研究表明，近年来，人工智能、高端制造等硬科技项目已经超过投资组合的80%，这是一个科技主导创业时代的开始，说明高科技在吸引资产和产业、保持技术优势和新的科技突破方面有赖战略预见的投入。比如，在人工智能迅速发展的背后，有着来自政府、企业、资本的多重推力。英、美、韩、日等纷纷布局人工智能，一系列扶持政策相继出台。2013年百度成立全球首家深度学习研究院；脸书、谷歌等巨头提出"人工智能优先"的战略转变。互联网数据和咨询公司IT桔子2017年发布的《人工智能产业分析与创业投资盘点》收录了467家AI企业和636起投资事件，其中，人工智能总获投率为67.65%，高于其他行业2~3倍。

2015年7月，我国发布推进"互联网+"行动的指导意见，将"互联网+人工智能"列为11项重点行动之一；2017年3月，人工智能首次写入政府工作报告。[①]可以说，发明创造的每一步，都不是闭门造车，不能"孤芳自赏"，只有与市场、商业和用户紧密结合，才能够实现科技的真正成功。新科技在应用上星火燎原，逐渐拓展，形成产业。

## 向着未来强劲而持续地引爆

人类学家阿尔弗雷德·克罗伯在其著作中提到，整个发明的历史就是一连串无止境的平行实例。但像现代科技这样持续爆发、密集涌现，历史上绝无仅有。从哲学和社会学的广角，怎样认识这些现象呢？

### 引爆未来

持续70多年似火山爆发的活跃期，将科技推进到一个更高的繁荣阶段。从引爆到发挥作用，按照新科技导入期和进入产业期计算，尚需四五十年，真正的应用和对经济、社会、文化的影响更会绵绵延长。问题在于这种持续、密集式的爆发，会成为一种常态，还是波浪式发展，抑或这个时期过后，进入一个相对冷却的阶段，尚需我们在更长时期的观察和把握中去探索和认识。

科技爆发是否存在发展周期和极限，是否存在科技危机？目前如此持续、全面、密集爆发的科技，是一种好现象，还是不好的现象？有人说并不是科技越多越好，也不是越连贯越好，连续不断地科技爆发，总让人期待下一个，它带来的科技如此频繁让人难以选择。但是，总体上密集爆发比稀少要好，有选择胜过没选择。当科技爆发规律尚难认识时，人类就要适应这种状况，不能总拿过去的方式去认识科技，而是要适应新特征，善于处理现今与未来、连续与阶段的关

---

① 资料来源：张意轩，王威. 人工智能需要翻越三道坎［J］. 南方企业家，2017(7).

系，积极配合科技带来的信号，去建设美好的未来。这是科技的使命，也是人类的责任。

科技如此强劲的引擎作用，无疑会影响到未来发展变化的速度和广度。影响未来发展的思想、制度和科技三个要素中，科技的强劲爆发也会影响到思想和制度，而后者也会对科技的影响发挥促进或制约作用。让我们跟踪科技爆发后社会的发展和变化，研究对未来发展的影响中，科技与社会关系的变量。

## 持续改变

科技密集爆发的一个显著特点是加速迭代。新科技突破旧科技总是踩着时代节拍，实现科技自身的迭代更新。原来非常神圣的科学理论，被后来的科技不断地拓展、补充、完善，甚至超越，以及否定，这些都是科技改变和推动社会前进的方式。每推出一种较大型的新科技，特别是每隔一段时间来一次科技革命，就是在革命性地更换一批产业、产品，淘汰一批陈旧技术。

从科技本身来说，当人类发明创造越多，就越是发现自己在无垠的自然面前无比渺小；当创造越少，那么广大的未知数反而令人万分激动。我们要带着使命去揭开世界更多的谜团。科技无止境，未来无穷期。原以为牛顿已经完美解释了几乎所有的自然规律，爱因斯坦却告诉我们那只不过是真实世界的一个浅显粗糙的近似。当我们在纪念相对论发布一百年的时候，量子科学家已经在怀疑这一理论背离真实的自然，人类的认识与本质的宇宙依然有着巨大的差距。哲学家虽然针对唯物与唯心各持己见，但是物质与意识的关系还是很清楚的，然而现在也开始变得模糊起来，像薛定谔的那只猫一样在非死非活中迷迷糊糊。人类的望远镜在骄傲地宣称探测到亿万光年以外星系的时候，却突然发现自己连身边95%的东西都探测不到，只能叫它暗物质或者暗能量。庆幸科技坚守在无尽的前沿，不断地超越、开辟、创造奇迹。

可见，有些科技在当时令人类神往和自豪，但还是局限于时代的认识能力和水平。再过几十年或更长时间，我们就会看得更加清楚，可以在原来已经封顶的认识上再次突破。历史是这样创造的，未来也如此开辟。让我们带着对宇宙本质的痴迷和对未来的敬畏，行进在科技探索的道路上，我们是宇宙的勘探者，我们是未来的拓荒者。

## 突显重点

不断爆发的科技不是以往那种内容单纯、时间阶段相对分明的特点，而是重点科技与科技群落都在爆发，决定了在引领未来全面发展中，有个中心轴在主导，这就使数字智能科技更加突出，在加大普遍应用和产业化中，它占据着科技主导未来的地位。科技在群落爆发中突显数字智能科技的重点，对于全面引导未来，防止死角和空白有好处，同时又不至于平均使用力量，决定了未来的世界不是令人眼花缭乱的万花筒，而是鲜花与绿叶映衬，符合人们对未来世界的认知特性和审美习惯。特别是在科技爆发的当下，关注的人很多，影响的面更大。虽然前三次科技革命非常震撼，影响时间很长，但是限于过去的传播方式，没有迅速引起更多人关注，即便产业化后，由于实现条件限制，多数发展中国家和落后国家没有条件实现工业化和现代化。

现代科技爆发，刚有成效就随之发布，甚至即将突破都会事先预告，的确令人向往和关注。特别是信息通信科技在传播方面派上了用场，既用来宣传科技成果，还有不少对科技研发的预测，人们对新的科技在某些方面的进步充满期待，更有不少资本和企业在等待适宜的科技。在突出数字智能科技的重点引领中，有丰富的科技成果做基础，人们可以选择适合自己的、成本低的、对当地形成现实生产力的科技。加之大国、强国和国际组织，为展示各自的社会责任和世界影响力，投资新科技形成产业化，支持科技的普及应用，或者合作应用新科技，形成科技对经济社会的广泛影响。

几十年的科技发展，有了自己鲜明的特点，难以用标准来评价。很多科学家对希格斯玻色子、引力波、人工智能、基因编辑技术等的发展持乐观态度，很难估量当前相关领域的研究成果将对未来产生何种巨大影响。但是科学并不能很好地解释气候变化、病毒、暗物质、暗能量等诸多现象，也突显出科技的困境。人们期待产生新的科技突破来激发新的技术，引领未来发展。特别是21世纪以来，科技革命的前沿不断改变，显现出逼近"奇点"的趋势。科技自身的内在生命力，开始挑战人类对科技控制的边界。新一代信息技术、生物技术、新能源技术、新材料技术、智能制造技术等领域将取得突破。人工智能、基因工程、量子科技的进展正在一次一次地突破人们的预期。科技似乎在制造盲盒，那些重大科技的突破，会颠覆到什么程度，科技会把我们引向何方，无人知晓。

# 第三章
# 科技爆发的必然

这轮新科技之所以爆发的规模大、持续时间长、呈多点多领域群发，并仍然后劲十足，都是因为它既具有科技产生发展的一般条件和要素，还有不同于常规科技发展且具备科技革命爆发的特殊条件。

## 科技爆发的要素和特殊条件

就科技产生发展的一般要素而言，主要有以下几点。

**科学的种子**。科学是在古希腊自然哲学的土壤中孵化出来的。古希腊自然哲学流派创始人泰勒斯说过，"万物的本源是水"；德谟克利特提出，"构成世界的是原子和虚空"；毕达哥拉斯提出，"万物的本源是数"。科学正是从以毕达哥拉斯和柏拉图为首的注重数理逻辑的这一支成长起来的。除了他们两位，还有欧几里得的贡献，他的欧式几何通过五条公理，依靠纯粹逻辑，推演出整个平面几何学，并得到了爱因斯坦的发扬光大。爱因斯坦正是通过两条基本假设：相对性原理和光速不变原理，推导出了整个狭义相对论。所以，古希腊哲学送给科学的是"数理逻辑"，这就成了科学的种子。

**创新的思维**。技术元素是人的附属物，是人的思维的产物，是人的衍生物；它不是静态事物，而是伴随生命演化数十亿年的整个过程。人类思维变化就产生科学技术，不断地创新，使得技术元素不断地更新换代。

**经验的积累**。科学的萌芽直接与物质生产活动联结在一起，涵盖人类在生产劳动和社会实践中对一切事物的观察、总结、发现、发明、记录、积累、传承、综合、发展。科技成果产生于长期的知识积累和不断努力探索，渐渐形成科技体系。

**客观的规律**。人们探寻事物发展总结出符合事物发展的客观规律和真理。规律若隐若现，规律是客观的，需要人们去探索，人的主观探索加上客观存在的智慧，就是去揭示规律、遵循规律。主观因素与客观因素的结合碰撞虽然是必然的，但是常常需要偶然性的机遇。有人说，上帝造了客观的智慧并隐藏在自然界，又造了能够寻找智慧的人，去把智慧的原理探索出来，揭示客观规律，结果产生了科学。

**充分的竞争**。竞争比梦想更能推动新技术的产生。有人说近几年推动太空科技进步的，可能是贝索斯和马斯克这两个男人的恩怨情仇和相互竞争：马斯克成立SpaceX，而贝索斯的蓝色起源比SpaceX早两年成立；马斯克要登陆火星，贝索斯计划登陆月球；马斯克庆祝成功回收火箭，贝索斯说这事我们几个月前已经干过；马斯克要为全世界提供Wi-Fi，贝索斯就搞"柯伊伯项目"提供卫星互联网服务。他们的竞争甚至有可能使人类再次登月和登上火星的时间提前。两个人的竞争对于太空科技发展都将会是一件好事。

**包容的环境**。科技就是敢于探索、质疑权威、认真细致、研究数据等，这就需要创新和包容的环境，因为任何一个科技发明，都可能要否定过去的科技权威，或标新立异，或像马斯克那样随心所欲，为普通人和普通环境所厌恶和排斥。只有在尊重科学和创新，包容不同意见的环境下，才能产生新的科技。

科技革命同常规科技发展不一样，它不是步进式发展，应该是集聚常规科技发展的所有要素，同时具备革命性的特殊条件，再爆发性地呈现。

首先，在科技革命酝酿过程中，作为相关领域的科技在萌芽后，已经得到较大发展，但尚未获得对自然规律更深、更普遍的理解，生产力也没有飞跃式发展，似乎一切很平常。

其次，科技需要集聚充分的条件才能引起爆发，比如在战争、灾难和特别广泛的竞争条件下，容易集聚强大动能和力量，如此才能赢得战争，抗击灾难，占据制高点。许多技术理论、技术创新是在二战后集中出现的，有的战争使科技得以突破，比如美国入侵伊拉克的战争中诞生的一些生物医药技术。一些武器的相关技术后来用到了其他方面，也是战争驱动的，典型的如核武器，就是为了防止希特勒先研究出来，爱因斯坦才建议美国率先研究出来的。之所以在二战和冷战或较长的灾难期间，科技能够快速发展，一方面极端的环境产生了很多新的需求，另一方面在特殊情况下，国家能以举国之力投入武器相关的研发中去，使得大规模的协作成为可能，很多技术因此而诞生。这些在客观上给科技革命积累了动能。长时间科技能量的累积和集聚，可以厚积薄发。正是重大事件和较长时间，才能将各种科技要素和资源集中到一个或几个点上，形成爆发的条件。

最后，在科技革命前夜，集聚的新科技要素和条件经过必要的过程，完成了所有基础建设，走完了所有程序，符合科技爆发的逻辑。此刻，科技积聚的火药作为导火索，只待一个偶然的机遇，爆发的前夕静悄悄，经历长期的沉默，或在某一点获取突破，然后发生雪崩式反应，最后全面爆发。

这次科技革命，既不是常规科技发展那样的渐渐释放，也不是过去科技革命那样将科技要素集中在一个点爆发，而是持续、多点、多领域密集爆发。

实际上，将上述科技产生和爆发的诸多条件归纳到三个基本要素

第三章　科技爆发的必然

上，便形成了科技革命的发生机制：一是社会愿望和人们需求的持续且相对集中反映；二是科技人员数量规模和素质提升的集中；三是能更好、更深入地探索和揭示科技发展的客观规律。三者结合就酝酿产生了新的科技。比如，美国能一直在半导体行业领先数十年，原因就是硅谷研发数十年半导体后形成的流程知识，以及相应的人才生态系统，这二者结合加之规律的作用，使得摩尔定律得以生效。

从这轮科技爆发的大量内容中，我们能感觉到几十年前或者更早的人们对未来的美好期盼，正是那时人们心中的念头，或者社会的强烈需求，变成科技工作者刻苦钻研、奋力攻坚的动力，带来了我们现在能看到的丰硕成果，以及科技创造的优质产品、美好生活和社会进步。科技的产生不是偶然和随意的，它是漫长岁月中人类强烈欲望和客观必然规律紧密结合的产物。

接下来的三个部分正是科技革命发生机制的重要方面。

## 社会需求驱动科技爆发

凯文·凯利在他的《科技想要什么》一书中提出，科技是在三种力量驱动下产生的：一是社会客观需求和选择，是集体自由意识对科技体[①]的塑造；二是科技历史足迹的影响，虽然带有历史偶然性，但是如同马轭大小决定了太空火箭的规模；三是科技想要的东西，是早已注定的趋势，是科技进化结构带来的必然结果。可以说，科技的动

---

① 凯文·凯利在其《科技想要什么》一书中介绍了一种全新的科技观。他认为，科技作为整体不是由线路和金属构成的一团乱麻，而是有生命力的自然形成的系统，它的起源可以回溯到生命初始时期。正如生物进化呈现出无意识的趋势，科技也是如此。他宣称，现在人类定义的生命形态有植物、动物、原生生物、真菌、原细菌、真细菌六种，但技术演化和这些生命体演化惊人的相似。科技应是生命的第七种存在方式。技术是生命的延伸，不是独立于生命之外的东西。

力来自对现实问题解决的迫切需求，来自人们对未来的美好向往，来自科学家将专业知识和人们的欲望、需求结合起来的冲动、兴趣、使命。各种社会需求和人类欲望，是科技发展的重要源头和动力。

今天我们看到的累累科技成果中，有与社会需要和发展相一致的方面，也有与人的生存和社会发展不一致甚至对立的方面。其中涉及社会制度、社会实践、社会管理、各种认识等复杂的因素。

从马斯洛需要层次理论的角度看，人类的需要从低到高分为生存需要、安全需要、情感需要、自尊需要和自我实现需要五个层级。马斯洛的需要理论认为，只有在低层次的需求满足后，更高层次的需求才会出现。过去几千年人类的主要需求是生存，战胜饥荒、瘟疫、战争这三大挑战，这是过往数千年乃至今天人类文明发展的主旋律。

追溯现代科技成就之源，反映了过去社会和个人的各种需求和愿望，也体现了社会和人们需求的变化和升级。科技的动力很大程度上是取决于社会对科技的需求和愿望。不同的需求和愿望通过不同的方式，进入科技创新的源头，因此会产生现在不同科技的可能，其影响自然是利弊皆有。尽管科技成果最终由事物发展的客观规律起作用，但是，它总会或多或少地贯穿社会或人们的意志、需求和愿望。那么，上百年前、几十年前的社会需求和愿望是什么呢？

## 寻求更便利、更广泛的联系

20世纪中期的第三次科技革命，推动电子信息技术的应用和自动化生产，自然会产生大量数据，使之后升级的信息通信技术，更多地与大数据相关，突显了数字智能科技在新科技中的逻辑和地位。特别是以前在使用原有通信工具中，人们感觉到电波通信介质有许多弊端，受到自然条件或人为因素干扰，安全与便捷性能太低，满足不了高速发展的国际化需求，迫切需要在通信工具上寻找新的介质，使其最大限度地摆脱自然条件限制，提高其自由程度与安全系数。比如，随着计算机功能的不断进步，在处理数据中如何将处理过程共享给他人以帮助我们解决问题，在自己负责的工作完成后如何将数据转交给他人继续处理，如何将处理的结果传递给他人以至于能在他们的计算机上展示。为了解决这类问题，推动了当今信息社会、数字社会的诞生。

各殖民地国家在二战后纷纷独立，殖民体系彻底崩溃。各国为加强在世界上的联系，除开展交通建设外，在发展电话、电报业务基础上，寻找更便利的联系方式，无疑是刺激电子通信与信息科技发展的强烈社会愿望。

20世纪80年代以来，全球化成为世界范围内日益凸现的新现象，企业和资本在扩大世界范围中，对便捷的联系方式有着强烈的愿望，以抓住瞬息万变的商机，因此迫切需要寻求更先进的信息通信手段。数字智能科技更新迭代之频繁，与资本扩大投入研发分不开。

经济合作与发展组织认为："经济全球化可以被看作一种过程，在这个过程中，经济、市场、技术与通信形式都越来越具有全球特征，民族性和地方性在减少。"

## 期待公平竞争和共享发展的解决方案

经济实力薄弱和科技比较落后的发展中国家，面对全球的激烈竞争，遇到的风险和挑战更加严峻，急需建立公平合理的经济秩序，以保证竞争的公平性和有效性，同时在技术方面也期待有共享发展的解决方案。现在的网络共享和平台共享的科技，即与这些客观需求有关。

互联网、区块链、机器智能等科技，虽然是某些发达国家发明创造的，但它们天然属于全世界，没有全球链接，没有人类共享，这些科技就会变得非常狭隘和苍白，也将失去价值和意义。

## 改变环境恶化和能源短缺的愿望

工业革命以来，石油滚滚、机器隆隆、烟囱林立、车水马龙、遍地矿山，这些都被看作工业社会的繁荣景象。经过两百多年的发展，现在的人们越来越感觉那些表面的繁荣，恰恰是环境污染、生态破坏、过度开采利用资源甚至气候变暖的罪魁祸首，严重影响人类的健康和可持续发展，如果继续这样下去，后果不堪设想。除了变革经济发展方式外，寻求科技上的解决办法，自然成了长期以来人们的共同期盼。

以前有价值的东西成了有害物，以前毫无价值的东西，通过科技研发，正在变成推动目前社会发展的生产资料，比如沙子变成了半导体，有害的大肠杆菌变成了效率最高的合成化合物工厂，曝晒和刮风变成能量，以及现在的绿色能源科技和低碳生态科技等，也将会把人们改变环境恶化和能源短缺的愿望变为现实。

## 中等收入群体的消费需求不断升级

西方的中产阶级以从事非体力劳动或者白领来界定，世界其他地方的中产阶级主要看收入状况。无论从职业消费特点还是消费能力看，他们的工作和生活品质对工具、家具、车船等，提出了更具象的要求。这些对于方便的办公自动化技术和快捷的信息办公系统，会有客观的促进作用，特别是对已经研发出来的信息科技转化为使用工具和产品的产业化起到催化作用。如电子书、笔记本电脑、平板电脑、智能手机、智能耳机、智能手表、智能眼镜、服务软件等产品，正适应了人们的这类需求。

20世纪后期到21世纪以来，新中产群体崛起，他们在创业的同时，"追求幸福、把握生命、超越自我"，形成新的消费需求，追求衣、食、住、行、娱、家、教、医、旅、财等稀缺服务和产品。比如，他们在出行方面对智能化、互联网化、环保化的消费需求，代表了汽车业的发展方向，这些现实消费需求和愿景无疑会反映在即将成熟的技术产品中，推进汽车智能技术的发展。比如，他们通过基因筛查等高端健康服务，追求新潮的体检和保健方式。又比如，前些年有些人千里迢迢到国外花几千元购买智能马桶盖，反映了他们对生活质量和细节的讲究。

近十年兴起的新中等收入群体也有较高档次的消费需求和趋势，比如"数字单身""轻量感日常""IP可持续"，促进一些科技成果的转化、应用和产业化，推动了数字科技和制造技术的步步升级。

## 从追求物质利益向追求精神文化方向发展

法国社会学家让·鲍德里亚在1958年写了《消费社会》一书，这本书描述了一个消费取代生产、一切物品皆符号的消费社会。人们在表面富裕的陷阱中沉醉于符号与物品的消费，所有的消费都是物的丰盛和富饶，逐渐迷失自我，与此同时，社会整体人际关系逐渐空虚，社会不断被物化、异化。这样愤世嫉俗、充满戾气与绝望的观点，在当时社会激起一番热议，书中描绘的消费社会场景仿佛仍在现实中上演。这也说明过去人类的需求，主要集中在马斯洛说的前四个层次，越低层次的需求越容易量化，共性越大，相应市场规模也越大。而规模是分工协作的前提，是旧工业范式的基础。越高层次的需求越不易量化，个性化越强。因此，人类在温饱、安全、社会、健康等基本需求满足后，人类社会产生了巨大的变化，正在从物质经济时代有步骤地进入知识经济时代、信息经济时代、数字经济时代，这也是我们思考新科技产生的出发点。数字智能科技的产生，是否受到过这些思潮的影响和启发呢？从顶级的游戏，到虚拟现实、增强现实、混合现实、数字孪生，乃至元宇宙，都是人们在"万物静默如谜"中找到自我内心的丰盛，也都是人们追求物质利益的同时，向着追求精神和文化的方向发展。

在厌倦了过去那种对规模化喧嚣和一致化的追求后，人们越来越多地享受在智能手机上阅读、联系、游玩。社交网络似乎焕发出了它的勃勃生机，在社交媒体、数字平台和虚拟世界，一些人已无法分辨现实和虚拟，数据在透视着我们的灵魂。人们已不像过去那么从众，即便是聚会的酒店，也不再是宏大的、豪迈的奢侈，更多地布置成分布式场景。社会上跟风和随大流的现象逐渐弱下来，越来越多的人追求个性化、多样化。中国的年轻人，按自我意愿选择生活方式，其中不少人每天大多数时间在上网，依赖互联网进行交流与消费，对感兴趣的高科技产品充满向往，愿意享受生活，尊重自己的选择，拥有新潮的时尚感。他们买车不仅是为了满足基础需求，而且期待有新的体验，包括新能源、人工智能等认知技术以及其他具有吸引力的新元素，这些特点都蕴含着创新的驱动力。

现在不少科技产品适应了这种需求，如3D、4D打印适合生产定制化的一次性产品，可制作假肢、人体器官，还能打印食品，也常用于制作设计原型和建筑模型。未来将是广泛自主制作的时代。3D、4D打印反映了制造业从大规模标准化生产转向定制生产的趋势，最终反映客户需求的个性化、自组织化的趋势。

新科技满足并推动着人类生活方式、生产方式和思维方式的根本性变革。未来科技仍然会尊重个体差异，朝着人类需求的自我实现、掌控生命和超越自我的方向发展。

## 对治愈疾病和健康长寿的渴望

疾病带来的困扰和痛苦迫使人们不断寻求解决方法，呼唤新科技的诞生。20世纪70年代在西方出现的病人权利运动、自我保健运动、自然疗法运动、整体医学运动，生命伦理学的诞生和发展，以及70年代后期生物–心理–社会医学模式的提出，显示出从生物学探寻疾病的原因和治疗的倾向，向着立体化、网络化、多维度地审视健康和疾病转变，促进了生命科学研究的深入，让人们清楚地认识到生物机械论的局限性以及人的整体有机联系。现在仪器就能检查出人们患病的概率，预防和提前治疗就可阻止疾病产生，用先进医疗器械筛查就能确定是否患病，都体现了科技在医疗领域的发展。

加拿大皇家学会院士李明在2021年未来科学大奖周演讲中提到，有个帕金森病患者群体给他来信说："请您和帕金森病患者一起点燃生命之光。多少人期盼干细胞移植和基因治疗能快点，再快一点实现，我们有时候真的生不如死。我们需要科技工作者给我们一线曙光，哪怕给我们一个研发计划都可以，我们太需要了。"这是令人揪心的呼声和对科学家的期待，相信这些呼声已经注入科学家的心里，变成他们发奋研发的强大动能。

## 资本投向和占领市场的需求

20世纪中后期，资本与科技紧密结合，形成科技资本。资本逐利性决定了哪里有更高的收益，哪里就会聚集更多的资本，催生更高的效率。许多公司为占领和扩大市场，把看好的科技作为最好的投资，有的甚至通过垄断新科技去垄断市场，用资本绑定科技，科技成了吸引资本的力量，有的人几乎把科技当成资本和企业赚取利润的工具。这样的方式使科技得到资本支持，刺激了科技的发展。但是有些科技研发在资本的支持下，只想着向科技要利润，难以保证科技向善。

当然，所有科技都希望得到资本的支持，但是要兼顾科技伦理和社会责任，防止出现恶的科技。可见，企业的市场需求和激烈竞争，促进了资本对科技的投入,一旦形成可替代的产品或开发出新的产品,企业的竞争力和市场的广泛占有就会带来更大的利益,这是投资者、研发者共同的希望所在。SpaceX 载人发射成功,投资者对马斯克燃起强大信心。据有关媒体报道,2020 年 6 月 2 日美股开盘,特斯拉股价上涨近 1%,最高达 908 美元,逼近历史高位。经过这轮涨势,特斯拉的市值接近 1.2 万亿人民币。

有人说,在数字经济领域每 9 个月就要发生一次技术变化,原有的商业模型如在 9 个月内不能上市,很可能会走向衰亡,或者因无出口而被憋死。资本充分挖掘新技术创富的优势,并加大投资力度,使资本看起来就像一种指向其自身产生利润的力量。特别是掌握互联网霸权的资本对信息资源的控制与垄断实现了时间、空间界限上前所未有的拓展。可见科技与资本绑在一起,对科技研发具有刺激和催化作用。

## 对原有科技更新和升级的期待

前三次科技革命大多都涉及发展的能源动力、交通工具、自动化机器,每次都在向前推进。在对以往科技及其产品和工具的应用中,发现了问题和缺陷,于是从兴奋到一般化再到不满足,产生更高的追求,期望清洁的能源、快捷的交通、智能的机器。

动力上,由于受能源和技术的限制,最先进的核动力无法真正在现实生活中完全普及并自由使用,人们追求超越核能的更新、更便捷、资源更丰富的新物质,来作为未来的动力。

交通上,运输速度与地球村的要求还相差甚远,远远满足不了生产、销售、交往的需求,期望改进汽车、火车、飞机等交通工具和通行道路。

在生产生活的自动化上,数字化智能化是必然趋势,人类在社会生活中的角色，将是生产与生活的设计者，是战略指挥者，是生活的享受者，所有具体的生产工作劳动和生活，期盼全部由智能化的机器人来完成。但这个任务要依靠以机械化为核心、以光电工作原理为基础的机器人来完成，可能性不太大，期待一种新的思路，模仿生物运动，运用生物机能原理加以改善，才能真正实现。

这些期待有的已经实现，有的还在突破之中。这种接力赛式的追求、催促、竞争和责任，反映了需求升级对科技的更高要求和期望。

## 美苏冷战和军备竞赛的刺激

历史表明，任何先进的科技大多最先用在武器制造和军事上。美苏在核武器运载工具、多弹头分导、潜艇发射战略核武器等高技术领域武器的研制上投入大量人力物力。20世纪80年代美苏军备竞赛刺激了太空技术和其他高新技术的发展。1983年里根提出"星球大战"计划，旨在建立以卫星为基地，以激光、粒子束为武器，分阶段拦截、摧毁敌方来袭导弹的一个庞大的防御体系。同时苏联也加紧研制粒子束武器。

对科技刺激最强的当数美国的军事工业联合体，军方向产业提供采购订单和军事津贴，向科研单位提供研发资金，在联合体中处于相对核心地位。二战爆发后，军备竞赛与政府研发资金的支持为冷战后期技术的商用奠定了基础，构成美国制造业的先发优势。在《技术、增长与发展》一书中，弗农·拉坦说："政府资助的研究和技术开发在几乎所有美国具有国际竞争力的通用技术的发展中都发挥了重要作用。"他甚至怀疑，如果没有政府的采购，核能是否会发展起来。邵宇、陈达飞在《脱钩与突围》一文中，引用麦克雷对美国国防高级研究计划局与战争相关任务的阐述，认为美国创造并维持了一个创新生态系统，催生卓越的军工技术，在和平时期的任务则是将其转化为提升经济竞争力的技术。冷战结束后，美国国防部启动了技术再投资计划（TRP）并拨款用于技术升级换代，重点发展军民两用技术。如没有军方资金的支持和军用技术的商业化运用，20世纪80年代几乎不可能成为信息时代的起点，苹果公司也不会诞生。

美联储前主席格林斯潘在解释美国的繁荣与衰退时认为，最关键的三个方面是：生产力、创造性破坏和政治。创造性破坏是美国生产力不断进步的动力机制，而政治则是影响该机制能否得以发挥的重要因素。技术的发展和创新的扩散确实有迹可循，但它并非独立生成，而是内生于经济和政治的社会化过程，其背后是人的选择、意愿，甚至是强迫，尤其不能忽视政府和军事的诉求。

战争迫使军方有需求，国家提供资金给相关产业和科研机构，产品有急速的规模需求，科研成果受到经济刺激很快成熟，一旦有成果便很快进入产业，大量生产，投入战场。这是刺激科技发展的一种连环套。虽然这种机制会给科技带来效率，但有违科技伦理和道德原则，这也是资本冲动和利益使然。

社会发展的强烈需求驱动着科技创新。社会关心的问题，都会上升到哲学的基本问题上，由生产、生活、生命上升到因果、心物、简复、时空。恩格斯说过："社会一旦有技术上的需要，这种需要会比十所大学更能把科学推向前进。"社会需求、国家利益、政策驱动是科技革命产生的外部动能。科技越发展，外部需求的驱动越强大。

## 科创者的创造动能和特质

从20世纪中期开始，以往的自由探索式研究，逐步转变到以国家战略需求和应用为导向的有组织的研究。虽然新的研究方式突出科研团队组织和科技目标导向，但强调以科学家为主导，并以自由探索为科学活动的根本形式。因此，在组织引导和保障下，仍然要注重科创者的创造动能和特质养成。科技创新工作者具有专门的知识和技能、具有较高创造力，从事或有潜力从事系统性科学和技术知识的生产、促进、传播和应用活动，致力于科技创新。

如果将几十年乃至更长时间的累累科技成果，还原或分解到科创者身上，会呈现出这些个体与常人不同的情景。每项伟大的发现、发明、创造、创新，都记录着科创者的奋斗足迹。参与科技研发的人员大多有好奇、兴趣、欲望、冲动、冒险、专注、意志、艰苦等特别的动能和品质，他们大多带着各种希望、憧憬和愿望，挺进在科技无尽的前沿，描绘和创造着美好的未来。

## 好奇和兴趣

好奇是个体遇到新奇事物或处在新的外界条件下产生的注意、操作、提问的心理倾向。亚里士多德说："不论现在，还是最初，人都是由于好奇而开始哲学思考。开始是对身边所不懂的东西感到好奇，继而逐步前进，而对更重大的事情发生疑问，例如关于月象的变化，关于太阳和星辰的变化，以及关于万物的生成。"[①]

好奇是个体学习的内在动机之一，是个体寻求知识的动力，是创造性人才的重要特征。英国的伊恩·莱斯利在他的著作《好奇心：保持对未知世界永不停息的热情》中，把好奇心分为两种：一种是对一切新奇事物都着迷的消遣性好奇；另一种是探索知识的认知性好奇。有研究认为，好奇心是一个倒U形的函数。很确定和很不确定的时候，人们都不怎么好奇，位于二者之间时，人们最好奇。

有人说好奇是人类的第四驱动力，认为可以激发人类不断探索未知世界的热情。好奇是智慧富有活力的最持久、最可靠的特征。好奇需要不断地鼓励、奖赏和激励。随着年龄的增长，好奇心逐渐退化，

---

① 资料来源：李超杰. 哲学的精神（第3版）[M]. 北京：商务印书馆，2018.

人们只保留了学习和探索的习惯。拥有好奇的人往往更聪明、更富有创造性，也更容易成功。真正的好奇心会持续地探究，并由此引发洞察力和创新精神。

历史上对浩渺星空的好奇和惊异，对宇宙本质问题的痴迷和热情，对思想穷根究底的辩驳和考问，对逻辑与理性的推崇和赞赏，一直是科学传统中最深层的精神内核。[①]泰勒斯、毕达哥拉斯、德谟克利特等人，作为第一批自然探索者，他们对宇宙的奇异思辨，产生了把自然看作按照自身规律独立运行的存在物的独特自然观念，开启了用人类理性解释和理解自然的思想活动，形成了重视逻辑与数学的思想风格，塑造了追求真理的精神气质。

有好奇就会去想象、设计、创造一个不一样的物质、机器、产品、世界、未来。爱因斯坦认为，好奇心是科学工作者保持无穷的毅力和耐心的源泉。好奇就容易引起想象，想象力比知识更重要，因为知识是有限的，而想象力概括着世界的一切，推动着进步，并且是知识进化的源泉。著名科学家大多具有好奇心和想象力。居里夫人说，好奇心是学者的第一美德：牛顿对苹果落地的好奇发现了万有引力，瓦特对烧水壶上冒蒸汽的好奇改良了蒸汽机，伽利略好奇吊灯摇晃而发现了单摆原理，爱因斯坦从小对玩罗盘感兴趣，达尔文在剑桥大学成了一名狂热的甲虫收集者。没有对自然的观察，没有好奇心，何来科学家，何来达尔文、门捷列夫？智力探索是人类特有的偏好。

乔布斯不算是一个发明家，但是他的设计却融入了人们生活的方方面面。在过去几十年里，几乎没有公司能够模仿出乔布斯设计的简约之美。他用好奇打开了一个个思路，设计了一个个与众不同的产品。他想，人的生活已够复杂了，怎样让客户把产品拿出盒子直接使用，而不是额

---

[①] 资料来源：白春礼. 进一步深刻认识科学与哲学的关系［N］. 中国科学报，2020-09-25.

外地去读一大本使用手册。当智能手机展示出来时，人们既感到新奇简约，又感叹为什么以前没人想到呢。苹果产品至简和创新的美感正是乔布斯好奇、想象和潜意识的孜孜所向。乔布斯说：如果我们能学着像孩童一样思考，把事先脑海中形成的偏见与认知抛在一边，重新去与事物建立联系，我们便会产生全新的观点。这就是好奇在创新中的奥秘。

天真的人，才会无穷无尽地追问关于世界、关于自然、关于社会的道理。2004年，哈佛以全额奖学金录取了一名来自中国甘肃的学生，虽然他的SAT（相当于美国高考）只考了1 560分，但他在高一时，发明了一种过滤水装置，免费提供给附近村庄的农民。对问题死磕的好奇心，有创造力，有执行力，还有服务于他人的热心，这样的人，科技的大门、创造的大门必然向他开启。

在科研中最重要的是对真相强烈的好奇与执着的追求。科研的第一步是提出问题，而提出问题需要有对万事万物的好奇，需要具备广泛的知识积累，需要保持对新事物的开放态度，需要对新行业和新知识保持求知欲，需要在无聊中发现有趣，需要始终用有趣的眼光观察世界和周围的生活。许多顶尖的科学家为什么选择了他们自己的职业领域，或者具体的研究课题，即使没有回报，他们也会执着于自己的学术目标？美国国家过敏和传染病研究所所长安东尼·福奇说，学位、晋升、获奖等外部动机不是驱动科学家的主要因素，对未知的探究、引领变革、追寻自己的好奇心，才是他们选择的动因，并依靠内心的热情来驱动自己的研究。许多顶尖科学家在到达退休条件后仍在长期从事研究工作，因为他们只是喜欢自己的工作。①

中国科学院院士张杰认为："科学研究最重要的就是兴趣和信心。永葆好奇心，是科学家面对任何难题都永不言弃的动力，也是科学家

---

① 资料来源：世界顶尖科学家论坛. 顶尖科学家的成功秘诀是？[EB/OL]. 搜狐网，2022-02-14. https://www.sohu.com/a/522613049_120562715.

不断攀登科学高峰的底气。正是一代代科学家，带着对科学的热爱、带着对未知世界的好奇，不断揭开一个个科学谜团，又不断向着科学的更高更深处迈进，才有可能解决人类社会所面临的挑战和探索自然世界的奥秘。"① 可见，好奇心和兴趣是推动社会进步和科技发展的重要驱动力，它驱动我们去探索未知的世界和发现更美好的未来。

## 欲望和幻想

欲望是人的本性想达到某种目的的要求。人类的欲望是无限和多样的，生存需要、享受需要、发展需要，构成一个复杂的需要结构。它是人改造世界和自己的根本动力，从而也是人类进化、社会发展与历史进步的动力。

欲望和幻想是一切人类活动的起始，把握这个主宰一切的本源，将会获得无穷无尽的能量。它给人以希望和期盼，让人想去达到某种目的。驾驭好欲望，就有可能创造奇迹与辉煌。人类生活各方面的根本，是通过技术去满足人类的欲望。人类想像鸟儿一样自由飞翔，于是有了飞机、飞艇、热气球；人类想像鱼儿一样游泳，于是有了轮船和潜水艇。人类的欲望具有不灭的创造力。

每一个欲望和幻想都是科技酝酿和孕育的起点，正是人们不断演化的梦想、需求、欲望，催生了科技进步。人类需求在一定程度上等同于欲望。对于互联网及电脑产业，开始大家都不懂，也没有所谓的专家，但一切皆有可能，因为很多东西都没有被规范限制，许多概念也都未被定义。因此科技创新的广阔前景就在于我们内在欲望的激烈程度。比如，人们需要拥有一款便携的通信设备，在科技的发展下，

---

① 资料来源：吴月辉．张杰：科研最重要的就是兴趣和信心［N］．人民日报，2022-02-14．

诞生了智能手机；人们需要在尽可能足不出户的前提下，看遍全球各地，虚拟现实、元宇宙出现，将很好地满足这一需求。我们对这个世界抱有的欲望与幻想越多，我们的创造力也就越强。

科技也一直成全着科学家的欲望和理念，科技成果又在鼓舞和吸引科学家走向辉煌。马斯克小的时候就认为，搞发明应该很酷，因为他读的科幻小说《2001太空漫游》的作者说过，任何足够先进的科技，看起来都与魔法无异。要是能够发明出很先进的科技，不就是在变魔法吗？因此，他决定读物理和商业，后来又想接近技术的诞生地。他在上大学的时候就常常思考：这个世界面临的真正问题是什么，哪些会影响到人类的未来？他看好互联网、可持续能源和空间探索，之后他凭借一腔孤勇杀进电动汽车、火箭发射、太阳能、脑机接口领域，在众人都不看好的情况下，以颠覆性的姿态取得重大进展。他特别强调，不要比别人强10%，而是要强1 000%。

马斯克认为，地球面临的最大问题是可持续能源，也就是如何用可持续的方式，生产和消费能源。如果不能在21世纪解决这个问题，我们将灾难临头。这个问题促使他成立特斯拉和Solar City。2021年12月13日马斯克在社交媒体上表示，他旗下的SpaceX公司正在启动一项新计划，准备从地球大气中提取二氧化碳，并将其用作火箭燃料。另一个可能影响人类生存的大问题，是如何移居到其他星球，这让他创立了太空科技公司SpaceX。当他回收火箭成功，2020年5月SpaceX的最新载人飞船发射成功，马斯克顿时受到全球瞩目。[①]

改变世界的强烈愿望，使马斯克总是善于抓住主要矛盾，并敢于下决心去做这些大事情，因而也符合长期发展的潮流。他做特斯拉，顺应全球抗击气候变暖和开发清洁能源的趋势，适应了自动化驾驶的

---

① 资料来源：马斯克：不要比别人强10%，而是要强1000%［EB/OL］. 新浪财经，2020-06-07. https://baijiahao.baidu.com/s?id=1668808552901026764&wfr=spider&for=pc.

潮流。他做SpaceX，顺应了人类普遍的幻想和地球以后可能出现的危机，迈出人类跨行星生存的第一步。马斯克推出机器人，看准了全球人口数量长期下滑，劳动力短缺的大趋势，用机器人来替代人类劳动。日本人口负增长已经很多年，2021年日本人口减少64.4万，29%的人口年龄在65岁以上，只有12%的人口年龄在14岁以下。所以马斯克说："除非能够扭转出生率下降的趋势，否则日本终将消失。"

人类的欲望推动科技不断进步。幸好人类的欲望是无穷的，所以科技才会迭代更新，满足更多人们的需求。1841年沃哥兰德发明了第一台全金属机身的照相机，逐渐进化为今天的数码相机、365天不离身的手机。现在许多科技的不断迭代创新，体现的正是人们无穷的欲望。

欲望和幻想、想象有着密切的关系，幻想超脱于现实中被压抑的痛苦，在想象中获得安慰，它本质上是种具象的欲望，且没有目标做着力点，幻想成为孩子口中的那颗糖。爱因斯坦在去世前几周曾写道："过去、现在和未来之间的区别只是一个顽固的幻觉。"当我们相信某件事时，就会投入精力成就这件事。重点在于人类的活动、人类的愿景，以及你能够相信的东西，便会在探索中成为现实。人们小时候的幻想，随着知识的增加，认知能力的增强，对客观规律的把握，发展成想象。直觉靠的就是想象。

乔布斯说："最重要的是，勇敢地去追随自己的心灵和直觉，只有自己的心灵和直觉才知道你自己的真实想法，其他一切都是次要的。"想象的本质是对原理甚至宇宙原理的探究，但是它们还是有些共性，都会激发创造热情，形成内部动力和驱动，充满对发现和创造的期待、兴奋和责任感，而各方面的专家就是依据已有的知识，靠直觉对事物、对未来进行判断。比如马斯克探索和制造星际飞船既有探索精神、大胆想象、人类责任，也有市场需要、利益驱动。有些需求看着不经意，却能刺激科学家的创造动能。

青少年是最富有想象力的一群人，这是他们最宝贵的品质。一个人可以通过阅读和他人传授不断获取知识，但是想象力和创造力并不能简单地传授。在这方面，一个有效的途径就是欣赏优秀的科幻作品，从奇妙的科学幻想和故事中最大限度地调动青少年的想象力，使他们在愉悦中体验创造思维的魅力。教育应该重视培养受教育者的幻想和想象。科幻和科学有着先天的联系。科幻小说的新颖构思，所蕴含的创造性思维，常常能给科学家、发明家以启发。科学发展史上关于宇宙航行、隐形技术、机器人技术、基因工程技术、器官移植技术、通信技术等领域，科幻作家都曾预先涉足，留下不少脍炙人口的经典作品。随着科技的迅猛发展，这种有趣的现象也会更多地出现在当代科幻小说的创作之中，渗透着对未来的前瞻性思考。

现在人们热衷于谈论的"元宇宙"一词，就源于美国科幻小说家尼尔·斯蒂芬森于1992年出版的科幻小说《雪崩》。1864年，法国作家儒勒·凡尔纳在其所著的科幻小说《地心游记》中，描写了一个有着大海、蘑菇森林和远古巨兽的地下世界，表露了人类对地球深部奥秘的揣测想象与强烈好奇，引导了一代代科学家向大地探索。根据科学探测，地球深部蕴藏着丰富的油气和矿产，是支撑人类发展的重要资源库。中国科学院院士、著名地质学家王成善主持的国际大陆钻探项目"松辽盆地大陆科学钻探"，成功获取连续完整的8 187米岩心，被誉为通往白垩纪的"金柱子"，为预测未来全球气候变化提供了科学依据。近年来，他主导发起的"深时数字地球国际大科学计划"，旨在为国际地学界构建数字化科研基础设施，实现地球演化数据的全球整合和共享。

小说《三体》的作者刘慈欣说，他真正感受到科学的神奇，是他得知光的七彩颜色原来只是电磁波频率的不同。想到这么绚丽的颜色竟然会与频率这么数字化的东西挂钩，他突然感觉眼前五光十色的世界被干巴巴的物理定律解构了，但是这个物理定律又是那样深刻、美妙地涵盖一切，普适于全宇宙，于是，不免对科学产生了一种敬畏感。

## 冒险和冲动

　　冒险是敢于挑战自己、挑战传统、挑战原有的事情。人类的好奇，产生冒险的冲动，人类的冒险，点燃了文明的火炬。一些科技人员具有冲动和爱冒险的特征，那些冒险基因是渴求探索世界的内驱力。一些心理学家表示，冲动行为是一种司空见惯的强力反抗行为，不满于一些事物的现状，是强烈的创造愿望的一种表达。可以说科技活动就是各种想法的一次次探索酝酿，是一次次冲破约束，是一次次激动不已，他们乐此不疲，以苦为乐，惊心动魄，并为此不懈奋斗。

　　我们的祖先冒险驾驶小船穿越像太平洋这样的大片水域的强烈欲望，与将来某一天我们冒险移民火星的驱动力相似，这种强烈的冒险欲望源自文明和基因的混合。"不安分守己"不仅存在于我们的思想中，还存在于我们的基因中。"DRD4基因的一种变体是7R，拥有7R基因的人更有可能去冒险，去探索新领域，去寻找新奇的事物，而且性格更外向，也更活跃。全世界大约1/5的人携带着7R形式的DRD4基因……一个基因要和其他基因联合起来才能发挥作用，而且人类的行为会受到环境因素的影响，因此基因并不能决定人类的命运，我们也不会因为单个基因的影响就去探险。这种'冒险'基因甚至可能有助于人们对抗压力、焦虑和抑郁。"[1]

　　有时候科技创造的冲动、冒险，有按捺不住的感觉，这源于强烈的愿望、浓烈的兴趣、放飞的想象，是科技人员成就伟大事业的重要基础。有的科学家还在小的时候，就非常热爱探索新事物，有许多科学家的发明创造，都可追溯到他们童年和青少年时的特点。他们往往具有不凡的本能，超群的胆略，并为探索而执着追求，而最有成就的科学家大

---

[1] 资料来源：湛庐文化. 冒险基因，渴求探索世界的内驱力［EB/OL］. 第一财经网，2021-12-29. https://m.yicai.com/news/101273547.html.

多具有狂热的兴趣，演绎出不少精彩的故事，留下许多美好的传说。

一些科学家的发明和创造就是被一种不可抗拒的冲动所驱使，即使他们的工作没有报酬，他们也愿意付出代价来取得这项工作的机会。有人说我们是处在教育大大排挤掉内容的时代，有的科学家正是在他们风华正茂的时候，中断学业，急迫地进入他们的创造性事业中，这需要理性分析，也需要勇气。在一项对35位历史名人童年经历的调查和分析中，上过学的25人当中，辍学的有11人，比例大概是44%。乔布斯只读了18个月的大学，爱因斯坦、迪士尼、曼德拉这些人也没能把学全部上完。① 当有人问马斯克为何从斯坦福退学时，他曾说过一句话："我无法忍受互联网时代的到来，自己却置身事外。"这都体现出他们较一般学生更强的冒险精神。

2021年诺贝尔奖得主朱利叶斯，因利用辣椒素识别皮肤神经末梢上对热做出反应的感受器而得到表彰。他童年从未想过当科学家，他妻子建议他"冒险一试"，经过不懈研究最终发现重要的蛋白受体。科学家奔放的想象建立在不拘泥、不保守的思想自由和崇尚变化的性情之中。有的是先天性的，有的则受培养和教育的影响。"科技的'想要'更像是某种需要，是针对某物的冲动，就像海参在求偶时会无意识地漂流一样。数百万种强化联系和无数相互影响的电路，推动着整个科技体朝着某些无意识的方向前进。"② 尼科尔说，具有发明天才的人不能只是积累知识，拙劣的教学、固定的观念以及刻板的饱学多读会扼杀创造精神。一些传奇的故事都说明了科学家的愿望、兴趣、想象、冒险在他们创造中的作用。

---

① 资料来源：北斗星全脑开发.我们解构了35位历史名人的童年经历，发现他们的"成长密码"竟然如此简单［EB/OL］.搜狐网，2017-11-07. https://www.sohu.com/a/208952650_528973.

② 资料来源：凯文·凯利.科技想要什么［M］.严丽娟，译.北京：电子工业出版社，2016.

当然，冒险不等于莽撞和失控。21世纪的人们更注重科学性、规律性和创造性。我们反对一切不讲科学、违反规律、无视教训、反社会、危害生命的冒险。有人发了篇网文叫《饶毅老师有没有冒险？》。饶毅是首都医科大学校长、著名生物学家。作者认为，饶老师的科研肯定有冒险，他在国外期间研究控制神经发育的基因，研究论文发表在《自然》《细胞》《自然·神经科学》等世界级期刊上，回国后逐渐转到人类认知基因组分析上，放弃了他以前驾轻就熟的对果蝇和小鼠的研究，而冒险研究他以前不熟悉的人类认知。但是，饶老师对冒险没有恐惧。"饶老师对科学研究冒险有感而发，并没有说冒险就是最好，也没有说其他人都应该冒险。"[①]

许多科技项目的转化应用和产业化过程处于生产一线，与市场需求靠得很近，现实的技术和产品与人们的想象和欲望更容易沟通。因此，这个时候触发的研发需求更加迫切，与生产在一起的研发也会加速，那种产学研结合给社会推出新的产品和技术的共同愿望，特别是社会需求加之研发者的冲动和冒险精神，实际上是经历极端忍耐、艰苦长跑和多次矛盾激烈酝酿的最后冲刺，是一股不可战胜的强大推力。

## 专注和意志

专注力是人的一种态度，也是一项能力，是一个持续且坚持的状态，是认知活动的动力。对感兴趣的东西，人们就能保持持久的注意力，就能很好地专注。科技的成功者大多有一种专注力，集中在最为重要的目标。他们不会受到其他事物的干扰，办事不拖沓，对于他们

---

① 资料来源：缪老师妙笔生花.饶毅：华人不做科研冒险，网友：你崇洋媚外［EB/OL］.百家号，2022-05-17. https://baijiahao.baidu.com/s?id=1733040790335561595&wfr=spider&for=pc.

准备的重大方案，不到最后一刻，不会让方案就此搁笔。科学家往往将最专注的时间用于完成重要的认知任务，能繁忙而有效地完成各项任务。专注是自身的意志表现，是人自觉地确定目的，并根据目标调节支配自身的行动，克服困难，实现预定目标的心理倾向。

意志是人的意识能动性的集中表现，在人主动地变革现实的行动中表现出来，对行为有发动、坚持、制止、改变等方面的控制调节作用。成功的科学家都有十分明确的任务感和显著的目的性。他们对自己想要的有清楚定位，不会轻易地被别人的想法和观点所左右。他们的意志非常坚定，头脑睿智而富有思想。他们对成功的渴求，为社会创造的价值是出人意料的。

大疆科技成功的一个重要因素就是专注力。它沿着未来无所不能这条主旨，成为全球飞行影像系统的先驱。大疆科技敢于沿着既定方向进行执着地探索，从"发烧友"圈子中走出来，直到民用市场真正启动，一直本着原创精神，独家研发出国内外的前沿技术，从而站稳了自己的国际地位。坚持独创是大疆科技走向成功的源泉。事实证明，国际高端原创技术，并非初创者无可抵达，关键是有无执着的毅力和正确的方向。同很多企业不同，大疆科技更多关注自己的产品。在其"纯粹"文化之下，大疆科技没有被过多的"复杂"因素干扰，集中精力攻克技术高地，使汪滔和大疆公司在短短十几年内，在消费级无人机领域充当着"领跑者"的角色。大疆科技开辟的是一条新兴行业领域，竞争态势的不同，促使大疆科技采用了正确的应对方式，就是以技术占领市场，把技术作为制高点。在成功的模式中，聪明不是智商高，而是追求事物本质的意愿和能力。如同杠杆可以撬起一块巨石，我们如果不知杠杆原理，很难想到巨石为它而动，科技要因内心而动，未来会因科技革命而动。

成功科技最重要的素质便是汪滔和大疆那样坚忍不拔的毅力和抗逆能力。人们可以想象到项目成功的自豪和荣誉，但许多人走不到那一步，就夭折或中途退场，缺少专注和意志。奋斗在科技领域的不少人都深切体会到，目的地不重要，重要的是通往目的地的旅途。在到达终点前，一切仍在变迁，唯一有意义的只有移动的方向。以果溯因，以因求果。挖井的故事表明挖井人总是在每次快挖到时停止，然后说下面没水。爱迪生尝试各种材料做灯丝带来的效果后，世界才一片光明。每一个重大突破都需要经过一个没有重大突破的相对困难的沉默期，有时十年、二十年，需要一帮人顶得住。"任何难题的突破都需要非常漫长的时间去探索，在到达终点之前，科学家必须有'明知不可为而为之'的信心和毅力，才有可能在解决人类所面临的挑战和探索自然世界奥秘的道路上有所贡献。"[①]这都说明人们认识和探索新事物，既要符合客观规律，也要坚持执着，富有敬业精神，不懈钻研。

许多成功的科学家不会故步自封。每年都可以在社交媒体看到，刚刚获得诺贝尔奖的科学家在当天晚些时候仍在上课、召开实验室会议。即使功成名就，仍然坚持设计实验、撰写论文、申请资助，以继续发展职业生涯。他们不会因获得成就而止步。

卡勒德·胡赛尼在《追风筝的人》中写道："我们没必要知道断线的风筝会飞到哪里，甚至连它的影子都不值得去追随。只要你能为它付出真心，它一定就在你所追寻的方向。"真理是时间的女儿。那种急于求成、企图走捷径、抄小路、半途而废、缺乏耐心和忍劲的人，到不了光辉的顶点。毛姆在《月亮与六便士》也写道："世界上只有少数人能够最终达到自己的理想。"

## 艰苦和逆境

许多科技工作者投身科技事业，是从打造艰苦的基础出发的，这里不仅需要对科学事业的热爱和强烈兴趣，更需要不屈不挠、百折不

---

[①] 资料来源：吴月辉．张杰．科研最重要的就是兴趣和信心[N]．人民日报，2022-02-14．

回的探索研究精神和顽强毅力，许多科学家通常比其他人更努力、更高效。科技工作者从事的是一项辛苦活儿、寂寞活儿，不能图省事，也不能加杠杆。

科技道路极为崎岖艰辛，硅谷的辉煌就是从一个车库开始，由一群跳槽的科技或管理人员创建，并在荒野中崛起的超百万人的科技园。科技人员必须盯着目标，全力以赴，艰苦奋斗，不怕麻烦，肯下"笨功夫"。华人数学家张益唐在失业与贫困中坚持自己感兴趣的数学问题，终于在孪生素数猜想领域取得历史性突破。据报道，张益唐已证明黎曼猜想相关问题，攻克了朗道－西格尔零点猜想（Landau-Siegel Zeros Conjecture），震动数学界。[①]其中的艰难、辛苦难以想象。科技事业的过程极其艰难，需要坐冷板凳，长期的默默探索，需要耐得住寂寞清贫。科技研发的每一步都凝聚了汗水和坚持，有的技术也许会胎死腹中，有的技术十年磨一剑，也未必有落地的机会，有的技术藏在兜里，等待市场爆发期。

从事科技还要将名利和享乐置于身后，不慕虚荣，干惊天动地事，做隐姓埋名人。只有不计名利得失，集中时间精力，专注自己的科研事业，勤奋钻研，才有可能取得成功。在必然要出现的事物呈现之前，需要长期的苦闷、煎熬、奋斗。科技成功大多都要遭遇失败和逆境的考验。必然要出现的东西，都不是自然而然摆在我们面前，科技桂冠需要人们竞相摘取，常常要遭受挫折、打击和失败。

逆境充满荆棘但也蕴藏成才成功的机遇，逆境中的人因更能正视自我，发挥自己的勇气，挖掘自己的潜力，奋勇拼搏，而最终成才。一些科学家面临挑战，如申请资助失败、论文被拒稿，等等，但他们

---

① 资料来源：张益唐被曝已证明黎曼猜想相关问题，震动数学界［EB/OL］. 量子位，2022-10-16. https://baijiahao.baidu.com/s?id=1746820887398167299&wfr=spider&for=pc.

的应对方式与常人不同，相比失败，他们更害怕不去尝试。对于能力范围内的事情，他们孜孜以求；对于超出控制范围的事，他们不会耿耿于怀。做科研时要熬得过坎，这个坎指的就是你有很多的机遇，要通过孜孜不倦的努力，发现一些规律，才能解决一些问题。许多科学家都是经历千百次失败后，最后一次成功的。奇迹多是在厄运中出现的，补偿原理同样适用于身处逆境者。霍金二十多岁就瘫痪了，后来连话都说不成，但他却创立了宇宙大爆炸理论。正是艰苦和逆境孕育出创造和伟大。

## 凝聚和后盾

现在有高智商、有想法的科技工作者很多，而独自从事研发工作的成功率并不高。科技人员除了智商比拼外，需要有真正的想法、实验、方案、实物等，还需要智商以外的情商发挥作用，而这恰恰是多数科技工作者不曾重视的素质。许多程序、各种协调、诸多保障，会耗费大量人力物力，仅靠个人奋斗会让人精疲力竭，难以在速度、周全上得到保障。现在已不是个人成就事业的时代，需要组织的力量，需要有人去凝聚和支持那些有冲动、兴趣、爱好和好奇的人，把每个人的软实力调动起来，凝聚起来。

现在，各种组织、企业和团队，对科学知识和优秀人才的迫切需要，胜过以往任何时候。研究表明，高层次创新型科技人才取得重大成果呈现年龄集中的特点，往往在黄金年龄时期创新思维活跃，取得重大的科学突破。诺贝尔奖获得者取得成果的平均年龄为40多岁。因此，应使正处于黄金年龄的创新型科技人才，对科技资源分配拥有充分的话语权和主导权。同时，处于黄金年龄的科技人才往往处在"上有老下有小"的状态，这就需要提供良好的科研条件，解除他们的生活负担及其他后顾之忧。将不同背景、不同信仰的人组织起来，建立共识，一起行动，会聚集为强大的力量，发挥各自优势。除了研发团队，还有在管理、协调、保障、程序、保密等方面的不同分工，保障科技人员排除一切后顾之忧，安心做项目，奋力攻难关。

任正非、曹德旺、马化腾、李彦宏、雷军等就属于科技型企业家，他们有一个共同特点，重视科技人才，大胆使用专家，并为科技人才和专家提供良好的科研条件和生活待遇，让他们感觉到自身价值所在，这是对科技生产力最强的赋能，进而实现创新链、产业链、市场需求的有机衔接。任正非作为典型的科技型企业家，一直重视吸收科技人才，注重技术研发。在华为的全球18万名员工中，研究人员占45%，每年研发投入占销售额的15%。正是万千科学家、专家、工程师用汗水铸就了华为现在的辉煌。

马斯克也是科技型企业家，2020年SpaceX龙飞船成功对接国际空间站，成功将两名宇航员送进地球轨道。像任正非、马斯克这样的科技型企业家，在中国、美国和世界其他国家还有很多。他们大多都有一定的科技背景，他们的经历锻造了自身超强的项目判断能力、创新思维能力和组织研发领导力。企业家和科技工作者的创新活动是推动创新发展的关键。要激励企业家和科技工作者勇于创新，做创新发展的探索者、组织者、引领者，勇于推动生产组织创新、技术创新、市场创新，把科研单位和企业打造成为强大的创新主体。有了充分的工作条件、生活待遇和物质利益的保障，就能凝聚队伍，调动积极性，树立科技伦理意识，充满激情地投入科技研发实践，通过他们的智慧和勤劳，创新科技成果，推动科技生产力发展。

凝聚科技工作者靠得住的办法是，建立机制，制定政策，形成氛围。从吸引录用人才，到善于组织并调动其积极性，再到为科技人员提供条件，排忧解难，解决实际困难，要让科技工作者有获得感和价值感，形成一种良性循环。科技机构和科技型企业，要大胆招聘那些高学历的优秀学生就业，关注青年人才的成长，提供科研的必要条件，鼓励他们践行科学家精神，潜心投入研究，给予他们充分的资本支持和福利待遇。让处于"黄金年龄"的优秀青年人才，发挥旺盛的创造力。比如，实施有利于科技人才潜心研究和创新的评价体系，完善科技创新激励机制和科技评价机制，才能有力支持每个科技工作者、每个研发项目。诸如实行"军令状"、"揭榜挂帅"、科研经费"包干制"等机制，并通过合理管理科研经费，赋予科学家更大技术路线决定权、经费支配权、资源调度权，甚至赋予科研人员科技成果所有权和长期使用权。对科技人员最大的关心是在科学发现、技术创新中的宽容。任正非说："领导经常会问，最新进展怎么样了？你们的研究成果有什么价值？能创造多少GDP？科学家要么说不出话，要么只能说违心的话。当科学家过多关心应用、关心价值，他的锚就锚在地上了，怎么飞得高？科学的道路是漫长的、孤寂的，多少代人孜孜不倦地努力，才发现一点点真理。"

对科技人员的支持，对科技投入的力度，对科技政策的实施，将会把一个个科技工作者的努力和成就，汇聚成一个单位、一个企业、一个国家的创新活力和氛围，从而形成经济增长和繁荣的驱动力。"2020彭博创新指数"排行榜上，德国打破过去六年韩国霸占榜首的局面，成为新的最具创新能力的国家。对国家创新能力的评价，主要使用七个指标，包括研发强度、制造业附加值、生产率、高科技公司密度、高等教育效率、研发人员密集度及专利活动。德国在制造业附加值、高科技公司密度和专利活动方面均排名前三位。[①] 上述指标体现了对科技研发的宏观氛围和政策支持，能够营造出有利于科技工作者成长和发展的最佳环境。

---

① 资料来源：赵觉珵，青木. 创新能力榜，中国被排在第15 [N]. 环球时报，2020-01-20.

## 哲学和思维

　　许多科学家已经荣誉等身，但他们依然通过各种方式持续学习。他们通过书籍、文章、博客、视频、交谈等各种方式不断学习，把学习和思考作为日常生活，确保自己有时间充电，让自己的思维发散，有时绝妙的想法就出现在会议的茶歇，或是徒步时。从他们的职业生涯早期开始，就让自己身边充满各式各样的导师，帮助他们制定职业规划，遇到挫折时给予他们鼓励。爱因斯坦说："历史和哲学的背景知识能够给予我们一种独立性，以摆脱大多数科学家所陷入的一代人的偏见。在我看来，这种独立性正是区别匠人或专家与真正的真理追求者的标志。"科学研究体现的正是一种纯粹的思想和哲学的力量。在许多科学研究的开始，有些问题很难厘清，可能涉及对世界根本认识的哲学基本问题，即便有些科技成果已经出来，也让有的科学家陷入难解的哲学思考当中。

　　哲学上的洞见既能打开一些领域的迷茫，也会因为一项伟大成果的爆发让我们对世界建立新的认识。特别是过去几十年数字智能科技的发展，大多涉及人类智能的性质，包括知识、知觉、想象、记忆、概念、心理表征、思维、大脑的关系研究，其实，这些问题都需要从哲学的认识开始。特别是人工智能、机器人的基本概念，包括符号计算的观念、思想语言的假定，都与莱布尼茨、弗雷格、罗素、怀特海、图灵、福多等在哲学上的思考分不开。

　　辩证的哲学与创新的思维相统一，需要我们发挥灵活的思维方式，比如发散、形象、直觉、时空、辩证、纵横，构成思维的诸多要素，相互配合。科技活动中，常会在瞬间产生富有创造性的突发思维状态，如同灵感一般，似乎不用平常的感觉器官而能使精神互相融通，或者在无意识中突然兴起神妙的能力。

　　不同的哲学思维，会有相应的方式和方法。在科研上既要可控，又要开源，充分利用各种智力资源。既要在若干环节具有非对称优势，敢于领先，又要在此基础上互通有无，博采众长，广纳百川，才能在科技研发中应用自如，灵活变通。

上述影响科技工作者动能的若干要素，与一项实际调研相吻合。在对35位历史名人的童年经历的调查和分析中，调查者发现一些特征几乎在每个人身上都能找到：一是对自己喜欢什么，想做什么，有坚定的意愿，不为外部所动；二是从小显示出强烈的好奇心，对探索世界万物的原理乐此不疲；三是热爱阅读，大多数人通过读书实现自我教育；四是即使是天才，勤奋程度也远超常人；五是全部的学习，基本都是由兴趣驱动。①这些特征几乎涵盖上述主要因素。可以说，每一个要素的培养和形成都不是个人随意的表达和行为，而是科技工作者的自我革命。正是科技工作者艰苦的内在塑造，以及心灵上的自我革命，才创造出一项项科技成果，汇聚成新的科技洪流。

## 科技的客观规律

社会的各种需求是科技产生的广阔土壤，人的各种愿望是创造科技的火热激情，社会和人的需求和愿望总体上属于人类社会的主观条件。创造一个新的事物，特别是成功的科技，都需要这些社会和人的因素同事物的客观性和科技的规律性相结合，主观条件符合客观规律，就能碰撞出科技的火花。这种客观性包括知识、技术体系、研究设施、事物等内在的联系和矛盾。可见，发现、发明和创造不以人的意志为转移，主观和客观相结合，才能有所发现、有所发明、有所创

---

① 资料来源：北斗星全脑开发. 我们解构了35位历史名人的童年经历，发现他们的"成长密码"竟然如此简单［EB/OL］. 搜狐网，2017-11-07. https://www.sohu.com/a/208952650_528973.

造、有所创新。过往的科技都是这样产生的，持续几十年的科技密集爆发，同样遵循着这样的必然和轨迹。

## 必然呈现

社会的客观需求，科技人员的迫切愿望，是在播撒种子，寄予希望，但是事物发展的土壤、空气、温度、水分、时间等客观因素是否适合，至关重要。只有在适合的季节、适宜的条件，经过适当时间的孕育，才能萌发新芽，得到我们想要得到的，种瓜得瓜，种豆得豆。即便如此，或迟或早，既有我们主观播撒种子早晚因素的影响，也有客观事物发展变化的规律影响；新事物的大小、颜色、味道，既有我们播撒种子时大体期望的形状、颜色和味道，也有客观影响决定的细微差异和变化。我们无法预料这项成果的具体细节。当主观因素积极地认识和适应事物的客观性，符合其内在的各种必然联系，像前面例子中说的播种那样，再辅之精心的田间管理，就说明主客观双方已经达到一种默契的结合，被探索的事物具备了必要条件，相关发明、发现和创造将必然出现。

探索科技事物有其内在规律，什么事物应该出现、何时出现，与自然的演变有关，也与社会需求、人们的愿望，以及认识能力紧密相连，这些都是科技成果出笼前必然要出现的条件。或许有人以为这些不断起伏的情况只是善变的幸运事件无意义地呈现出来，但对某些人来说，从那惊鸿一瞥就能看到伟大和激动人心的必然。具备条件十分重要，早了或晚了，科技成果都难出现，或者不被社会接受。这说明形成科技必然性的条件既包括客观事物自身的变化发展程度和时间，还有人类社会对它的认知、开发的意愿和能力，否则不合时宜的科技成果即便搞出来，如果连精英都不清楚、难以认识，就会影响大众接纳的程度和可行性，多数人就不会对其积极选择和认可，它也就会悄无声息,最后灰飞烟灭。

事实上,像那种不是社会广泛需求、不被人们热切期盼的创造,也不会被人们当作需要的种子早早播撒。即使极个别科技工作者有这样的尝试,也难以走到成熟的窗口。过度新潮和不符合常规或不切实际的发明,从开始就可能失败,或许基本的原料尚未发明,也没有必要的市场,大家更不了解,但如果之后水到渠成,就能成功。社会学家罗伯特·默顿说,作为先决条件的知识和工具累积到一定程度,就必定会发现新的东西。科技的强烈想法一旦播下,在与许多外在条件的结合中,必将结出硕果。科学技术的发展衍生轨迹和生物的发展轨迹一样都有周期性,成熟的科技成果经过足够长的孕育时间,必将突破。从1956年提出人工智能到现在60多年才算刚刚入门,这个时间长度刚好跨越一个康波①,技术大爆炸的周期不能说符合康波,但至少会受其影响。但无论怎么影响,这个准备时间都少不了,还得允许这种状况持续进行。

从必然趋势看,科技发明也有一定的方向或倾向,必要的某种条件与趋势相随。这种倾向走势就会转化为某些发明物的必然出现,它不会仅凭社会需求和人们的奇想就改变方向,也不取决于是哪位发明者。要发现的东西在具备条件下,虽然呈现的形式有别,出现的时间有早晚,但就该事物的本质而言,它是必然会出现的。在条件具备的情况下,它的出现则是一种不可抗拒的趋势。

## 同时涌现

过去几十年科技纷纷爆发,频频闪现,不少科技几乎同时被发明和创造出来。像数字科技和智能科技,许多项目在短时期内密集爆

---

① 康波其实就是指长达五六十年的经济长周期,取名于苏联经济学家康德拉季耶夫,又称长波。

发，几乎同时出现，一派繁荣的科技景象。当生产力发展到一定程度，在不同国家、地区、科研机构中研究的相同项目，很可能相同的条件前后差不多都能具备，使某些发明创造具有了主客观相结合的条件，具备了理论基础和现实基础，那么出现类似的结果，产生于差不多同一个时间，是极有可能的。于是，一些必然要发生的事情，同物理法则一样，使同时期想到同样的问题并积极探索的一些科技工作者会同时突破。因此，有的发明创造被同时认可、表彰，有的则相互补充成为一个完善的项目。如同诺贝尔奖同时奖励两人或多人。有时候前后成果相同，但是有明显的时间差，这就要看在成果即将成熟的时候，谁先突破了，包括谁先发表论文，谁先申请专利，最后的发明人可能是那些争分夺秒的人。

重复的发明、同时涌现的科技成果，会随着时间的推进而越来越多。因为几十年来，乃至未来一百年或更远，人们的想法出现的速度越来越快，这加快了同时发现的速度。多人同时推出一项新发明的最早与最晚的时间将越来越近。

必然被发现的东西同时或先后涌现，让人感觉似乎科学家的发明、发现和创造仅仅是一个必经之道，只是让那些必然要出现的发明物通过而已。搞科技的人那么多，有些事，你不去做，也会有别人去做，更何况在研究中多数成果英雄所见略同。这是否说明生产力发达到一定程度，科技具备了加速推进社会发展的条件和动力？主观上随着文化教育的发展，具备创造性的科技工作者，数量上在增加，质量上在提高，已经形成科技竞争的格局，当然同时出现的地区分布还是极不平衡的，多数在发达国家。同时发现、发明、创造的东西，要最后胜出，如同竞技比赛，当第一名出现后，其他人就被残酷淘汰，而且这种竞赛看不见竞争对手、没有明确的规定，拼的完全是意志、运气和效率。

## 依次而来

科技成果的出现是依条件是否充分，根据条件形成时间上有所突破的次序。有些是相近项目的研发，摆在大家面前的就是同一条路，只是满足发明创造的前置要求有差别，有些是以项目的事先出笼为充分条件，当相近的前一个成果出来后，后面的项目就具备了完全的条件，形成了先后次序。在理想的情况下，新的事物只会从已知的东西中踩出下一步，让科技往前跃进。比如有了芯片、电波等，必然会出现互联网、手机。

一种情况是受研发者的喜好影响，可能会促进和推动或干预和抑制某些事物的发生，从而影响科技成果的出笼时间。比如安卓和苹果属于不同品牌，安卓系统开发的时间比苹果系统要早，但安卓系统的手机出现的都比苹果机要晚。两家公司具有不同的风格。由于安卓之父安德·鲁滨有个好奇，他对未来有直觉时，他就想这事为何无人动手。于是他在一个小公司执着地开发安卓系统，后来这家公司被谷歌收购，又继续开发了一段时间后才正式推出。他把安卓做成世界上最大的操作系统后，现在想把所有的电子产品都连接起来。

还有一种则是同一种项目的迭代和递进，包括单功能向多功能迭代，低功能向高级功能递进，有的就是同一个项目加快了速度、增强了效果，形成了自身的一代又一代。比如移动终端从"大哥大"，到轻便可携带的移动电话，再到多功能手机，再到智能手机，再到可穿戴镶嵌式智能设备，也都是按照条件而先后创制出来的。而且移动终端的先后变化和普遍使用带来消费者关系创新、支付信用体系创新、OTO（线上线下相结合）模式创新和个人学习模式创新四个变化，这些全都有逻辑顺序。

再如望远镜从折射望远镜、反射望远镜、射电望远镜、空间望远镜等发展而来，其实这个顺序，反映了人类认识事物的程度和客观条件是否成熟。著名的哈勃空间望远镜是在20世纪中期航天事业得到发展，才有条件在1990年将其发射到大气层之外，太空中没有大气干扰，并且太空无重力环境基本上不产生由巨大镜片的重力变形所带来的误差，所以哈勃同地球上最大口径的望远镜在同等工作领域相比也要强很多。2021年12月25日，美国打造的韦伯太空望远镜奔向离地球150万千米外的地方，接棒哈勃望远镜，相比哈勃的2.4米口径，韦伯的口径达到了6.5米，是第一款超级红外线太空望远镜，也是目前发射的最大的太空望远镜。据称，韦伯望远镜的太空观测能力是哈勃望远镜的100倍，其目标是揭开超大质量黑洞、遥远的外星世界、恒星爆炸、暗物质等宇宙的奥秘，寻找宇宙开天辟地的那束光。前面讲到的数字智能科技的迭代，从某种程度上说同样是根据条件顺序出现的。

必然要出现的事物依次序而来可以概括出几个认识。一是条件充分至关重要。具备条件是有程度和时间累积的，条件非常成熟的东西自然瓜熟蒂落，十分成熟的事物一定会在九分成熟的事物之前出现，没有前面的发现，后面的就难以出来，前面的发现可能就是后面欠一分成熟的那个条件。必然要出现的事物每一步都会按照恰当的顺序踏出，在科技的道路上，该踏出的下一步就正好出现。

二是科技成果顺序出现的现象也反映了量变和质变的关系。2021年《自然》年度人物火星探险家张荣桥，作为总设计师负责协调数万人的团队，建造并执行天问一号火星探测任务，其组成包括一个环绕器、一个着陆器和一个名为祝融号的火星车。当中国的探测器成功着陆火星时，张荣桥说他深刻体会到"十年磨一剑"这句老话的深意。这是艰苦量变基础上的质的飞跃，当然这个"量"不纯粹是探索的时间累积，这项艰巨任务曾让许多航天机构铩羽而归，几乎一半的火星任务都以失败告终。正是各种复杂要素全面量的积累达到一定程度，才使中国成为继美国之后第二个将探测器送上火星的国家。一蹴而就的一些现象和技术，看上去很突然，如2021年元宇宙突然火爆，其实是其构成的要素已经酝酿很久，仅就VR这个要素就已经有20多年了，其他要素均在背后存在了很多年。

三是同生物进化一样，有些现象看上去要最先被发明出来，结果却出乎意料地出现了其他事物。事物的本质往往"深居幽宫"，人们不易直接发现它，但是任何事物只要反映本质，即便现象上似乎还轮不到要出场的事物，偶然因素却使那些代表本质的事物捷足先登，优先出现。由此说明潜伏的事物不能排除在顺序之外，现象上没有它的迹象，内在本质却把它适时地推出来。

## 不吝淘汰

科技的客观发展，在暗暗地遵循着自己生成的淘汰机制。这个机制说明并非所有从事科技研究的人都能走向成功，不是客观上条件欠缺，就是主观上研发者的素质不够。如果客观条件具备，科技工作者不能盯紧程序并坚持走到底，很难如愿以偿。如果科技工作者具有顽强的、坚忍的品格，但是对科技趋势和必然性缺少感悟，实现不了主客观的良好结合，也不会取得成功。所以科技的成功大多都经历残酷的淘汰机制。

多产发明家希利斯认为，同时想到同样发明的人或许数以万计，但只有不到1/10的人会想象可以如何做出来。在这些想到做法的人中间，只有1/10会仔细思索实际细节和明确的解决方案，其中又只有1/10的人会将设计变为实践。最后，在几万个想到这个创意的人里面，通常只有一个人会让发明物在文化中留存下来。

马克·吐温认为，创造就是实现别人以为不可能实现的事。虽然"所谓的核心、精髓，甚至是人类所有的知识都是抄袭而来的，往往需要上千人共同发明电报、蒸汽机、留声机、电话和其他各种发明，但是，只有最后一个人获得了荣誉"。人们很在意科技的结果，因为它带来创造性成果，带来社会的变化，也带给科学家盛名和鲜花，然而，真正伟大的是科技的过程。尽管曲折、低沉、沮丧甚至绝望，也正是这样一个崎岖之路，如同大浪淘沙，给我们带来伟大的发明和创造。淘汰机制还说明，随着科技向纵深发展，对科技成功需要的素质是逐渐升级的。

第一，具备创新意识和丰富的想象力。在研发初期，或者说概念阶段，到处都会有人同时想到同样的东西，也就是那些非凡创意和出色想法。新的创意越抽象，越有可能普遍出现，以及同时有成千上万人想到，创新就是一连串的惊奇。

第二，要把想象上升到研发能力。只有想象、想法仍然不够，想法是没办法申请专利的，想法仅仅是科技成功因素的1%，剩下的还有很多工作要做，需要继续研发。在深入想法和思路阶段，要使创意不断地变得越来越具体，这就使原来有同样想法的人变少了，创意也越来越难预料，构想人的数量就会大大减少。在实验室里，种种发现达到不同的程度，比例总符合我们的期待。

第三，需要包括实验和操作在内的综合能力。一个创造和发明，不仅要想在别人前面，还要走在别人前面，研究实际细节和解决方案，拥有了方案，还要不停地挑战自己，天天问自己，这个方案可不可以更好，永远不要停止，直到把设计变成实践，最后将技术或新产品变成文化。

## 主客观相符

事物和科技的客观性让人们没有回旋余地。比如，前面提到的只要客观条件具备，只要具有一定素质的人参与研发，你研发不出来，就会有别人研发出来，似乎必然要出现的科技品只是把人们的研发当作通过的渠道而已。这种科技趋势和规律会让人产生消极态度，容易放弃主观能动性，放弃发挥聪明才智和竞争意识。

其实科技的必然性包含了人们认识和改造自然的过程和能力，包含了客观必然性与人的主观能动性的结合,即便作为必然要出现的渠道,没有人的主观努力和探索,再必然要出现的事物,也会沉淀在那儿,缺少人的研究仍然难以实现。从这个意义上说,人的探索和能动是科技客观必然性的重要条件。

如果人们消极应付,不思进取,认知能力和实践锻炼就达不到一定程度,那就像原始社会一样,看着那么多资源如同面对荒废无用之物一样。因此,科技的必然性不能成为我们松懈探索、放弃责任、听凭命运的借口,不能用消极情绪和无所事事去等待,甚至抵触科技的客观必然性。要用我们的主观努力,成全科技条件的积累和达成。正如凯文·凯利所言:"不论对必然性有什么理性的想法,就我的经验而言,所有的发明家和创造家都表现得很像他们的发明和发现马上就要同时出现一样。我认识的每一位创造家、发明家和发现家都急着要抢在别人前面把自己的想法散播出去,或要比竞争对手更快申请到专利,几近发狂,或者向前猛冲,要在类似的东西出现前完成自己的杰作。过去两百年来,是否曾有一位发明家感觉到其他人绝对不会跟自己有同样的想法,而事实也果真如此呢?"[1]

因此,要让自己的主观能动性,去邂逅客观必然要出现的事物,甚至做好主观努力应有的准备,因为客观机遇降临都是给有准备的人的。为此,追求科技的成功就是要保持一种竞技状态和昂扬精神,不因必然要来的东西而产生宿命感和消极情绪,而要为我们的探索不懈努力和加油。

科技的必然性还体现在,当它与人的探索结合,经过一定的过程,就会产生好的和坏的科技品。科技的这种客观必然性,同样没有商量的余地。无疑,这样的客观必然性又会让一些人产生抵触情绪,

---

[1] 资料来源:凯文·凯利. 科技想要什么[M]. 严丽娟,译. 北京:电子工业出版社,2016.

割裂人为努力与客观必然两者的关系。比如历史上对于科技带来的机器等工具现象,"有的人万分恐惧,疯狂抵触,走向极端。传奇性的荒野保护行动家爱德华·艾比认为工业文明是可怕的毁灭力量,认为它在同时摧毁着地球和人类。艾比尽其所能,用捣蛋的方法停止毁灭的力量,例如破坏伐木设备"。[①]

历史上有个大学炸弹客泰德·卡钦斯基,写出反科技的宣言,长达3.5万字,并炸伤几十个拥戴科技的专业人士,害死了三个人,但这都无济于事。事实上,人类的探索适应科技规律性,已将伦理原则、有利于社会的因素蕴含于两者的结合之中,虽然最后的科技成果仍然包含着不利于人类的东西,但总比我们不考虑伦理和社会因素要好一些。因为,这种客观必然性依然不以人的意志为转移。

因此,要承认科技发展的必然性,认识科技必然性的本质是一种铁的规律,我们摧毁不了它铁一般的规律,就要使主观适应和客观必然结合起来,甚至融为一体,在绑定中更好地认识它、适应它、尊重它,这样才能够摆脱错误归因,找到成事的核心要素。看到科技进步的偶然性,就能对世界多一分敬畏,也能离成功更近一步。

必然要出现的东西是好还是坏,既有它的客观性,也在于我们如何认识。有些人认为科技带来的机器取代了人们的劳动,事实上它又给我们创造了新的岗位,而且我们对科技成果用与不用,以及怎么用,仍然有选择的机会,仍然可以在伦理和社会的原则引导下来使用。对于有些科技产生的负面影响,我们仍然可以带着对人类负责的态度,在下一轮新技术的探索中发挥作用,尽可能解决。

当不能改造它时,我们就要有勇气改造我们自己,在认识和研发科技过程中,通过我们的努力,可以延迟或提前使一些发明到来,甚

---

[①] 资料来源:凯文·凯利.科技想要什么[M].严丽娟,译.北京:电子工业出版社,2016.

至有可能影响一些偶然性因素。当然，新的科技产品问世时，我们可以选择要不要接纳，不过在做选择的时候，这项产品不一定会把选择权留给我们。在许多情况下，新科技改变了社会，而且改变的方式让我们最终发现，我们不得不使用科技。

既然是这样顽强的科技，我们又离不开，就要选择与科技很好地相处，毕竟它给我们的好处多过带来的坏处，它带来的发展大于倒退，况且任何事物都有利弊，不能一味苛求科技都是好的，不能苛求所有的发明创造都必须听从人类，毕竟世界和地球除了人类还有各种生灵和物质。事实上科技造成问题的原因，与其说全部是客观必然，还不如说人类也有责任。因此，我们要与科技为伍，发挥人类的主观能动性，在延缓和推迟坏科技上持续努力，在用更先进的创新产品取代原本恶劣的科技上狠下功夫。甚至尝试在改造科技前，先从改造人类自身开始，从而树立积极的科技观，面对离不开也赶不走的科技，我们就会生出良好心态。

## 错综复杂

科技具有的复杂性会带来科技管理、组织和方法的复杂性。当代科技正走向复杂性时代，科技的复杂性体现在以下几个方面。

一是科技面对的世界复杂多变，科技研发的对象复杂异常。传统科研者心中的世界，只有物质和能量的基本概念，现在需要加强对信息的认识和利用，越是走向科学发展的深处，越是广泛而深入地探索宇宙和自然界的奥秘，就越能发现世界的无穷复杂性，不得不承认世界的多样性和无限性。比如存在规模巨大、组成要素异质性显著、按照不同层次组织、具有各种非线性作用、对环境开放的动态系统等。我们必须为不同的视角、不同的层次、不同的规律留有空间。特别在跨越层次时，要注意新的质、新的现象、新的规律的出现，深刻认识质的差别。

科技的复杂体现在四个方面：首先，技术进步所涉及的理论太复杂；其次，技术实施复杂度或者超出了人类能力范围；再次，复杂科技所要耗费的成本太高，预期回报时间太长，人类暂时已经无力再前进；最后，复杂科技的协调性超出国家范畴，国家竞争与科技合作处于两难境地。霍金说："21世纪将是复杂性科学的世纪！"[1]大量典型的复杂系统，都直接或间接地和人发生关系。正如凯文·凯利在《科技想要什么》中提出的，科技可能是同人类一样的一种生命体，也就是第七种生命形态，而且科技正在跟人类融合，促进人类的进化。

二是现代科技已发展成具有相当复杂性的体系。复杂的世界带动和影响人们进行复杂思考，进而推进了复杂的科技，因为简单的方法和组织难以应对复杂多变的研发对象。面对认识和解决复杂性问题的挑战，人类对技术的认识绝非传统的概念和理论所能解决，现代技术已成为一个复杂的体系，技术的概念也很难通过技能、方法、知识或劳动资料等某一方面的特征来概括，而是开创了以复杂系统为对象、以有效控制为核心、以信息挖掘利用为突破口的新生代科技。按照这样的机制和模式，在从不同角度、不同观点、不同方法研究不同的问题时，科技产生了不同的分类。正是这些不同的科技分类，在我们解决一个个复杂性问题时，不仅要从局部思考问题，更需要从整体来思考。

20世纪以来出现的许多高科技的复杂性、分类性和精确度，是19世纪的机械技术、动力技术等不能比拟的，更别说21世纪科技的复杂性。科技的复杂性反映出科技本身构成要素日益复杂化和多元化。随着产业之间的相互渗透，各科技要素之间日益呈现复杂的交互趋势，这就使已有的科技产品变得越来越复杂，创造出过度饱和的母体，充满求新趋变的潜力。比如在促进大数据技术逐渐成熟的过程中，李国杰

---

[1] 资料来源：艾伯特·拉斯洛·巴拉巴西. 爆发[M]. 马慧，译. 北京联合出版公司，2017.

院士认为在海量、异构、动态变化的数据面前，挑战大多来自数据本身的复杂性、计算的复杂性和信息系统的复杂性。因此，需要攻克数据间的关联，厘清数据复杂度和计算复杂度间的内在联系；在对数据分析的时间、空间状态的明确限制下，探索从足够多的数据，到刚刚好的数据，再到有价值的数据的按需约简方法；重构系统结构，提高系统吞吐率和并行处理能力，提高并发执行的规模。所有这些有关大数据的研究都要从复杂性研究中汲取营养，不但要了解20世纪的系统论、控制论、信息论，还要学习超循环、混沌、分形和元胞自动机等理论知识，扩大视野，加深对大数据机理的理解。而且集成电路、计算机与通信技术的发展也大大增强了人类研究和处理复杂问题的能力。[1]

凯文·凯利认为，科技体中复杂化趋势锐不可当，想象未来100万年的科技体如果还按现在的速度累积复杂度，结果真是令人不寒而栗。他认为科技的复杂度可以有好几个不同的方向，万事万物的复杂度都没有上限。随着时间流逝，一切都变得越来越复杂，朝着复杂度的终点前进。建筑物内的砖头变得更聪明，手里的汤匙会适应我们的握法，汽车会变得跟现在的喷射机一样复杂，在一天内所用到的最复杂的东西会超越个人能够理解的范围。[2]

三是科技的复杂性决定了组织、管理的难度在加大，研发的方式在不断改进。科技复杂性的发展，不仅促进了物质生产组织、社会组织形式的多样发展和多端变化，也促进了科技研发本身和社会科学研究的多元创新和多维探索。继续立足于传统的组织、管理和方法进行研发，无异于刻舟求剑，也无法回应复杂性带来的挑战。只有充分结合科技发展现状认识科技、把握科技，持续创新研发的方式方法，提高科

---

[1] 资料来源：胡薇. 从复杂性的角度看大数据研究和应用面临的挑战. 悟空智能科技，2018-05-14. https://www.elecfans.com/d/676775.html.

[2] 资料来源：凯文·凯利. 科技想要什么［M］. 严丽娟，译. 北京：电子工业出版社，2016.

技管理、组织和协作能力及水平，才能推进科技研发的进度，提高科技研发质量。1942年美国政府组织的研制原子弹的"曼哈顿工程"，动员了15万名科技人员，耗资20多亿美元，首次显示复杂性技术系统浩大的规模和社会化协作的特点。科技观念逐渐具有复杂性的内涵，鼓励探索和理解复杂性，将成为21世纪科学技术的主旋律。周光召院士曾说："21世纪科学技术发展的特色就是研究复杂性，调控复杂系统。"

现代科技研发和创新，涉及政府、企业、科研院所、高等院校、国际组织、中介服务机构、社会公众等多个主体，包括人才、资金、科技基础、知识产权、制度建设、创新氛围等多个要素，是各个创新主体、创新要素交互作用的现象和开放体系。随着产学研一体化的推进，在高新产业系统化、交叉性增大的情况下，科技研发与转化的复杂性日益加大，会使大规模研发的系统风险增加，单纯依靠规模不大的私人部门和企业来面对复杂的情况和庞大的规模，很难完成昂贵的研究。将知识创新、技术创新、管理创新三股力量凝聚成创新洪流，就会推进科学研究、技术进步与应用创新，并有利拓宽视野、协同合作、共同演进、防范风险、提高效率。

随着科技预测性和可控性的加强，会较好地把握总体方向，并将研发课题市场化、模块化、专业化，再采用小规模研究，充分利用其灵活性，可有效分散风险和加快科技研发速度。在每个科技项目的管理中，将整个链条不断地向纵深延伸，并贯彻到各个环节，全息性地管控，有助于每个过程和相关步骤的顺利和安全推进。"科技方法与科技本身一样，是累积而成的结构。新的设备和工具增加了组织信息的新方法。最近的方法以早期的技术为基础。科技体不断增加事实间的连接及想法之间更复杂的关系。……科技方法的许多重大创新都是最近出现的。很难想象今日的科学没了这些方法会变成什么样。……科学的本质仍在流动，科技体正在快速发现增加知识的新方法。考虑到知识加速、信息爆炸和进步的速度，在接下来的50年内，科学过程经历的变化将会超过以往400年来的演变。几个可能出现的新方法是，纳入负面结果、计算机验证、三盲实验和维基日志。"[1]

## 百舸争流

科技的多元和速率是在科技发展中形成的一种良性循环，多领域科技的发展并非齐头并进，而是争先恐后，形成竞争中的速率。科技的快速发展又造成科技客观上参差不齐的分化和多元格局，具体体现在以下两个方面。

一是随着宇宙的多样性不断提升，科技也具有多样性。虽然生物物种在减少，但每年发明的科技物种数目却不断增加，增加的速率不断升高，到处可见科技的多样性，如水中的人造生物——潜水艇，天空中的鸟儿——飞机，地上舒适的巢穴——房子，以及数百种使用无线电沟通的物种，等等。科技的成长和繁殖力超过生物体，科技体在生物进化中找不到对等物的例子越来越多，如神奇的画板、夜光数位手表等。科技体的多样性已超出我们的认知。现在的手机和相关产品有10万多种，编目的化学物种有5 000种。这种多样性甚至带来选择的无所适从。尽管如此，我们在网页上搜索需要的资料时，不会希望网页变得越少越好。

多样性是科技发展的动力，科技多样性趋势的上扬，为市场和生活带来更多繁荣，为世界带来更大力量。多样性体现了事物的丰富多彩，并不排斥科技的普遍性，两者是对立统一的关系。只是科技普遍性会受到不同文化的制约，比如李约瑟等都承认"科学的普遍性"，并执着于科技普遍性，但是文化区域和历史发展的差别是否也影响到

---

[1] 资料来源：凯文·凯利. 科技想要什么［M］. 严丽娟，译. 北京：电子工业出版社，2016.

这个普遍性？现在，由于人们对物质的依赖转向对创新更多的依赖，知识老化也是因共享而贬值，只有新创造的知识、信息才能推动数字经济前进，科技和创新成为竞争的重要阵地，具有普遍意义。

二是科技的速率性。科学的真谛就是观察世界、总结知识，现在人们观察世界的能力越来越强，一旦选好观察角度，运用数字智能技术，很快崭新的知识就出来了。繁荣和多元的科技，使各领域的科技呈现百舸争流的势头，加速了科技的整体发展，将人类社会也推到了突飞猛进的状态。"人类很难控制从科技中诞生的独立力量。无穷无尽、不断加快再生、变种和自行发展的过程，可能会让科技系统加速过度，使乘客跟不上脚步。乘客拼命往前冲的时候，科技产品可能会产生新的错误。无法预见的成果或许会让我们惊愕，或许让我们害怕。比如，自我复制的力量目前出现在基因、机器人、信息和纳米等高科技的4个领域。"[1]技术发展速度愈来愈迅猛，体现在各个方面，比如计算机技术、微电子技术、材料技术、生物技术、空间技术、纳米技术等，这些使人类生活发生巨大变化的技术，都在快速地产生和发展。同时，多数技术能迅速地应用于生产一线及工作现场，转化为生产力的周期也愈来愈短。这也成为一种趋势和必然。

这部分内容说明，科技的爆发有自身的发生机制，既有人为的因素，也是客观规律使然。科技在引导和塑造未来中，早有伏笔，胸中有数，我们可以得出两个结论。

第一，科技有其发生的要素和机制。从人和社会的角度看，社会的需求、人们的愿望等主观因素，积极地寻求与客观因素相符，正是这些来自人的启动，带来科技在一些环节上的突破。从科技发生的客观规律性看，主观适应客观的状况，促进了科技的发生、运转、形成

---

[1] 资料来源：凯文·凯利.科技想要什么［M］.严丽娟，译.北京：电子工业出版社，2016.

机制，这个运转和生成机制包括了社会复杂需求、科技工作者主观因素、事物发展的必然性三个基本要素，突出了各要素在机制中的配合和互补。因此，对一些科技项目的遗憾，也不能全怪客观必然性，由于科技工作者或者科技单位确立科技项目，都立足于社会和人类，客观发展中也未必都能如愿以偿，仍然要突出和强化参与科技研发的人为和社会因素，仍然需要强化科技伦理道德和社会责任。

第二，在科技爆发的偶然性背后都有强烈的客观必然性。大量科技产生的各种偶然，都反映了科技发生的必然性。科技密集爆发的现象，正是科技速率和多元客观性的体现。从速率的特点看，科技从20世纪后期到现在持续爆发，很少停下来，更未进入低谷，可能以后科技爆发的速度还会超过现在，因为速率已经成为科技的一个重要特点。科技为什么不像前两次科技革命那样，去突出一个鲜明的主题，正是复杂性和多元性导致了不规则的多点群发，呈群落爆发的状态，使布局不规则，更加分散，几乎覆盖各个领域。

纵观科技发展历程，往往遵循一个反复循环的规律：先是社会需求和人类欲望形成科技生发的丰厚土壤；其次是科技人员对客观规律的认识过程，使社会的想要与客观供给的逻辑吻合；再次是项目推进和概念的萌芽；然后是经历市场炒作、资本蜂拥、泡沫破灭；最后繁华落尽后经历科技成熟阶段，直到落地应用。其中决定性的环节是社会需求和客观规律的结合。

# 第四章 全新的样态

20世纪50年代以来,信息技术、生物技术、新材料技术、新能源技术、激光技术、新制造(加工)技术、空间开发技术、海洋开发技术等高新技术蓬勃发展,再次掀起科技革命浪潮,形成对科技全面的、根本性的变革。这是继前三次科技革命之后的新一轮科技革命。这次科技革命呈现出鲜明的特征、机遇、趋势和优势。

## 激增的特征

20世纪下半叶以来,特别是进入新世纪,各个领域的科技,以趋快、增多、迭代、融合、叠加、向上的方式蓬勃发展,正在掀起一轮新科技革命浪潮。科技加速发展的背后有一股强劲的推力。在诸如范式突破、厚积薄发、灾难刺激、投资拉动等作用中,新科技发展一浪胜似一浪,新科技成果迅速转化成新的产品、工具、服务,在大规模应用和产业化中,促进经济社会发展。直到现在,新科技发展毫无停缓之兆,持续增速,风卷残云地向着未来挺进,大有肩负重塑世界的使命。科技的激增式发展已然成为这轮科技革命的重要特征。

## 新科技激增的各种现象

第三次科技革命之后，科技发展经历了一个相对缓慢的阶段，之后逐渐加速发展，从此走上快车道。无论是技术突破，还是重大集成创新、科技产业化，其发展和增长速度都在加快。如何认识和分析这些激增和加速的现象呢？

### 1.新科技发展速度呈现的激增

现代科技发展日新月异，科技成果硕果累累。新科技的快速发展，让人们无法给这轮科技革命画下准确的标点符号，都在等待或者发生更大的高潮，或者希望有个相对的休止，但是科技洒下一个省略号，一往无前。历史学家许倬云感叹道，"现在已不是牛顿时代的科学，那个时代大家的欲望是有限的；也不是爱因斯坦相对论的时代；今天是量子论的时代。量子论的世界是无穷的世界重重叠叠，从大到小重叠在一起，叠合的方向、方式、层次都不一样"。[①]可以说，科技的激增式发展成为科技革命的一个奇迹。新科技的快速发展主要体现在以下四个方面。

一是科技成果总量高速增长。20世纪中叶以来，科技加速发展的趋势已经明显，知识量的增长就很突出。据英国科学家马丁推算，人类的科技知识在19世纪是每50年增加一倍，20世纪中叶每10年增加一倍，70年代每5年增加一倍，20世纪末每3年就增加一倍。马丁认为科学技术的"裂变效应"将导致知识更新速度不断加快。知识量急剧增长的一个重要原因，是学科之间的连锁反应。在以往的科技革命中，科学或技术的革命性进展，只出现在一个或少数几个领域，其他

---

① 资料来源：凤凰网读书．许倬云：不要糟蹋自己，不要屈服于这个世界［EB/OL］．2022-09-19. https://m.thepaper.cn/baijiahao_19962672.

科技的发展不仅滞后于这些骨干科技，而且在发展规模和深度上也没法与这些科技相比。

新科技加速的景象是，当一个科技领域发生革命性变化后，其他许多科技领域也很快引爆变革。如在科学领域，继量子论和相对论之后，相继涌现出了量子化学、分子轨道对称理论、信息论、控制论、系统论、分子生物学、耗散结构论、混沌理论等一批科学理论。在技术领域中，继原子能技术、计算机技术和空间技术后，出现了激光技术、生物技术、新材料技术等新型技术。可以说，科技的新发现和新发明的数量极速增长，人类基因组、超导、纳米材料等，本属于基础研究的成果，有的早在研究阶段就申请了专利，很多科技成果迅速转化为产品，走进人们的生活。人工智能快速进步和广泛渗透，又极大地加速相关学科领域的步伐。

二是科技知识加速更新。科技发展快速增长，科技成果纷纷出笼，加快了科技知识更新的速度。联合国教科文组织曾做过一项研究，其结论是：信息通信技术带来人类知识更新速度的激增。18世纪时，知识更新周期为80~90年；19世纪到20世纪初，缩短为30年；20世纪60年代，缩短为5~10年；20世纪80年代，缩短为5年；现在，更新周期已缩短至1~2年。据调查，现在工程师的知识半衰期是5年，也就是说5年内他的一半知识已经过时。[1]美国国立卫生研究院的计算机储存资料，每5年增长85%。西方目前流行一条"知识折旧"律，意思是一年不学习，你所拥有的全部知识就会折旧80%。科技知识更新加快，影响到就业和职业岗位的变化和培训内容的变更快速翻新。

科技加速发展的趋势，符合早在100多年前恩格斯所揭示的理论，他在回顾科技发展史的基础上指出，科学的发展"可以说是与从其出

---

[1] 资料来源：陈晋．将科技工作者列为科普对象［J］．科技创新与生产力杂志，1995(6)．

发点起的（时间的）距离的平方成正比的"。[①]

三是大多数科技名称外露内含着激增之意。在数字科技领域，明显的有互联网、云计算、大数据、数字孪生、增强现实、混合现实、3D和4D打印、区块链、5G、元宇宙；在生物科技方面，基因测序、细胞融合、基因重组也是如此；在光电科技方面，光纤系统、全息图像、光电集成电路，均为系统和集成；在量子科技方面，有量子纠缠、量子叠加态；在超导技术方面，有超导输电系统、超导计算机等，不一一列举。

这些名称有的是联系性、网络性、系统性、集成性，有的是序、数、云、超等，都是在原来的基础上有了更多的联系、要素、组合，直接或含蓄地透露着增加、增强、增速的信息。例如，5G就是个复杂科技和融合科技，都是在4G基础上的功能增强、速度加快、更低的延迟和成本、更高的效率。因为摩尔定律的速度太快，不知不觉中，现在芯片的算力达到了惊人的高度。5G的突破也体现在摩尔定律上，因为更先进的芯片工艺使用，使得复杂算法成为可能，这也是为什么大规模天线技术能够在5G时代得到商用。这是一个非常复杂的系统突破，需要在系统、算法、材料、器件上形成集中突破。有一些技术则是内涵和名义兼有，仅从人工智能方面的技术方面看，都或明或暗地体现着增强、集成、系统的含义。如人机交互与协作、AI优化、AI和先进网络基础设施、计算机和网络系统AI、动态系统AI、AI增强学习等变革性研究。

四是许多具体科技的发展速度惊人。20世纪五六十年代航天技术短暂的12年简直令人神奇。1957年10月人类的第一颗人造卫星史普尼克1号由苏联发射升天。1967年美国制造出人类历史上最大推动力的火箭土星五号，并于1969年7月通过阿波罗11号将人类送上月球。从首颗卫星上天到人类登月总共花了12年，这期间解决了载人航天的天地往返技术、交会对接技术和舱外活动技术，这是科技典型的激增。

---

[①] 资料来源：恩格斯. 自然辩证法［M］. 北京：人民出版社，1984：8.

第四章　全新的样态

中国航天事业基础较弱,当时国际空间站都不允许中国航天人加入,但是短短十几年,中国不仅航天发射、载人航天、航天器探测的进步让人刮目相看,而且还快速建立了空间站。马斯克投入航天事业的时间不长,SpaceX的成就却让人叹为观止,这些都是航天科技快速发展的奇迹。

人们普遍能感受到信息科技的发展速度。以不同技术的信息传播速度来看,以累积5 000万用户为定量,需要多长时间?有学者统计,收音机用了38年,电视机用了13年,互联网用了4年,脸书用了3.5年,微博用了14个月,微信用了10个月,Instagram(照片墙)用了6个月,愤怒的小鸟用了35天。[1]特别是互联网时代以来,信息技术的飞速发展颠覆了不少人的预知和想象,之前以年来计,现在都以天来计,速度跨越巨大。信息通信科技的高速发展和迭代更新,直接推动着现代生产力的发展,是经济社会形态向着数字智能化方向发展的主要推力。

## 2.科技内容和内涵体现的激增

科技的急速增长和发展,部分科技名称仅仅是一种反映,而大量科技的增长和加速更是名副其实地体现在内容上。以前科技增长的速度,较多体现在各种交通工具的发展速度上,现在汽车、火车、飞机在新科技的推动下达到史无前例的速度提升。

比如,意大利设计师设计出世界首款可垂直起降、空中旋停的飞行汽车,最高时速550千米,遇到堵车直接飞走;世界最快卡车时速650千米,打破纪录,有望赶超飞机。

比如,颠覆传统交通理念的飞机,可以变身为火车,最高时速达到1 000千米;中国研发的高速飞行列车,最高时速4 000千米,"完

---

[1] 资料来源:王丹. 顺应融合大势 做大功能增量[N]. 光明日报,2019-02-02.

爆"高铁、飞机。

比如,截至2018年3月,美国航天飞机创造了最高时速为17 321英里[①]每小时的纪录,是世界上第一种往返于地面和宇宙空间的可重复使用的航天运载器;中美俄战机最快时速中,美国4 100千米,俄罗斯3 980千米,中国3 000千米,而且这些交通工具在追求速度上永无止境。

现在许多科技的增速都超出交通科技的发展速度,向着各个技术和工具的高速运转扩散,比如芯片速度,包括手机、电脑,甚至手表、眼镜,也拥有了速度超快且价格便宜的芯片,还有大容量的存储空间。计算速度、网络速度、设计速度、制造速度都在加快,数不胜数,极大地提高了运转效率和应用效益。

集成电路的发展速度令人关注,中国工程院院士尤政在2022年5月的一次报告中说,1991年一个芯片上只有2 250个晶体管,到2020年苹果的A15芯片上面集成了55亿个晶体管。从2 000多个到55亿,这是多么迅捷的增速。在工艺特征上,芯片一直创新到两三纳米的大小,让过去几十年集成电路的尺寸缩小了1 000倍,性能提高了1万倍,成本下降了1 000万倍。这说明摩尔定律仍然在引领集成电路技术的不断创新。

摩尔定律是1965年由戈登·摩尔发现的,体现在芯片开发中,同样面积的芯片上晶体管数量每隔18~24个月增长一倍。这意味着芯片的存储容量和计算能力相对于时间周期在持续呈指数级上升。这一定律指引了半导体行业在超过半个世纪的时间里不断取得突破。

谷歌的经济学家哈尔·瓦里安和凯文·凯利做了一次计算,"几十年来,全世界的信息总量以每年增加66%的速率成长。同这个爆炸性的数字相比,水泥、纸张等最普遍的制品几十年来每年只增长7%。信息的成长速率几乎比地球上其他的制品快了10倍,甚至比同样规模的生物成长还要快速"。"信息的成长速度会继续超越我们所制造出来

---

① 1英里≈1.6千米。

的东西。"[1] 显然，信息增加的速度取决于信息技术的增速功能。

摩尔定律不是个科学定义，其实是个经济定义，但是许多科技都在遵循着这个速度持续提升。比如基因测序，其成效以超过信息领域摩尔定律的速度在提高，2003年全球完成人类基因组测序花了13年，耗资27亿美元，目前只要几百美元一小时左右就可以完成。这表明在过去10多年中，基因测序技术和设备的发展速度之快，让整个领域看起来就是一场疯狂的竞赛，标志着基因测序的成本越来越低，速度越来越快。

科技增速在日常生活应用中都能感受得到，比如网络平台提供的增速比比皆是，网上购物、打车、送餐、银行业务的快捷，都是令人难以相信的速度。

过去在摩尔定律的推动下，人类经历了计算和通信飞速进步的时代，现在将要进入超摩尔时代，也就是感知时代，需要把传感器做到物联网里，进而提高医疗、智能汽车、智能城市、智能产业的速度和质量，在此基础上再向智能时代发展，那将是一个计算、通信和感知等功能集于一体的应用，这些时代的发展都包含着速度的提高。

### 3.科技用途和效果上呈现的激增

重点和骨干科技领域的快速发展，影响和带动了其他领域科技的发展，促进科技在整体上呈现出科技群落主导的特点。新的科技革命一改过去那种单一技术挂帅的状况，呈现多种技术主导的态势，并以技术群落的形式出现。这些主导技术代表着这个时期技术发展的趋势与主流，影响并推动着相关技术的发展。作为主导的技术群落，它由信息技术、生物技术、新能源技术、新材料技术、新制造技术、激光

---

[1] 资料来源：凯文·凯利.科技想要什么［M］.严丽娟，译.北京：电子工业出版社，2016.

技术、生物技术、空间开发技术、海洋开发技术等若干技术组成。

这个群落有人类活动的物质、能量、信息三要素的新发展,即新能源技术、新材料技术、新信息技术,这是整个技术系统的基础;有人类发展的三个方向,即生物技术、空间开发技术、海洋开发技术,分别代表着空间、海洋、生命系统等复杂性领域;还有各个领域都在应用的技术手段,即激光技术、新制造和加工技术。[①]由于科研范式的变革、推进和转移,使群落主导技术的科学含量提高,科学进入应用增多的时代,使以科学为基础的技术发展,具有了更大的发展潜力和升级的可能。

具体效果的体现比比皆是。比如,硅光芯片突破摩尔定律限制。再比如,物联网向着"智联"迭代发展,超级自动化通过快速识别、审核和自动执行尽可能多的流程来实现加速增长和业务韧性,加快业务流程和增强决策敏捷性。在电商客服、物流分拣等流程化、重复性较高的行业,引入人工智能技术后,效益效率大幅提升。许多技术的功能都趋于增强、加快、增多,并通过这些新功能的应用,加速推进相关产业的进步。

正因为科技的快速发展和涌现,才得以建立各种自主创新示范区、高新区等技术创新和应用的基地,展示了科技在带动竞争中的新优势。

也因为大量新科技成果可以转化,进入应用,推动产业化,进而推进了数字经济、智能制造、生命健康、新材料等战略性新兴产业,形成更多新的增长点和增长极。

## 科技激增原因分析

科技的这种加速和激增来自哪里?其背后有多重推力,包括范式突破、厚积薄发、灾难刺激、投资拉动和叠加动力。

---

① 资料来源:钱时惕. 新科技革命的主要特点[N]. 浙江日报,2007-11-07.

## 1. 范式突破带动的激增

科技创新的范式革命正在兴起，大数据研究成为继实验科学、理论分析和计算机模拟之后新的科研范式。从实验到理论，从计算机模拟到数据研究的范式变革、摇摆和转移。在以往更多实验范式基础上，借助于宏大的技术体系建立了理论范式，与前三次科技革命相比，这次科技革命的理论基础广阔且深厚。理论基础的纵向为微观粒子的量子理论，其中，信息技术、生物技术、新材料技术、新能源技术、新制造及加工技术、激光技术等，分别用到分子、原子、原子核、粒子等不同层次的量子理论。理论基础的横向为复杂性科学，复杂性科学的成果、方法将为高新技术发展开辟新的途径。

在20世纪后期和21世纪初，计算科学爆发性发展，人们借助计算机模拟复杂现象，来分析和解决问题，比如，人们利用计算机模拟建立网络模型，预测地震、海啸和其他自然灾害等活动。

之后大数据和智能化正在成为科学研究的新范式，有人称之为"第四范式"，资源配置方式和科研组织模式显现出政府的、市场的、共享的三种类型的交互发展。区块链、虚拟现实、增强现实等正在成为新的创新范式的"技术基底"。[①]大数据的方法进入各学科的研究领域，带来整个科技的进一步数字化、形式化和公理化，并使算法在认识世界和改造世界的实践中起着更加重要的作用。

## 2. 厚积薄发带来的猛然爆发

科技的逻辑应该先通过基础研究提出理论和假设，再加强实证和

---

① 资料来源：李万. 科技趋势范式变革与规律涌现：世界科技发展新趋势［N］. 学习时报，2019-12-04.

验证，前面是科技理论学术研究，后面是技术应用研究，是将科学理论变成可操作的技术。只有充分和成熟的基础研究，才有可能转变为技术和应用。

现代科技的大爆发和繁荣，正是源于过去长期的研究和基础积累。没有过去艰苦、缓慢和默默无闻的基础研究，就不会有现在各种新科技的不断爆发和迭代更新。现在数字通信科技如此发达，也都源于20世纪中期及更早时期扎实的基础理论研究。其实，很多理论的提出都超过了70年，比如通信领域的奈奎斯特采样定理是1928年由美国电信工程师H.奈奎斯特首先提出来的，冯·诺依曼计算架构是1946年提出的，香农定理是1948年提出的。

1948年美国数学家、物理学家诺伯特·维纳在《控制论——关于在动物和机器中控制和通信的科学》一书提出了控制论，开创了信号处理领域的许多应用，涉及通信系统的检测、估算和控制。1944年冯·诺依曼和奥斯卡·摩根斯特恩出版了《博弈论与经济行为》，开启了博弈论领域，更广泛地开启了自组织网络的学习代理。所有这些贡献为多年的算法研究提供了关键输入。

但是20世纪中叶的稍后一段，由于通信领域缺乏具有里程碑意义的成果引导，业界处于失落状态。2011年的IEEE（美国电气和电子工程师协会）无线通信杂志有篇文章《物理层停滞了吗》(*Is the PHY Layer Dead?*)，描述了通信物理层技术陷入停滞期，20世纪末不少优秀的信息论权威教授离开通信领域，投身大数据和人工智能，比较令人痛心，这也从某种意义上说明在信息论的突破上面临的困难，一时使人失去信心。[1]

法国著名教授、华为数学家梅鲁瓦内·德巴（Mérouane Debbah）

---

[1] 资料来源：黄华. 大趋势：未来的科技会如何发展，中国能不能赢？[EB/OL]. 腾讯网，2021-11-04. https://new.qq.com/rain/a/20211104A0DZ5D00.

曾说："人们认为信息论已经死亡的事实并不新鲜，正如1998年获得著名的IEEE控制系统奖的简·威廉（Jan Willem）教授提出的那样，'我一直听说这个、那个领域已经死了。''电路理论已死''信息论已死''编码理论已死''控制理论已死''系统论已死'。然而，良好的科学永远活着。"[1]

　　大量基础研究和进展在没有转化为技术，没有进入应用之前，大多是默默状态。客观上，科学理论上的突破也有明显的放缓现象。正是这些以为已死的基础理论，才厚积了孕育繁荣科技的土壤。可见，基础研究是科技创新的源头。但是，在应用研究等方面，人们往往急于求成，急于解决现实和眼前的问题。

　　从科技成就的影响力看，基础研究发挥奠基作用，是为科技发展培养潜力，但在现实中往往难以受到重视。在国家竞争、竞选政治的影响下，短期政绩决定着科技向应用研究倾斜。基础研究尽管走得慢，但会走得很远。应用研究来得快，效用明显，会很快带来政绩，但是缺乏后劲和张力。现代科技发展之所以加速，正是得益于过去的基础研究。如果未来科技发展缓慢乃至停滞下来，可能要责备和追溯到当今的短视和对科技基础的伤害。

　　两种研发的不同命运，导致投入不同。大多数资本和政府都热衷于投资科技应用研究，因为有预期，见效早，收益快。只有那些有战略眼光的政治家、企业家、资本投资者，才愿意将基础研究作为一种"长线投资"和"战略投资"，这需要智慧，更需要勇气，因为基础研究更难预料风险，不少研究和投资是以牺牲当前利益和局部利益为代价的。因此，对基础研究的经费投入除了政府的财政拨款支持，还应朝着企业、社会和投资者"多元投入"的方向发展。

---

[1] 资料来源：黄华. 大趋势：未来的科技会如何发展，中国能不能赢？[EB/OL]. 腾讯网，2021–11–04. https://new.qq.com/rain/a/20211104A0DZ5D00.

现在许多国家正在大幅增加科技投入,落实扩大经费使用自主权政策,优化项目申报、评审、经费管理、人才评价和激励机制,努力消除科研人员不合理负担,使科技人员能够沉下心来致力于科学探索,以"十年磨一剑"的精神进行基础研究,致力于攻关突破,培育出未来科技继续发展的增长点。

**3.灾难是科技发展的加速剂**

这似乎是一个悖论,本来科技是为了解决各种灾难和问题,结果灾难又推动了科技的发展,但说到底还是一致的,正是对灾情的恐惧和想要迫切治理,促使人们加速科技研发。

恐怖主义、金融危机、疫毒流行,乃至战争,都成为人类必须面对并需要及时解决的难题,人们更寄望于科技方案。灾难呼唤科技,既是一种凄惨和绝望的呼声,也是一种希望和信心的召唤。客观上对科技快速发展起到催化作用。

许多科技理论以及技术创新,就是在二战后集中出现的,因此有人说战争和灾难驱动了科技的发展。这方面的案例不少,比如,美国入侵伊拉克的战争中诞生了一些生物医药技术。再比如,2008年以来的金融危机给科技注入了强劲动力,加快了新科技在金融领域的创新和变革,使金融基于大数据、云计算、人工智能、区块链等一系列技术创新,促进新科技在支付清算、借贷融资、财富管理、零售银行、保险、交易结算等领域的应用,以防范金融系统性危机。又比如,2019年年底以来全球疫情流行催生了各种疫苗研究的快速突破,防控疫情还催促数字智能科技的成熟,以及相关科技的投入、研发和使用。如果不是疫情的紧迫,mRNA等各种疫苗、治理感染的各种中西药还需更长时间才能面世。

## 4. 科技融合及科技和产业交互刺激投资拉动

科技增速既体现在科学研究、技术发明、科技创新、科技转化、科技产业化各个方面，也反映在不同科技的融合、集成，以及科技与产业的互动互促方面。过去从一个科学发现到一项关键技术发明，到规模性商业化过程，往往要经历半个世纪，几十年，后来变到十几年，例如激光也要两到五年，但是现在有些新技术的出现，可能只要几个月的时间，尤其在新兴领域，有些技术会很快走向大规模市场，迅速传播到整个全球。

现在的技术如果不能很快得到应用，就会被新的科技所替代，因此，涌现出的新技术也纷纷争取条件和机会得到应用，进入产业化和广大市场。

技术变革加速转变为现实生产力，迅速得到价值实现。比如，中国在量子信息领域取得一批重大研究成果，量子通信很快得到广泛应用，这在未来能根本上解决通信的安全问题。量子计算机一旦突破，将推动人工智能、航空航天、药物设计等多个领域实现飞跃式发展。特别是数字智能技术加速产业化并广泛应用后，有力地推进着数字经济和社会的转型和发展。

科技成果的转化、应用和产业化的加速，进而对经济社会发展的驱动和作用，带来良好的科技社会环境，反向激励了科技研发，加大了研发投入，改善了科技人员的待遇，促进了研发步伐。过去长期坐冷板凳的科技，成了综合国力竞争的热点和焦点，无论投入、使用、普及，国家和企业都更加重视科技，提高了科技地位，加之科研范式变革，保障和推动了科技的持续快速发展。

### 5.两次科技革命的影响叠加形成强大推力

20世纪初期科技大发展后,各项科技追踪前行,迭代创新,一些科技领域呈现后浪推前浪的现象,一波接一波,形成发展的叠加态势和强大的科技推动力,体现在以下方面。

一是信息科技领域的接力。继20世纪科技革命之后,信息科技的发展前后迭代,数智结合,网络协同。第三次科技革命的信息和计算机科技还在持续发挥作用,新一代通信科技就开始兴起,使人们的兴奋点长期驻足在这个领域。特别是以信息通信为主的数字科技,同智能科技彼此借力,捆绑一体,形成坚强的融合性力量。网络物理系统还将通信的数字技术与软件、传感器和纳米技术相结合,甚至同生物、物理融合,汇聚成改变世界的从未有过的力量。

二是生物科技领域的接力。20世纪下半叶蓬勃兴起和发展的现代生物技术,发现细胞中有两种"工具酶",能对DNA进行"剪切"和"连接",并使用工具酶实现了DNA切割和组合。DNA的重组创造性地利用生物资源,实现了人类改造生物的遗传特征,产生人类所需要的生物类型这一意愿。20世纪80年代以来,已获得上百种转基因动植物,对农业发展具有重要意义。转基因药物的研制和生产将为人类的健康带来新的福音。现在的生命科学领域,包括基因组学、合成生物学、脑科学、干细胞等领域的突破性进展,正全面提升人类对生命的认知、调控和改造能力。特别是人类基因组序列图完成,被当作人类探索自身奥秘史上的一个重要里程碑,被很多分析家认为是生物世纪诞生的标志。

三是航天和空间技术的接力。20世纪初奠定航天学基础,并提出火箭飞行的数学原理,继发射液体燃料的火箭、人造地球卫星、载人宇宙飞船、飞船登月、建造空间站后,21世纪以来美国"勇气"号和"机遇"号火星车分别在火星登陆,发现火星上曾经有水的证据,欧洲"火星快车"探测器也发现火星南极存冰冻水。科学家还肯定地表示,月球上有水而且数量可观。仅中国航天科技领域就实现了载人航天飞行，并在太空进行长时间停留，科学实验，太空授课；实现了火星试验车成功登陆，并在火星上行走，公布了由"祝融号"火星车拍摄的着陆点全景、火星地形地貌，为人类探索地外文明迈出坚实的步伐。

各个领域的科技大多在接力发展，最明显的是第三次科技革命仍然力度不减，余晖灿烂，新一轮科技革命已经启动，如此叠加的推动力，超过以往任何时候。当我们在夜间分别航行穿越南北半球，就会发现许多地方正在由暗变灰，由灰到亮，如同过去我们在早晨看到人间烟火一样，现在的夜间却处处看到的是人类信息之光、数据闪烁。

当许多人兴奋于信息革命的狂潮之中，新的科技革命已掀起波浪，人们已经感受到接踵而至、汹涌而来的力量，这两次科技革命的巨力胜似排山倒海，不同的国家之间，都在竞争中寻找科技优势，大国强国尤其是发达国家，都想抢占或永占科技制高点。新兴经济体的国家都在选择适宜自己的科技项目助推发展。许多国家，从领导人到企业家，对科技发展侃侃而谈，人们更多地把就业、学习、生活主题聚焦在科技发展上，新科技成为人们共同的呼声，过去的科技革命从未像今天这样受到人们的广泛关注，新科技革命的兴起已成为时代最强音，无论围绕科技的是竞争和合作，还是矛盾和共识，总感到科技革命在搅动世界，世界在矛盾运动中前进和发展。

此外，科技发展之快，也还有认识上的主观偏向，包括年龄的影响因素。英国科幻作家道格拉斯·亚当斯提出了充满幽默感的科技三定律：任何在我出生时已经有的科技都是稀松平常的世界本来秩序的一部分；任何在我15~35岁诞生的科技都是将会改变世界的革命性产物；任何在我35岁之后诞生的科技都是违反自然规律要遭天谴的。这是道格拉斯对人性弱点的精彩讽刺。

这种评价科技的方式有极大的局限性，以自我为中心，只认可青壮年时期的奋斗价值。其实人们能真正感受到的科技，大多是已经投入应用和产业化的科技成果，而这些成果往往都是先辈创造出来的，或者说也是科学家主要在青壮年时期的贡献。一个人在青壮年时期对科技的研究，由于科技的客观规律使然，大多不可能即刻取得成果，除非较小的发明和创造，较大的科技成果往往需要十几年、几十年的奋斗，而转化为应用还要更长时间。因此，获得诺贝尔奖的年龄大多在50～70岁，80岁以上的也占不少比例，最大的96岁，屠呦呦获奖时也已85岁，主要是奖励她在20世纪70年代所做的科技贡献。换个角度看，不同时期的年轻人对科技发展能一直有这样的认识，说明他们已经感受到科技的持续进步，也说明现在的年轻人已经在担负着重要的科技任务。有资料显示，中国在航天航空、核能、电子、芯片、高铁等领域的担纲者平均年龄只有39.4岁，他们中相当比例的人是归国留学生。这也说明年轻人在增强自己对科技创新的价值认同、能力准备和机遇把握。

## 科技激增的本质是重塑未来世界

科技的快速发展似乎会冲出界限，事实上科技向未来发展是没有界限的。如果我们给科技设定为人类未来的美好方向，那么现在理解不了的科技速度，意味着科技要赶的路很遥远，它担负着对未来塑造的使命，以免未来随意支配人类命运。从这个意义上说，科技的快速发展，既是给未来传递的人类现实困境，也是人类对未来提出的解决方案。

### 1.人类因重大危机对科技的未来寄予使命感、紧迫感

气候问题、病毒问题、贫困问题、战争问题，以及人工智能、基因研发可能带来的风险问题，寿命延长或者永生后地球难以承受的人口膨胀问题，以及可能会出现的小行星碰撞地球问题，都促使科技不仅要服务现实，更要面向未来。

着眼于解决这些涉及人类和地球命运的问题，是人类的战略，如果这样去发展科技，再怎么快速都不为过。现今重大的科技项目处于不同阶段，有的科技虽已出现，似乎看不出更大的商用价值，但是这些研发中的科技或刚刚涌现的科技，很可能都是影响未来的重要细胞和因子。因此，从人类面临的未来挑战看，科技的研发及其发展速度不同于以往。比如，已经发展了30多年的信息通信技术，较其他科技已有更快的增长，但是直到现在，信息科技也没有放缓的迹象，说明这个科技不仅在改变我们的现实，更在盯着未来的责任和使命。从计算时代到通信时代，到感知时代，再到智能时代，都需要数字智能科技的进一步发展。

人类经历了更多的物质和能量为主的现实，现在进入物质、能量和信息三者并重，且信息分量最重的时代，越往后越是这样的方向。因此，信息交互科技将成为影响未来发展最首要的内容。在未来轻物质和轻能量的背景下，只有信息科技加速发展到能够发挥更加特殊作用的时候，才能把物质和能量都联系起来，把虚拟与现实衔接起来，让人类进入物理与虚拟相平行的世界，那样的信息科技才符合未来发展的方向和需要。否则，难以理解信息重于物质和能量的社会怎么能有效保障社会不断发展的物质需求。

自从语言出现后，人类加速进化，也加快了技术的发展速度，陆续出现的文字、舟船、信件，都是信息交互的手段，使得人们的交往和信息互传方式逐步提升，直到互联网出现，才抹平了信息交互的距离概念，使得信息交互到达一个界碑，但还没有到达塑造未来社会所需要的程度。因此，科技的未来发展仍将是以信息智能科技为指向的持续增速，具体体现在以下五个方面。

第一，首要的是立体交互科技的加速发展。包括信息交互、交通发展、电脑普及，特别是信息智能技术本身要使平面交互向立体交互发展，虚拟信息交互与发达交通的互补，线上为主的信息与线下为辅的信息交互，以推动整体科技的快速发展。

第二，信息智能科技快速发展仍将体现通用性的优势。将通用性数字科技融入各个科技领域，进而建立起未来的科技生态系统，使各种科技能够相互支撑、交互、融合、集成，进而形成各方面的优势技术。通用性和骨干性科技的带动效应，胜过其他单一科技的功能，相互融合、交互作用、互为条件的科技生态，有可能促进科技的持续加速发展和繁荣。

第三，数字技术将在加速中着眼人脑与电脑的联结。通过智能科技与脑科学的结合，发挥电脑对人脑的辅助作用。人脑缓慢的生物进化决定了人脑不可能出现大幅度飞跃，但是人工智能有可能弥补人脑的不足，加强人脑的功能。

第四，相关科技融合有可能促进人的长寿和永生。通过智能科技与基因科技、生命科学、材料科技的合作，有利于促进相关科技的融合、互补和增速，在攻克人的生命延长甚至某种意义上人的永生方面会有进展，将导致人类文明发生前所未有的巨大变化。

第五，未来科技的快速发展需要马斯克这样的组织者、创业者。目前从大量资料和现象看，马斯克的理想、冒险精神和执行力，似乎在将其他利益置之度外，一心要登陆火星并建设城市，让人类文明跨越星球。这样的人具有战略眼光，在乎人类共同属性，很可能是播种未来的人。这样的担当会生出无穷的活力和不息的冲劲。他们的目标和热情会激发探索韧劲和责任精神，愿这样的政治家、企业家、科学家、投资家，共同为人类的未来发力。

## 2.科技快速发展正赋予科技更多的生产关系性能

科技作为生产力已成广泛共识，现代科技的生产力作用特别显著，它的物质力量和创造价值的过程，对经济社会产生直接的推动作用，我们也一直在享受着生产力带来的福祉。引人注意的是，现在许多科技除了体现生产力，不断地渗透着生产关系的性能，具有了生产力与生产关系兼有的属性。技术的生产关系性质，一时让人难以理解，似乎它的出现有点儿超前，因为随着智能科技力度的加强，科技的生产关系功能，会伴随技术生产力的作用，去面向未来塑造世界。数字智能等新科技具有的生产关系功能，从萌芽到部分突显，可以梳理出以下几种形式。

一是大量应用机器人、人工智能，同以往大量使用一般自动化机器有了很大不同。人工智能不仅增强了自动化程度，重要的是它正在智能化，将会发展出情感、思想，成为名副其实的数字人。因此人机协作，或者人对机器人的管控，或者将会出现的人机耦合，使人们不能用过去对待机器和工具那样的态度对待未来的机器人，机器人已具有了体力为主、脑力为辅的"数字人"身份，这种"数字人"与智人的关系，是一种新的生产关系。

二是数字智能科技的应用和产业化，以及产业数字化，使各个行业为整个社会提供了更加丰富的物质财富，为改善社会分配提供了新的基础和条件。随着数字网络平台由初期的垄断走向互联网数据共享，特别是机器人取代人的劳动之后，人作为体力劳动者将越来越少，人类将以脑力劳动为主、体力劳动为辅。万物互联和智能工厂的出现，推进着新的全球社会分工，导致新的生产全球化，连锁地引起交换、分配、消费变革，出现虚拟的数字交换，打破时空、地域、等级的限制，必然带动分配方式的变革，极大地推动社会财富的有效分配，进而促使社会生产关系、经济基础和上层建筑变革，推动人类社会历史性进步，使人类逐渐从繁重的体力劳动中解放出来，最终实现自由而全面的发展。

三是许多数字智能科技参与企业、社会和政府的各种管理、调控、决策和治理中，既对市场那只看不见的手发挥着更强的补充作用，又对原来的社会和政府管控、决策和治理发挥辅助监管和参与决策的功能。比如许多领域尝试将大数据、区块链、人工智能技术纳入市场经济、经济调控等管理和决策之中，促进决策正确、管控有效、治理及时；通过大数据及其分析，让我们对过去难以把握或把握不准的东西更加清楚一些；很多公司通过算法计算每个候选人的面试过程，把性格能力等都换算成数据，得出多维分析，再进行筛选；发挥区块链去中心、多节点的特点，在用代码表达的交易上使用区块链技术进行登记，解决电子商务、地图导航、快递外卖、交通票务等方面因传统管理出现的监管问题；把区块链技术用于保护网络用户隐私和自由的信息交流上，用于实施数字货币上，发挥其解决数据的确权、定价、存证、信用和溯源的治理作用，让数据所有者的利益经过多年后，依然能返还到数据所有者手中；尝试将人工智能应用到产业监管中，使其实现自动检测、整合问题信息并提醒专业人员分析解决。通过各种探索，深度挖掘新科技在生产关系上的潜力和作用。

### 3.科技增速的部分内容是留给未来发展的空间

深度、迭代、虚拟、认知、人的进化等基础理论和技术探索，都是面向未来的。即便现在有的科技成果不能系统性使用，或仅能部分使用，但它们的潜力和真正使用属于未来。未来是推进式的，分近未来、中未来、远未来，具有战略性、深远性，有些科技还不成熟，有些功能近期难以应用。像人工智能、太空探索、微观世界、基因工程等科技的许多功能的应用，都要到中未来，甚至远未来。

人类社会对科技的需求一般会提早一百年，现在用的科技是几十年前，现在正在进行和产生的科技需要几十年乃至更长时间后才能广泛应用，认知科技及其评价可能会更加遥远。现在热议的元宇宙，在科技探索上已经历几十年，但是它的成长周期或许还要更长些。

面向未来的科技，人类要尽可能把握方向。不断加速的人工智能发展，令人难以预测，但是决策重大项目、研发敏感性内容，都要围绕它有利人类的方向努力。比如，深度学习技术正从文字、语音、图像等单模态向多模态智能学习发展。在未来，嗅觉、味觉、心理感受等难以量化的信号将有望被纳入多模态联合分析中，进而推动感知智能向认知智能迭代。在类脑计算方面，RRAM（可变电阻式存储器）、PCM（相变存储器）等新型神经形态器件可以有效提升智能算法的速度和能效，人工智能的性能将进一步增强。[1]

现有AI增加流程自动化、数据分析能力、智能管理软件等既是现在攻克的难点，也是未来科技发展的必然趋势。而超自动化即是在人工智能的基础上，增强机器学习能力与控制能力，真正实现从人工操作自动化到机器人全自动化的突破。未来奇点应该是在未来不同的节点。不是几年、十几年，甚至不是几十年，要以上百年来计算。[2]

奇点大学创始人兼校长、谷歌技术总监雷·库兹韦尔（Ray Kurzweil）在2005年出版的《奇点临近》中认为，科技正在以指数级速度发展，人机融合的时代将很快来临。他将这一时期称为奇点，届时技术变革的速度之快、影响之深，将使人类的生活发生不可思议的转变。现在，人类已处于这种转变的早期阶段，几十年内，人们的生活将完全不同。库兹韦尔有两个预判：一是人工智能将在2029年通过图灵测试，也就是赶上人类的智能；二是将2045年定为最终实现奇点的日子，那时，技术的飞速增长将导致人类文明发生前所未有的巨大变化，那时候人类可能出现某种意义上的永生。[3]库兹韦尔的预测同前些年谷歌首席科学家预测的人类永生有些相近。比尔·盖茨称赞他为"预测人工智能最准的未来学家"，现在看来，科技的迅速发展正在朝着预测的方向，但目前还很难如此快地接近他们预测的目标。

---

[1] 资料来源：展望2022十大技术发展趋势. 数字观察局，2022-03-03.
[2] 资料来源：黄华. 大趋势：未来的科技会如何发展，中国能不能赢？[EB/OL]. 腾讯网，2021-11-04. https://new.qq.com/rain/a/20211104A0DZ5D00.
[3] 资料来源：黄华. 大趋势：未来的科技会如何发展，中国能不能赢？[EB/OL]. 腾讯网，2021-11-04. https://new.qq.com/rain/a/20211104A0DZ5D00.

日本学者加来道雄在2012年出版的《物理学的未来》中，预测物理学未来一百年可能的变化，很开脑洞。他从超级计算机、人工智能、未来医学、纳米机器人、未来能源、太空旅行、职位财富、行星文明、未来生活九个方面描述未来。最重要的是人类最终会创造出人类，那么从这个逻辑上来讲，人类可能真的是被创造出来的，而不是进化来的。

人类从诞生起，就开始研究自己，从过去长期的生物学层面，一直到现今的材料学、机械学、智能学层面，逐渐突破了原先人类积累的生物学范畴，从人体研究向人体增强延伸。比如，听觉、视觉、嗅觉的知觉增强，外骨骼、假肢的生物功能增强，用于治疗癫痫的植入物的大脑增强，体细胞基因和细胞疗法的基因增强，从上述四个身体增强向着未来人类发展。如今，试图通过人体植入芯片、用机械改造身体、为身体配置外部装甲、进行身体强化，逐渐成为可能。虽然伦理问题、社会问题一直是人体增强技术备受非议的缘由，但不可否认，人体增强让身体残疾的人能够重获新生，让普通人能够发挥出更强大的能量，并且外骨骼装甲已经广泛运用于具有风险的野外作业者的任务当中，还发挥着至关重要的作用。[①]

这个世界每年都会出现几个科技新词和热词，总要喧嚣一阵，影响世界，波及未来。比如物联网，AR/VR、机器人、区块链、云计算、量子计算、车联网、人工智能、自动驾驶，还有现在的元宇宙。有的可能如过眼烟云，缺少经济和社会接受的基础，然而大量的科技在经过沉淀之后，通过融合、集成、再创新，将会一往无前，所向披靡，成为未来的一束曙光。

---

[①] 资料来源：未来十年，科技发展新趋势是怎样的？［EB/OL］．创业天下官方平台，2021-03-05. https://baijiahao.baidu.com/s?id=16932874226319166468&wfr=spider&for=pc.

# 即用的机遇

21世纪以来的全球化，在加速和低回中曲折演进，世界经历金融危机并在复苏中受到挑战，新冠病毒造成重大损失且干扰正常的工作生活，人类面临着全球气候变暖、环境恶化、重大自然灾害、能源资源短缺、粮食安全、生物安全、科技伦理等一系列重要的全球性问题。

每次科技革命总是伴随着人类命运的兴衰交替。抓紧运用涌现的各种新技术，破解环境、能源、气候、贫困等全球难题，是极其重要的机遇。

## 解决气候、能源和环境问题

科学的一个重要目的在于从根本上解决人类生存发展同资源、环境、生态的矛盾，确保人类在地球上安全、高质量、可持续地生存与发展，实现人与自然和谐共生。然而，近几十年来，能源和资源危机、全球生态和环境恶化、气候变暖等问题越来越充分地暴露出来，解决气候、能源和环境问题刻不容缓，生态化是解决这些问题的方向。同以往对自然资源的掠夺性开采和对自然环境的野蛮式破坏不同的是，在社会对科学的强烈影响下，绿色、生态、可持续已成为新科技革命的重要主题，信息、生物、新材料、新能源等技术不断涌现，而且数字智能科技与绿色能源科技、生态环境科技、新能源技术、新材料等技术相结合，可以构筑起一个以绿色科技为主导的科技新体系，能够拓宽科技产业化，从不同方面共同解决气候、石化能源、传统工业等引起的生态环境问题。

在空间科技攻关方面，为新能源新资源以及应对生态退化、重大灾害提供强有力的理论支撑；在矿产资源方面，确保矿产资源开发利用与生态环境建设协调发展，不断提高矿产资源回收率、综合利用率，不断降低能耗率，以及降低"三废"排放率；在能源发展方面，不断加大绿色能源、清洁能源和可再生能源的比重；在海洋发展方面，综合考虑社会发展对海洋科技的要求，包括沿海居民的生存与发展、近海生态环境保护与污染治理、海洋灾害防治与预报、沿海可持续发展等；在生物质资源方面，将其作为绿色科技范畴，其环境友好材料与环境治理材料就是绿色材料，包括在人口健康方面也要发展绿色医学；在引导、促使企业研发新技术、新产品、新工艺方面，鼓励技术改造和设备更新，淘汰技术落后的设备、工艺，停止生产技术落后的产品。我们要抓住科技革命的契机，通过科技产业化影响和带动各产业绿色发展、生态发展，形成新经济的洪流。

## 解决贫富差距扩大的问题

解决贫困问题的重要方向，是积极利用新科技带来的数字平台、网络平台、共享平台，不论大公司，还是小公司，要么成为一个平台，要么加入一个平台，用平台解决问题，效率最高。任何解决办法都没有科技革命带来的推动力强大，而贫富差距的源头很大一部分来自机会不均，特别是面临每次科技革命的机遇，发展中国家与发达国家本身的不平衡，很难有条件让发展中国家和落后的国家和地区，充分利用过去科技革命、产业革命带来的发展推动力。过去的科技革命，以及重大科技创新往往是自上而下，从发达国家向发展中国家、落后国家渐次传递，非常缓慢。蒸汽机发明130年后才传到亚洲，电气化花了75年的时间才遍及90%的美国居民家中，电力发明很久以后才进入非洲。

这轮科技革命带动的许多技术，包括信息通信技术、数字智能技术具有易传播和加速覆盖的特性，迭代的信息智能技术提高了性能，降低了成本，让推广和普及比任何技术都要成倍增速。《规模》作者杰弗里·韦斯特在题为"生物、城市与公司的未来"主题分享中提到，"每一项发明达到100万的用户，需要花的时间不一样。花40年时间拥有100万电话用户，手机移动电话只需要11年，电脑只需6年就可达到100万用户，而互联网3年时间就达到100万用户，节奏越来越快"。飞快累积的信息现在成了地球上数量增加最快的东西。信息流只有成长，没有缩减。

中国的网络建设从无到有，从基础建设到蓬勃发展，已成为世界上互联网用户最多的国家，互联网普及率超过全球平均水平。第48次《中国互联网络发展状况统计报告》显示，截至2021年6月，中国网民规模达10.11亿，普及率达71.6%，已形成全球最为庞大、生机勃勃的数字社会。

尽管2021年全世界仍有29亿人不能上网，但全球互联网使用量强劲增长，使用过互联网的人数从2019年估计的41亿猛增到2021年的49亿。在数字信息技术驱动的发展中，运用移动支付、互联网最多的，并不是最富有的人，而是最普通的人，大部分人能从数字经济中获益。可以说，互联网等新技术的一些特征，决定了新技术将会带来超强的规模经济和范围经济效应，特别是互联网的全球连通性，以及创造性破坏效应，有利于打破过去财富在小圈子里滞留的情况，可以将财富在更大范围摊开，破坏了原来的纯粹资本圈内的得利规律，当然也在生成新的更大范围的分配方式。虽然这种大范围的财富配置也不一定合理和均衡，但相对于过去的资本经济就是一种破坏性创造。这就可能缩小机会差别，大体拉平一次起跑线。

博茨瓦纳创新中心的阿兰·波什沃伦称："今天的非洲不是20世纪八九十年代的非洲，非洲的智能手机销量是电脑的4倍。整个非洲的手机普及率为65%。自2002年以来，手机用户人数连年翻番。如今，非洲的手机用户数量已经是美国的两倍。在非洲，人们主要依靠智能手机上网，越来越多的非洲人民利用智能手机办理银行业务。"[①]加之网络技术和终端设备技术，特别是芯片技术的持续升级，为充沛的信息数字流提供了基础轨道和物质支撑，真是快捷便利，越是神速地推广和普及，甚至形成不同的粉丝群，就越是期待和购买别致新颖的终端，就越是追逐网络的更新换代。只要努力，穷人富人都可打开数字财富之门，对缩小世界贫富差距具有积极意义。

这次新科技革命传播的速度和覆盖的广度，缩小和平衡了时间上的机会差距，有利遏制贫富差距的扩大。虽然有人认为，互联网等新技术带来财富集中、收入和就业分化等社会问题，但相对于新技术在更大范围缩小贫富差距上的客观效果，前者相对不明显。互联网让许多处在农村和边缘地区的人们，可以把自己的农产品推到网上售卖，同时也带动了经济的快速恢复，电商就是刺激落后地区经济发展的一个很好的渠道。新科技的去中心化，使得技术创新的外溢效应比以往任何时候都大大增强。比如，经济发展比较落后的国家或地区，依然可以分享长寿技术突破带来的福利，公共教育资源、医疗卫生资源也会通过互联网向落后地区推送。特别是各种技术支撑的数字平台、网络平台等共享平台，在监管好垄断倾向后，可以带动大量小微企业和个体的经营活动，实现大量就业，从而给贫困和落后地区带来更多的实惠。

**解决危机状态下的劳动就业问题**

经济发展缓慢、疫情持续影响、机器人正运用于各个行业，这都使得劳动就业问题更加严重。解决就业的问题，短期要通过新科技创造新职业、新岗位，长期将通过与机器人分工，减轻或消除就业压力。

---

[①] 资料来源：马修·伯罗斯. 下一个大事件［M］. 晏奎，夏思洁，译. 北京：中信出版社，2015.

随着互联网、人工智能、大数据、区块链等数字智能技术的产业化和广泛运用，加快了科技产业转型与知识更新，并促使应用知识的人向附加值较高的行业转移，从而带来职业结构的迅速变化，促使人才的流动和聚集，社会化的流动将创造大量就业机会，也加快了产业结构、就业结构的换代和升级，拥有知识和技术的人获得就业和高报酬的工作增多。

新技术的产业化使企业在转型中部分地使用了机器人，减少了人们原来担负急难险重工作的风险，这对人们有好处。一些重复乏味的岗位被机器人取代，将会有一些职工背负重新就业的压力，但是数字智能科技及其机器人的使用，也创造出一些新的职业和岗位，经过培训就可上岗，如服务机器人应用技术员、集成电路工程技术人员、智能硬件装调员、工业视觉系统运维员等数字化技术发展和变革催生出新职业。这些新创造出来的职业和岗位，知识含量高、薪酬水平高，带来了新的就业机会，可以缓解劳动就业问题。

机器人代替劳动力是个较长的过程，尤其是发展中国家和贫困地区由于原来的工业基础差，可以广泛应用数字智能技术和各种数字平台、网络平台。但这些国家和地区使用机器人要比发达国家晚许多时间，所以机器人取代劳动岗位的数量要比数字智能技术产业化创造的岗位少得多，劳动就业状况总体上会好一些。随着数字平台打开广阔市场，让小微企业轻松连接全球市场中的消费者和供应商，催生大量机动的、灵活的职业和岗位，人类第一次让如此多的人，同时拥有一批得以改变自身生存状态的技术，新的市场主体破土而出，不断拓展着就业岗位的内涵外延。城市贫困人群和残疾人借助平台不出家门就可从事电商生意，农村、边疆等落后地区的农民借助网络就可将自己的农产品远销各地，让那些挣钱困难的人有了一个较为满意的出路。

随着智能机器广泛使用，机器人占比增大，人们的生产和工作方式将会出现转折趋势，作为劳动者的人与机器人将会有新的劳动分工，机器人以体力劳动为主，人则以脑力劳动为主，而且人们的休闲时间、娱乐时间、学习时间、锻炼时间、旅游时间都会增加，加之分配方式会有相应的改进，人类劳动将变得轻松快乐，就业不会有以前那样的压力，人类生活也将有所保障，发展前景趋好。

## 支撑防控疫情并关注人类终极命运

正当科技革命酝酿兴起之时，疫情持续肆虐给人类造成重大伤害，严重影响了人们的生产、工作和生活。针对病毒流行，人们采取了数字化科技防控、生物科技治疗的办法。新科技的虚拟和穿透性，克服了传统手段的局限性，及时为防控疫情提供着各种技术手段，助益并兼顾一定社交距离的生活生产。各地推出电子健康码、行程码，为防疫措施提供信息和数据。人们通过在线教学、在线会议、在线签约、在线销售等方式复工复产，开辟云服务、云经济；通过无国界的互联网和数字技能，准确把握国外商机，从进货到仓储、从营销到售后，大多在网上进行。有互联网助力，世界贸易从未如此简单过。这是历史上任何瘟疫防控期间都不曾出现的解困方式，这次疫情是对人类运用数字智能技术的一次检验和推进。疫苗和专门药物的研发和生产也都发挥了积极作用，全球科技界加强合作，有172个国家和地区加入世卫组织主导的新冠肺炎疫苗实施计划，并在快速检测、药物、疫苗研发、临床试验、病毒溯源等方面开展了富有成效的合作。

强大的病毒肆虐不排除恶化的环境和生态，以及人与自然矛盾所引发；环境恶化、能源过度开采、生态破坏，影响到人的生存环境，比如有毒的空气、水和食品，影响人的健康和寿命，气候变暖让人无法生存，水位上升压缩了人类居住和活动的空间，物种减少造成生物链断裂，威胁人的生命安全。人们在运用科技积极解决生态、环境和能源问题的同时，还要利用生命科学、基因技术、纳米技术、人工智能，解决环境、生态破坏给人类造成的健康影响和威胁。

人类作为碳基生物，生活在具体的社会环境中，保全和延续生命对人类具有终极意义。2012年11月，美国国防工业领域的权威杂志《国防》发表了《今后十年的五个顶级威胁》专题文章，将生物武器攻击作为头号威胁，之后是核武器攻击、信息武器攻击、气象武器攻击、跨国行为攻击。这些既对国家构成威胁，更是对人类的威胁。尽管大国一再强调管控核武器、生化武器，世界仍不免对生化战争和核战争的发生提心吊胆，竭力避免着人类消亡于内斗和相互倾轧。

现在的人工智能、基因研究、纳米材料等科技，给人类自身的发展和进化带来无限生机，有利于培养、配置和更换人的身体器官，预防、治疗和减少人的疾病，改善人的机能，增强人的身心健康，提高人的生活品质，延长人的寿命，进而使人类克服目前的生理局限，加强和完善自身，走出地球，开辟太空领地，探寻宇宙奥秘。但是这些科技存在许多不确定性，关系到人类的前途命运。而且人们对人工智能与基因改造技术争议较多，同时这两项颠覆性和前沿性的技术也面临诸多发展瓶颈，以及伦理问题和技术风险。目前，人工智能技术经过几十年的发展，机器学习和深度学习等技术已经逐渐应用在社会当中，随着象征人类智力顶峰的围棋领域被阿尔法围棋（AlphaGo）横扫，应用人工智能已经在少数领域超越人类，有的具有比人更强的计算能力，但仍然是供人类使用的工具。

我们仍不知人工智能的思考和意识从何而来。估计制造出拥有自主意识、真正会思考的强人工智能，仍有非常漫长的时间。但是人工智能将从昆虫一样的智力开始演化，拥有躯体和感知，并像人类一样繁殖。谁说毛毛虫的征途不能是星辰大海？我们的确应防范具有意识的人工智能改变人类的生态，许多人接受纳米计算机嵌入以取得机器般的能力，人们会不会变得像机器一样，并失去最宝贵的人性？这是从现在起我们就要特别防范的事情。

基因改造旨在强化人类的体质和特性，甚至赋予超能力的基因技术，目前尚未出现。科学家早在10多年前就展开基因编辑的相关实验。但可以实现的并不等于安全有效。基因编辑技术虽然已经成为可能，但其效果、副作用仍面临诸多未知，仍有许多难题需要人类克服。2016年美国国家情报总监詹姆斯·克拉珀（James Clapper）在当年美国情报界年度全球威胁评估报告中，将"基因编辑技术"列入了"大规模杀伤性与扩散性武器"威胁清单中。结合近年来多国暴露的美国隐秘生物基因战计划来看，美国每年以"生物安全"名义投资高达882亿美元，具有开发生物基因病毒能力，既涉及人类，也有地上行走的、天上飞翔的动物，昆虫以及植物，几乎所有生命领域。[1]对于人工智能和基因改造技术所面临的问题，科幻作品中有许多描述与想象。卡尔萨根在《暗淡蓝点》中写道："我们所面临的许多危险确实是由科技引起的，但是根本的原因是我们在变得很有威力的同时，并没有聪明到与之相称的程度。"我们不能回避且要直面科技发展中的不确定性，要在技术发展的同时，积极设计合理的机制，正确并有效地利用这些技术，从而使其真正为人类自身谋求福祉。

## 对科技投资的机会孕育着更多变化

新科技革命的奇迹和神秘，令人兴奋。科技发展较快，迭代成长，常有意料不到的黑科技诞生，这都会增加不确定性，刺激人们对未来的向往。越是不确定，越是充满吸引力。宇宙和自然有多大，科技的触角就会伸展到多远，远到冲向太空的科技，近到看不见的量子力学。

---

[1] 资料来源：世界应警惕的不是8130亿军费，而是高达882亿的"生物安全"经费[EB/OL]．秦安战略，2022-03-31. https://baijiahao.baidu.com/s?id=17287764 20242458823&wfr=spider&for=pc.

"快速、迭代和意外,是在不确定时代化解确定性与不确定性、战略短视与战略远见的有效工具。它既是一种方法论,也是一种世界观,它让我们在波动性、复杂性和模糊性的雾霾中感知未来,让我们保持预判的同时微调预判,又在随机应变中充满信心。"[1]对科技最大的信心,则是在扑朔迷离中,跟着科技探寻发展趋势,世界发展趋势会造就一些科技投资机会,未来产业正朝着智能、低碳、健康等方向演进。

在科技革命的背景下,对那些具有希望的科技进行投入,积极参与先进生产力塑造的过程,当我们站在历史前进的一侧时,未来会给予相应的回报。

在智能机器上,机器人、智能硬件、传感器、脑神经信息、人机交互、网络安全、虚拟现实和增强现实等技术,显然是经济社会发展需要充分应用的技术。

在数据和算法上,互联网基础设施、安全、流媒体、人工智能、软件服务,将会在发展中有更加美好的未来。

在低碳发展上,清洁技术、能源管理、气候数据、储能、水资源、生物能源、绿色交通、氢能、低碳工业、低成本核能等技术的发展和创新,将会作为技术力量直接参与双碳社会建设。

在大健康上,未来医学、生物医药、未来医院、生物信息学、疫苗研发、老龄化、健康食物等技术,将是未来健康和长寿的希望。

在精准医疗上,基因、生物科技、制药、医疗器械、远程医疗,已经成为企业界持久看好的健康应用科技。

我们不知道向这些科技投资后会带来什么样的未来,但是能感受到以往投资解决当时问题的科技,给我们今天带来的积极变化。着眼于解决问题的科技,着眼于人类普遍幸福的科技,就是最好的投资方

---

[1] 资料来源:尼古拉·尼葛洛庞帝.数字化生存[M].胡泳,范海燕,译.北京:电子工业出版社,2017.

向。人们的美好期望以及对期望的资本付出，就是在播种未来。虽然会有风险，甚至播种的人不可能都有幸收获，但他们积极主动地影响未来，就是一种伟大的人生。未来会因这些播种希望和辛勤浇灌，变得更加辉煌灿烂。

## 给每个人带来更多发展机会

科技让人类变得更好的方式，在于它给每个人提供的机会。机会恰恰是新科技要带来的一种改变的力量。虽然这种改变处于不确定性中，但它足以让人兴奋和激动。遇上这样的机会，足足抵过一个人与生俱来的独特天赋，有可能会听到不同于以往的新想法、新创意，会让你有勇气去独立创造新的产品、价值或思想。

科技革命如同普降甘露，为人们提供了有利条件，是对社会的一种普惠。对于自身条件更好的人，特别是有准备的人，科技革命则更是希望之光。

有三类群体将会受益最多，会把机会运用到最大程度。首先是年轻人，年轻人对新科技最为偏好，无疑是新科技的最大受益者。其次是创业者，新科技给创业者带来福音，成为创业者的首选目标。再次是小微企业和个体户，创新是它们的唯一出路，而最好的创新是新科技的开发应用。下列几种就属于机会的范畴。

一是提供产品和同类品种。新科技带来新工具、新产品，无论用新产品扩大市场，还是应用新工具、新产品从事自己的职业，都会同旧的工具和产品不同，会有新体验，带来更好的利润，启发和撬动相关的经济或社会创新。

二是提供服务及其特色产品。服务及其特色产品比一般产品高出一筹。高端产业链除了金融、高端制造，服务业正成为新的高端。目前，发达国家，特别是美国的服务业在各产业中占比最高，包括生产服务、生活服务、金融服务等。数字智能科技提升了服务业的档次，服务业成了应用数字和网络平台最多的领域。服务业与人打交道最多，素质要求高，它的利润和获益大大超过对一般产品的经营。

三是提供高附加值。无论从事商业贸易、工业制造，还是经营服务，采用新科技后，将会缩短设计、生产、流通的时间，改善流程，可用虚拟方式配置资源，进而在不增加投入和资源的情况下，提高效率，带来高附加值。科技作为无形产权，具有极高的附加值和极大的复制传播性，使价值迅速递增，就会以新科技带来的低成本扩大市场，使创业者或企业处于竞争优势，随着更多企业采用新技术，众多创业者和企业就会从激烈竞争走向协同发展。

四是提供平台。平台经济是基于对个体的信任机制，在平台上的个体与组织中的个体是两种不同的状态，组织中的个体作为人力要素而完成交办的任务，主要发挥执行力；平台上的个体作为一个独立市场主体而提供交易业务，主要发挥创造力，两者价值完全相异。

五是提供精神。科技革命一个重要价值是蕴含于新技术中那些相应的新思想观念。因为新技术都是探索和创新的产物，每种技术都有其独特的理念价值。它们共性的价值，就是创业生态系统所需要的核心精神，主要包括两个方面。

第一，创业精神，这是成功创业的不竭动力。亚马逊公司是美国最大的一家网络电子商务公司，它建立于1994年第三次信息革命浪潮中，当时杰夫·贝索斯向他的老板提出准备创办亚马逊，老板说这对于没有工作的人来说是个不错的创业想法。两天后他靠直觉决定创办，纵情向前，不留遗憾。他体会到，创新总是不被理解，如果你在做有趣的事情，总是会受到批评，如果不能忍受这些批评，那就什么也做不成，就无法创新，生命中大多遗憾都是因为不作为。这些就是创新精神的现实阐释。

第二，自由精神，创业者的内部因素在于打破保守束缚，敢于探索和试验，外部因素最主要的是自由创新环境，这是成功创业的根本保障，两种精神构建创业成功体系。

新科技层出不穷，世界机会倍增，会有更多的人来制造更多的机会，形成自主创新的奇妙循环。受科技环境和氛围的影响，众创空间应运而生，它与科技创新密切相关，是创新的孵化器。"众"是主体，"创"是内容，"空间"是载体。顺应创新趋势，把握创新浪潮机遇，根据互联网、人工智能、大数据及其应用的深入发展，通过市场化机制、专业化服务和资本化途径，构建起低成本、便利化、全要素、开放式的新型创业公共服务平台。

众创空间发挥社会力量和国家力量，利用各种创新示范区、高新区、科技企业孵化器、高校和科研院所的有利条件和载体，发挥政策集成效应，实现创新与创业结合、线上与线下结合、孵化与投资结合，为创业者提供良好的工作空间、网络空间、社交空间和资源共享空间。

现代科技扩展了我们选择的可能性，同时也扩展了个人为自身特质找到出口的机会。新科技也会打破原来的一些秩序，原来的职业和生活有其不同地位、结构和比例，新科技需要人和职业、生活的关系重建，甚至会打破原来的地位差别，比如随着人工智能对人的劳动的取代，金融业中收入很高的人，需要重新考虑他们在新秩序的排位，从这个意义上看，是一次过去地位的清零，也是一次新秩序的重建，其中孕育着大量新的平等选择的机会。未来是人们共同创造和推进的，参与科技创新的人多了，在科技创新的影响下，更多的人汇聚到科技引导的洪流中，未来将会更加繁荣昌盛。

## 解决不同分工带来的合作和协调

互联网和数字技术等新科技在把世界连在一起时，实际跨越了过去无法逾越的鸿沟，能够在更大范围解决不同分工带来的合作和协调。互联网早已成为全球发展的标识，一代代网络技术的提升，使各国从未像现在这样,在彼此独立的情况下得到互动,短时间便将产业结构升级到新的高度,推进全球共同发展和合作。那种通过数字平台配置资源的方式,解决了过去必须将全部资源聚集到企业和工厂的做法,让资源配置和经济合作变得更加便利。新科技的趋势及其产业化的布局,已经不是前几次科技革命和工业革命那种合二为一的状态,它反映出更新层次的社会分工合作,是世界市场发展和全球化推动自然形成的。如果迫使许多优势聚集到一个国家,割断全球产业链、供应链,那将是历史的倒退。没有一个国家能自给自足,不管它多么强大或者多么先进。数字智能技术正好可以解决不同分工的合作和协调,形成数字化条件下新的生产链和供应链。

此外,新科技还能解决令人难以想象的其他各种问题。不同新科技的融合将会产生许多神奇效果,将使许多问题和困难得到令人难以想象的解决。

## 融合的趋势

这次科技革命涵盖众多科技领域,内容十分丰富,而且多是相伴而生,并以融合、综合、叠加、交互、渗透、集成、破界、一体等方式呈现。如果将这种现象归纳起来,就是科技的融合趋势。中国科技部部长王志刚早在几年前就说过,人工智能、互联网、大数据与传统的一些物理、化学、机械等相结合,可能成为新一轮科技革命的核心。本轮科技创新的变革呈现出多元深度的融合特征。

### 融合的基础

早在第二次科技革命时,科学和技术开始结合,相互促进,使科学技术各领域的相互渗透有了基础。第三次科技革命时,科学技术发展的综合化更加明显，学科在高度分化的同时，又出现了高度综合的趋势，以致自然科学与社会科学都开始互相渗透、互相融合，出现自然科学奔向社会科学的潮流。如电子计算机科学、遥感技术等已经渗透到考古、勘探的领域，探明古代地下遗址和地下宝藏的准确位置和容量。经过几十年发展，现在的许多新技术领域，都不是"单独的"技术，而是"融合的"或"复合的"技术。融合的科技更趋普遍和理性，产生了更为可观的效果。前面写到两个融合和交互的内容：一是数字科技与智能科技融合，产生了数字智能科技，使融合起来的技术大于各个技术相加之和，甚至出现乘数效应；二是现代科技与产业的交互也是一种融合形式和过程，更有利于生成现实生产力，有利于经济和社会的发展。除此之外，还有各种各样的融合。白春礼院士认为，现代科技正在各学科领域间深度交叉融合，广泛扩散渗透。

## 1+多的融合

所谓"1"是指一种通用性技术，神通广大，可以和多种科技和产业融合，它和什么搭配，都会产生奇妙的效果。这里举几个属于"1"的技术。

一是"大数据+"。大数据科学已成为新的科研范式，说明大数据在各种科技的研发中具有了一般的方法论意义。无论任何科技，或是任何产业，只要同大数据结合，就会产生较强的效率和效益。这说明大数据既是一种技术，又是一种资源，所有学科和领域都需要，而且在数字化的今天，任何方法加上大数据，任何资源加上大数据，都会有出奇的效果。

二是"互联网+"。这是不同技术、不同产业都可以利用的信息和互联网平台，以此获得各种联系，提高效率，扩大范围，增加效益。互联网+各种技术，互联网+传统行业，使互联网与各种科技和传统行业进行融合，利用互联网具备的特点，创造新的发展机会。"互联网+"通过其自身的优势，对传统行业进行优化升级转型，使得传统行业能够适应新的发展，从而推动经济社会文化等各项事业的发展。当然，这里不是简单的1+n，而是利用互联网平台进行的深度融合，创造出新的发展生态。

三是"人工智能+"。这是将人工智能作为行业科技化发展的核心特征并提取出来，与工业、商业、金融业等行业全面融合，推动经济形态不断发生演变，从而带动社会经济实体的生命力。这也是利用人工智能技术以及互联网平台，让人工智能与传统行业、新型行业进行深度融合，提升创新力和生产力。未来所有的设备都会带上人工智能，要么会有更强的感知智能，要么会有小规模认知系统的体系，要么会有一些更好的行为智能，未来一定是人工智能的世界。

"互联网+""人工智能+"带动数字经济蓬勃发展，驱动经济社会加速向数字化转型。白春礼院士指出，从无人驾驶到智慧交通，从直播带货到智慧物流，从5G通信到数字货币，从网络扶贫到数字乡村……技术的突破为经济发展打开了新的空间，为产业升级提供新动力。

四是"生物技术+"。随着系统生物学与系统生物工程兴起，将可能使得计算机技术、人工智能、纳米技术、生物技术、医药技术等学科高度交叉、渗透、整合，从而带来在材料、能源、信息产业的全面生物产业化，加速孕育和催生合成生物技术、类脑人工智能等代表先进生产力发展方向的一批颠覆性技术，引领和带动新科技和产业革命逐渐走向高潮。比如3D技术与基因编辑技术融合或复合而成的"生物打印"技术，可用于制作皮肤、骨骼乃至心脏和心血管组织等移植器官；比如生物芯片，也称蛋白芯片或基因芯片，是DNA探针技术与半导体工业技术相结合的结晶；比如高性能计算与生物医学的融合，将会化解大数据的建模与挖掘难题；比如将大脑植入物、人工智能和语音合成器结合起来，将大脑活动转化为可识别的机器人语言，应用这种神经形态技术，可允许瘫痪的人进行交流，还有通过认知成像阅读人类思想的潜力；比如可穿戴设备将提供实时生物标记物跟踪和监测，如果用纳米技术修复人体细胞的物理创伤，治疗疾病，人类的预期寿命或许可以延长，有些未来学家认为，最终我们所有的生物功能都将被仿生机器所取代。

五是"材料技术+"。这次科技革命中，除了信息技术，几乎所有技术领域的融合都离不开材料技术。很多技术领域都已经是某项技术与信息技术、材料技术的"交叉融合"。比如数字智能科技与前沿技术、突破性技术相互支持和融合发展，具有链式变革的特征，将使前沿技术加速研发进程，全面提升技术创新能力。比如图像传感器与精密制导武器、半导体材料与太阳能电池等的融合。比如人体和设备之间的植入和连接，包括仿生眼、仿生肾脏、仿生心脏甚至外骨骼，都是各种配合技术的应用，特别是先进的柔韧材料，如塑料、陶瓷、金属和石墨烯，为医药和可穿戴传感器的假肢技术带来突破。

## 三元融合

人－机－物的三元融合，使任何人和任何物在任何时间和任何地点都能够达成联系，使所有人和所有物能够实现互联、互通和互动。物联网和精细化生产正在主导未来发展，工业自动化的内涵已经变成根据需求的变化来调节生产、流通和分配方式。所以，未来增长将会是物联网和精细化生产。物联网也不单纯是一个终端设备，而是一套可自主学习、自主决策的机器体系，这个体系的智能终端和典型产品就是自动驾驶。电动或混合动力汽车与人工智能、计算机视觉、激光雷达、"机器对机器通信"等高精尖技术融合或复合而成自动驾驶技术，它是一个庞大的自主系统，可以把物联网和人的生活紧密关联起来，会大大缓解堵车、污染、停车以及酒驾的问题。融合中将会产生更多的功能、更大的效益，特别是产生的一些通用性科技，为融合提供了条件。人－机－物的三元融合，使物理世界、数字世界、生物世界的界限越发模糊。

## 科技的集成融合

集成创新是把相关科技成果融合起来，消化吸收再创新是把已有成果和自己的改进融合起来，原始创新虽然不是融合现成成果，但也必须融合各种条件和要素。所有科技创新都是融合的产物。在此列举几个集成融合的典型事例。

一是高性能计算集群（HPC）。因为成本和编程的复杂性，集群被长期用在高能物理研究、能源勘探、国民经济预测、核武器预测、卫星图像处理等高精尖领域，同时也成为国家科技综合实力的重要象征之一。如果构建一个将计算集成、人工智能、数据分析有机整合的通用平台，并使其能高效协同，将帮助更多企业实现多类工作任务的灵活且经济的融合。华为正是以融合架构创新，推动计算集成迈入多样性计算时代。计算集成加人工智能等信息技术在抗击新冠病毒方面起到了重要作用。高性能计算与人工智能的交叉融合，将托起万亿级美元的生物大数据产业。在各科技领域深化发展的同时，不同科技领域之间的交叉融合同样体现出重要的理论研究价值和实践价值，积极引导科技发展以人为本，促进和保障人与自然和谐相处是科技创新的出发点。

二是电驱动技术的高度集成。现在已经有很多三合一、多合一集成方式的电驱动，但多数是简单的物理集成。目前正向着更高的集成度发展，善用已有资源，通过集成的电子设备，促进电驱动的集成，使集成的电驱动重量更轻，连接间距更短，占用空间更小，零件数量减少，接口数量更少，使不同的组件和模块之间产生相互依赖性，将会通过集成带来紧凑的封装，降低成本，改善功能，提高效率。

三是智能城市和物联网（IoT）融合集成。将交通、能源、水资源、废物回收、智能建筑等技术以及安全技术和服务集于一体,由科技、基础设施、服务构成城市生态系统,结合了物理和数字、硬件和软件,可实现态势感知和综合运营行动,以预防、减轻、应对犯罪、恐怖主义和自然灾害,并从中恢复过来。智能城市还可以改善公共服务,开展商业活动,满足那些选择居住在城市环境中的人们日益增长的后勤、健康、财务、交通、通信要求和可持续性要求。

四是人工智能(AI)、机器学习(ML)、量子和超级计算以及机器人的混合集成。将人工智能软件应用到全球数百万的图形和计算机处理器。人工智能、机器学习和通过高级计算完成的自然语言处理可解决各种挑战。人工智能可从大量非结构化数据中分析、解释、诊断和解决问题而无须专门编程。智能机器人将对管理、商业、可持续发展、健康以及未来如何对抗战争产生重大影响。人工智能与量子计算和超级计算能力的神经交互将实现前所未有的数据挖掘,创新并提供人类历史上最大的技术飞跃机会。[1]

## 各种科技的相互融合

新一轮科技革命将进入轰轰烈烈的科学大融合时代,学科群之间的联手与融合势不可当。生命科学、物质科学、信息科学、认知科学与复杂性科学的融合孕育着重大的科学突破。学科交叉融合加快,新学科不断涌现。生物学家做分子生物学工作,离不开数学家和物理学家、计算机专家等高科技人才的帮助。做纳米科技的研制和应用,绝不仅仅局限于物质科学、物理、化学,同样也要拓展到生命科学领

---

[1] 资料来源:影响未来的5大新技术融合趋势:智能城市+IoT、AI+ML和AR+VR〔EB/OL〕. 前瞻网,2019-02-26. https://t.qianzhan.com/caijing/detail/190226-c91ae994.html.

域、生态环境领域、能源科技等领域。学科交叉融合的这种趋势，使科学家不能局限于本学科、本领域方面的单纯研究，必须和其他学科领域的科学家共同探讨和发展、交叉融合和合作。

麻省理工学院校长苏珊·霍克菲尔德在美国科学促进会的"生命科学的第三次革命"演讲中认为，下一场创新革命来自生命科学、物理科学和工程科学领域正在发生的历史性大融合。这样的大科学群融合成一种全新的科学技术力，将产生许多全新的不为人知的产业领域。比如，一种新概念生命医学电池——无害病毒电池，就是通过化学科学、生命科学、医学、物理学、能源工程、材料科学等联手合作研制成功的，而这一绿色电池完全属于一种新的绿色产业。麻省理工学院生物工程系正在按照这样的特点，组建新的科研团队。

## 科学-技术-生产一体化

随着科技大规模地转变为直接生产力，社会生产的固有形式和内容发生巨变，最深刻的变化是科学、技术、生产的紧密结合。科学提供物化的可能，技术提供物化的现实，生产成为物化的具体实现过程。技术是科学的延伸，科学是技术的升华，生产实践以科技为必要前提。

现代科学获得的认识体系以及嵌入其中的过程在理论上为技术创新奠定了基础，预示着新技术领域的产生。现代技术为了生产，利用科学中包含的原理去创造产品。许多技术的产生，都来自科学理论的引导，而不是来自经验探索或已有技术的延伸。而产业是科学技术的产品体现，是一切生产物质产品和提供劳务活动的集合体。

科学、技术、生产之间，是一种上、中、下游的辩证统一关系，是一个集认识源头、生产力转化、实施效果于一体的完整过程。三者相互渗透、相互影响、相互结合，使科学、技术和生产的界限逐渐模糊，科学和技术服从和服务于生产的态势和目的越来越明显。在科学家、工程师、企业家、智库专家等众多创新主体的密切协同下，科学与技术、发现与发明、基础研究与应用研究、研发与产业化不断打破边界，融会贯通，从而彰显技术科学的重要价值和作用。科学与技术不仅以生产实践需要为基础，而且科学实验和技术试验之间也相互渗透，彼此融合，发挥着引领生产实践的功能。

科技与经济深度融合趋势，使一些头部企业开始布局基础性关键技术的研究，研究机构的前沿技术正在加速转化为现实生产力，驱动经济社会加速迈入数智化新时代。这种状况改变了企业仅仅作为生产单位的性质，大型企业也成为科技研发的主力，权威数据显示，2017年中国科技研发投入已达1.7万多亿元。其中，78%左右是企业社会投入，22%左右是政府财政投入。证明企业已成为中国研发经费内部支出的主要资金提供者和执行者，同时也是最大的研发成果产出者和应用者。科技创新是支撑经济发展的一个强大力量，领先的科技在哪里，尖端的人才就流向哪里，而发展的制高点和经济竞争力也势必会转向哪里。

随着科技与经济社会发展的关系更加紧密，公众不再仅仅是科研成果的受益者，而是更多地参与科学研究过程，使得科学共同体容量扩大、档次提升，形成社会、公众与科学相互交织、互相促进的社会文化，创造有利于公众了解和参与科技的基本条件，改变政府、部门和科技机构向公众征求意见的单一流程，激发科普机构衔接社会参与科学研究的能力。加强科学与公众之间的互动，改变传统的经院式、神秘式研究。科学家需要与公众充分接触，以了解公众的想法和需求、赢得公众的信任，才能更好地领会公众对科技的意见和期盼。

集科技研发和生产的一体化正在呈现新的状况：一是新的发现发明到实际生产之间的周期在缩短；二是生产部门中科技人员所占的比重在增加，企业已成为科技人员集中的场所之一，科技进步在经济发展中的作用日益增长；三是逐渐形成一批各种形式的科学、技术、生产的综合性实体，包括一体化的企业、公司和一体化的产业区。

比如，把基础研究、应用研究和产业发展的力量和资源整合起来，就可共享大团队、大设施、大平台的资源，发挥它们在科技研发中的综合作用。

再比如，许多地方将一体化演变成不同形式的结合，包括政产学研的结合方式，形成企业为主体，市场为导向，产学研深度融合的技术创新体系。

各种一体化形式解决了单独研发难以解决的许多问题。有了龙头企业牵头、高校院所支撑、各创新主体相互协同，解决了长期以来政府有科技需要、规划和投资计划，但不知应当由谁来担当科技研发任务的难题；解决了高校有人才与科研资源，但资金不足的难题；解决了企业拥有稳定的现金流和研发平台，却缺少人才与智力资源的难题。

学校、企业和政府有效对接，强化了科学、技术、生产之间的互动融合与协同并进，促使科技研发直接聚焦和服务于生产实践，对促进传统产业转型升级与提升创业创新活力大有助益。产研协同创新纵深推进，带动了前沿技术交叉融合应用。特别是面向实际应用、开发全新市场的场景式研发与创新，正有力地促进多领域技术组合，进而对科学研究形成逆向牵引。缘于物联网、车联网的发展需求以及国际竞争等动因，5G的应用与推广持续加速，多种场景落地。商业航天围绕成本削减和安全便捷，解决了火箭和太空舱的回收、火箭发动机的3D金属打印等一系列技术难题。

此外，科技与经济、社会、文化等非科技领域的融合也趋于密切。当今社会面临的经济社会发展中的一些重大问题，不是自然科技能够单独解决的，诸如资源能源、生态环境、温室效应、臭氧层破坏、病毒流行的防治、人与自然和谐发展、经济社会全面协调可持续发展等，这些问题既涉及自然科学的认知和技术支撑，又牵涉经济、社会、法律、文化和教育等。解决这些问题显然超出自然科学技术的范围，必须将自然科学、技术手段和人文社会科学研究融合起来，协同解决，综合治理。

综上观之，科技同各种音符融合产生的美妙乐章一样，具有多姿多彩的组合和应用，这种融合趋势将深刻地改变人类未来。

## 领先的优势

在群落主导的科技中，数字智能科技是最为突出的核心科技，其中的互联网、人工智能、大数据等具有通用性质，在科技革命及其影响中居于领先地位。科技的运用方式有许多，个性化、自主性的方式在科技应用中更加突显，具有强劲的发展势头。科技创新的复杂性和不确定性，似乎与领先和优势无缘，然而辩证地看，正是这种复杂性和不确定性揭示了这轮科技革命的后发优势，没有完成的任务恰恰最有希望和潜力。正是历史上的许多猜想和课题促进了后来者的探索兴致和成就。

### 内容上，数字智能科技突显核心作用

数字智能科技成为引领科技创新的重要领域。数字智能技术处于系统创新、深度融合与智能引领的重大变革期。人工智能、大数据、云计算、物联网等技术已具规模，并与制造、能源、材料等各个领域交叉融合，量子计算、未来网络等前沿技术已展现出诱人的应用前景，正快速成为各国科技创新的重点领域。

数字技术加速集成优化，技术创新活力裂变式释放。计算、网络、感知等核心技术加速融合、互动、创新，云计算极大拓展了高性能计算的发展模式，大数据深刻改变了高端存储的发展方向，人工智能全面提升了传感器感知的技术能力，软件定义理念加快了通信网络的智能化演进进程。技术路线和发展模式的快速且深刻调整，推动了计算网络化、网络智能化、传感智能化的深入发展，极大地激发了先

进计算、高速互联、高端存储、智能感知的技术创新活力和应用潜能，带动技术能力和效率的指数级增长。

数字科技的引领作用迅速传导到产业，主要是通过数据流动自动化技术，从规模经济转向范围经济，以同质化、规模化的成本，构建异质化、定制化的产业。推动产业互联网，带动产品智能化，体现在以下几个方面。

一是智能工厂，形成网络化分布式生产设施和智能化生产系统及过程。

二是智能生产，主要涉及整个企业的生产物流管理、人机互动以及3D技术在工业生产过程中的应用。积极吸引中小企业参与，扩大智能化生产技术的使用和受益范围，成为先进工业生产技术的创造者和供应者。

三是智能物流，通过互联网、物联网、物流网，整合物流资源，发挥现有物流资源供应方的效率，而需求方能够快速获得服务匹配和物流支持。

四是智能商贸，主要通过互联网技术降低产销间的信息不对称，加速产销间的相互联系和反馈，催生消费者驱动的商业模式，通过智能生产、智能物流，促进智能商业模式。

从智能终端到智能网络，从信息的智能化处理到智能制造、智能物流，新科技革命将更有力地扩张着人类的体力，更有效地延伸着人类的智力。

数字智能科技使经济和社会都带上智能色彩。未来发展中，生物科技的应用、新能源科技的应用、材料科技的应用，都和数字智能科技紧紧相连，到处都会留下电子和比特的轨迹。运营商和互联网平台、社交媒体，如微信、脸书、推特、优兔、抖音等掌握着人们实时通信信息和行踪，电子支付和旅行习惯对银行已不是秘密，人们的社会关系和个人爱好都被微信、短信、博客、电子邮件、电商等归档储存，人脸识别把人们的面貌体态暴露无遗，监视器会录下我们和身边人的一举一动。工作和生活中，我们要打交道的公司或单位，常常以产品或服务打折为条件，引诱我们透露个人信息并将这些信息拿去交换，甚至各种资料都被电子设备捕捉到家。放眼四周，那些科技设备正紧盯着我们，设法将我们的需求转化成钞票。

我们所有的行为都从根本上受到这种无处不在的数据挖掘的影响，可以说数字世界加上发达的算法，对刚刚过去和正在进行的行动进行捕捉，极易掌握人们的习惯和规律，越是对过去和现在掌握得多，就越容易预测未来。我们将会从过去工作生活的习惯中，规律性地预测和描述未来的发展曲线。如今科技已经提供了这样的条件，也开辟了这样的前景，可以轻松掌握我们过去和现在的情况。如果我们的过去和现在突然变得清晰起来，那么未来的发展将不再是谜。可见从更深层的角度理解科技，进而探索人类未来发展走向，科技更加靠谱，比聪明更重要，科技的光辉将照亮未来之路。

## 运用上，个性化和自主性成为新主流

我们正面临个性化突出而又充满不确定性的环境，这是社会、企业、单位必须转型的本质，这种转型会传递到商业、制造、产业，特别是科技这个源头。虽然新科技相互渗透、齐头并进并呈链式变革，而且交互融合和综合集成成为发展趋势，批量化、规模化、群落化不断涌现，但是新科技成果在落地应用中，正在呈现个性化、自主性的特点，在科技向产业的转化中，智能制造个性化将会成为未来发展的重要方向，技术越集成，生产越个性。未来最有利可图的不是大规模生产提供的标准产品，而是个性化、小批量、多品种、定制生产的创新产品。这种分散自主形式和风格，使制造和服务能更经济、更便捷、更充分地满足人们新需求，适应人们个性化、高品质、多层次的新要求，逆向倒逼工业互联网、增材制造、工业机器人等加快发展，进而促进透明化生产、智慧型物流、预测性服务。这主要体现在以下几个方面。

一是获取个性化描述的技术。通过数字智能技术，合法且正当地获取用户描述。包括用户喜好、需求、目的和期望等信息，主要是行为和事实。

二是个性化推荐技术。面对信息爆炸与长尾问题的普遍发生，重要的解决方案之一，就是个性推荐技术，其背后是一套机器学习的方法在支撑，在其中考虑一些跟人相关的因素，这个因素的不同值就会影响结果输出，根据用户的不同特征则会影响给每个人的推荐结果。

三是个性化定制和服务技术。当生产力已经不是人们满足物质需求的制约因素的时候，大规模、大批量相同产品制造的时代就会结束；人们不再满足于现在可以买到的产品，还需要将自己特殊的需求提出来，让生产企业根据自己的需求设计产品，这就是个性化的产品从设计、生产、交付的一系列过程。

个性化技术发展及其运用的方式，还包括分布式能源、分布式制造、个性化定制、众包式研发、分享经济，这些都使生产者与消费者、创造者与应用者的界限日益模糊，将会带来前所未有的个人美好体验。

这种高自主制造和新模式服务，还包括电子商务等，相应地吸引投资回报率（ROI）驱动的个性化的战略投资。人们将会看到人工智能和自然语言生成技术创建的一种"算法电子商务"体验，通过定制的产品和类别描述，客户可以获得定制的购物体验。

强调个性化需求，是因为企业的生产能力能够和需求信息相对称。现在的消费者愿意为满足个性化需求的东西花更多的钱。通过数字技术可以快速实现个性化的定制，并且为企业带来很大的价值和利润，因此，现在的服务是根据预测需求的推式结构与即时需要的拉式结构相结合的模式，并且拉式结构将逐步占据主流。

## 发展上，复杂性和不确定性预留了广阔空间

雨果说，与有待创造的东西相比，已经创造出来的东西是微不足道的。科技创新日益呈现高度复杂性和不确定性。对我们来说，越是不确定性的科技，它的发展越是谜，然而，这也正是科技持续发展的广阔空间。复杂性科学的成果、方法将为高新技术发展开辟新的途径。对确定性的追求越是强烈，问题的复杂度就会越高。

对不确定性的恐惧和对确定性的追求，一直伴随人类社会的发展和演进。比如，人工智能、基因编辑等新技术可能对就业、社会伦理和安全等问题带来重大影响和冲击。对这些不确定的科技问题不能武断地否定、肯定或停止，不慎重的结论只会带来要么是灾难，要么是人类的遗憾。正因为有谜一般的不确定性，它就会吸引人们去探索它的确定性。从20世纪60年代到90年代的30年里，人工智能没有太多的发展，就是因为我们一直在试图把所有的可能性穷尽。对于一项科技的不确定性问题，与同项科技已有确定性但需要渐渐研发的问题，应当采取多种方法。用穷尽所有问题研发的方式，势必会制造新的停滞。因此，要用各种科技的方法化解不确定性，包括以大数据来化解，通过用"数据+算法+算力"的方法来定义它的确定性，用思想来化解不确定性。事实上，我们会发现任何一种伟大技术的发明或者人类的进步，都来源一种确定性的思维。

人类需要用科学家的聪明和智慧生成的更多方式方法化解不确定性。在二战前后，香农和冯·诺伊曼研究了复杂性和信息的关系，他们发现：信息含量是对复杂性拥有多少含义的度量。区块链技术的制度就可以解决信息复杂化问题。因为区块链本身就是一个"网络"，区块链的节点是信息，如果将信息单位比特化，彼此的节点就可以打通。区块链不是量子场，确实是信息场，这个场与每个节点之间存在积极的互动关系。量子场可以通过数学表述，区块链的基础也是数学。区块链正是

一种直接表达制度本体的技术，即不经由任何代理，通过技术手段直接表达的制度形态。①

现代科技越来越从简单到复杂，因为万物互联使得孤立产品走向复杂产品的生态体系。特斯拉汽车的核心部件只有22个，而过去的传统汽车有2万多个。这是因为特斯拉不仅仅是一辆无人驾驶汽车，还是一台移动电脑，更是相当于无数辆车的信息采集工具。特斯拉的摄像头能够精准捕捉到周围的环境，比如跑过了什么动物、速度是多少、有多少个宠物，就可以推论出这个地区的宠物粮食情况，就会对这个地区的供应链产生强大的关联。目前的22个部件取代了过去2万多个部件，而且功能更多、性能更强。零部件的数字降下来了，实际是用简单的方法处理复杂的问题，形成了一个生态系统。但是复杂性是个趋势，这个生态系统包含的东西只能越来越复杂，系统会越来越强大。如同小小的芯片包含了无数的零部件一样。复杂性越是强，系统越是庞大，越要简单表达。正如乔布斯说的，用户不需要一大本说明书，只想方便使用，因此删繁就简便成了科技、产业要解决的问题。

---

① 资料来源：朱嘉明. 未来决定现在：区块链·数字货币·数字经济 [EB/OL]. 零壹财经，2021-02-20. http://iof.hexun.com/2021-02-20/203045202.html.

# 第五章
# 巨大的推引力

新科技革命的力量无比强大,引擎作用更加明显,对产业发展、公众生活、社会变革和思想文化产生广泛而深刻的影响,共享发展成为这次科技革命的必然趋势。

## 新科技的强大远超过往

经济社会的发展和演进,很大程度得益于科技革命的推动,最终是生产力发展的结果。科学技术威力巨大,成为人类社会进步的杠杆。火把人类带入应对自然时代,纸把人类带入文明时代,蒸汽机把人类带入动力时代,互联网把人类带入信息时代。这次强大的科技革命无所不在的活力,将会把人类引向什么样的未来,带来什么样的世界?

## 新科技强大力量所在

在几次科技革命中,都离不开三个核心内容,即生产动力、生产机器、交流手段。这次科技革命不仅在内容上有所扩展、程度上有所提高、质量上有所改进,而且是多方面飞跃。

在生产动力上，蒸汽机的发明、电的应用、核能的应用，均与能源有关。这次科技革命是气候变化、环境污染、资源短缺、过度开发引起的能源革命、气候革命，正在立足于光能、风能、水能、地热能、生物质能等可再生清洁能源，并向可控核聚变的能源努力。无论陆、海、空的交通动力，还是生产、生活、学习、工作所使用的能源，都向着清洁绿色能源进发。这是由科技引发的人类长期发展战略决定的。新动能具备传统能源不可比拟的三大优势：第一，能够源源不断；第二，积极影响气候；第三，保护生态和资源。

在生产机器上，过去科技革命解决的是半自动化、自动化，以及一些智能化的自动机器，而这次科技革命赋予人类的不仅是全自动和普遍的智能机器，而且许多智能机器具备人的一些能动性，机器像人一样在行动。这意味着一个重大转折，人作为体力劳动者有了自己的继承者。过去的机器在生产线上，需要人来配合，人如同机器一样机械地运转，而今人们操控智能机器为辅，可以人机合作，甚至可以将工作交给人工智能来完成，解放了人的双手和大脑。当然，这也引起人们对机器人或人工智能再向前走一步的担心，比如将来人工智能是否会超出人的智能。但我们相信一个尊重科技的社会一定能够向好而生，愿未来的机器能成为人类的合伙人，而不是对手，更不是替代者。

在交通变革上，人们对更快速度的追求永无止境。随着电力和无线电的出现和广泛应用，能量和信息传输已经实现了光速化，相比之下，物质的移动速度仍然不高。根据40多年前丹尼尔·贝尔在《后工业社会》一书中的计算和预测，人类目前正处于动力速度发展S曲线的快速跃升期。为实现更广泛的全球化，新科技革命将带来更高速度的新交通、新物流和新动力。目前的智能汽车突飞猛进，列车和铁路的智能发展更为可观，智能飞机发展趋向完全自主系统，智能低空载人飞行横空出世。

在交流手段上，人们跨越了口头媒介、书写媒介、简单的电子媒介，进入信息充分发达的声像皆有的高度电子媒介。信息传递把人类的远距离沟通速度提高了上亿倍，极大地扩展了人们的联系和视线，解放了人们的思想，达到社会化的最大程度，交流变得极其简单、平常和廉价，以至于在各种社交网络和虚拟社交群中，人们都能感受到比现实更加丰富的精神文化生活。

在健康和生命上，现在的基因技术、纳米技术以及AI等正在努力中的科技，在解决疑难疾病、实现长寿上争取突破。人类关心的自身命运有了转机的希望。

更为强大的是人脑与电脑的结合，将打开意识之门，解开意识之谜。自然人与机器人的结合，将开辟一种新的生产关系，产生一种全新的生产方式、工作方式、生活方式、思维方式。

陆地、海洋、太空的结合，将会打通陆海空领域的联系，找寻它们之间的内在规律，拓展资源能源的来源，腾挪出人类更加广阔的活动天地。

第三次科技革命浪潮尚未退尽，第四次科技革命已经来临。两次科技革命在时间上部分交织、在内容上部分迭代、在影响上相互衔接，展示出科技革命的空前强度和蓬勃生机，加大了对社会发展的推力。

新科技革命刚刚开始，许多科技项目蓄势待发，科技在许多领域显示出迅猛的发展势头，孕育着新的重大突破，科技革命属于整个21世纪。目前，信息科技方兴未艾，新能源、新材料迅猛发展，生命科学、生物技术、基因工程后来居上，数字时代正在融合信息和生物的内容，还有许多科技将会源源不断地涌现。如此强大的力量不可逆转，势不可当。可以说，新科技成果产出速度比过去不知快多少倍，且还在呈裂变式加速发展，科技的力量在加速累积。刚刚出笼的科技成果还在应用和产业化的过程中，新的科技便接踵而至，科技在不顾一切地创造预期中的未来,科技革命正在以排山倒海的势头走向远方,促进经济社会的发展,将全面改变我们的世界,刻画美好的未来。

## 新科技耀眼的引擎作用

新科技革命对经济社会的影响,看似随意和自然,其实科技的样子早已决定了它对未来的影响,主要有三个方面。

一是领域与综合。新科技革命几乎囊括了人与社会、人与宇宙等所有方面,"延伸到几乎一切与人相关的领域——生命与死亡、思想与感情、行动与遭受、环境与物质、愿望与命运、当下与未来——简言之,由于技术已成为地球上全部人类存在的一个核心且紧迫的问题,因此它也就成为哲学的事业。"[1]

新科技涉及的多领域和融合性,对未来的影响涉及各个方面。从各领域科技的繁荣能够想象到它所影响的社会各方面的崭新面貌。数字智能科技已经让社会变得今非昔比,无论工作、生活或是社会各方面,数字留下的痕迹都是新文明的展现。从来没有想到工作和生活因为数字化科技,变得像现在这样方便、轻松、多彩,彻底改变着人们购物、交往和出行的样式。从已经看到的生物科技和生命科学对医疗健康的影响中,我们明显感受到同样60岁的人在过去和今天会有如此大的差异,科技让人变得更加年轻和长寿,使病痛减轻和消失。

透过科技的广泛融合性,我们将会见证新科技对社会万花筒似的塑造。网络、芯片、传感器、数据、人工智能,用到哪里,哪里就发生神奇,它们同什么技术结合,什么技术就提升功能,近在人身体

---

[1] 资料来源:汉斯·约纳斯. 技术、医学与伦理学:责任原理的实践[M]. 张荣,译. 上海译文出版社,2008:1.

中运行的微型纳米机器人维护健康,远到火星上的探测器帮助人们揭示宇宙的奥秘。我们常见的网上办公、网上教育、线上会议、网上就诊,其实都是通过数字建立的智慧家庭同企业、学校、会场、机关等任何现场的联结。

在科技的普遍应用和产业化中,既展现出信息通信科技、能源科技、生物生命科技等对不同领域的系统性改造,又在数字技术、生物技术、新能源技术、新材料技术等技术的融合中,形成了对制造、商贸、金融、家庭消费的综合性影响,整体上体现了专业科技的精深与融合科技的复杂,构成对多元格局和融为一体的社会影响。社会不是科技的翻版,经济社会受科技影响后的反映比科技本身更有生机和活力。

二是工具和观念。新科技革命在某种程度上,是工具革命和观念革命,对于社会发展和人类生活的影响有两种基本形式:一种是工具性的,科技直接并在很大程度上间接地生产出完全改变人类生活的新工具、新产品、新服务;另一种是教育性的,科技作用于人们的心灵和社会文化,尽管这种方式还不明显,但至少同工具的影响一样锐利。历史表明,科学对社会的影响体现在精神和物质两方面,既有新科技及其相应的工具对具体实践活动的直接影响,从而生产出新的产品和服务;同时对新科技的认识成为一种崭新观念,渗透到社会方方面面,产生精神和文化方面的作用。

除了智能工具向极端发展引发人们的担心,将科技革命与时代结合起来,会有许多不同的认识。那种认为科学认识只有对错,并无善恶的观点并不全面。即使不考虑科学应用造成什么样的正负效应情况,科学所蕴涵的意义也会对社会、政治、经济、文化、伦理、宗教等产生影响,从而引发人们对科学精神的评价,以判断科技的正负效应。

三是科技与社会。科技对未来的开创具有主动性。新科技蕴含着能动和判断的功能，包含着对未来的预期和愿景。体现着科创者对未来的理想、承诺和努力。科学家不是出了成果即大功告成，还要跟踪科技的应用和产业化，实现当初对科技的设想，扩大科技在社会的积极影响。一些本已成熟的科技没能落地应用，实现不了产业化，既有经济和社会因素，不想承担初期应用中的成本和风险，很大程度是缺少对新科技的宣传和普及，缺少科技专家的指导和推动。

在科技向产业、经济和社会的扩散中，实现技术的预测向预见转变，专家群体大有可为。他们的参与和活动充当了技术与社会建构的逻辑中介，体现人们能动地结合未来图景而实现技术塑造的意志，让"看见"未来成为可能，其中包含了社会因素的主动建构和形塑技术的涵义。在运用德尔菲法的同时，综合考虑技术、社会、共识、时间等多维因素，选择合适的方式组合，预见结果的实现率就会得到提高。

科技人员秉持科学精神，需要跟踪科技的现实影响。"科技是他们打造出来的精密工具，它不断更新以改善人类世界，也是不断成熟的超级生物，我们也被包含在内，遵循的方向已经超越了我们制造出来的成果。"[1] 科技大多向着积极的方向，也难免在超越中出现个别问题。因此，在科技应用和科技的产业化发展中，需要科技人员、科普工作者，以及技术转化和新产品创造的人，发挥科技伦理和道德的引导作用，鼓励和支持有利于人类的重大科技项目进入社会应用，反对不利于人类的重大科技项目，或者抑制不负责任的转化和利用，积极地参与对未来的塑造。在遵循科技客观规律的同时，人们的积极引导和行为，会对科技进程起到促进或延缓作用。历史往往就在一瞬间改变了方向，无论科技研发的源头，还是应用和产业化阶段，人们对科

---

[1] 资料来源：凯文·凯利. 科技想要什么［M］. 严丽娟，译. 北京：电子工业出版社，2016.

技发挥的一个微小影响,都可能使数十年或者上百年后本来要发生的一件坏事变成好事。可见,把握科技走向未来的细枝末节,见微知著,及时把航,才能所向披靡。

现实中,科技工作者数量的不平衡,决定着科技影响力的程度。"全球现有约800万活跃的科研人员,科技能力在全球分布高度不平等。经济合作与发展组织国家每百万居民中约有3 500名研究人员,是最不发达国家的50倍;在最不发达国家的人口中,每百万居民中只有约66名研究人员。"[1]科研人员数量少,缺乏科学传统和资金,将会严重阻碍发展中国家的科技发展。不发达国家需要科技支持,以摆脱经济发展与环境退化。有关实用的可持续方法和技术的现有知识,应通过开放获取的知识平台进行系统汇编和共享。最不发达国家和发展中国家应优先获得包括科学出版物在内的资源。这些平台的数据源应该超出标准的科研范围。关键知识和见解应综合起来,并转化为政策选择和行动,还应得到各方面的发展援助和国际研究计划专用资金的支持。

在科技影响社会中,跳跃性与螺旋式现象相呼应。在新科技的应用中,社会跃进式地发展,总有一些闪亮点,成为时代的标记;同时,科技在影响社会中会有重复现象或似曾相识之感,比如由传统机器,到现代机器,再到机器人、人工智能,每次都是机器的进步,实质是循环式上升,推进社会进步。

四是开放与封锁。科技的积极影响应当打破一切封锁。科技对社会方方面面的影响,需要开放系统作为重要条件。打破各种束缚,开辟向各个方面可能发展的通道,是对专用系统和各种垄断强有力的挑战。全球化创造了科技发展和扩散的坦途。在开放系统中靠科技的实力来竞争,而不是靠手中掌握的锁和钥匙。"这样做不仅会产生大批

---

[1] 资料来源:未来已来:科学实现可持续发展.战略前沿技术,2021-01-06.

成功的技术和企业，同时也会为未来和消费者提供更加多样化的选择，商业部门会因此变得敏锐而灵活，能够适应快速的变化和增长。真正的开放系统将为大众所拥有，每个人都将在其基础上，营造自己的天空。"[1]

扩大科技开放合作和创新，需要以知识产权为基础。作为创新主体的企业面临开发成本不断上扬、技术研发日渐融合的形势，扩大科技合作，力主开放创新，就能适应日益复杂和多元的技术需求。技术创新的合作，创新成果的共享，是基于知识产权的保护和尊重。唯有以知识产权为基础，才能扩大科技开放合作的范围，在更高起点上推进技术创新。专利交叉许可是科技合作和开放创新的重要形式，交叉许可的前提是拥有自己的专利。拥有更多高质量发明专利，就能赢得更多的专利交叉许可机会。众多跨国公司与其合作伙伴甚至竞争对手，通过开放授权或交叉许可，建立起来的科技合作关系，无不依赖于知识产权，尤其是专利权的保护。

在科技迅猛发展中，新的发明成果不断涌现，当这些发明创造应用于规模化生产后，企业就能成功实现技术创新。企业拥有自己的技术专利，就可赢得市场竞争，就有资格与其他技术专利多的企业合作，开放的路子就会更加宽阔，就能迈开领先的步伐。华为、中兴、大疆、腾讯、百度等企业注重技术创新，取得的专利权越来越多，它们在世界市场就主动和从容一些。

近些年，美国力主科技脱钩，阻碍技术、数据、资金、市场、人才方面的自由流动，人为地改变科技合作的基本逻辑。殊不知，美国正是通过开放才取得科技进步的，脱钩只会故步自封，于人于己十分不利。我们应当坚持科学无国界，走开放和国际化的路子。科学是对

---

[1] 资料来源：尼古拉·尼葛洛庞帝. 数字化生存 [M]. 胡泳，范海燕，译. 北京：电子工业出版社，2017.

客观规律的认识，真理只有一个，不存在东方科学或西方科学。论文都会公开发表，都可查询，今天的人要站在前人肩膀上，踮起脚尖，才能有所突破，不断取得成功。

总体来看，科技影响在不同程度地推进，但是发展中国家受霸权的科技封锁，甚至垄断的影响，只能接手发达地区淘汰下来的一般科技，因此发展中国家需要提升自主科技创新能力。例外的情况是，由于数字智能科技本身的性质使然，相对于其他科技，在正常市场原则的基础上，能够跨越过去代际造成的发展不平衡，越过鸿沟，有助于从落后跳跃到先进，但是不排除因其他方面欠平衡而致先进科技的应用打些折扣。

科技对未来的影响仍然不平衡：内容上并非整齐划一和全要素推进，时间上会受到科技成果先后出笼的影响，力度上会受到国家和区域的基础不同和社会接受程度的影响，甚至会呈现科技影响的梯度效应。发达的地区和领域能够最早用上最先进的科技，迅速形成产业化，推进社会全面发展；发展落后的国家和地区，总体上能感受到新科技的浓厚气息，但受限于物质、经济、科技基础和条件，新科技应用的覆盖面和推进的速度受到制约。

## 引发产业革命的价值

18世纪中叶以来，每个世纪都有一次科技革命，而且经济社会发展越来越倚重科技革命，这是因为科技革命能传导为产业革命，进而生成直接的生产力，具有实践价值、经济效益和社会影响。著名经济学家和复杂系统思想家布莱恩·阿瑟在他的专著《技术的本质》中写道："经济就是技术的一种表达，随着这些技术的进化而进化，众多的技术集合在一起，创造了经济，经济从技术中泛现，并不断从技术中创造自己。"可以说，科技成果的转化、运用和推广，通过产业变成鲜活的生产力,进而影响到经济、社会、生活和文化等方面,扩大了科技革命和产业革命的价值创造和深远意义。

## 新科技带动的产业创新和发展

这次科技革命以信息科技、人工智能、清洁能源、机器人技术、量子信息技术、虚拟现实以及生物技术为主,这些领域的新成果刚取得突破,发达国家率先向产业转移和渗透,发展中国家也抢抓科技革命机遇,不甘落伍,积极推进适合各自国情的产业化,在世界范围内掀起了新的产业变革。

### 1.数字科技加快转化且迅速孕育出规模的数字产业

以新一代信息通信技术为主的数字科技,在这轮科技革命中最为活跃,加之它的通用性,很快形成相应的工具、产品、服务,并受市场欢迎,形成应用价值,吸引更多投资,在较短时间形成世界规模的数字化产业,并成为各国和经济体相互竞争的崭新领域。

目前名列世界前茅的互联网等信息企业近水楼台先得月,最先利用信息通信技术,生产出数字化产品、设备、软件、服务,得到市场青睐,并大规模投入,形成信息产业先驱。这些企业最长的都经营了二三十年,销售收入和利润持续增长,促成了这些企业的成功。"如美国新增产值2/3就是通过像苹果、微软、谷歌等这样的科技企业创造的。许多科技企业的无形资产超过总资产的60%"。[1]

我国政府和企业通过建立高新技术开发区和数字智慧城市,包括高技术园区、工业园区、科学城等,培育新型产业,孵化新业务,聚

---

[1] 资料来源:隋映辉. 新科技革命:科技产业转型与协调发展. 福州论坛,2018(7).

集数字智慧相关产业，成为数字化产业的生力军，打通了上下游连接，促进了软硬件配套，提供了零部件服务等，形成数字产业的集群现象。利用信息、知识和数据，生产高技术产品，探索数字智能城市建设，开展信息和数据的传输和处理，推动城市设施、公共服务、社区管理的数字化。

数字技术应用引发一个"强者更强"的产业。数据越多，产品越好；产品越好，所能获得的数据就更多，吸引资源和资本的能力就强；数据资源更多，就更吸引人才；人才越多，产品就会更好。这种良性的产业发展势头，形成了科技资本、科技资源、科技人才的基础支撑，有利于巩固新兴的数字化产业，有利于适时向其他产业延伸，在整个经济创新、转型、发展中起着重要作用。数字技术势必会通过其相应的数字化产业影响别的产业，延展到各个方面，甚至会改变世界，注定会重新定义产业格局以及财富的创造方式。

数字产业已经发展成世界广泛接受的一种数字经济形态，近年来，全球数字经济以超出预测的速度呈指数比例扩张。2016年9月，G20杭州峰会通过的《二十国集团数字经济发展与合作倡议》，是全球由多国领导人共同签署的数字经济政策文件。世界各国和大型跨国企业都将数字经济作为未来发展的主要方向，积极融入数字经济浪潮。目前，美国数字经济占GDP达33%，日本提出建设"超智能社会"，德国发布《数字战略2025》，英国出台《数字经济战略》，全球市值排名靠前的公司几乎全是数字化企业。2020年，全球数字经济规模达到30万亿美元以上。可以预见，不久的将来，数字经济将占据全球经济的首要位置。2021年11月在世界数字经济论坛上发布了"六共倡议"：共建数字科技创新生态，共促经济数字化转型，共享智慧社会红利，共塑数据要素价值，共商数字治理方案，共拓全球数字合作。从而促进更多发展共识，达成更多务实合作，携手走向互惠互利、共生共赢的美好未来。

## 2.人工智能科技带动制造等产业蓬勃发展

数字科技应该包括人工智能,但是人工智能的重要性和突出地位,使其在产业发展中进得更快,走得更猛。人工智能更受青睐,正在以强劲的发展速度进入各行各业,特别是制造领域。今后15~20年将是数字化、网络化、智能化制造发展的关键时期,它将对各个行业和产业发展产生积极的影响和带动效应。同其他数字技术一样,人工智能的产业化的蓬勃发展,得益于这项技术的通用性特点。有专家认为,一个技术如果有很强的通用性,可以影响各行各业,同时具备标准化、自动化和模块化的特征,那么也就具备进入工业大生产阶段的一些基本前提条件。

我国积极组织实施智能制造工程,研制并应用一大批关键技术装备、工业软件、智能制造标准,形成若干可复制、可推广的系统解决方案,推动工业互联网创新发展。同时,通过推进网络基础设施安全防护、网络数据安全保障、工业互联网安全体系建设等工作,在营造安全可靠的网络环境方面取得积极成效。"国际管理咨询机构埃森哲发布报告称,到2035年,人工智能有望推动中国劳动生产率提高27%,制造业、农林渔业、批发和零售业将成为从人工智能应用中获益最多的三个行业,人工智能将推动这三大行业的年增长率分别提升2%、1.8%和1.7%"。[1]

人工智能正在以前所未有的速度赋能各项产业,硬件智能化成为大势所趋,传统制造企业都在抢抓机遇,人工智能技术在制造业领域的创新应用,促进人工智能和实体经济深度融合。除制造业外,智能科技已经深度进入交通、医疗、教育、物流等行业场景的应用,社会方面也在加速人工智能的广泛应用。人工智能技术正在通过培育具有重大引领和带动作用的相关企业和产业,加速构建数据驱动、人机协同、跨界融合、共创分享的优势,进而在数字经济的发展中加大智能

---

[1] 资料来源:刘坤.如何迎接人工智能热潮[N].光明日报,2017-10-31.

分量，占据优势地位，使数字经济实质变成数字智能经济。

### 3.对能源和环境科技的产业化充满期待

国际社会对解决气候问题的共识，以及各国和企业向环境科技的投入力度，使能源和环境战略及其产业，成为各经济体和企业共同关注的热点，无疑会在能源环境科技带动的产业发展中，促进生态环境的修复保护、合理利用自然资源、开发新能源等绿色技术产品。正如习近平主席在中央财经领导小组第七次会议中指出的："气候变化对人类带来的生存压力和人们对环境质量的要求，推动煤炭清洁燃烧、太阳能电池、风电、储能技术、智能电网、电动汽车等新能源技术不断取得重大进展。"科技带动的能源产业以诸如风能、太阳能、潮汐、地热等可再生能源为主体，以"可再生能源+数字智能科技"为核心模式，加之新的能源储备技术的逐渐成熟，将会实现资源合理利用与经济社会的永续发展。一些相关科技和产品已进入解决双碳问题的应用之中，还有不少能源和环境科技项目正在走向成熟，随着其成果逐渐从实验室走向市场，能源和环境科技的产业发展将会渐渐兴起，尽管这方面的产业化在世界各地很不平衡。发展中国家急需发达国家的技术和资本支持，气候问题解决和新能源转型带动的环境生态改善，将会倒逼能源和环境科技发展和产业化进程。

### 4.通用性技术带动服务贸易产业和平台企业

互联网、物联网、大数据和各种软件具有技术的通用性，在各个产业广泛运用中，影响到产品、服务向渠道和销售方式的技术创新，以及对消费者的重新定义。事实上，互联网等数字平台，已将用户、产品与商家串联起来，提高了资源配置效率，消费者也不再只是消费者，而是成了集消费者、生产者、投资者三者合一的生态参与者。

网络在连接万物的同时，万物迅速被电子化、数字化，特别是人工智能的参与，将所有产品、服务和各种成果，以最快的速度应用到生产、流通、消费环节，数据不断产生、发送和被接受，以"流"的形式遍及地球每一个角落，把地球连接成为一个新的智慧体。互联网将成为智慧化地球的神经网络，数据中心成为这个网络里的神经节。通过智能电网连接的各种分布式能源，构成智慧化地球的能量系统，从而把整个地球变成一个有机整体，成为真正意义上的智慧化地球，地球上所有的人力、资源、能源将得到新的优化配置。

人工智能、物联网、虚拟现实技术、新材料、新能源等新一代技术，将在未来二三十年更多地转化为商业化产品。这些产品将满足和激发消费者新一轮的需求，让平台、数字化成为货物特别是服务贸易的新方式，随着规模扩大，其形态会逐渐改进和完善。

## 新科技推进的产业转型和变革

数字智能科技最先形成数字产业化，但是数字智能科技的作用要远远超出这个范围，而其他产业大多属于传统产业，应用新技术意味着要对旧产业进行改造，在经营方式上，或者说在业态上，以至于在传统产业的体制上，都要进行适应新技术的转型和变革。

### 1. 传统产业的数字智能化转型

数字产业迅猛发展，积极影响和覆盖到传统产业，成为提升企业效率的方向。因为仅仅数字科技产业化非常狭窄，它的真正价值在于向其他产业延伸，而传统产业的制造能力很完整，但是遇到发展瓶颈。将数字产业化发展到产业数字化，就会在全产业实现数字化、智能化、网络化，那样的效率和效益将会得到极大提高。但是，传统产业实施数字化技术，绝不是简单地利用新技术，而是牵涉传统产业的体制、业态和各方面流程改造，需要对传统产业实施全面的转型，实际是对产业以及企业基因的再造，是一场效率革命。这就需要从决策到经营、从设计到生产、从销售到服务，实现不同程度、不同环节的数字化改造。

利用大数据和人工智能做好决策和监管，利用网络配置资源，利用数字孪生技术做好设计和优化生产流程，利用平台提升销售和服务水平。特别要围绕各方面链接的效率、数据的效率、决策的效率、经营的效率而展开。比如，数据效率需要数据和数据之间的交互、交叉和融合，然后由数据算法驱动的"自动化决策"取代"经验性决策"，这就要尽量减少决策过程中人的参与，才能使决策更加快捷高效。数字化转型的底层逻辑，就是通过链接，获得大量的数据，并形成一定的模型，让整个系统更加有效地配置资源。随着数字智能科技对传统产业的深入改造，企业和个人都需要将传统思维方式转变到数字智能的思维方式和行为方式上，将批量化、标准化、大规模生产，转变到未来人们需要的个性化、定制化、即时化，进而促使各个产业普遍地实施数据处理、仿真建模、机器学习等，改变或建立数据—信息—知识的整个流程，使数据、信息、知识进入价值创造的崭新体系。

## 2.产业数字化转型引起生产方式的变革

产业转型前后，面临的是不同的业务经营形式和状态，转型带来的普遍数字化、智能化、网络化，实际简化了许多产业的传统经营环节和方式，正在经历着新旧业态的冲击和取代过程。随着新科技对生产的深度影响，生产的组织形式、组织结构、组织成员之间的关系，都在发生静悄悄的变化，使生产的社会方式适应着生产的科技方式，进而影响和制约着生产方式的本质特征和发展趋势。特别是数字智能技术引起的生产力要素巨变，连锁带动生产结构的调整，推动生产关系出现诸多新现象，比如，虚拟经济与实体经济的结合，线上经营与线下经营的结合，不同方式的劳动者与智能机器的交互协作。原来分化的农业生产方式，正向着数字化、机械化、智能化的统一目标推进；原来由工人主导的工厂车间流水线作业，正在向智能控制的定制化、速成化、精准化方向发展；原来的商贸服务模式，正在被不同的平台和数据支配。更广泛的工作、学习和生活方式，也紧步生产方式变革的后尘，展示出相对自由、轻松、快乐、生态、简洁的各种特点。

**3.企业数字化转型创造新职业新岗位**

产业和企业的数字化转型带来的影响中，人们最担心的就是人工智能、机器人对各种劳动岗位的取代。事实上，不少企业的确在数字科技的应用中取代了部分岗位，一些岗位和职业正在逐步消失，不可避免地对整个就业市场造成冲击。但是被取代的职业和岗位：一是急难险重脏的工作岗位，减少和避免了人的劳动带来的风险和牺牲，这对改善就业结构有好处；二是重复、乏味、枯燥的工作岗位，其中相当一部分岗位经过改造，形成了人机协作的方式，经过短期培训就能适应，也改善了劳动过程中的感受。

值得注意的是，数字技术和人工智能的应用，会催生大量新产业、新职业、新业态、新模式，为各个产业注入新动能，相应地给劳动就业带来新的希望。比如，新科技带来的电商、在线从业等新型职业和岗位，能够吸纳不少就业者。有研究指出，每部署一个机器人，将创造出3.6个岗位，如服务机器人应用技术员、集成电路工程技术人员、智能硬件装调员、工业视觉系统运维员等数字化技术发展和变革催生出的新职业。2021年公布的十几个新职业，不仅数量多，而且每个新职业的"含金量"高，前景广阔。以服务机器人应用技术员为例，如今能自己坐电梯送餐的机器人、会做菜的机器人、会调咖啡的机器人等各种新型服务机器人频频出现，但每台服务机器人都需要经过技术员的安装、调试，才能适应工作场景，高效工作。这些新的就业机会，可以缓解劳动就业压力。从长远看，人们将从体力劳动和脑力劳动两种形态转变到以脑力劳动为主的就业，将大量岗位让给机器人，人们将从事轻松且更有意义的文化、精神、科研、创作、艺术等工作，这将成为一种趋势。

## 新科技对产业格局的深刻调整

全球化加速以来，全球产业分工格局，分别是消费国、生产国、资源国。西方发达国家处于第一梯队，掌握全球尖端技术与科技，用货币购买各国商品和服务；具备一定工业基础、劳动力优势的国家处于第二梯队，为全球提供生产、商品输出；拥有矿采、原材料优势的国家处于第三梯队，通过对外出口资源获利以发展经济。

### 1.旧的产业格局正在受到冲击

随着互联网和全球化的发展，特别是新科技孕育和催生了相关新产业、新业态、新模式，原来一些原料出口国，发展成为制造业为主的国家，有的国家科技得到较大发展，也想利用某些科技优势进行智能化改造，对原有产业结构形成一定的冲击。比如，从21世纪初开始，全球制造业增加值和出口格局，呈现中等收入国家、东亚和太平洋国家快速崛起的特征，虽然近十年以来的变化趋缓，但总体上一些发展中国家加快了发展步伐，金砖国家、东盟国家，以及不同国家和经济体，都有调整产业格局的呼声，要求分享科技发展和全球化发展带来的益处。

当然，产业格局的调整变化是一个渐进的自然过程。比如随着信息科技的发展，美国最早占有互联网发展的优势，之后被日本取代，从2000年开始的很长一段时间里，日本曾一度成为全世界移动互联网的中心，也可以说世界第一波移动互联网是由日本企业发起。进入21世纪的第二个10年，在多种因素作用中，中国很快完成在互联网商业领域对日本的赶超。现在，中国在一些互联网运用方面超越西方，比如高铁网络、移动支付、电商模式、共享经济等新业态、新模式，早在几年前就让很多西方人感觉神奇。

近年来，在美国率先启动数字技术革命的前提下，中国正迎头赶上并致力于超越，也在成为数字产业革命的领军者。中美在人工智能方面对产业格局、经济格局的影响，都会延展到对社会进步、国际政治等方面的深远影响。

## 2.全球产业链供应链面临深刻调整

新技术正在全链条地重塑产业生态的每一个环节，从生产制造到物流营销。对于新技术趋势的理解，需要跨部门、跨公司、跨领域的协作，环环相扣，步步衔接。这是一个共同进化的过程，如同生物进化一样，每个个体的选择将影响到最终演化的路径。

第一，产业链内缩趋势显现。在疫情持续流行和大国竞争激烈的态势下，出现了产业链逆逻辑地缩向区域、国家周围，或国家内部的狭隘链条，全球化曲折发展导致更短物理距离的供应链、更迅捷的交付、更密切的本地互动等，正在取代产业向全球范围扩散的趋势。中国、美国和德国分别作为亚洲、美洲和欧洲的中心国，逐渐形成各自产业链的闭环，美欧依然主导着世界产业链的高端领域。为积极适应全球产业链的调整，中国先是提出以内循环为主、国内外双循环结合共同发展的模式，继而又提出建设国内统一大市场，旨在持续推动国内市场高效畅通和规模拓展，加快营造稳定公平透明可预期的营商环境，降低市场交易成本，促进科技创新和产业升级，培育参与国际竞争合作新优势。

第二，产业链数字化趋势明显。新科技革命驱动的产业分工演变是个必然趋势。在数字经济迅猛发展中，数字科技在产业链改造与重构中发挥更加重要的作用，数字技术将成为产业链、供应链等整个价值链各环节的媒介。由于不同生产要素的相对重要性发生变化，特别是人力资源和数据资源成为影响产业链变化的重要因素，导致不同国家间的资源禀赋和优势发生变化，加速重构着全球产业分工的新格局。

第三，服务经济将获得逆势增长。全球价值链中传统产业的简单劳动环节持续萎缩，中间品贸易额持续下降，服务经济获得逆势增长，服务业不仅仅是中间投入，而且已经深入价值创造的活动中，渗透到物质产品的生产活动中。特别是随着生产性服务业加快发展，服务业对于公司乃至国家更好地参与全球贸易、更好地在全球价值链上抢占优势地位，愈发重要。知识型服务业也将成为产业价值链的重要部分，成为未来服务贸易竞争的制高点。

总之，新科技带动的产业化，已经形成一股强大的力量，正促成各个产业依据相关科技拓展产业规模，各个产业之间根据宏观大局在动态调整结构，进而影响整个经济乃至社会的更大范围的进步。

## 生活方式新变化

新科技成果的普遍应用和产业化，特别是传统产业逐步数字智能化后，社会和生活领域到处出现新的产品和服务，对社会生活产生了直接影响。

### 历次科技革命对生活的主要影响

每次科技革命和产业革命的核心技术都不限于某一行业，而是广泛应用于各行各业，进而带来人类生活方式的根本性变革，加速着人类文明的演化进程。第一次工业革命，蒸汽机发明后，原来的手工业生产者受到很大冲击，随后汽车、轮船进入大众生活；第二次工业革命，电力好比机器的血液，有了电力，彩电、冰箱、洗衣机、火车等开始全面普及；第三次工业革命，互联网发展把世界连接在一起，成为地球村，人类的各项事业迅猛发展。20世纪70年代，比尔·盖茨和乔布斯在为每个人拥有一台电脑而奋斗，90年代，拉里·佩奇、谢尔盖·布林等为互联网连接世界而努力，而今移动终端和各种方式联网成了普通百姓日常生活的重要部分。

## 新科技革命带来的崭新生活方式

人工智能、物联网、大数据、云计算、区块链等技术和软件的应用推广，逐渐影响和改变着人们的生活方式，体现在以下方面。

一是人工智能武装的无人驾驶技术改变着人类的出行地图和生活地图，出行方式的便利让世界变成地球村，人们与外界沟通更加方便。

二是电商模式改变了传统的购物交易方式，动动手指、足不出户，就可通过各种软件点击并选择购物，便利的物流快递及时将物品送达用户。

三是线上教育和网络智能医疗缩小了城乡享受公共资源的差别，便利了人们的学习、看病和交流。

四是社交网络成了自由联络、方便交流和摆脱孤独的重要方式，过去因距离遥远不便联系的朋友，都可一键通话和视频，扩大了朋友圈，生活更有社会意义。

五是刷脸支付、手术机器人、智能家居，都在刷新着人们的生活体验，这些新技术、新工具、新软件的应用，提高了生活品质，体现着浓厚的现代气息。

六是网络支付、网络商城、共享经济的发展，使人们直接进入网络购物和支付时代，进入消费升级的新层次。

七是社交平台的发展，使每个人都成了一个自媒体，都可以发布和接受各种信息，自拍、视频上传，都是人类追求的自我表达和对外界反应的方式。

八是AR和VR技术，使人类体验到三维、四维的影像刺激和快乐，元宇宙让人们更能感受人的思想和文化的虚拟社会生存。

九是数字产品和服务，走进千家万户，不同程度地装备着家庭的娱乐通信设施、安防设施、家居设施，使人们逐渐从烦琐的家务中解放出来，生活趋于快乐舒适。

类似种种，不胜枚举。科技革命全方位地改变着人的作息方式、学习方式、消费方式、娱乐方式和生活节奏。

## 生活方式持续地向深度和广度转变

从科技的角度看，未来二三十年人类社会将演变成一个智能社会，其深度和广度我们还想象不到。特别是人工智能同保障和改善民生相结合，从为民众创造美好生活的需要出发，推动人工智能在人们日常工作、学习、生活中的深度运用，创造更加智能的工作方式和生活方式，推动人类社会走向智能时代。新技术革命为人类生活提供了先进而高质量的物质条件。

随着消费互联网、电商、社交平台的广泛应用，便利的数字化生活，公众对数字化已经广泛接受，正在养成良好的崭新生活习惯。人工智能技术及其工具给人们提供的崭新生活体验，使公众正在从习惯的新生活方式中，开始接受数字化的生活观念。疫情暴发以来数字化广泛应用，积极影响着工作和生产岗位，如同使用健康宝、行程码一样，人们结合不同的专业领域，主动学习数字化技能，培养数字化职业素养，适应并熟练地掌握着数字化工具、软件、流程等。人们还期盼更好地解决个人隐私、信息安全和降低成本，得到更多数字化实惠。

## 正在形成的数字化生活生存法则

根据近年来的数字化生活实践，可以不完全地概括人们对新的生活方式的适应情况。比如，生活为主和生产为辅的趋势；更多的休闲旅游观光和娱乐活动；注重健身锻炼和接近自然、保护自然；物质世界和信息世界相交织的实践，产生了原子和比特两种思维；对知识和信息的分散式吸收，体系性整合；随身携带智能设备，人机互动融合，屏幕无处不在；更多地使用自动与半自动化的生活用具；不必拥有但能充分使用的财产，从而减少购买所有权和维护保存的负担；分享和合作使人更加幸福；信息日趋对称，数字消费成为人们常态的方式；个性化和简约化的生活。

越往以后发展，人工智能会扮演更加重要的角色，各种科技的广泛应用会广泛深入我们生活的方方面面，颠覆你我的生活，深刻改变世界。现在，我们越来越清晰地认识到，这是一个时代的变革，是社会系统的整体变化，由此推进着社会的进步。

## 催生社会变革

新的科技革命和产业革命，引发巨大的社会变革。科技创新日益成为世界经济政治与社会发展的核心动力。真正意义上的社会变革还需要时间，不像科技革命引发产业革命以及对生产方式和生活方式变化那么直接和快速。技术变革能提高生产效率和生活水平，会更受欢迎且很快被采用。由于人们对技术变革还在深度观察，不会立马做出社会秩序的调整，从而使社会变革相对缓慢和滞后一些。

社会变革是一个循序渐进、不断累积的过程，它的发生是由于技术变革所带来的强大影响。新科技的巨大威力，以及科技推动所形成的生产力，要求社会、经济和文化与其相适应，而我们的社会经济制度和文化仍然立足于旧生产力水平，不少制度和规范甚至停留在20世纪早期甚至更早的内容，科技革命和产业变革正在酝酿全球版图的创新，重塑全球经济社会结构。

科技从来没有像今天这样深刻影响国家和社会的前途命运。哥白尼的日心说曾经摧毁欧洲旧世界的殿堂，现今的人工智能也必将改造和重塑现有世界。科技创新的扩散已在促进相应社会制度、规定、生产方式、生活方式的松动、调整和变革，也迫切需要形成与新科技革命相适应、相匹配的社会发展制度和格局。

## 历次科技革命对世界发展的影响

马克思有一句名言："手推磨产生封建主社会，蒸汽磨产生工业资本家社会。"第一次工业革命在欧洲迅速发展，社会面貌发生了翻天覆地的变化，使资本主义最终战胜封建主义，西方资本主义国家逐步确立起对世界的统治，世界形成西方先进、东方落后的局面。工业革命创造的巨大生产力提高了生产的社会化程度，引起与生产资料私人占有之间的矛盾，导致经济危机的周期性爆发，促进现代工人阶级的形成和壮大，19世纪中期在欧洲爆发三大工人运动，迫使资本主义调整社会政策，缓和社会关系。

第二次工业革命蓬勃发展，先进的资本主义国家出现了垄断组织，逐渐发展到行业垄断、跨行业垄断、跨国垄断，有的垄断组织影响到国家经济命脉和国家政策，促使资本主义制度扩展到全球，形成以欧美为中心的资本主义世界体系。

第三次产业革命为人类生活提供了先进而高质的物质条件，带来人类生活方式的现代化。同时，加剧了资本主义国家间的发展不平衡，使资本主义各国的国际地位发生了变化；社会主义生产关系经历了从巩固、发展到改革的曲折过程，也使社会主义国家在与西方资本主义国家的抗衡中具有了强大动力。世界范围内贫富差距扩大，促进了世界范围内社会生产关系的变化。

## 智能机器普遍应用引起的发展格局变化

人类在20世纪最后10年所创造的财富超过了过去19个世纪的总和。2020年科技进步对中国经济发展的贡献率已超过60%。[1]随着机器人、人工智能取代人的体力劳动，无人驾驶汽车、无人工厂、无人机将会出现，可控核聚变代替石油也将由可能变为现实，一切自然界提供的，人类都可通过科技革命获得。尤其是机器人代替人类劳动的趋势，以及由就业格局决定的人们以脑力劳动为主，以悠闲娱乐文化精神创造为主的新社会将在未来形成。这些颠覆性科技正在重构生产、分配、交换、消费等经济活动各个环节，进而产生新需求、新产业、新职业，促进产品极大丰富和优质，引发经济结构重大变革，形成新的所有制、分配制度、监管特征构成的发展方式。

## 未来共享发展的趋势

科技革命在渐渐改造物质世界，变革社会发展方式，特别是新科技革命带来的生产力要素关系及其整体力量，对生产关系产生直接影响。一些科技的重大突破改变和丰富了人类对客观世界与主观世界的

---

[1] 资料来源：全国政协科普课题组. 深刻认识习近平总书记关于科技创新与科学普及"两翼理论"的重大意义　建议实施"大科普战略"的研究报告［N］. 人民政协报，2021-12-15.

基本认知，不同领域的交叉融合发展，可望催生新的重大科学思想和科学理论，影响未来经济社会的发展走向。"互联互通，实时互动"，构筑了开放、透明和共享的互联网机制和生态系统，推动新型合作基础上的"共享科技"机制。科技奠定的共享平台，促进共享发展、分享发展，经过一段不平衡发展后，总体上会缓解短缺问题、贫困问题、贫富差距问题。

## 数字智能发展和治理的格局

新一轮科技革命和产业变革，正在推动经济社会各领域向着数字化、网络化、智能化加速跃升，形成一种以数字智能为特征的经济形态，包括资源和能源节约型的绿色经济。这种新的发展形态，将发挥数字化技术在社会资源配置中的优化和集成作用，把数字智能技术的创新成果深度融合于经济、社会各领域之中，提升全社会的创新力和生产力，形成以数字技术为基础设施和实现工具的经济发展。新科技正在引领人类社会从工业文明向智能文明过渡。数字智能科技及其工具能动性的增强，也加入社会治理和监管系统，也能参与部分决策行为，从而提高监管质量、决策水平和精准治理水平。

## 重建各种组织和规则

科技革命推动的生产力迅猛发展，将直接改变我们在文卫、金融、商业、交通、服务、管理、通信等各个领域的规则，最终带来一场前所未有的与新科技和生产力相匹配的组织和规则变革。经过一系列阵痛和选择，社会组织模式、经济运行规律、社会运行规范，将在未来得到重构，带来一个赋予人类更多福祉、善待我们生活的地球家园、对人类具有积极影响的未来社会。

## 构建人类共同体格局

新科技革命和产业变革在重构全球创新版图，也在重塑全球经济社会结构，特别在影响世界发展格局。

一是新科技革命同步发生在世界大国之间，原来实力悬殊的大国之间的差距在缩小，引起中美两国由合作为主向着激烈竞争的方向转变，大国的竞合引起各国连锁反应以致造成世界格局变化。过去国家发展不平衡，很大因素来源于是否接受科技革命的影响，以及接受科技革命或早或晚、或大或小的影响。而这次科技革命在拉近大国之间的距离。《工业4.0：即将来袭的第四次工业革命》一书的作者乌尔里希·森德勒认为，这次产业技术革命不再是从单一领域或某一国家率先发生，而是许多国家共同合作的产物，是在不同领域或不同国家和地区之间同步进行的一场科技变革。尽管各个大国的技术创新能力仍有明显差异，但是大国对新技术的敏感度和对创新机遇的关注度空前提升，表现在两方面：一方面，一些技术创新完全有可能在大国之间同时发生；另一方面，某些颠覆性的技术革命在一国出现后，其他国家会立即跟进，引领者和追随者之间的时间差变短了。[①]

这次科技革命源头来自美国、中国、欧盟、日本、英国等国家，美国和中国在科技和产业上占据优势。因为美国和中国具备较为完备的信息产业基础设施、相当规模的市场需求及相当体量的二、三产业规模等因素，成为真正主角。中美两国在新科技革命中的崛起缘于四个方面：第一，中美都具备发展信息产业的互联网、光纤、手机、卫星等完整基础设施的要素；第二，中美拥有信息产业革命爆发的前提条件，即相当规模的城镇化人口数量及相当体量的二、三产业规模；

---

① 资料来源：准确把握新一轮产业技术革命的特征. 中国宏观经济研究院，2021-07-12.

第三，美国最早推动信息基础设施的建设，中国在4G和5G时代赶超，引领了产业变革；第四，中国抓住40多年宝贵战略发展机遇。[①]大国之间原来各自特点鲜明、先进与落后差别较大，都有强烈的合作要求；现在中美实力日益接近，中国主导的合作和美国主导的竞争，以及竞合间的矛盾正在改变原有的世界格局。

二是应用新科技解决重大传染性疾病、环境污染、全球气候变暖、网络安全等全球危机，是人类共同的利益和责任，促进了全球共识和国际合作，世界各国可谓风雨同舟。但由于国家发展不平衡，仍然存在合作中的许多矛盾，这也是未来发展的世界格局。在人与自然灾害的矛盾日益突出的情况下，科技正助推社会向地球外发展延伸，国家矛盾、民族矛盾、阶级矛盾将会逐步缓解，建立人类共同体，以应对自然和地外文明对人类的威胁，将成为世界的最大格局。

新科技革命是世界性的、时代性的产物，人们要通过新科技应用和产业化，把世界从困局中带出来，让科技的共享性、通用性，打破病毒的隔离、资源的掠夺、战争的桎梏，增强全球化、促进共享发展。世界各国人民应携手应对人类面临的共同挑战，实现各国共同发展。在推进科技解决共同问题中，世界应弘扬正确的科技伦理观，明确科技创新活动的价值取向，为科技造福人类提供保障。要通过科技进步和创新，认识世界，改造社会，在人工和自然共同开创万物的过程中，更好地积累经验，掌握科技知识和技能，以推动共享发展成果、共建繁荣世界，真正使科技为人类造福。

三是科技从来没有像今天这样深刻影响人类前途命运，特别是数字智能科技的发展，迅速掀起数字化的商贸、物流、生产和服务，吃穿住行等，一切变得方便起来。过去的科技从来没有像数字智能科技

---

① 资料来源：王济武. 中美之争：人类第5次科技与产业革命的终极竞争。启迪控股，2018-08-31.

这样深刻影响着人类生活。从原则上看，已经很难定义真实的世界是我们所谓的物理世界还是数字世界，这两个世界正在融合。数字世界虽然是虚拟的，但它带来的是实惠和利益，节省和整合了大量资源、能量、时间，提高了能力、效率、利润。尤其是新科技与全球化交织发展，新科技加速全球化，全球化广泛推进科技应用，加大了科技的覆盖规模，在曲折中加速全球化进程。创新让世界许多地方都在变化，科技使未来更有希望，科技与经济、社会更加趋于高度融合和统一。

## 萌动的思想文化新浪潮

思想文化可以置于科技革命前后两端，放在前端，科技革命受到一定的思想文化影响而发生，如西方的主体主义思潮、实证主义、未来主义对科技的思想指导；放在后端，新的科技革命在对产业、经济、生活、社会产生影响后，会在反映科技革命及其对各方面影响中，产生新的思想文化。后文会讲述新科技革命以来对思想文化的影响。

科技革命和产业革命，本身就是人类进步和文明升级。新科技革命之前的思想文化，正如前面讲到的科技革命源头和动力的那些现象，反映了那时科技源头的社会思想和文化背景。新科技革命之后的文化思想影响，还要滞后一些。目前的研究概括还相当粗浅，但是整个社会的思维模式已经不可逆转地被科学所形塑。科技的发展过程，正在不断吸收新的视角、新的思潮、新的解释，进而产生新观念、新内容、新范式。

## 历次科技革命对思想文化的影响

第一次工业革命的影响，使法国一批知识分子认识到宣传人类社会进步思想的责任，让人们用知识来扫荡迷信和蒙昧，用理性的力量支配生活的一切方面，这些思想在法国和欧洲流传并积极影响，形成启蒙运动，他们为后世量身定做了"科学等同于进步"的乐观理念。工业革命发展中也暴露出资本主义社会的弊病，空想社会主义者开始批判资本主义，特别在欧洲普遍爆发的经济危机中，工人阶级的命运如何，人类社会走向哪里，这些问题都需要科学的理论予以回答。在这样的社会历史条件下，科学社会主义应运而生，一种新的思想文化——马克思主义，开始在传播中影响世界。

在第二次工业革命的推动下，社会主义由思想传播发展到政治运动。在东欧、亚洲以及一些西方国家，出现了以马克思主义为指导的工人阶级政党，有的发展成为执政党，领导着国家和民族的兴起、建设和发展。在美国也形成了大众文化，硅谷的兴盛与嬉皮士文化和技术乌托邦密不可分。

在第三次科技革命和信息产业革命的影响下，互联网与全球化相互促进，带来更大程度的自由和机会，通过互联网，民众获得更多的知识，对人类的传统观念带来巨大冲击，引发人类思想观念和思维方式的改变，出现了开放文化和思想融合现象，一方面是不同文明在比较中摩擦和碰撞，另一方面是各种文化在交流中借鉴和融合。科技革命还使人类更加重视创造性思维，更加富于创新精神。

## 新科技革命及其影响的思想文化正在萌芽

新科技革命及其各方面的影响，引发人的观念和思维方式的更新。新技术革命的成果对人类的传统观念带来巨大冲击，对人类的未来观和传统的伦理观提出新的挑战。与此同时，思维方式的改变、视野的拓宽，使人们更加重视创造性思维，富于创新精神。在科技革命带动产业革命和社会变革的同时，产生了相应的思想文化。欧洲文艺复兴时期，正是古腾堡印刷机将各类文学和艺术作品快速传递到欧洲的各个中心城市，让先进的思想得以快速传播。当达·芬奇、米开朗琪罗、拉斐尔用绘画作品解放着人类的思想，现在的人工智能也在用机器翻译、音乐创作、艺术创作拓展着人类艺术和思想新的疆域，它带给人们的是深刻的思想文化变革。

随着科技革命的产业化和社会政治变革，更多人转向以智力劳动、文化创作、社会治理等为代表的具有创造性和人文精神的工作领域，反映人工智能、基因编辑、大数据特点的思想文化，将会进一步提升人类的素养。人类将会步入新时代的文明。以新科技、新发明、新产品，形成新需求、新产业，发展新经济，开启新生活，通过各种变革和革新，催生出新思想和新文化。科技革命及其各种影响所蕴含的科学思想、科学精神、科学方法、科学伦理、科学规范，都在深刻影响人们的价值、思维、观念以及生活态度和生活方式。

## 数字智能文化的产生和兴起

随着数字智能科技的广泛应用和产业化，数字智能文化和现象兴起，它产生于大数据、互联网、区块链、人工智能等科技的基础之上，是有关人们知识、信仰、道德、法律、艺术、习俗和个人行为能力等人文现象。在抗疫、生活、工作中，我们广泛运用数字智能技术和相应的数字治理系统，使公众均处于数字治理的覆盖范围，社会、组织和个人都在这种治理环境中有序运行。随着数字智能科技的广泛应用，似曾相识的情景到处呈现，各个国家和地区都在不同范围和不同程度上运用着数字智能技术和相应的数字治理。

数字智能文化突破文字、区域和民族的局限，用简单、共同的数码符号刷新着时代和世界，因而成为共生的文化。智能文化极易连接各种文化，有可能成为不同文化整合和发展的媒介。这种文化最扎实的基础在于互联网、大数据、区块链、人工智能和网络更新换代等技术对社会的持续赋能，使能力、资源、关系的颗粒度越来越细，连接、匹配的精准度和敏捷性越来越强。数字智能技术支持的崭新治理适应高效的数字政府、虚拟的网络交易、全球的跨境联系，使许多工作和服务足不出户即可快速完成，通过复杂的内容简单化、烦琐的程序简约化，达到快速、简洁、保密、方便、高效的目的。

数字智能技术伴随全球化应运而生，也必将在推进全球化中成为重塑未来的重要力量。多元化兼容并包文化、数字智能文化、数字智能科技及其相应的产业化，将掀起人类思想文化的一次深刻转变。

## 生态环境文化的重建和完善

人们正在逐渐认识生态和环境破坏对人类和社会的危害，运用科技方法和综合治理手段，解决生态环境问题成为全球的共识。在应对气候变化和发展绿色经济中，注重生态与环境科技、能源与资源科技，以及材料与制造过程绿色化科技。深入研究人类活动对生态系统的影响，寻找能源、食物、水资源相联系的综合解决方案。

能源科技向绿色低碳、智能、高效、多元的方向发展，多能互补、分布利用成为总的趋势；资源科技向矿产资源、水资源和生物资源的高效开发、综合利用，以及持续、稳定、安全供给的总体方向发展；材料技术的发展趋于结构功能一体化、材料器件智能化、制备过程绿色化，生物细胞将会变成新的工厂，制造比黄金还贵的产品，绿色智能制造技术将引发产业全面变革。正是在科技研发领域和综合治理领域，升腾起生态文明建设和生态环境保护意识，成为人类社会的一种主流思想和文化。

其实，生态环境文化在防范和治理工业社会对生态环境的长期影响中就萌发了，随着越来越严重的气候问题、能源和资源危机，解决生态环境问题迫在眉睫。为唤起全社会积极参与环境问题的综合治理的自觉意识，用文化的力量影响社会，需要发展和完善生态环境文化。

一是要把崇尚自然、保护环境、促进资源永续利用，作为科技发展和综合治理的基本动机。

二是要实现人与自然协调发展、和谐共进，促进可持续发展的目标实现。

三是要把生态环境保护作为一种价值观，指导人类社会与自然界和谐并存，实现人类中心主义价值观向人与自然和谐发展价值观的转变。

科技的研发、应用、产业化和治理过程，都要体现这个理念，发挥生态文化"软实力"的导向作用，启发公众的生态环境保护自觉性，推动绿色发展方式和生活方式，改进生态环境监管水平，持续改善生态环境质量。

## 丰富和充实共享发展的文化

科技的发展为文化的共享提供了有利条件，通过先进的网络科技，人们可以自由地交流，把文化传播到世界各地，通过数字网络平台，人们可以在商业、学习、服务等方面各取所需。通用性科技、融合性科技的广泛应用，为共享发展提供了底座，比如数字智能的新型基础设施，包括大数据平台、工业互联网、5G网络等，可以让中小型企业减少浪费和重复建设，达到共享的目的和效果。许多科技成果本身具有共享性，这就为国家、世界的共享发展提供了极为重要的条件。与此适应的共享文化在资源共享、文化共享、知识共享、发展成果共享的基础上，增加了数字共享、平台共享、网络共享、通用技术共享等新的内涵，从而使共享发展得到丰富的文化养料和精神支持。

# 第六章
# 生产力家族嬗变

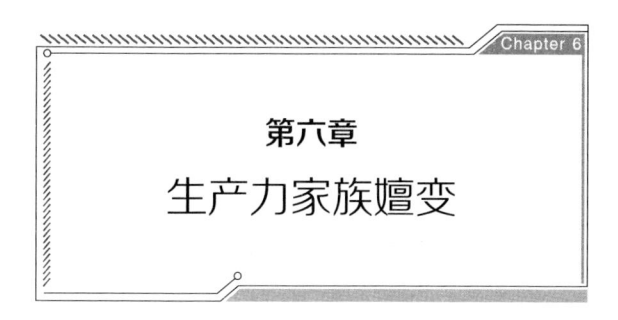

科技发展与创新是社会生产力发展的重要标志。马克思认为，科学是一种在历史上起推动作用的、革命的力量，是对生产力的巨大变革。这轮科技革命正加速转变为现实生产力，直接导致生产力三要素，即劳动者、劳动工具、劳动对象的深刻变化。科技"利用外部世界的资源制造先进的工具，来扩展人类自身的能力"，直接或间接地促进了生产力内部的变革，使生产力三要素及其相互关系发生奇迹般的变化，成为未来社会颠覆和创造的决定性力量。

在现代各种科技中，数字智能科技独树一帜，不仅利用其通用性融合着其他科技，在变革和塑造生产力方面更是发挥着智能优势：将劳动者变成"人+机器人"，将生产资料变成"工农业用品+数据"，将劳动工具变成"工农业设备+计算力驱动的数字科技设备"，将劳动对象变成带有传感器、物联网和大数据可感知的自然资源、能源和各种材料。把数字智能科技分别套在生产力三要素上有欠准确，但是能够直接、明快、简单地让人们感受到生产力的巨变。

人类社会从农业时代到工业时代，再到数字智能时代，都源于生产力的变化和推动。从力和动的角度看，农业时代的体力靠土地和粮食，是人工手动；工业时代的动力靠石油和煤炭，是机器自动；数字智能时代的智力靠信息和数据，是数字能动。

## 劳动者的深刻变化

　　劳动者的变化，已经不是以往蓝领、白领、金领、粉领之类的升级和变化，也不是体力型、知识型、科技型的智能化升级，而是人作为劳动者的健康、安全、智慧、长寿，丰富了劳动者的内涵；各种便携式智能装备拓宽了劳动者的外延，机器人和人工智能参与劳动，跻身劳动者之列，增加了劳动力的类别和数量；人工智能参与生产的标准化、精准化，以及人更多地向着脑力劳动发展，提高了劳动者的整体质量。劳动者再没有以往那么单纯，人和机器人建立了多重内部关系，体现了劳动者的深刻变化。

## 现代科技将使劳动者内涵更加丰富

　　人的健康、安全和长寿，以及人的体质和智能，是劳动者最重要的内涵。内涵丰富、素质提升，这是劳动者最大的变化。

　　劳动者质量取决于人的体质和智能，农业科技促进粮食增产，在解决温饱的基础上，改善了劳动者的营养，使劳动者的体能得到加强。

　　现代医学科技从为少数人服务发展到普惠大众，使更多的劳动者的健康得到保障。世界卫生组织（WHO）估计，由于距离遥远，大约有10亿人终其一生也接触不到卫生工作者。虽然"在过去1/4的世纪，人类在健康领域取得的巨大进步已经让大多数人受益，但仍然有很多人享受不到这些福祉"。如果想要所有人都能得到医疗护理，必须对卫生工作人员进行培训并投入资金，让其能给最偏远地方的人提供健康医疗服务。老弱病残虽然不是直接的劳动者，但如果他们的疾病能够得到治疗，他们的生活能够得到保障，也能解除青壮年劳动者的后顾之忧，实际上也间接改善了劳动者工作和生活的条件和环境。

教育科技，特别是这些年互联网和数字技术的兴起，使成人教育、职业教育、短期培训得到发展，提高了劳动者的智能技能水平，进而提高了劳动效率。

机器人和人工智能逐渐参与一些劳动，尽管取代了劳动者的一些岗位，但是随着一些急难险重和肮脏的工作被取代，大大降低了人类劳动的风险和牺牲的概率，使人可以更加安全、舒适地劳动。

富足、和谐与科技，带来人类寿命的延长。在19世纪，人类的平均寿命仅有37岁。第二次世界大战结束以后，随着医疗和粮食供给的改善，人类平均寿命从1950年的45.7岁增长至2015年的71.7岁，全球人口也迎来快速增长。[1]特别是生物技术与基因技术的发展，以及相关产业的跟进，诸如生产新器官、大脑记忆体[2]、骨骼、皮肤等医药产品，不断扩大保健等方面的市场，加之支持寿命延长需要的更多的健康护理和服务等的增长，在去除疾病痛苦的基础上，使人类的寿命得到了普遍延长。这都有可能激发劳动者的活力，增强劳动者的幸福感受，潜在地延长劳动者的有效劳动时间。

未来的基因治疗技术和人工智能，有可能通过基因技术、纳米机器人、脑机接口技术，实现没有疾病的人生，拓展人类的智慧极限，帮助人类抵抗衰老，让人类进化得更优秀、更长寿，甚至会向着"永生"发起挑战，人们对未来的健康充满信心，实际上在延长劳动者的有效时间。

---

[1] 资料来源：中金公司.数字经济未来篇：2050年的社会，人类永生及移民火星的影响［EB/OL］.2020-09-28. https://baijiahao.baidu.com/s?id=1679058014192457291&wfr=spider&for=pc.

[2] 人的大脑是一个生物存储体，它的存储功能是存储信息，是一种生物记忆体。记忆体就是平时所说的存储器，一般分为固定不可擦的存储器和易失性存储器。

由此，我们体会到恩格斯所说的劳动创造了"人"，是一种未完成的、开放的存在，劳动与人也不是终极定义，而是一个发展和开放的体系。最初的劳动创造人，是经过制造工具到产生语言，使人成为劳动者；经过长期劳动，使人变得更加不同、更加完善和更加全面；经过人的自然体质的成长到人的劳动协作的社会性的成长，促进了劳动者与劳动工具、劳动对象一起成长，说明人成为生产力的活的源泉和决定因素。现在的数字智能科技和基因技术的发展，人的发展受到积极影响，揭示了人在持续进化，有可能对人进行重新定义，人和劳动都将会有新的内涵。

## 附着"器官"的人增强了劳动者的能力

在数字智能科技装备下，人们各种穿戴和便携式智能器械，使劳动者的功能和智能得到延伸，使每个人都可能成为多面手，降低人们进入各个劳动领域的门槛，把人从固定的组织、单位、场所释放出来，可以游走在多个岗位，通过操控随身的或工作台的智能器械，使人变得更加强大，从而增强劳动者的活力，更加灵动地发挥每个人的价值。

一切技术都是人的延伸。一次又一次划时代的技术革新，使人们的肢体、视力、听力以及大脑等组织器官得以延伸，同时更新了人们获取信息和传播信息的媒介。每一种技术都延伸或增强了人的某一器官及功能。智能技术的发展和突破促成人类欲望的满足，不仅创造了丰富的物质财富，还扩展了人们社会生活的想象力。机器人有可能延伸人的功能、行为方式、智能，还可能延伸人的情感。现在的机器人正在从部分延伸向整体发展，从低级延伸向高级发展，从功能延伸向智能发展。

延伸意味着超越人的身体局限，扩大人的能力，让人完成原本

"心有余而力不足"的事情。随着机器文明迭代进步，人的智能和功能不断延伸。过去，刀斧锄耙延伸了双手和胳膊，车轮延伸了脚和腿，衣服、房屋延伸了皮肤，望远镜延伸了眼睛，武器延伸了牙齿，文字延伸了语言，电话延伸了耳朵和嘴巴，电视、电脑等媒体延伸了神经中枢。现在，人工智能延伸身体和人脑，延伸人的生物性和社会性，也是对人的内外机械性介入。未来我们可能不需要眼睛也可以看到，不需要耳朵也能够听到，人们将逐步拥有新的感知方式，也将体验崭新的世界。

借助随身智能设备，人们可以收集海量信息，进行复杂且规模庞大的运算，无形中扩展了人的五官和四肢的功能。计算机芯片小到能够镶嵌到眼镜腿上，智能眼镜让我们看出神奇，智能耳机能克服外界干扰，让我们听到美妙的乐章，甚至可以轻易说出不同的语言，还可以让人飞翔，可以改善或换去我们有病、衰竭的器官，可以保存我们的思想不致被遗忘。继听觉、视觉等功能延伸后，触觉的延伸在挑战和尝试中也有进展，研发者运用一种新型的交互体验，类似于活字印刷的原理，把一个触觉分解成细小的感知点，通过远程控制感知点形成对触摸的模拟，已超越智能手机和平板电脑触屏的交互界面。通过该装置，用户可用手来远程操控数字信息，让远处的人或物感受到"真实"的动作与触摸。[1]

科技在发展，延伸在继续，延伸范围在扩大，人类视角已从地球延伸到太空，从现实延伸到虚拟。这种延伸让人们的交流更加方便快捷，打破了时空限制，人们几乎可以在相同的时间看到远方，看到世界任何一个角落，听到那里的声音。库兹韦尔预言："我们将不可避免地与未来的机器相融合。人类将通过植入大脑极大地增强智力，变

---

[1] 资料来源：徐昊，马斌．一切的技术不过都是人的延伸［EB/OL］．2015-12-17. https://www.sohu.com/a/48930137_355014.

得更加强大。"[1]

延伸的桥梁是宽泛的媒介。神奇的智能物品及其数字信号皆是媒介和桥梁，数字智能科技使万物皆媒介。麦克卢汉认为，"媒介是人体的延伸"，即所有媒介均可同人体器官发生某种联系。不同的媒介对不同的感官起作用，书面媒介影响视觉，使人的感知呈线状结构；视听媒介影响触觉，使人的感知呈三维结构。如果说过去的延伸还是彼此孤立，顾此失彼，那么，智能机器把人类完整地延伸出去，而且解决了彼此割裂的状态，有了被延伸后的整体感觉和综合效果，力量更大，智能更强。对于人工智能延伸的人脑，可能让人不可思议，实际延伸的是大脑控制力。加州大学伯克利分校电子工程和神经科学的副教授乔斯·卡梅纳（Jose Carmena），曾通过在鼠类植入脑机接口研究大脑神经回路。经过研究，人类可以用意志来控制类似机械手臂等其他生物机械设备。一位女士通过脑波控制机械手臂将巧克力送入嘴中。这些尝试就是在把人的意识延伸出去。[2]

人类自以为高于自然的思想是由头脑产生的，依托生命系统来维系，一旦生命结束了，这个人的思想也就停止了。这就决定人的思想无法摆脱其生物学的属性。而人工智能在一定程度上延伸了人类大脑的功能，以追求实现人脑劳动的信息化，这似乎有可能摆脱生物对思想的局限。弱人工智能[3]本身并没有自主意识，更不能主动学习，完全根据人类的命令做出相应反应。强人工智能是具有意识且能思考的机

---

[1] 资料来源：马丁·福特. 机器人时代 [M]. 王吉美，朱筱萌，译. 北京：中信出版社，2015：261.

[2] 资料来源：徐昊，马斌. 一切的技术不过都是人的延伸 [EB/OL]. 2015-12-17. https://www.sohu.com/a/48930137_355014.

[3] 人工智能一般可以分为弱人工智能（Artificial Narrow Intelligence）和强人工智能（Artificial General Intelligence），有人从强人工智能中划分出超人工智能（Artificial Super Intelligence）。弱人工智能是通过预先设计好的、具体的、严格的程序来模拟生命体的思维运行和基本判断，从而表现出一定的智能行为。

器。当今的人工智能只能模拟、替代、延伸和扩展人的部分智能,至于人的想象、情感、直觉、潜能、意会知识等个性化智能,人工智能只是试图涉足,还谈不上对它的模拟、替代、延伸和扩展。[①]

延伸的前提是人的局限,以及人的需要和探索,延伸的条件是科技能够做到。人类对未来的成功预见彰显思想力量,代表作就是科学,科学在塑造世界的同时,也在塑造人类。"计算机之父"冯·诺依曼指出,科学"主要的作用是创建模型,这种数学结构的确定性,可以准确地描述自然现象"。人作为自然的一部分,同样也会被人工智能这种科技所描述。有人说延伸人体的是工具,智能手机就是工具,它是人体的延伸。延伸人的是技术,人工智能是技术,它延伸的是人。计算机技术延伸的是人脑智慧,而且随着技术的发展,还会创造超人智慧。新科技革命将不仅有力地扩张人类体力,还将有效延伸着人类智力。

## 机器人具有替代人的体力劳动的趋势

机器人替代人的劳动,进入劳动队伍行列,这是劳动者发生的巨变,是劳动者数量上的扩展。机器人的数量可以根据生产和工作需要不断地增加。劳动力的增减不受人口数量的制约。未来人工智能的劳动与人的劳动都将发生颠覆性变化。人工智能将成为未来体力劳动的主力军。第一次在人类之外,有了新的劳动力,这是生产力发展史上的重大转折。智能机器作为劳动力,还只是个准劳动者,因为它还缺少与人完全一样的能动性。因此,在此将智能机器替代人的劳动仅仅作为劳动力,而不是劳动者。而且在劳动队伍中,劳动力将更多从事

---

[①] 资料来源:胡敏中,王满林. 人工智能与人的智能[J]. 北京师范大学学报(社会科学版),2019,(5): 128–134.

体力劳动。人作为劳动者将越来越倾向于脑力劳动。

人工智能、机器人跻身于劳动力行列，会较多地替代人的体力劳动。机器人的劳动可能会引起一些人的就业恐慌。其实，机器人或人工智能取代人的劳动，对人类来说也是一件好事，可以减少人类劳动的风险和牺牲的可能性，使人可以从事更加安全和舒适的工作，取代那些重复和乏味的工作，倒逼人类升级自己的追求，向着文化、精神、娱乐、创作、科研等领域进发，腾出手来做自己喜欢做的事。未来的劳动就业不会像今天这样让人感到有压力。劳动者的变化会引起生产关系，特别是分配制度上的相应变革，人工智能的公共属性决定社会分配方式，不会因人们参加体力劳动少而影响生活。

人的劳动与机器人的劳动有明显区别，人的劳动具有能动性，目前的机器人劳动仍具有明显的机械特征。在对劳动的支配和操控上，人要大过机器人；在劳动强度、劳动时间、劳动精准度上，机器人显然比人更有优势。

智能机器人与一般机器在劳动过程中的区别也很明显，其他自动、半自动，甚至有部分智能的机器，在劳动过程中，表面上与机器人一样，但其本质不同。机器人的智能水平及其发展趋势，逐渐在接近人的一些素质，具有劳动力的身份，将会逐渐具备支配劳动过程的能力。一些全自动机器，仍然要靠人的操控或者事前设置。

人工智能取代人的劳动是人类的意图。机器人和人工智能的广泛运用，可以大规模、精准化、高效率地生产，能够为人类提供优质和丰富的产品和服务，给人类做贡献。人工智能的美妙之处，还在于它通过学习人、了解人、适应人，然后服务人。随着机器人取代人的工作和劳动，特别是取代人们不想做的工作，实际上创造了人们的幸福。未来在人类参加的一些适当的体力劳动中，可以驾驭和操控机器人，可以实施人机协作和互动。总体上，人类的体力劳动少了，休闲娱乐多了，可以用更多时间做精神文化产品的创作，提升自己的品位，加强身体锻炼，更好地享受生活。

机器人取代人的劳动，也说明人和机器人在劳动上将趋于不同的分工，人作为劳动者具有更多担负脑力劳动的趋势，这对人的素质和质量以及全面发展提出了更高的要求。

## 人创造和制造了机器人

人是智能机器创造者，智能机器的系统是由人创造出来的。最早的各类机器人都是科学家制造的。比如，第一台可编程工业机器人、第一台由电动计算机控制的机器人手臂、世界仿人机器人、世界上第一台直接驱动机器人手臂、第一艘全功能的机器人鱼、索尼机器狗AIBO、本田ASIMO机器人、火星漫游机器人、扫地机器人、波士顿动力公司大狗机器人、最接近人类的机器人索菲娅（Sophia），上述都是科学家、工程师做出的直接贡献。可以说，人工智能或智能机器是人工制造出来的系统，是人造机器所表现出来的智能，本质是对人的思维和信息过程的模拟。一是结构模拟，仿照人脑的结构机制，制造出"类人脑"的机器；二是功能模拟，暂时撇开人脑的内部结构，而从其功能过程进行模拟。现代电子计算机的产生便是对人脑思维功能的模拟。

但是机器人和人不一样。人的发展是为了满足自身生理和心理需求。机器人没有人类特性或生物特征，没有生死之类的概念和各种需求。人所创造的机器人，虽然可以接近人的智能，甚至超越人的智能，但是，它不能像人那样将自身的生理、情感和智能有机地联系起来。有研究表明，一个正常的人类大脑，其神经元之间的联系为$10^{15}$条，这比过去10年中所有美国人打的电话还多。人脑的可能性，至少到目前为止，远胜于电脑的可能性。也许人类应做的是在对技术的信仰和对人类自身的信仰之间，寻找平衡的支点。①

尽管人类创造的机器人，期望达到"像人一样思考""像人一样行动"，或者"理性地思考""理性地行动"，但实际上，人类总要胜过机器人一筹。表面看有时机器人独立完成了有难度的工作，其实背后都有人的设定、配合和操控。比如无人驾驶飞机虽没有载人，但它们依赖着人的操控和设置。机器人和人工智能已被广泛应用于各个行业，从事着各种工作，这要归功于无数工程师和科学家不知疲倦地创造、改进，并在某些情况下定义了这个最先进的工具和技术。

在强人工智能未出现前，人类作为创造者和引导者，对智能机器居于主动和支配地位。人工智能诞生的基础条件是科技与文明，它以人类5 000多年的文明为基础。如果在人工智能初期或弱人工智能时期，加载在"人工智能"身上的东西太多，人类的意志以及人类最负面的东西，就会暴露给人工智能，当强人工智能诞生后不一定对人类有利。有人认为强人工智能不可能在人类的创造发明下直接诞生，而是有可能偶然诞生。詹姆斯·巴拉特对200名强人工智能专家做过访问调查，42%的人认为能思考的机器将在2030年前诞生，25%的人认为将在2050年前，20%的人认为2100年之前会诞生，只有2%的人认为永远不会诞生。②人类不是上帝，但是人类应该有足够的智慧驾驭自己的创造。

## 人与机器人是操控与被操控的关系

随着对机器人和人工智能的不断操控，人类会自觉提升自身的素养。从人与机器人的关系看，人仍然是未来劳动者的主人，是新生产

---

① 资料来源：尼古拉·尼葛洛庞帝. 数字化生存[M]. 胡泳，范海燕，译. 北京：电子工业出版社，2017：56.
② 资料来源：马丁·福特. 机器人时代[M]. 王吉美，牛筱萌，译. 北京：中信出版社，2015：257.

力的掌控者。作为生产力最活跃的因素，人将长期是生产力的决定性因素。

人工智能不是人的智能，更不会超过人的智能。人在创造人工智能，人脑思维在前，电脑功能在后。现在的人工智能或者是"机器思维"，纯属无意识的、机械的、物理的特征，没有人类智能那种生理和心理的过程，也没有人类的社会性，没有人类的意识所特有的能动和创造力。人工智能是在1956年达特茅斯会上提出来的，是让机器的行为看起来就像是人所表现出的智能行为一样。但这个定义忽略了强人工智能的可能性[1]。还有一个定义将其划分为四类，即机器"像人一样思考""像人一样行动"或者"理性地思考""理性地行动"。这里的"行动"可理解为采取行动，不是肢体动作。

有些人工智能的深入研发，可能会有威胁人类的倾向，是人们在研发过程中需要把控的，不能自造掘墓人，这是人类对人工智能和任何科学研发的底线。未来机器人或人工智能技术面对的挑战是，如何将机器人和人工智能融入人类系统和社会系统，以及如何处理好人机关系。人工智能的发展，将会决定着未来的发展方向，但是，智能机器的发展要突出人类的地位，人类要主导制定人工智能的规模运行秩序，由人类参与设计、操控和协作，保障人类对人工智能处于支配地位。

与智能机器比，人类在记忆力、运算速度等方面是欠缺的，但在情感沟通和交流方面，人类更为擅长。人工智能将会给人类带来更大的自由度，人类的生活会更加快乐，比如在自动驾驶中，人们可以

---

[1] 强人工智能观点认为有可能制造出真正能推理（reasoning）和解决问题（problem-solving）的智能机器，并且，这样的机器将被认为是有知觉的，有自我意识的。强人工智能可以有两类：类人的人工智能，即机器的思考和推理就像人的思维一样。非类人的人工智能，即机器产生了和人完全不一样的知觉和意识，使用和人完全不一样的推理方式。

把原来的驾驶时间用于阅读。至于变成强人工智能之后，人类会怎么样，其实仍然取决于人类自身，毕竟人工智能是人类制造出来的。

我们携带的智能手机是人的附件，但目前似乎人类成了智能手机的奴隶和附件。我们沉浸在智能手机带来的享乐之中，是否冷淡了近在身边的家人、亲戚和朋友呢？难怪有人说"世界上最远的距离莫过于我们坐在一起，而你却在看手机"。我们被智能机器带来的东西所刺激而感到兴奋，甚至麻痹和迷糊，造成腿脚用少了、思维退化了、眼睛疲累了、精力不集中了，这是否导致自身生物功能的不平衡和病态呢？人们在得到技术带来的成果时，技术在对人体器官慢性地"截除"。手机、电脑、电视不时地跳出各种杂闻趣事，标题党吸引眼球，各种"鸡汤"灌胃口，各种观点在脑子里伸胳膊撩腿，不看后悔，看了更后悔，造成对人的催眠，让浅薄成了现代人的通病，娱乐至死的人不在少数。

人的内在被延伸后，可能会变成其外延物的傀儡。人性会逐渐消失，成为机械化和自动化生活中的一颗螺丝钉。前面写到的人们与手机的一次次互动，无意间训练了数字群体思维，有效地加强了手机的智能，而使用者却更加依赖手机，成了被支配者。人们对手机越发依赖，有的人丢掉手机如同丢了灵魂，有的人渐渐变得懒散和堕落。似乎人也不过是一台有灵魂的机器而已，人类的这种延伸到了一定阶段会充满危险。正如麦克卢汉所说，媒介延伸人体，赋予它力量，被延伸的肢体却瘫痪了。技术既延伸人体，又"截除"人体。增益变成截除，于是，中枢神经系统就阻塞感知，借此回应"截除"造成的压力和迷乱。我们超越了空间的限制，能够将交流延伸到很远的地方，但同时，又截断了和身边人的交流。[①]是否应通过增强自我功能，适应人

---

[①] 资料来源：徐昊，马斌．一切的技术不过都是人的延伸［EB/OL］．2015-12-17．https://www.sohu.com/a/48930137_355014．

机互动的环境和机制,防止新颖、离奇之事对人的无意义、无休止的吸引,防止网络信息对人的时间和精力的肢解,防止网络信息、游戏和虚拟世界的成瘾症,克服网络信息的不良影响,克服延伸的负面现象,发挥人的价值观、能动性、克制性和意志力,理智地认识数字智能时代的这些新现象,学会在庞大信息面前做选择、做减法,向着兼顾远近能力的方向发展,做智能环境下的主人。

人类总体上掌控着机器人和人工智能。机器人和人工智能等先进的技术,并非没有人类参与的技术,而是那些深深嵌入并响应人类社会网络的技术。人类不仅创造机器人、控制机器人,还要使机器人为人类服务。机器人仅仅是人类给它的那些智慧并由此推理出的衍生物,而人类才是智慧的源泉,更加丰富。社科院研究员姜奇平在一本书的序言里说:"机器指向的是专业化,人指向的是多样化。机器人只能取代专业化的人,却无法取代多样化的人。前者被称为劳动力,后者才是劳动者。……机器人与人的距离,以斯芬克斯的标准衡量,永远等于奥林匹斯山下的凡人与山上的众神的距离。人子,请以宙斯之眼俯视机器人时代。"[1]

比如,中国制造的机器人天问一号和祝融号的火星车在火星上从事的实地考察和研究,并没有脱离人类的参与,而是与地球人类一起,以新的方式实地研究。人工智能技术可以改变人类参与形式,但人类的参与不可或缺。有时无人操纵的人机配合方式,似乎掩盖了人对机器人的影响作用,把机器人的有害效应都归咎于技术、自动化等抽象概念。例如,"前往'捕食者'无人机操控者隐秘的藏身地,这些无人机并不是独立进行战斗,它们的发明、编程和操作都是由人类完成的。……'捕食者'无人机操控者需要完成的工作与飞行员大同

---

[1] 资料来源:马丁·福特. 机器人时代[M]. 王吉美,牛筱萌,译. 北京:中信出版社,2015:XIV.

小异，包括监控机载系统、接收数据、做出决定、采取行动。但是他们自身所处的位置与飞行员大不相同，与目的地甚至相距千里"。[1]

　　人类操控、遥控机器以及自主机器人的发明，是机器与人的潜力得到充分发挥的体现。机器人、人工智能是人类的杰作，但机器人和人工智能还需要人类来操控、协作和互动。"机器人和自动化系统，在高空飞行与深海搜救时，人与机器都不是独自工作。飞机失事与救援成功都是人与机器协作的结果。人类飞行员采取种种措施，试图从更安全可靠的自动控制系统手中接管飞机操控任务；随后科考船、卫星、浮标协同工作，精准地查找位置；再由工程师分析处理机器人搜集的数据。自动化与自主型装置需要不时地回到制造它们的人类身边，接收信息，补充能量，接受指导"。[2]特别在极端环境的逼迫下，人与智能机器必须最大限度地密切合作。由于人的生命、昂贵的设备和重要的使命都面临风险，因此在采用自主技术时，必须反复强调安全性和可靠性。操控机器人和人工智能如同与"幽灵"合作。人类操控机器人的形式以及发挥的作用非常重要。冒着危险亲自驾驶飞机到达战场上空的行为，与坐在地面控制中心遥控指挥飞机相比，两者的文化认同不一样。

　　如何才能设计出可以辅助操作人员并支持他们发挥技能、确立身份地位的自动化系统呢？机器人如何在完成自主行为的同时，还具备易于被人类合作者了解、预测、掌握其内部运行机制等特点呢？在生命受到威胁时，人类会信任无人驾驶系统吗？在权力、语言和身份等方面，机器人如何处理与人的关系呢？即使在极端环境中，我们也可以看出这些机器并不是孤立的。可以说完全自主，并不是一个非常有

---

[1] 资料来源：戴维·明德尔. 智能机器的未来［M］. 胡小锐，译. 北京：中信出版社，2017：4，19，20.

[2] 资料来源：戴维·明德尔. 智能机器的未来［M］. 胡小锐，译. 北京：中信出版社，2017：7.

价值的远大志向，挑战程度更高、价值也更大的，应该是在有人的环境中使用自主技术。①实际上同完全自动化将人排除在外的做法相比，让人类加入人机闭环路的做法需要更复杂的技术，也更能把握人工智能发展的方向，警惕难以预料的失控。

现在的人工智能、机器人还得不到人类的智能、情感、创造等能力，基本在人的支配和操控之下进行。有人预测机器人很难得到人的智能，即便得到了也会按照研发前科技伦理的要求，将人的价值观置于其中，使其受人控制。

人类未来能否控制机器人，关键要看强人工智能。在人工智能领域，一直有两种观点在激烈交锋。美国计算机科学家麦卡锡早在1964年，就试图模仿人类能力以替代人的技术研发。而另一位科学家道格拉斯·恩格尔巴特则坚信，人工智能是用来加强人而非取代人。"取代人类"与"人工智能增强功能"两种观点的冲突影响到技术开发的基本理念。今天的科学家们在寻求悖论融合的可能。②事实上，技术对人的不断延伸，意味着对原初人类的逐渐远离，当人工智能持续发展，必然会诞生机械生命体而取代人类。未来的人工智能有可能无限接近人的能力，但是永远无法超越人的能力，特别是在情感、创造性等领域。真实往往在两个极端之间。人工智能带来的不全是繁荣和进步，也会穿插曲折和挑战。越颠覆的技术，其双刃剑效应越明显，应当给人工智能设一条红线，一旦出现人工智能威胁到人类利益的重大隐患，应该马上阻止。人类应该在发展人工智能中不断地解决隐忧，以避免造成人类危机。

---

① 资料来源：戴维·明德尔. 智能机器的未来［M］. 胡小锐，译. 北京：中信出版社，2017：333.
② 资料来源：杨溟. 人类的镜像：人工智能的理想模式［M］//多梅尼科·帕里西. 机器人的未来. 王志欣，廖春霞，刘春容，译. 北京：机械工业出版社，2016.

第六章 生产力家族嬗变

## 人与机器人的协作关系

技术和工具都来自人类的创造，与人类的存在不可分割。现在的人机互动是科学家设计出来的，人机结合是未来的发展方向。人机通过触觉、听觉、视觉、嗅觉、动作、认知等交流能力进行沟通，在这些感知应用的背后，隐含着当今及未来电子产品最重要的触控技术、语音技术、显示技术、传感技术、识别技术。

人机互动、协作、配合，将会密切到机器越来越像人，人也赋有机器性，只要按功能说明操作进行，即可提高效率。人们从穿戴到携带的物品，都发挥着人机的交互作用，彼此更加协调，比如智能手机与使用者协作，而非被动使用。人在工具化，工具在人类化。无论是无人机、遥控机器，还是测绘古代船只失事地的无人遥控水下机器人，以及美国自主型深海潜水器或水下机器人（Autonomous Benthic Explorer，简写为 ABE）和火星漫游车、中国天问一号和祝融号火星车等自主机器人，在使用这些先进工具的案例中，都能发现人类的决策力、临场感和专业知识在其中发挥的作用。随着新技术的出现而发生的某些变化，以至于引起工作性质与完成工作的人发生某些变化的并不是机器本身，而是人与自动化机器构成的种种新颖组合。[①] 人机交互会使人类的能力得到极大提升，超越自我正在成为现实。

工业时代，劳动和智能分裂，行为和思想分离。创新任务由脱离生产的科学家和工程师完成，生产工作由非熟练工人完成。工作异化了，流水线上的工人被动地按指令完成机械化动作，成了标准化的"工具"。

数字智能时代，特别是云社会和物联网提供了把实践劳动与脑力劳动结合起来的可能。未来人机协作中，可能创造一种智能化的生

---

① 资料来源：戴维·明德尔. 智能机器的未来[M]. 胡小锐，译. 北京：中信出版社，2017：334.

产流程，根据劳动者状况，自动适应、自动调整，不会因某个环节操作者不标准而影响全局，同时给工人发挥相应作用的机会，企业的智能运营系统通过网络来连接一线工作者、科研人员和管理者，随时记录、定位和分析工作者的操作习惯、状态，给出优化建议，使工作和学习同步完成。①

随着汽车自动化程度不断提高，未来汽车可以同我们直接交流，普通人执行的技术任务将随之发生变化，需要对驾驶员重新定义；随着机器人辅助完成手术，已改变外科医生甚至病人的概念；重新认识一些原来由人的大脑和身体完成的任务，正在逐渐改由机器人完成，并最终演变为机器人制造者和编程人员的工作范畴。这些现象已经难以区分人与机器人、人工智能各自在其中的作用，机器人有人的思路和方法，而人在不断运用机器人的过程中，优化和提高着机器人和人工智能的功能。

这种协作互动，一方面是人工智能系统经过"训练"能够做出智能判断，另一方面是在用户使用智能机器中分分秒秒进行不停地学习，进而做到越来越懂用户。苹果的乔布斯在人们用鼠标、键盘、图形用户界面与机器交互的基础上，改进为用手指交互，这已经是对世界很大的改变。而人工智能则可以使人类用自然语言同任何器件交流。人与人之间的语言交流，最自然、最广泛。人机之间用自然语言交互，意味着人类将不再需要了解每项应用，不再需要学习每个产品该怎么去用，直接操作就可以。②人类大脑甚至可能与机器结合实现超脑，人工智能将解放人类的双手甚至大脑。人机交互方式会出现在我们日常生活和工作的几乎所有方面，人类将在与机器的互相砥砺中前行。

---

① 资料来源：李彦宏. 智能革命[M]. 北京：中信出版社，2017：304.
② 资料来源：李彦宏. 智能革命[M]. 北京：中信出版社，2017：52.

## 未来存在人机关系上颠覆的风险

机器人和人工智能应该受人操控，现在没有问题，智能系统都是人类编写的程序，其中还嵌有包括科技伦理道德等人类的世界观。人类要始终成为人工智能的主宰，而不是机器人的奴隶，关键在于人工智能的进一步发展会怎样，不少人对此表示担忧，认为实际上人工智能与人类在博弈。

让人们迷惑的是：究竟是无机物的机器人难以超过有机物，还是人的思想发展无法摆脱其生物学的属性，而机器人正好突破生物属性的限制和弱点？直到现在还没人证实思想一定和身体有关。图灵曾经反驳电脑不能思考的论述，并提出著名的图灵测试。如果机器人能够回答问题，或许我们无法判断究竟是机器人还是人脑在回答问题，那么就有理由相信机器人具有人类的智力。[1]

在信息处理和数据输出方面，机器人比人脑优越。一个人的大脑约有860亿个神经细胞，只有极少数细胞处于活跃状态。一个CPU（中央处理器）的温度，一般要超过50℃，而人体细胞承受的温度约为42℃。如果脑细胞全部开工的温度不仅可以煮熟鸡蛋，甚至可以切开钻石。当脑细胞过度运作时会出现头晕、烦躁等症状，这是人类进化形成的自我保护机制，提醒人要注意休息，也是人类生物性的局限，但机器人就可摆脱这些限制。[2]

情感是区别人与机器人的一个重要方面，机器人是否也会有情感？人类对于艺术的情感表达，是为了让其他人了解自己的状态，进而提高别人帮助自己满足动机的可能性。从身体器官和系统向人类头

---

[1] 资料来源：杨溟. 人类的镜像：人工智能的理想模式［M］//多梅尼科·帕里西. 机器人的未来. 王志欣, 廖春霞, 刘春容, 译. 北京：机械工业出版社, 2016.
[2] 资料来源：杨溟. 机器人已不止是人功能的延伸［J］. 商学院, 2016,（4）：120.

脑发送感觉输入的信息,将使人产生情感共鸣,这是一种个人情感回路和彼此情感共享的设计思路。而这种交流与共享可以帮助协调人与人之间的行为,从而实现某种共同目标。学者帕里西认为机器人同样应该具备动机和情感的部分。①

人们通常认为艺术创造力是具有情感的因素,是能够与人类心智相联系的东西,其中音乐就是一种关于情感的语言,机器人能否具有音乐等艺术品质,是检验其智能和情感的尺度。《AI 3.0》的作者梅拉妮·米歇尔的导师侯世达,曾认为计算机可以谱写出优美的音乐,当程序能够拥有人类所拥有的复杂的情感时,就可能谱写出优美的作品。② 2012年7月,伦敦交响乐团演奏的《通向深渊》就是由运行音乐人工智能算法的计算机创作的。计算机现在也有了延伸情绪的应用。来自日本的生物感知技术研究者Tomonori及其团队研制出仿生猫耳朵、仿生狗尾巴,并通过检测人的脑电波通过仿生耳朵、仿生尾巴表达出来。他们给物品装上能表达"要求"的眼睛,让物品仿佛有了情感。③ 如果机器智能演绎出集深度语言、思想和情感交流于一体的人类恋爱,那将是最神秘的象征。

在人与人工智能的博弈上,有一些矛盾的逻辑。智能科技不断地由外到内武装人,比如通过脑机接口技术,打通人脑与电脑、网络的连接,这就会使人不断受到技术的修改;反过来,人又不断寻找新的方式去修改技术。这种原来由人支配科技,到现在科技可能支配人的关系,可以说机器是人的延伸,人也是机器的延伸。然而,人不是机

---

① 资料来源:杨溟.人类的镜像:人工智能的理想模式[M]//多梅尼科·帕里西.机器人的未来.王志欣,廖春霞,刘春容,译.北京:机械工业出版社,2016.
② 资料来源:王飞跃.未来智能走向何方:人有人的用途,机有机的用处[EB/OL].2021-04-16. https://baijiahao.baidu.com/s?id=1697161038269424851&wfr=spider&for=pc.
③ 资料来源:徐昊,马斌.一切的技术不过都是人的延伸[EB/OL].2015-12-17. https://www.sohu.com/a/48930137_355014.

器人，不会为了满足生理需要和减少生活压力而去追求机器人，人类是一个动态的个性系统，能够通过接受挑战、解决问题和传达审美取向创造自己的生活天地。

人类历史正在接近"奇点"——人与机器边界消失的那一点，也许人类将与人工智能融合，通过模仿人类可以提升机器人的智能，将人类的意识扫描进电脑里，让它接近人类的智能和功能，特别是模拟人类的思维过程，甚至终将拥有人性，实际上人工智能在复制人类；又通过人工智能来拓展人类的智慧极限，帮助人类抵抗衰老，像机器人那样不受生物的局限，企图获得永生。这样的发展逻辑，虽然让人类的社会生活和工作与智能技术连接得更加紧密，但是越紧密的关系越体现出人与人工智能的深刻矛盾。

科技和社会间的矛盾错综复杂，我们要从积极的方面去认识人与科技间的相互延伸。任正非认为人工智能是人的延伸，未来最重要的推动力量应该是人工智能，对未来创新要有宽容心态，这样才能迎来伟大的社会。不要将人工智能看成负面的。[①]延伸可能会有远近两个效果，作为劳动者的延伸，人工智能会有助于提高生产率，增加财富，贡献人类。作为人的延伸，人工智能的未来尚难确定。因此，需要在发挥延伸的近未来的优势中，及早引导中未来和远未来的方向，防止对人类的消极影响特别是对人的颠覆和毁灭。这表面上是技术问题，实质仍然是人的问题。

新科技拓展了人的全面发展空间，改变了人在劳动中的地位和作用，使人们逐渐超越直接的生产过程，成为生产过程的"监督者"，人类有了大量时间从事精神性的生产和个性化的发明创造，人的全面发展成为可能。

---

① 资料来源：任正非. 未来最重要的推动力量是人工智能，人工智能是人的延伸［EB/OL］. 2019-06-17. http://www.chinaz.com/2019/0617/1024458.shtml.

劳动者具备全要素生产力。在数字智能经济中，一是生产者头脑中的生产技能知识，如软件开发、图纸设计、文学创作等，发挥着生产工具的作用，电脑和互联网只是辅助工具；二是作为"素材的知识碎片"存储在生产者大脑中，属于劳动对象；三是劳动者本身。这样便具备了生产力的全部要素。①

## 劳动工具的革命突变

工具的水平反映社会发展水准，劳动工具的变化带动经济社会的变化。石器、铁器的发现和使用，推动了农耕社会发展；蒸汽机和电器的发明和使用，将人类工具进化到机械化和自动化的程度，推进了工业社会发展；互联网和数字科技带动的智能机器的出现，特别是人工智能，标志着数字智能社会的开启，数字智能科技及其智能工具的应用，提升了生产力新的发展水平。

现代科技带动的劳动工具革新，是以往工具变革无法比拟的。从手工工具到普通机器体系的升级，以及工具自动化程度的不断提高，相比于这次以智能为标志的工具变革，过去都还是一般意义，而这次是从自动化机器向着智能化机器的系统质变，是从体力解放向智能解放的质变。其中，人工智能是人类历史上的最大事件，机器人和人工智能作为超工具，是为了满足人的特定需要而产生和存在的，从人工体能②到人工智能是工具发展史上质的飞跃，是工具史上的革命性突变。

---

① 资料来源：熊猫讲财经. 数字经济的本质与特征［EB/OL］. 2022-05-26. https://baijiahao.baidu.com/s?id=1733246504224676236&wfr=spider&for=pc.
② 人的能力可分为体能和智能，人的这两大能力都可以被工具替代、延伸和扩展。替代、延伸和扩展人的体力的工具可称为体能工具或人工体能。模拟、替代、延伸和扩展人的智力的工具可称为智能工具或人工智能。

## 现在机器的智能性质超出其工具定位

机器人是人的功能和智能的延伸。换个角度看，机器人又是对人的功能和智能的模仿，是人的影子。但是，机器也不总是模拟人的智能，智能机器研究者也在尝试采用人类没使用过或超出人类计算能力的方法，这说明人工智能中的许多成果并不是通过研究人或动物的活动，而是通过直接研究需要智能解决的各种问题得到的。只是我们常常通过观察人类解决问题的方式对机器智能有所了解。现在的机器智能，特别是人工智能的功能十分多样，能生成文本、音频和视频，可以识别人脸、美颜，还能视频换脸。机器人在物流搬运中，能将视觉感知、空间计算和灵活性很好地结合起来，还可使用机械手臂自主切换工具，完成各种任务，甚至已经出现适应各种任务的多功能机器人。一个机器人可以做轻型装配工作，可在传送带传送物件，对零售产品包装，或看护加工金属。机器人由迟钝到敏捷，由简单到复杂，由稚嫩到成熟的变化，几乎都来自任务背后所需要的惊人且复杂的计算。

人们正在构建的智能机器，不排除有摆脱工具性质的意图，使智能机器拥有与人相似的地位。因此，类人机器的制造，既要使其有人一样的行为，还要有情绪和意识，拥有艺术、宗教和历史的相关知识。模仿人的机器人，具有人类的某些智慧和能动性，通过对数据的内在规律和深层次学习，使机器人在特定领域获取与人近似的学习与活动能力。

通过各类专用芯片和云计算技术的软硬件发展，满足深度学习的巨大计算需求，降低了人工智能应用门槛，使人工智能的发展和应用进入快车道。特别是数据资源的广泛积累，形成庞大的资源基础，为人工智能发展提供了充分的"养料"，使原来需要人类亲自做的许多工作都将会被机器人和人工智能取代。机器人正由工具发展到逐渐具备人的某些属性。机器学习算法通常会搜索数据，揭示统计关系，在发展基础上编写自己的程序。智能机器正开始表现出好奇心和创造力。

智能机器虽然具备工具与劳动力的双重角色，但在实际劳动中会呈现两种情况：一是当人和智能机器同在一个劳动过程和场景中，相对而言，智能机器仍然具有鲜明的工具性，它主要依附于人的操控，受人支配；二是当智能机器在无人参与和操控的情景下，能相对独立地完成任务，它则具备工具和劳动力的双重角色。

尽管有的智能机器具有劳动力的智能，但同人的智能仍有很大区别。因此智能机器竭力想获得像人一样思考和行动的能力，拥有人所特有的思维、创造力、情感、社会性等。借助机电工程、生物工程、人工智能、神经系统科学、生物力学等的发展，人形机器人可以设计和制造得比普通人更加"标准"，更符合"黄金比例"。谷歌首席未来学家雷·库兹韦尔等专家大胆预测，到2050年，类人智能机器人将制造得和"真人"一样，栩栩如生，难分彼此。[1]类人机器人是在外形和特征设计上与人类相似的机器。由于类人机器人被期望尽可能地与人类相似，所以许多项目专注于直接模仿。灵活性被视为一种特殊类型的运动问题，近年来也取得一些进展，使机器人的四肢更接近人类。

类人机器人在完成与人类相同的一般任务的情况下，具有明显优势。DARPA（美国国防部高级研究计划局）组织了一场机器人大挑战，以了解类人机器人在灾难场景中的表现，测试开门、操作水龙头、接听电话等举动。一旦类人机器人达到一定性能和水平，大众接受度就会发生根本性变化。一个廉价、可靠、安全、低功耗的类人机器人，将会迅速成为标准的机器人平台，成为从军事到娱乐甚至家庭

---

[1] 资料来源：孙伟平. 人工智能与人的"新异化"[J]. 中国社会科学，2020，(12)：119-137+202-203.

的各种应用工具。[1]

帕里西认为目前的机器人或人工智能与人的区别在于，人的思维中包含了动机与认知两种模式。人的任何行为都有动机，比如为了吃喝与生存、为了安全与繁殖、为了荣誉与理想等。而现有的机器人只有认知，没有动机，它的目的是由人设定的。[2]

## 智能科技使工具的自动化上升到智能化

长期以来，工具的先进与否，一看机械化程度，二看自动化程度，现在则要看智能化程度。自动化是设备按照设定的程序，自动完成工作，多用于流程性很强的单一重复性工作，比如生产制造行业。智能化可以达到自动化，但不是靠设定，而是靠智能，是通过各种传感器感知环境状态，将环境状态变化情况数据化、变量化。控制系统根据预设的行为规则参照环境变量对目标设备进行控制，使其自动调节状态完成工作，现在多用于各种环境控制工程，加上传感器能感知环境变化，并且根据变化进行自动调整。

智能工具有以下几个特点。一是机动灵活。智能机器是机动灵活的多用途设备，能满足当今生产制造的需求，比如更小体积、客户定制的产品，以适应高度集成产品的趋势，从而可以将不同功能整合到一个设备中。二是自主运行。现代设备的运行，比以往任何时候都具有更多的自主性，不靠人为设置，而是根据自身传感器等感应的情况，综合做出自身判断。三是自我诊断。智能设备能预防以及校正由原材料工况的改变、机械部件的磨损等原因造成的过程错误。利用大

---

[1] 资料来源：江晓波，黄诗愉，编译. 面向未来的100项颠覆性技术［J］. 创新研究报告，2021，(46)：541-566.
[2] 资料来源：李彦宏. 智能革命［M］. 北京：中信出版社，2017：306.

量的网络传感器,智能设备可以获得过程状态、设备状态、机器环境等方面的信息,这都会改善运行,提高质量水平。四是自适应改进。随着时间的推进,通过数据挖掘,借助仿真模型或者使用面向特定应用的学习算法,设备系统可以改善运行性能。五是交互性能。交互定义了数字化技术和相关工具应用的机动性。设备可以与其他自动化系统交换信息,为更高层的控制系统提供状态信息。这就使得智慧工厂和自动化生产线能够自动调节,以便适应不断变化的情况,平衡设备间的工作负荷,在设备发生故障前通知维护人员。AI和5G是交互的条件和基础,可以打通整个物理世界、人类活动世界等所有方面的交互渠道。任何一代技术和工具一旦有交互上的突破,就必将引爆大规模的商业价值。

智能机器人、人工智能,较之一般智能机器有更高的要求,至少具备运动、感知、思维和人机交互4种功能,这些功能都是人类最基本的功能。智能机器有了这些特点,就可以发挥较之其他自动化机器更大、更灵便的作用。例如,灵活的运动结构就像人具有手、脚一样,能使机器人自如地运动;而感知的功能主要靠装在机器人有关部位的各类传感器来实现,它们像人的眼、耳和其他感官一样能接收来自外界的信息;人机交互系统相当于人的嘴,凭借它与人交换信息。人类最重要的"智能"特征就是具有思维、综合、归纳和判断能力,这些能力都是由人的大脑赋予的,智能机器人则依靠高性能的计算机提供这些功能。

在机器智能领域,数据量的大小和处理速度的快慢,直接决定智能水平的高低。现在各种大数据平台一天之内收集到的数据,就可超越人类几千年来文字、图像的总和。这些数据有来自结构性的,更多来自非结构性的,而且川流不息,是对一个事物的多方位、多维度描述,蕴含着巨大能量。机器通过反复识别这些数据信息来分辨细微差别。过去人类无法通过穷举法来把握一个事情的规律,只能用取样的方法，通过概率来估计，或者通过观察采用简单明了的函数来代表事物规律。然而，现在的机器使穷举成为可能，超越人类，因而对事物判断更加精准和客观。

智能机器不仅可以根据人们编写的算法进行采集、存储、处理大数据，而且能够比人类更好地完成许多特定任务。智能机器的思维和行为具有越来越强的自主性、精确性和协同性，日益拥有类似人类的试错能力、大局观和控制力。智能工具在未来的发展是多元的，比如深度学习、人机交互、脑机接口、空气触觉、太空探测、智能环境、生命基因、生物感知，等等。

特别是人工智能可以做出决定，解决问题，在某种意义上也是能思考的机器。不能说机器人已经接近了人类的智力，但是，机器人能够从事和完成专业化、常规性和可预测的工作任务，有可能很快超过目前正在从事这些工作的人们。不仅仅是高效地生产和处理信息，而且实现了智能，能够认知和识别，了解情绪，欣赏幽默，具备了人的常识。

智能工具包括人工智能，在某些情况下，虽然可以比人更好地完成任务，但从普遍意义上来看，人的能动性是在意识指挥下实现的，而人工智能的能动性是在预设下完成的，人也有类似的设置，比如计划、规划等，但人在事物变化面前，不一定按计划行事，会比智能机器更好地发挥机动性和灵活性。这就是人工智能可以代替人的工作，但仍然属于工具性质的原因。

## 智能工具已经得到先期探索和大量实践检验

早在几十年前，人们就开始使用机器人和自动化技术了。特别是在大气层和海洋深处，甚至是在太空中，人类无法独立生存。在这些环境中工作的人，必须面对这些危险而被迫率先启动机器人与自动化技术的研发工作。更多人知晓的机器人智能实践，当数机器人与棋手对弈的两个大事件，即深蓝机器人（Deep Blue）和阿尔法围棋机器人（AlphaGo），这也是智能机器进步的两个标志性阶段。深蓝机器人是由美国IBM公司生产的一台超级国际象棋电脑，重1 270千克，有32个大脑（微处理器），每秒钟可计算2亿步，是专门用以分析国际象棋的超级电脑。1997年5月11日，深蓝机器人击败国际象棋世界冠军加里·卡斯帕罗夫。

阿尔法围棋机器人，由谷歌旗下DeepMind公司戴密斯·哈萨比斯领衔的团队开发，2016年3月，阿尔法围棋机器人与围棋世界冠军、职业九段棋手李世石进行围棋人机大战，以4∶1的总比分获胜；2016年年末到2017年年初，该程序在中国棋类网站上以"大师"（master）为注册账号与中日韩数十位围棋高手进行快棋对决，连续60局无一败绩；2017年5月，在中国乌镇围棋峰会上，它与排名世界第一的世界围棋冠军柯洁对战，以3∶0的总比分获胜。围棋界公认阿尔法围棋的棋力已超人类职业围棋顶尖水平，在GoRatings网站公布的世界职业围棋排名中，其等级分超过排名第一的人类棋手柯洁。从1997年5月深蓝机器人击败国际象棋世界冠军加里·卡斯帕罗夫，到2016年3月阿尔法围棋机器人击败围棋世界冠军、职业九段棋手李世石，不到10年时间，从与互联网无关的深蓝机器人智能，发展到"深度学习"的阿尔法围棋机器人。机器智能进步的关键在于人工智能与互联网的融合，发挥中介作用的是云计算和大数据的发展。

互联网广泛应用出现大量的非结构化的数据，移动应用比传统互联网更丰富、更普及，数据结构发生了很大变化，对数据的分布式存储和并行技术提出很高要求，对数据处理的性能和高并发的要求比以前有巨大提高，大数据技术因此兴起，并推动大数据交互查询和全文检索场景的发展。正是千万盘人类棋局数据输入、训练和滋养，才成就了阿尔法围棋机器人。

如果说大数据是水，云计算技术就是存放水的一个容器，大数据要靠云计算技术进行存储和计算，云计算是过滤无用信息的"神器"，可高效分析数据，是互联网大脑的中枢神经系统。物联网的传感器与互联网的使用者通过网络线路和计算机终端与云计算进行交互，向云计算提供数据，接受云计算提供的服务。可见，阿尔法围棋机器人并非能自己想出棋局，而是学习了人类高手的千万盘棋局，通过大数据记录每个棋局中的局面，把上百万个局面当作输入进行训练，通过多神经网络来预测人类高手会走出的下一步。经过巧妙的多神经网络设计与训练，建模了人类高手的棋感，算出过往下棋历史中的胜率。实际下棋时，计算机通过视觉识别记录下棋局，然后和以往的棋局数据比较，找到相同的模式，再检索往后发展下去的局面，并根据以往下棋史中的胜率高低选出一些高质量的候选点供走子，而不必每个点都去尝试。这极大减少了系统运算量，主要是根据经验和感觉选择某些点，再分别计算。计算机主要运用了蒙特卡罗模拟的概率式搜索算法，模拟海量的终盘局面，因它在可能性结果非常多的开放式环境中高效运算，可以做出最优决策，所以是人类计算能力无法相比的。

由于深度学习建模了人类高手的棋感，看上去人工智能拥有了人类的棋局智慧，其实是蕴藏了人类高手的积累对弈数据。正是"深度学习"原理使人工智能机器人击败人类职业围棋选手，成为第一个战胜围棋世界冠军的机器人。

现在，机器人和人工智能正在逐渐进入我们熟悉的领域，人类迎来数字智能时代，机器人和人工智能将改变我们的世界，这种改变正在悄然发生。我们正在利用盼望已久的机器人和人工智能，帮助我们完成工作、做体力劳动和执行日常生活中一些单调乏味的任务，甚至以制造完全自主机器人为目标的人工智能，在不断激发人们的灵感和创新热情。

智能机器已在一些工厂得到应用，改变着工厂的生产过程，实现着更为灵活的自动化。智能机器的能动行为和普通工人一起工作，改变着传统工具的模式，改变着劳动者的行动，重塑了工厂的未来。比如，智能机器探索火星，在危险的海下环境作业，比纯机械的工具可以得到非常好的效果。比如，智能机器开始辅助外科医生开展更为安全的微创手术，比传统的手术器械更加灵动和精细。

实践表明，在现代经济和社会中，工具的数字化、智能化水平在普遍提高，智能机器的进化已超出工具的定位，既有生产工具的属性，又在未来跻身劳动力大军，它对社会起到了前所未有的革命性推动作用。

## 劳动对象的活力和范围

劳动对象是实现生产和劳动的重要客体。没有大自然等劳动对象，再进步的劳动者和生产工具都会变得毫无意义。恩格斯曾写道："劳动是一切财富的源泉。其实，劳动和自然界在一起它才是财富的源泉，自然界为劳动提供材料，劳动把材料转变为财富。"[1]

在恩格斯看来，物质财富的创造只有在自然界提供劳动材料的基础上才能完成，这就充分肯定自然界对于人类的劳动创造所起到的基础作用。马克思还曾这样指出："劳动首先是人和自然之间的过程，是人以自身的活动来引起、调整和控制人和自然之间的物质变换过程。人自身作为一种自然力与自然物质相对立。"[2]然而，这个自然界从沉睡中觉醒了，在数字智能科技的条件下，劳动对象发生了巨变。

---

[1] 资料来源：马克思恩格斯选集：第4卷［M］.北京：人民出版社，1995：373.
[2] 资料来源：马克思恩格斯全集：第23卷［M］.北京：人民出版社，1972：201-202.

## 劳动对象的范围在扩大

劳动对象是生产力的要素之一。人们的劳动借助于劳动工具等资料，对劳动对象进行加工，使劳动对象发生预期的变化，成为能够满足人们某种需要的产品。在劳动对象中，一类是没有经过人们加工的自然物，如自然水域中的鱼群、原始森林中的树木、地下的矿石，等等；另一类是人们加工过的劳动产品，如纺纱用的棉花、轧钢用的钢锭、建房用的砖瓦，等等，亦称原料。劳动对象是一切社会生产不可缺少的要素。

劳动对象的范围在扩大。现代科技发展，发现了物体许多新的属性，人造材料、合成材料和复合材料日益增多，电能、太阳能、地热能等被利用，都使劳动对象的范围不断扩大，质量不断提高。

劳动对象更加多样化。新的材料革命和生物工程的兴起，使人类可以选择性能更好、更廉价的劳动对象，这对于生产力的发展具有重大意义。例如，用工程塑料代替某些金属制造产品，不仅可以提高产品质量，而且可以采用层压、喷射、挤压等新工艺、新方法，节省加工费用；采用新的陶瓷材料制造发动机，由于它具有耐高温性能，不必采取降温措施，因而可以节省大量能源。再如，单晶硅片的制成，推动电子工业的迅猛发展；采用生物遗传工程的方法培养优良物种，极大地促进农牧业的发展；应用生物技术将为医药工业开辟新的天地。在世界上某些自然资源日益减少的情况下，更加迫切需要发展新的材料工业，制造更多更好的人工合成材料。而其他动物的劳动对象则局限于自然界的物质，如水源、土地、食物等。

可以说，劳动对象由自然形态资源，向着人工合成材料、现代新型材料扩展，呈现出人工化、精细化的趋势。材料家族日益壮大，复合材料、高分子材料、陶瓷材料、生物材料等繁花似锦，纳米材料、超导材料崭露头角。

劳动对象数量、种类和质量的不断扩大和提高，对劳动生产率的提高产生重大影响，在其他条件不变时，劳动对象质量越好，劳动生产率越高。一种新的劳动对象的发现和利用，必将促进劳动生产率的提高和社会生产的发展。

## 劳动对象的利用渐趋生态化

原始森林、未开垦的土地和未开采的矿藏等天然的劳动对象，应该受自然规律支配；经过劳动加工的劳动对象，如人造森林、已被开垦的土地和已被开采的矿藏等，虽然被打上了人的劳动印记，但仍然是自然界的一部分，因而也要受到自然规律的制约。当然，这些自然物只有进入劳动过程，在社会生产力系统中存在，才能作为劳动对象。在对自然物这些劳动对象的开发过程中，自然资源完全是被动的。开发多少、开发什么、用什么方式开发，始终受劳动者和生产工具支配，而且过去生产出来的东西增加了越来越多的负效应，比如开发出的石油被燃烧后污染了空气，石油制成塑料后又造成100年的微塑料污染，甚至成了灭绝人类的隐形杀手；又比如石化燃料用于房间取暖、为工业提供动力，以及交通工具等的大量使用，造成了$CO_2$的大量排放，致使大气层内$CO_2$的浓度迅速增加，这正是"温室气体"的关键成分，它是人类在地球的各种活动中产生的，或者说是人类成因的气体。任何化石燃料的产生和利用都会产生大量的$CO_2$，导致全球气候变暖，区域性空气污染，间接造成水污染等环境恶化，严重起来甚至影响到人的健康乃至生命。事实上，全球气候变暖，尤其是对这种变暖趋势的预测，已经抑制了我们对化石燃料的极度渴求。大量科学证据表明，$CO_2$在大气中所占的比例很小，它的浓度增加却是全球平均气温升高的主因。可见，人们一边在创造财富，一边在创造痛苦。

2021年2月，在网络上人们看到一幅拍摄的南极照片，白雪皑皑的雪地竟然出现大片红色。科学家说那是南极的一种藻类植物，之前一直在休眠，随着温度升高，南极冰川开始融化，促使藻类植物生长。这些照片会让人们联想到地球在流血，想象自然界在报复人类。自然环境恶化不能再被轻视，地球环境是一个整体，如果某一环节出问题，影响的将是全人类，没有人能够幸免于难。南极和北极作为地球上最遥远的两个点，也没摆脱气温升高的厄运。在这里生长的动物们，因为栖息地的破坏和环境的改变，不得已踏上了迁徙之路，而在迁徙途中便会遭遇攻击，甚至为了争夺食源，自相残杀。对于地球来说，雪山的冰川厚重，储存着大量的水资源，也是保护生物链的重要一环，然而这些环节却在发生崩裂式的变化，并且是不可逆转的，这就陷入了新一轮的恶性循环之中。"科学家认为，地球的环境已经到达无法扭转的地步，虽然如今仍然是全球变暖的趋势，但气温也在开始转冷，小冰期虽然会到来，但是距离我们也比较遥远，大概还需要1 000年。在此之前我们要做的是什么呢？那就是保护环境，约束不良行为，才能让地球环境重新处于平衡之中。"①

如果全球仍旧保持现在的排放方式，比尔·盖茨推算，到2060年，气候变化可能像新冠肺炎疫情一样致命，到2100年，气候变化的致命性可能达到新冠肺炎病毒的5倍。未来一二十年里，气候变化造成的损失，相当于每十年暴发一次与新冠肺炎疫情相当的大流行。到21世纪末，情况将更加糟糕。当然，这种环境污染、生态破坏，不能全归于劳动对象的不当利用，而是包括劳动工具和科技共同作用的结果，说到底还是人和社会的责任。在《气候经济与人类未来》一书中，比尔·盖茨指出，全球每年向大气中排放的温室气体大约为510亿吨，总体呈上升趋势。其中生产和制造水泥、钢铁、塑料等排放占31%，发

---

① 资料来源：诉说新科技.南极再次出现"血雪"，巨型冰架坍塌，科学家：不是好兆头！[EB/OL]. 2021-03-01. https://view.inews.qq.com/a/20210301A09PC100.

电电力排放占27%，种植养殖占19%，交通运输占16%，取暖和蓄冷占7%。养牛排放大量甲烷，农用化肥除吸收一半外，剩余部分以$N_2O$的形式逃逸到空气。据预测，到21世纪中叶，气候变化可能导致欧洲南部地区的小麦和玉米减产50%，中国的极端干旱可能会引发地区乃至全球粮食危机。[①]甘地说过："地球可以满足人类的需要，但地球满足不了人类的贪欲。"大自然是善良的母亲，也是冷酷的屠夫。当人类合理利用、友好保护时，自然的回报常常是慷慨的；当人类无序开发、粗暴掠夺自然时，自然的惩罚必然无情。

正如恩格斯在《自然辩证法》中指出的："不要过分陶醉我们人类对自然界的胜利。对于每次这样的胜利，自然界都对我们进行报复，我们最初的成果又消失了。世界上有很多地方，如美索不达米亚、小亚细亚以及其他各地的居民，为了想得到耕地，把森林都砍完了，但是他们想不到，这些地方今天正因此成为不毛之地，因为他们使这些地方失去了森林，也就失去了水分的积聚中心和贮藏库。"[②]人类如果不尊重自然界的规律，环境恶化的苦果终将由人类自己吞噬。

对此，应当从两方面努力改变状况：一是诸如自然资源等在即将进入劳动过程前，能在数字技术及其工具的监测下，了解其量、质和性能，就可与劳动者和生产工具相配合，统筹考虑，从而决定先开采什么，后开采什么，哪些资源与目前的开采手段和能力相匹配，哪些资源稀缺或受开发的技术条件限制，从自然资源等劳动对象最有利人类的角度、时间去开发利用。决策机构可根据这些资料，以及生产工具和人的认识水平，更好地选择和确定现实又合理的劳动对象，从而减少负面作用，提高开发利用效率。数字科技唤醒劳动对象，它将改

---

① 资料来源：比尔·盖茨. 气候经济与人类未来［M］. 陈召强，译. 北京：中信出版社，2021.
② 资料来源：马克思恩格斯选集：第4卷［M］. 北京：人民出版社，1995.

变自然环境和自然资源，让人与环境、自然融为一体，和谐共处；它将有利于改变人类社会的能源结构，开发可开发、易开发、有条件开发、有益人类生产和环境的能源。

二是有效利用生物链来处理自然界的污染物或污染源，达到生态平衡和净化环保作用。比如污水生态化处理、垃圾生态化处理技术等。以劳动对象的生态化利用，影响和扩展生产力各要素乃至整个生产方式中的生态化。包括提升劳动者的生态意识，使处理自然资源的智能机器尽可能节省资源，促进劳动环境干净无害，保障劳动产品绿色环保等，并且合理配置能源资源，实现生产要素整体关系的优化。构成生产力的劳动资料、劳动对象都来自自然界，就连劳动者本身也依靠自然环境生活。生态系统稳定、强大与否，对生产力发展水平有着直接影响。因此，在生产力整体生态化方面，要强调自然生态因素在生产力发展中的重要性及其对经济发展的制约，尽量减少生态环境的破坏，对各种自然资源进行高质量开发和利用，实现人与自然的可持续发展。

## 劳动对象的能动反应

一个时期以来，那些曾经沉寂的自然资源、能源和各种材料等劳动对象，因装备上传感器、物联网、云计算，开始苏醒过来，变被动为主动，焕发活力，变得能动起来。比如传感器作为一种检测装置，能感受到被测量的信息，并能将感受到的信息按一定规律变换成信号或其他所需形式的信息输出，以满足信息的传输、处理、存储、显示、记录和控制等要求。实际上就是突破人的生物局限，延伸人对自然的认识，传感器如同人的五官的延伸。借助传感器监测日益庞大的环境和资源，通过数据形式更为精准、更为清晰地将人们无法判断出的环境因素、自然资源呈现出来。传感器的大部分传感功能与人体感觉器官相对应。它的触觉可以探测环境和自然的温湿度、亚敏、液体，它的嗅觉可探测气敏状况，它的视觉可探测光敏状况，它的听觉可探测声敏状况，它的味觉可探测化学状况。我们可选点部署，也可海量部署传感器。每个传感器都是一个信息源，相当于一个触觉，不同类别的传感器捕获的信息内容和格式不同。传感器获得的数据具有实时性，按一定的频率周期采集环境和自然资源信息，不断更新数据。

如果这些传感器是各自独立的，没有统一联网，监测数据只能在现场进行显示，各设备之间相互独立，工作人员通过手写来记录数据，无法系统地将数据进行综合分析。如果将海量的传感器通过物联网串联起来，就可对上传数据进行综合分析。物联网是神经系统，传感器是物联网的神经末梢，它不仅是人类感知外界的核心元件，也是万物互相感知的核心元件。科技越发展，传感器的敏感度越高。传感器的存在和发展，让物体有了触觉、味觉和嗅觉等感官，让物体变得鲜活起来，堪比有机物。各类传感器的大规模部署和应用，相当于给自然环境和资源的世界布置了一套神经系统，整个世界因此更有灵性。我们通过互联网把这些大数据管理起来，通过诸如云计算等能力超强的中心计算机群，对其中的人、机器、设备进行实时管理，就能实现人类与劳动对象等环境和资源系统的整合，人类的生产方式和生活可以更加精细、准确和动态，达到万物合一的智能状态。[1]技术的发展打破了古老的神话传说，实现了人与自然的和解。

## 不断挖掘劳动对象的潜力

生产力是在劳动者、劳动资料和劳动对象三者的交互作用中形成的。过去之所以很少强调劳动对象，主要是生产力整体水平较低，人

---

[1] 资料来源：山东仁科. 人类感官的两大延伸——传感器与物联网［EB/OL］. 2020-10-19. http://www.qianjia.com/zhike/html/2020-10/19-29521.html.

们认识和改造自然的能力有限,很难对劳动对象有准确了解,不知怎样开发利用自然资源更有利社会发展和人们的生存,更有利于人与自然的和谐,更易避开负面影响。以往的生产工具和科技,对自然资源等劳动对象的开发利用水平受限制,生产工具最终听命于劳动者。正是那样的生产力水平,人们为了竞争,包括企业竞争、区域竞争、国家竞争,劳动对象成了被宰的羔羊,争相开发,过度利用,竭泽而渔,生态失衡,空气污染、物种锐减、能源枯竭、灾害频发、海平面上升、气候变暖,威胁到生物链,甚至影响到人的健康和生命。

这些问题和矛盾虽早已认识到,但由于社会和国家竞争机制,特别是一些国家的政客和资本家,眼界狭隘,很少顾及人类是命运共同体,使传统的发展模式停不下来,为了短期利益而坚持粗放开发模式,在自然资源的开发利用上争战不休,愈演愈烈,使曾经达成的气候问题治理共识,几度遭遇反复。

劳动对象的数量、质量和种类对于生产力的发展有很大影响。有些资源作为劳动对象最符合现阶段人和自然协调发展,但是人类并不知晓,将不应开采的开采了,应该利用的没利用,对劳动对象的认知很盲目,唯有进入劳动过程才知利害,但利弊后果已经产生。马克思指出:"一个使用价值究竟表现为原料、劳动资料还是产品,完全取决于它在劳动过程中所起的特定的作用,取决于它在劳动过程中所处的地位。"[①] 劳动对象是一种使用价值,它可以是直接的自然物。自然物只有进入劳动过程,在生产力系统中存在,才能作为劳动对象。我们一直以来,仅仅将劳动对象作为进入劳动过程并被劳动所加工和改造的物质资料,将其置于被动地位。劳动对象的性能、状况、种类和构成等,都是劳动过程和生产力系统决定的,而且还受劳动者和劳动工具等要素的支配。正因如此,实践中人们都忽视了对潜在劳动对象

---

① 资料来源:马克思. 资本论. 第1卷 [M]. 北京:人民出版社,1975:207.

的深入认识。事实上，劳动对象不仅可以主动，而且能够起着较大的积极作用。

随着科技进步，人们认识和改造世界的能力在提高，人们不断发现自然界许多新的有用物质，或者物质的许多新的有用属性，如石油不仅是燃料，还是重要的化工原料，劳动对象的范围得到扩展，劳动对象更加多样化。人类社会伴随自然资源与能源开发方式与利用的效率在进步，这是人类文明进步的一个重要标志。第一次科技革命用蒸汽为机械提供动力，第二次科技革命用电力为工业提供动力。能源利用方式的进步提高了资源的利用效率，拓展了资源的范围。现在新的材料革命和生物工程的兴起，使人类可选择性能更好的，与开发工具、技术、能力相匹配的廉价的劳动对象，这对生产力的发展具有重要意义。

如果对潜在的劳动对象有了宏观认识研究，就可根据人类的需要改造劳动对象、选择劳动对象、再利用劳动对象，进而在适宜环境下利用容易开采的资源，使用有利人类的能源。现在我们借助人工智能等数字科技，加速了对自然资源等劳动对象的认识和开发。自然资源包括自然能源，这些是人类生存的重要基础，是人类生产生活所需的物质和能量的来源，是生产布局的重要条件和场所。一般可分为气候资源、土地资源、淡水资源、生物资源、矿产资源、旅游资源和海洋资源。我们还可以利用数字科技去获得热能、机械能、电能、化学能、光能或核能等各种形式能量的一切自然资源，包括一次能源和二次能源。这些都是人类生产不可或缺的劳动对象，也是人类赖以生存的重要物质基础。当我们认识和改造自然的能力得到提高，能够更科学地认识劳动对象的范围和深度，开发、利用和改造就可选择。但在实践中这种转变不明显，有些转变是在人类劳动产生的负效应已经严重影响和威胁到人类的生存时，才被迫采取的措施。

事实上，现行经济理论指导下，资源的开发利用体系，也是导致全球各类资源内耗的原因。全球资源被疯狂争夺、过度开发、彼此内耗，制约了人类社会的发展，影响到资源开发利用的最大化功效。有人为了局部利益，损害整体资源，有时并非不清醒，而是带有恶意，宁肯浪费、破坏，也不共同分享，具有反人类的倾向。人工智能等数字科技的发展，为我们充分运用自然资源等劳动对象，提供了难得的机遇和条件，使劳动者和劳动工具都有了智能上的进步，有条件改变自然资源等劳动对象的开发利用的落后状况。

我们要在处理生产力各要素关系的基础上，改变发展方式，用人工智能和大数据监测各种自然资源等劳动对象的质量和性能，做出开发利用计划，尽可能与人们的认识改造能力以及开发的科技工具相适应，把已经认识到的再生能源、新能源的开发利用与人工智能等先进技术和手段结合起来，调动劳动对象的潜力潜能，缓解乃至消除逼近人类的各种威胁，改变原来依靠石化能源的习惯，养成低碳和零排放的生产生活习惯，让人类驶上良性循环的智能发展道路。人类的生产关系也要与先进的生产力相适应，构建全球资源共享协作的机制，把有限的资源利用到最大，把资源内耗缩小到最低，真正立足地球，发挥和利用好人类社会持续发展的全球资源，并放眼星辰大海去共同探索资源。开发利用自然资源最重要的一点是对自然环境和资源的监测，这是认识的基础。从长远来看，人类要做好离开地球的准备；从近期来看，要在重视劳动者、劳动工具和科技的同时，挖掘劳动对象的发展潜力，寻找最佳良方。

## 在解决问题中锻造劳动对象新势力

气候问题与能源问题相伴而行，要么祸不单行，要么双喜临门。从2020年年末到2021年年初，美国经历了一场60年不遇的超级寒潮。因取暖用电猛增，美国南方多个省份，先后出现电网不堪重负而"拉闸限电"的情况。2021年2月13日,一股强冷气团横扫美国中西部,使其遭遇了几十年罕见的寒潮和大雪。美国气象局表示,有超过1.5亿人受到冬季风暴预警的影响。其中得克萨斯州超1 460万人断水,电网更是接近瘫痪,近270万户家庭和商户断电,400万户家庭缺电,电价暴涨200倍至人民币65元一度。根本原因是全球气候变暖。世界气象组织发布的《2020年全球气候状况》临时报告指出,2020年已成为有记录以来最暖的3个年份之一,全球陆地和北半球气温则双双创下观测史最高的纪录,北极的夏季海冰范围创卫星有纪录的42年来的第二低。北冰洋海冰这台天然"空调"正在走向崩溃,北极的冰面再也"封印"不住北极上空的强冷空气,一到冬天,高纬度的冷空气更容易向中纬度区域爆发。比尔·盖茨在接受媒体采访时提醒,与地球变暖之前相比,类似的极端事件今后会更加频繁地发生,破坏力也会更大。[①]气候问题和能源问题都产生于对自然资源的规划、开发和利用中。

本质上,一切劳动对象都来源于自然资源。生态自然资源具有三个特性。一是不可分割性,它是个整体,不可能被切碎、拆开,生态资源需要整体开发才能体现其内在的空间正义。习近平主席关于空间生态资源的整体性有过一段论述,他说:"人的命脉在田,田的命脉在水,水的命脉在林,林的命脉在土;这是一个生命共同体,内在地具有公共性。"如果把空间正义这个质的规定性取消,只用一般市场交易来对生态经济做定价,很可能会造成贫富差别恶化,因为空间生态资源开发中的基尼系数比一般平面开发的基尼系数更易于拉大,不能用一般的市场交易去定价,一定会造成非标性。所以,应该从马克思主义政治经济学的原理出发,因地制宜地研究习近平主席提出的生

---

[①] 资料来源:比尔·盖茨. 气候经济与人类未来 [M]. 陈召强,译. 北京:中信出版社,2021.

态资源价值化、生态产品价值化的实现形式。二是自然资源的公共性。这就要求从事开发的微观主体不是一般的个体私营企业,而应该是"社会企业"。[①]这就需要处理好公共资源与市场主体参与开发经营的关系。三是自然资源和能源的分布具有区域不平衡性。国家和地区利用资源,如果按照资源就近原则,靠山吃山、靠水吃水,就会造成发展不平衡的原生问题。自然生态和资源能源都是人类社会赖以生存的物质基础和条件,且都受到人类活动的影响。长此以往两者都面临短缺的危机,成为影响人类社会可持续发展的重要问题。

随着智能技术逐步用于对自然资源和能源的规划、开发和利用,作为劳动对象的自然生态和资源能源也由曾经的被动变得更加灵活机动,更加适应和符合人类发展和生存需要。总体上发展速度快了,人们更加省力和舒适,环境和自然也得到尽可能的保护,免遭破坏和恶化。特别是传感器、物联网、大数据的普遍运用,通过机器将劳动者的智能延伸到无机界的劳动对象,激活生产力发展中长期沉闷的劳动对象。数据智能的价值在于重建人类对客观世界尤其是进入生产过程的劳动对象的理解、预测、控制的新体系、新模式。开发、利用好资源和能源,在于优化配置的科学性、实时性、有效性,又取决于传感器、物联网获得的大量数据在正确时间,以正确方式,传递给正确的人和机器,这是数据流动的自动化,也是劳动对象活跃和能动的途径。对劳动对象探测的数据呈自动化流动,是用数据驱动的决策替代经验决策。

数据要素创造价值不是数据本身,只有当商业实践的算法、模型聚合在一起,数据才能创造价值。数据生产不了馒头,生产不了汽车,生产不了房子,但是数据可以低成本、高效率、高质量地为生产馒头、汽车、房子,提供公共服务。数据要素推动传统生产要素革命

---

① 资料来源:温铁军. 新时代生态化转型与基础理论创新[J]. 政治经济学报,2021,20(01):18-24.

性聚变与裂变，成为驱动经济持续发展的关键因素。数据可以激活其他要素，提高产品、商业模式的创新能力，以及个体及组织的创新活力。数据可以用更少的物质资源创造更多的物质财富和服务，会对传统的生产要素产生替代效应。数据要素可用更少的投入创造更高的价值。科技决定能源的未来，科技创造未来的能源，劳动对象的活跃和能动在其中起到决定性作用。

## 三要素内部关系的变化

生产力是一个整体概念，它的三个要素共同作用于生产过程，每个要素都提高体现了生产力的整体进步。在要素变化中，三者关系变得更加紧密和协调，而且相互的积极关系是过去未曾有过的，从而极大地提升生产力的整体水平。

### 每个要素都得到新的提高

现在，生产力三要素在新科技武装下，得到空前解放。一是劳动者通过智能器械延伸了人的功能和智能，增强了劳动能力，扩大了支配范围，如虎添翼。而且人有可能得到自由和全面发展，人作为劳动者始终是积极主动的，占据着发展的决定地位，更具活的因素。二是劳动工具提高了智能化程度，特别是机器人和人工智能模仿人，有了劳动力的倾向，当然劳动力与劳动者有质的区别。机器人较之过去的机械化、自动化高出一等，实现了新的飞跃，无疑成为数字智能社会发展的衡量尺度，智能工具状况决定社会发展新的水平，反映出现代科技在生产力中的重要地位和作用。三是劳动对象被数字智能科技从沉睡中唤醒，改变了长期处于默默无闻的状况，由被动变得能动起来，能够积极主动地配合生产过程。人们将会以劳动者、生产工具、劳动对象的新变化及其更加密切的关系来定义新的生产力。

## 三要素之间的关系更加紧密

在劳动者与劳动工具的关系上，机器人作为重要的劳动工具兼有了劳动力的地位，当然将来也不可能具有像人类那样的劳动者地位。智能和功能的延伸与模仿，将劳动者与劳动工具紧密地联系在一起，通过穿戴智能设备，使人与工具绑在一起，可以更多地进行人机互动，并加强人对机器的监控，共同发挥作用。在人与工具的智能激活并解放劳动对象上，几乎是三位一体。将传感器、物联网、云计算这些智能科技或智能工具与各种劳动对象，包括自然资源，特别是已经加工过的劳动对象绑定，灵敏地反映出来，使人可以快速响应，做出对劳动对象的决策。

生产力的新变化和发展，引起物质、能量和信息这些构成世界基本要素的相应变化。过去的蒸汽机解决了物质在空间的自由流动；电器技术解决了能量的自由移动，也部分解决了信息的自由移动；互联网和数字技术彻底解决了信息的自由移动。现在我们正运用数字智能科技消除人与机器的心理距离，促进智能从人到机器的移动，赋予死板、冰冷的机器以智能和温度，让人与机器在整体上进行平等、无障碍的沟通，在人与机器之间实现"心有灵犀一点通"。通过使用传感装置、物联网、大数据，让沉睡的自然资源等劳动对象，变得易于感知、认识，从而有选择性地被开发和利用。

## 维护生产力的人性化、生态化和智能化的统一

无论生产力三要素怎么变化，要保障人作为劳动者的人性，劳动工具的智能化和劳动对象的生态化。在每个要素分别坚持自己的特性

和本质的基础上，三者还需彼此配合，实现生产力整体上的人性化、智能化和生态化。这就要发挥人作为生产力的决定作用，在协调和统一三者之间担负重任。

智能科技无论如何延伸人的功能，都要保护劳动者的人性。不因现代化而影响人性、异化人性，包括在基因科技和AI科技对人的脑机接口，或基因改造中，要尊重人性，尊重人的生物性和自然性，不因科技探索而异化人类、威胁人类、毁灭人类。这不纯粹是伦理问题，而是涉及人类命运。

智能机器可以发展并赋予现代工具更多智能。智能机器能够增强效能，独立完成任务，将自身工具地位提升到劳动力的位置。但是智能机器在发展自己的同时，能否兼顾劳动者和劳动对象的感受，仍然是如何把握人工智能的发展方向和程度问题，如果智能机器无限发展，变得像人一样，甚至超越人的智能，并且也被赋予感情，那无异于对人的威胁，对人的毁灭，其实这种研发是人类在自掘坟墓。

智能机器的发展不能形成对潜在劳动对象，包括对自然生态的威胁。如果有了这种可能性，就要及早制止。智能机器要更多地为人类服务，以担负体力劳动为主，要更多地作用于潜在的劳动对象，增强其活跃性，赋予其生机，防止利用智能科技的强大力量，对生态环境造成污染和破坏。

缩小生产力三要素的矛盾，实现三者的统一，关键要把握智能化在三要素发展上的相互匹配，防止顾此失彼，促进生产力整体水平的提高。要将以人为本放在首位，注重保护生态环境，适度发展智能工具。

总之，在提高生产力三要素的过程中，不得有与劳动者的人性、劳动工具的智能性、劳动对象的生态性相违背的研发。要警惕一些研发者为了自己的兴趣和偏好，铤而走险，无端地对人进行冒险的不负

第六章　生产力家族嬗变

责任的替代，防止颠倒劳动者与劳动工具的地位，防止人工智能驾驭人类，防止在激活劳动对象的同时，利用强大的智能工具破坏环境和生态。要维护生产力三要素的内在平衡，对任何一个生产要素本质的保护，都要维护生产力的整体。当代乃至未来的科学家和政治家尤其要担负这方面的责任，为人类的千秋万代负责。生产力整体具有客观性，但是作为生产力中的人则始终具有决定地位，在生产力变革中要以劳动者独特的身份，把握生产力的发展方向。

# 第七章
# 导向未来的链轨

新科技革命赋予未来新视角、新思潮、新解释，进而产生新观念、新内容、新模式。在未来气势恢宏的发展中，数字化、空间化、时间化、智能化反映新科技发展的方向，是塑造未来社会架构的龙骨，具有新科技革命的独特风格。一些重大和颠覆性科技在应用和发展中仍然存在不确定性，更难免遇到阻力。用链轨的方式能够减轻新科技推行中的社会压力，通过增强推动力和牵引力，提高社会适应性，更能穿越障碍，开辟道路，跨越轮子难能逾越的鸿沟，达到牵引的目标。

## 以资源性、信息性、智能性为标志的数字化

现实的经济和社会发展，都是由过去预见未来的行动构成的，而未来充满不确定性。企业、社会和个人，将不确定性转化为确定性，就是通过识别不确定性中蕴含的机会，整合资源来把握和利用这些机会以解决问题，获得利润和成果。

过去的生产和工作形态，以土地、石油、技术、人才和经营资源等为主要生产要素，谁占的资源多，谁就能较快得到确定性，从而取

得利润和成果。科学讲求大小、重量、长短，通过数据予以固定，这是发展的理性主义。数字经济时代，数字技术及其数据，正在成为新的生产要素和战略资源，包括传统资源都可变作数据形式，在大数据、AI等技术消除信息不对称的背景下，掌握数据、处理数据和利用数据的能力解决问题，正在发挥关键作用。

数据是要素也是资源，蕴含着大量信息，从大数据到算法等处理方式，都是发挥智能科技作用的过程。采取这种方式可以极大地融合资源，提高效率效能，体现新的生产力，这意味着一个未来趋势，即从传统形态转变到数字化形态，对此，企业、单位和个人都要有数字化思维和处理能力。

云计算、大数据、算法等，都是在网络、信息技术充分发展的基础上，兴起的日趋成熟的科技，连同前后出现的信息通信科技，都被称为数字科技，它们和智能科技结合，形成数字智能科技，这是主导社会向数字化发展的科技基础。在经历数字智能科技的广泛应用和产业化后，创造出一系列数字化产品和服务，在数字化发展的基础上，呈现出数字经济和数字社会现象。数字化日益成为时代乃至未来的主题，世界上许多国家政府乃至联合国的文件，已将这个时代称为数字时代，许多国际会议、协议都在讨论数字化转型和数字经济发展，数字经济已然成为世界各国竞争的新领域，数字、数据成了构建未来社会的重要因子。

由数据、数字联想到中国古代《道德经》中的"道生一、一生二、二生三、三生万物"，其中就有数的力量，但只有到了数字化时代，我们才能感受到道德经中这一论述的广博而深刻的内涵。的确，数字在扩大我们的视野，开辟一个新的时代。搭建未来框架要从数字化开始，通过追寻数字、数据、数学的来龙去脉，来认识它的作用和威力。涉及数和算的内容，自然想到数学，数学是数据科学的重要基础，数字在其体系中具有稳固的位置。

自然数学化运动曾经是科技革命的一条主线。在这个运动中，自然界被看成一架数学的机器。哥白尼发起的天文学革命的核心，不在于宇宙中心的变迁，而在于对数学原则的彻底坚守。在古希腊占主导地位的自然科学，是亚里士多德的自然哲学，即物理学，而亚里士多德的物理学并不是数学化的。笛卡尔将数学与物理学合并起来，做了两件大事：一是形成物质空间化、空间几何化方案；二是引入微粒宇宙观。到了牛顿写《自然哲学的数学原理》的时期，自然数学化运动最终大功告成，决定性地把物理学转变为一门高度数学化的学科。从某种意义上讲，数学并不是被应用于物理学，而是构造了物理学的对象，成为物理学对象的必须是已经被数学化了的。你要拒绝一种数据话语，唯一的办法就是组织另一种数据话语，否则你就没有话语权。这种数据话语霸权也来自数学化这个根深蒂固的现代性逻辑。[1]

　　数字化与网络化、信息化、智能化紧密相连，数字化的成熟在于有了相互融合的网络技术、信息技术、智能技术。未来的每一天，我们都要在互联网存留海量信息，包括生活、工作、社会交往等信息，并通过这海量信息去挖掘用户需求，预测未来市场导向，进而组织生产、流通、交换、消费等环节。数字化的基础和信息意义，主要是将文字、图片、图像、声音、信号等信息载体，以数字编码形式进行储存、传输、加工、处理和应用。数字化是信息表示方式与处理方式，本质上强调信息应用的计算机化和自动化，其发展趋势是社会的全面数据化。

　　数据化强调的是对数据的收集、聚合、分析与应用，强化数据的生产要素与生产力功能。数据化是在深层利用信息技术，并在经济社会活动交融中生成大数据，大数据详细记录着生态环境、社会经济、现实世界、管理决策等大量情况，蕴含着碎片化信息。在分析技术与

---

[1] 资料来源：吴国盛. 什么是科学 [M]. 广州：广东人民出版社，2016：171-187.

计算技术实现突破的条件下，就可解读这些碎片化信息，大数据这项高新技术不仅是新的科研范式，更是一种新的决策方式，通过算法能够把大量积累的数据信息化，这样在如茫茫大海的数据中，我们就有了确定性，数据和算法的生产力功能突显。数据运行和治理将成为各行各业的基础工作，会产生丰厚的效益，并能够说明各种价值的关系，数字将成为未来最活跃的符号和壮丽的景致。大数据能够深刻改变人类的思维方式和生产生活方式，给科学发现、产业发展、管理创新等多个领域带来前所未有的机遇。

数字化世界的内涵是以"0和1"二进制为核心，以算法、数据、数字为要素构成自行运转的机制，其中算法具有权威性，数据具有社会性，数字具有象征性。300年前莱布尼茨创造二进制，百年之后有了布尔代数，20世纪诞生了图灵机，把复杂的社会变成简单的0和1，不仅计算机是如此，量子计算也是0和1。

数字化世界的外延就是对物质世界或现实世界的反映，在数字智能技术支撑下，治理对象即物和人的世界正在发生变化，通过物联网、人工智能、大数据，人们不仅可以便捷地互动交流，那些原来沉睡的设备、机器、数据，以及各种物质，通过传感装置，都可实时交流互动，我们正在进入感知无所不在、连接无所不在、数据无所不在、计算无所不在的数字时代，一个所有行为都被记录的时代，一个"万物互联"（IOE）的时代，这将推动个体智能向系统智能、从局部智能向全面智能演进。

数字是表征，智能为实质，未来将会呈现时空的物理世界、信息的空间世界、人的网络世界三者融合的世界。数字化治理的内涵和外延是统一的，正如我们称数字经济也是智能经济那样，狭隘地说，数字经济是人类通过大数据，即数字化的知识与信息的识别、选择、过滤、使用，引导和实现资源的快速优化配置与再生，进而实现经济高质量发展的经济形态。数字智能方式正在以前所未有的形式重塑人类的生活、生产甚至社会，这是一个以物质为主到以信息和智能为主的发展趋势，世界正在寻找哲学意义上的重启。

## 以全球性、外太空、网络性为特色的空间化

智能科技促进交通的极大发展，让人们对地球家园有了充分的感受。航天科技的发展带动我们认识宇宙空间，拓宽了许多人对太空的认识，重新奠定世界观和宇宙观的基础。新一代信息通信技术等数字科技的发展，让网络空间、虚拟空间进入人们的视野。

从地球到太空，从物理空间到虚拟空间，颠覆着人们原先的认知，带来科技在空间上对人们的深刻影响。这些还仅仅是未来世界塑造的认识基础。

一是对空间有了更多表达方式，包括宇宙空间、网络空间、思想空间、数字空间、物理空间等。数字智能科技让我们接触到网络空间；探月和探索火星等外星的频繁活动让我们把日常视野延展到太空；随着新科技爆料地球内部的生命活动，让我们又联想到脚下有另一个空间世界；AR/VA/MR、数字孪生乃至元宇宙的出现，都将成为我们认识和享受虚拟世界的几种可能。

二是空间的维度在增加。过去我们更多地生活和工作在以地球为中心的三维空间、物理空间，加上人类的思维和社会活动所游荡的思想空间。现在在日常生活的三维之上，经过对四维、五维，甚至六维世界的认识，我们对空间的认识界限不断突破。

三是人类与更多样的空间联系起来。眼光更远大，变化很神奇，角色多元化，拓宽了生产、工作、生活的范围，改变着生产、工作和生活方式。在对空间的认知基础上，世界变化和发展十分迅速，又奇妙无比，真实的空间化发展更会令人神往。

## 地球空间

地球是人类的家园，金星、地球和火星都位于天文学定义的太阳系宜居带，之所以地球演化为生命的适宜星球，一是有清洁的空气、水及营养元素；二是可提供健康舒适的生存空间；三是各种地内外灾害具有自我修复能力；四是可调节气候、生态与环境变化；五是有维系生命的充足赋存与可再生资源能源。

科技发展，地球空间日新月异，能够让我们由浅入深、由近及远、由小到大、由部分到整体地认识全球。从古希腊到文艺复兴，再到工业革命，从板块构造理论的建立，到行星地球的动力学特征的显现，到地学革命，再到这次新科技革命，不仅极大地改变了人类对地球演化历史的认知，而且对地球概念的了解会让我们再次接近于它的客观、真实和全部。

新一轮科技革命和产业变革，特别是交通科技及其产业化发展，正把全球空间的物理距离拉得越来越近，变成了地球村。亚当·斯密在《国富论》中说："一切改良，以交通改良最有实效。"全球空间以超凡的交通基础设施与通达能力为基础，方能突显全球空间的速度效率和互联互通。

一是高速公路、高速铁路和超音速飞机，会缩短人们和物品的物理距离，实现空间联系的社会化。

二是重载铁路、重载汽车、大型运输机日趋重型化，运输能力大幅提高，有助于人和物品大规模在地球空间移动、交流和共享，摆脱以往望洋兴叹的无奈。

三是由水路、公路、铁路、航空、管道五大方面组成的交通综合化、集成化，各展其长，多位一体，密集交叉，有效衔接，组合提供"完整的运输产品"，可根据用户物品需求、旅游、上学、外交的不同选择和匹配，得到最佳的服务方式。发挥综合化和集成化优势，使之成为高效集约系统。

四是交通的高科技化和智慧化趋势让全球在连通中享受舒适和快乐。超级高铁、磁悬浮轨道交通、无人航空器、超高音速飞机、自动水运船舶等现代交通运输装备，以及光伏道路、氢能道路、磁浮道路等直接为车辆供给动能，实现能力转化循环利用等，都是高科技的产物。伴随全球创新潮流，新能源、轻质高强材料、先进高端制造、类脑智能、VR等新技术在交通运输领域率先应用并迭代优化，提高了全球的智能、绿色、品质等综合素质。

以往在地图上、书本上感知的地球空间、民族国家、大好河山、风土人情，因为发达和智慧的交通，让城市时空距离变短、人们活动范围变广，说走就走周游世界成为寻常，还促进出行升级从"人便其行"到"人享其行"，身临其境地领略全球风貌。

人们在不断提高出行频率、距离和消费的同时，越来越追求便捷舒适、经济高效、安全准点。未来交通运输将提供无障碍化、人性化、定制化和品质化的出行服务，满足人民群众日益增长的对美好生活的向往，大幅提高出行的温馨感、获得感和体验感。

人们的独立性、自主性、选择性和流动性加大，生活方式也随之发生深刻变化，私家的无人驾驶汽车等交通工具成为移动办公室和休闲娱乐场所的现象将日益普遍。

生活在开放、流动、多元社会中的人们，在出行途中便可进行"非现场"办公。随着运载工具越来越轻量化、自动化、智能化，交通出行将更加舒适惬意。人类的地球村名副其实。[①]

安邦智库（ANBOUND）创始人陈功提出的"新空间理论"认为，市场空间对于经济增长具有核心价值。无论是从抽象性还是从具体交

---

[①] 徐飞. 世界交通运输的发展趋势与挑战[J]. 人民论坛·学术前沿, 2020(07): 78-84.

易实践，大多人能够粗略掌握市场空间的内容。这是同物质空间不同的人类经济运作空间，在此不做详细论述。重要的是市场空间大小和影响力决定了世界的形态和均衡，也构成了世界领导力的基础。资本受制于空间，生产受制于空间，消费取决于空间，技术的价值也取决于空间。国家的优势地位、经济的涨落都取决于空间，回避风险和经济危机也需要空间。[①]

## 宇宙空间

两次航天技术的热潮，特别是新世纪以来，大国频繁地对太空进行探索，把人们对空间的认识从地下伸延到广阔太空。

对空间的认识，在古代只有天空、空间和地面的概念，但不能满足现代科技的要求。航天技术发展后，把"天""空"分开，"天"是地球大气层以外的宇宙空间，大致与"天空""太空"相当。就像日月星辰不包括地球，"天"则只有地球大气层以外才有，那么"天空"就是太空，而"太空"又可以笼统地说是"极高的天空"，没有精确的物理性质上的划分。空是空间、空闲、空虚，指没有东西填充于其中，古代人认为天上没有东西，大都空着。航空是指载人或不载人的飞行器在地球大气层中的航行活动；航天是指载人或不载人的航天器在地球大气层之外的航行活动。

自古以来人类就向往宇宙空间。在漫长的岁月里，先辈们倾注大量心血观测和研究发生在地球周围空间、太阳系空间及更遥远的宇宙空间的自然现象。然而，牛顿的空间概念绝不是自古以来人类普遍秉承的空间概念，牛顿的世界图景可以简单归纳为三个要素：绝对时

---

[①] 安邦咨询ANBOUND. 从"新空间理论"看多边贸易协议［EB/OL］. 2020-12-18. https://www.163.com/dy/article/FU5T1BP905198PK2.html

空是一个筐，筐里装着有质量的物质微粒，微粒在力的作用下改变运动轨迹。对牛顿时空观的认可程度可以作为进入现代性、被现代化的标志。在亚里士多德的物理学中，空间只是十范畴之一，而且不很重要。刻画一个物体本质的是实体、质料、形式、潜能、现实等东西。没有现代空间概念，就没有牛顿第一定律，而牛顿第一定律从来不是任何意义上的经验定律。[①]

人类的活动空间和范围决定着人类的价值，现在的空间科学在通信、导航、测地、气象观测、遥感等方面的实际应用中已取得很大进展。在空间环境中，研制和生产高质量的单晶、多晶、合金和非晶态材料，以及高精度的电子、光学元件和特殊药品等，将会产生巨大的经济效益。

现代空间科技，已发展到有可能在地球同步轨道的高度建立太阳能卫星发电站，以获得取之不尽、用之不竭的清洁能源的程度。未来空间科学正在以航天技术为基础，向着空间飞行、空间探测和空间开发等方面探索，揭示宇宙奥秘，将给人类带来巨大利益。空间的开发和利用，将给人类带来美好前景。

## 网络空间

信息网络科学的发展，开辟了网络空间、信息空间、众创空间，扩充了重要的空间阵地。互联网就像包裹地球的"云层"，实现了全覆盖、全球化。虚拟的网络世界与实体的物质世界虽是"平行的世界"，但在空间上并不完全对应，虚拟空间的洲界、国界变得模糊。广泛的网络为人们提供多种信息活动的空间，网络空间也是"赛博空间""物理网空间"，用物理链路将各个孤立的工作站或主机连在一

---

① 资料来源：吴国盛. 什么是科学［M］. 广州：广东人民出版社，2016：189-194.

起，组成数据链路，从而达到资源共享和通信的目的，它也是一个巨大的虚拟画面，具有以下三个特征。

第一，网络空间客观存在。这并不是指构成网络外部条件的计算机终端、缆线、程序的客观存在，而是指由这些外部条件支持着的、独立的信息传播、交汇、衍生的空间的客观存在。

第二，将全球连为一体的网络。网络将全球的计算机用户紧密联在一起，彻底打破了物理空间中的有形世界，包括国界和任何地区界限。网络从形成起就跨越国界，这正是它的价值和影响所在。实际上现代科技全球化正面临技术竞争加剧等挑战，而国际科技合作对于引导全球化发展将发挥巨大作用。知识的全球传播、扩散和国际科研合作是网络全球化最主要的表现形式，这一趋势难以逆转，特别是新一轮技术革命方兴未艾，国际科技交流与合作的需求更加紧迫，全球化趋势不会发生根本改变，前沿领域的技术竞争将更加激烈。

同时也要看到，国际科技合作始终是应对人类共同挑战、把握新技术革命和产业变革红利的重要途径。在新兴经济体对科技合作需求持续上升的背景下，国际科技合作的新空间将不断拓展，更加多元化的开放局面正在形成。需要预防主要经济体科技竞争的长期化，使部分关键领域形成多元化技术和标准体系，造成人为割裂。要防止大国强国出于各自战略和安全考虑，在关键的数字技术领域谋划各自的技术标准体系，导致科技标准在事实上的多元分化态势。[1]

整体性研发的趋势，必将取代传统的以民族国家分割科技研发的状态，终会让全球受益，正如数字化技术、互联网技术天然就是全球人类共同的财富一样，由此引导的更多科技会形成全球应用的模板，而非全球性质的，注定无法应用于重大的科技领域。

---

[1] 资料来源：马名杰，戴建军，熊鸿儒，等. 全球科技创新趋势的研判与应对［N］. 经济日报，2021-01-22.

第三，网络的非中心监管。网络的核心技术本身决定网络空间在管理上的非中心化倾向。网络上的每一台机器都可作为其他机器的服务器，在网络空间里没有中心，没有集权，所有机器都是平等的。与网络密切相关的信息空间功能也逐渐扩大，成了人们进行数据获取和处理及传送电子邮件，乃至相互交流和活动的一个重要场所，它是一个三维空间，是全球所有通信网络、数据库和信息的融合，形成了一个巨大的、相互关联、具有不同民族和种族特点相互交流的"景观"。在不久的未来，全球网络的融合将改变单个网络的特性，网络将来不再只是简单地作为一种人们交流的中介，而将创造出一个全球网络生态，人们将在全球网络生态环境下从事各种活动，这个信息空间框架将影响到组织、制度和文化所发生的转换。[1]

## 以资本性、虚拟性、延展性、太空性为特点的时间化

在人类历史上，技术从来都是改变时间形状、节律与结构的推动要素。很多物理学家和哲学家认为，时间其实根本没有流动，时间是一种客观存在。似乎未来早已存在，而过去永不消逝。科学揭示，时间不是幻觉，时间的流逝却是。事实上，从确定的过去，到有形的现在，再到不确定的未来，时间在不可阻挡地流逝。

从人类社会发展看，时间是构成过去、现在和未来重要的维度。现代科技发展，把空间和时间作为世界图景的基本框架。过去、现在和未来，表现在秩序上是不同的时间，实质变化的是有价值的一系列重要事件。

新科技在塑造未来中，原来的时间观念和概念，已经不能满足追

---

[1] 资料来源：马克斯·H. 布瓦索. 信息空间[M]. 王寅通，译. 上海译文出版社，2000.

梦未来的需要。资本性、虚拟性、延展性、太空性，将会成为时间新的特征。

## 新科技催生新的时间观念

从人类社会产生起，时间就作为一个观念进入人们的生活。人类一直经历时间，而对时间的认知却一直在变。

农耕社会的"自然时间"观念根植于日夜交替、四季轮回的客观过程，也产生于生老病死过程的切身体验，时间在单纯地"线性循环"，其间伴随着宗教时间、玛雅人的"长历法"和道德时间。人们通过耕种、收割、冬藏等具有时间节律的劳动方式，过着"日出而作，日落而息"的农耕生活，并借助铁犁技术、鼓风技术和印刷技术实现对社会时间的管理与控制。

工业社会的绝对时间观念，是牛顿在《自然哲学的数学原理》一书中定义的，"绝对的、真实的数学时间，就其自身及其本质而言，是永远均匀流动的，它不依赖于任何外界事物"。自从爱因斯坦提出狭义相对论，时间就不再是哲学体系的组成部分，而是物质的一部分，时间可以被运动、引力弯曲、拉伸和压缩，开始了从"任务驱动"向"时间驱动"转变，时钟的出现改善了监督劳力的效果，也便利了分工、协调与交易，且伴随着萧条、危机、复苏、繁荣的工商业周期。现代人借助钢铁技术、电话技术、蒸汽技术，实现了时间在空间上的记忆、存储与移动的可能，并通过铁路、电报等技术改变或消除了地方时间消费模式。

在中国人看来，时间包含着天地人交感运行的秘密，天文时间更是包含天机，不可泄露。时间逻辑被隐蔽而又深刻地印入了现代人的心灵之中，时间赢得了它对现代生活的支配权。

从20世纪后半叶起，世界向着信息社会发展，21世纪以来，随着数字对信息的普遍表达，人们更多以数字化来标识这个信息爆炸、知识爆炸、数字爆炸的时代。出现了大量数字技术、智能技术、量子力学、生物技术，人们亟待认识这些科技在应用中透露出来的时间作用。

于是人们再提量子时间，其实这是1900年"量子力学之父"普朗克提出的普朗克时间，这个时间比我们日常所说的秒、分都更加精确。普朗克时间指的是宇宙内时间量子间的最小距离，约为$10^{-43}$。形象地说，一秒内包含了约$10^{43}$个普朗克时间，宇宙内几乎不存在比普朗克时间更短暂的时间。随着其他科技的广泛应用，很多研究者还提出虚拟时间、时间消费、时间悖论等概念，都试图解释新科技发展带来的时间意义。

可以说，现代数字智能科技、生命科技、太空科技引起的新产业、新生活、新探索，将会改变人们的节奏感、规律性、过程意义、效率意识，影响天时与地利、人和的组合，构成对未来社会发展的时间图景。

## 时间资本时代还在延续

第一次工业革命以来，时间的意义以及守时的重要性得到强化。这轮科技革命对未来又是一个时代界标。一些迹象表明，随着新科技的广泛应用，我们的日常生活节奏跟过去相比加快了许多，虽然这样可能有助于提高工作效率，但是它同时也让我们感到来自时间的压力。那些经常使用电脑或者智能手机上网的人，通常觉得时间流逝速度加快。当我们坐在房间里，往往会在50分钟之后就认为时间已经过去一个小时。这种感知差异和压力，更有可能生出时间流逝的感觉。科技能够帮助我们更有效地处理信息，加快完成任务的速度，从而帮助我们节省一些时间。

数字时代的发展速度特别快，时间相对更短，过去仅仅在白天工作就可以了，但在全球化条件下，互联网时代，跨国公司通过外包方式以及各种国际合作，使工作在不同时区得以不停地运转，同时人们也可以得到正常休息，效率得到极大提高。既没有时差，在数字经济条件下的虚拟网络空间又不需要睡眠，人们的工作基本不受自然界环境因素的制约，可以365天、每天24小时全天候运转。似乎也模糊了工作时间与非工作时间的边界。

在海量数据信息汹涌、发展步伐加速的时代，"无常、无序、混沌、变量不断增加，世界是事件的网络，通过各种事件体现的信息组合也弥漫、分散、无序，而不会停滞，呈现指数性爆炸增长。经验愈来愈没有价值，内生和外生没有界限。所有这些现象都表明，信息和时间重叠越来越明显，更符合量子时间"。[1] 时间呈精细分立，又非连续存在。让世界感到疲倦的不间断的事件，不是按照时间顺序排列的，无法被一个巨大的钟表所测量。[2] 计时标尺越小，时间价值越大，短暂时间越会成为常态，时间的资本意义越大。随着时间与信息和数字的交织叠加，在突出信息、数字的资源性、资本性的同时，时间的资本性有了新的体现方式，甚至有的时间资本属性进入信息和数据之中，这全在于时间缩短、速度加快所体现的信息和数据的价值提升。

时间成本在降低。在数字技术的支撑下，线上的劳动、工作、学习以及消费无疑压缩了时间成本，大大减少了时间消耗，弥合了时间节律和空间协同的鸿沟。诸如网上购物、在线借阅图书、在线预约医生、在线视频对话等毫无疑问地减少了时间消费成本以及因距离而产生的身心劳顿与疲倦。或者说数字技术为社会的时间消费提供了压缩

---

[1] 资料来源：朱嘉明. 未来决定现在，为什么？[EB/OL]. 2021-02-18. http://m.yicai.com/news/100951437.html.

[2] 资料来源：卡洛·罗韦利. 时间的秩序[M]. 杨光，译. 长沙：湖南科学技术出版社，2019.

时间成本和提高时间效率的工具,为社会发展提供了时间成本意义上的支撑。这在数字时代的工厂、超市、银行、机场、学校等诸多空间已经显示出虚拟时间消费的巨大威力,以至于时间成本的压缩导致裁员、下岗或再就业的浪潮一浪高过一浪。[1]

未来,我们会把时间作为决定经济行为的重要因素,所有人最贵的成本是时间,这种因稀缺而不断提高的时间价值,将会体现出不同的资本存在方式,以此来探索时间在经济和社会发展中的分量。数字智能时代,时间缩短让一切速度都变得越来越快,让信息无比通畅,互联网巨头把他们本该一二十年才能达到的规模,用一年时间就做到,所以他们的钱付给了速度,付给了时间。人们将从时间价值的观念出发来选择商品或服务,我们做任何事情都无法脱离时间概念。所有商业都将为时间付费,而且时间会越来越贵,节约时间,创造速度,才是王道。

善于利用时间的人,更会赢得商业和事业。时间资本时代的赢家,是时间充裕的创意阶层。时间价值低的人,将从属于充满创意的、时间价值更高的人。越是将公时间与私时间巧妙融合的人,未来越有优势。时间是资本,随着时间变化,任何想模仿它的时钟,只有变化而不能创造财富,只有让时间资本增殖,把有价值的事孕育在时间的胚胎里,人们就能在赢得时间中赢得未来。

数字社会条件下的市场经济,仍然要注重时间的稀缺性。时间可以出售,可以交换,把自己的时间分成多份赋予他人。节约时间将是未来的大生意,比如为用户节省时间,并为用户创造舒适的时间,是企业发展的趋势。创业公司要想加速发展,可以花钱买信息,将工作事项分发给他人,就可以节约自己的时间。随着即时性、定制化、小

---

[1] 资料来源:潘天波.微媒技术的时间社会学考察:属性、动因与文明[J].深圳大学学报(人文社会科学版),2022,39(03):23-32.

批量、分散化的生产营销特征，更多企业会通过公众号和不同规模的朋友圈，建立与客户和用户的连接方式，在短时间内接受用户体验，征求用户意见，探测用户新需，演示推介项目，以及时改进设计、制造、销售，走简洁的营销路线。中小微企业同相应的科技公司、院所建立联系，投资成熟的技术，并将看准的技术纳入资本时间，以利尽早上市获得时间利润。当然也要防止不成熟的技术在尚未具备进入"资本时间"的能力时就陷入"资本时间"的幻境，当泡沫破灭，技术感受到的或许是更加凛冽的寒冬。

从时间的单向线而言，需要继续珍惜时间，抓住机遇，提高效率；从时间的积极循环性讲，要注重总结经验，提炼规律，把握节奏；从周而复始的社会循环中去认识所在的时代，吸取经验教训，促进社会螺旋式发展和上升；从时间与人文和环境的关系而言，让最佳的时间搭上匹配的地理、人和条件，争取在一定时间内创造条件，积累资源，体现时间利用的优势，创造更大的价值。

## 虚拟时间将充斥现代和未来

新技术应用催生虚拟时间。伴随新一代通信技术的迅速发展和普遍应用，人们频繁地遇到技术与时间的复杂关系。交通和通信技术的发展极大地缩短了全球社会关系的距离。数字技术打破了时间永恒性和空间的不可移动性，实现了数字技术改变时间的形状、节律与结构。人们在虚拟空间，时间消费不再是局域性的，而是日益在更大范围内相互协调。与此相应，时间也具有虚拟性质。

数字技术打破时间、地点和空间的固定关系。技术支撑的流媒体、自媒体、各种平台和相应的软件，正在将文化消费、购物消费、服务消费，由固定现场变成多个现场和无数虚拟场景，让一切变得更加方便、规则、公平、公开，形成现场时间与虚拟时间并行的消费结构与模式，虚拟时间越来越成为社会发展的重要变量，数字技术支持的虚拟时间和消费模式正在改变人类的时间文明属性。

数字技术打破人类生产生活时间的传统节律。网络、终端和内容的普及，使人们已不仅限于在同时区差别不大的范围交流，而是可以跨越较大的时差，同日夜颠倒的地区进行无障碍沟通，可以不分工作时间、生活时间、休息时间，选择自己或他人方便的时间发出或接收信息。只要网络能覆盖的地方，可以不受地域、时间、传统节律等限制，从而满足人类对时间安排以及从中获得时间节律之外的自由、惊喜与思想。当然，对时间主动应用和安排，虽打破了传统的节律，但在虚拟时间、主动时间应用的长期实践中，仍然可以运作出新的规律和节律，幅度可能更加宽泛。

虚拟时间挤占了人们的工作和生活时间。互联网带来全球多元化的思想文化和多样化的生活方式，新媒体、自媒体、流媒体涌现，迅速挤占了人们日常生活时间、工作时间以及其他一切社会时间。每天上下班的乘车时间、业余时间、休闲时间，甚至聚会时间，人们都不时地阅览网络文章、刷朋友圈、刷微博、追剧、打游戏，抢走时间的这些新事物，把人们原本整块的时间撕得支离破碎、七零八落。

休闲时间大多变成虚拟方式。随着假日和休闲时间、旅游时间增加，人们会理所当然的放松，但这些属于轻松的时间，依然被电视、电影、游戏等片段式地占去。加之工作和生活的混合趋势，为了追求工作和生活的平衡，生活中的工作时间少了，工作中的生活时间多了。线上的办公、学习、开会、活动，强化了这个趋势，工作和生活浑然一体，上班的严肃性被混合的工作生活宽松性冲淡，使本可整块利用的时间打了折扣、变成了许多片段。

虚拟时间取代了现场应用时间。增速、短暂、休闲，几乎成了网上、屏幕上消费的时间，这些消费时间逐渐具有虚拟性质，取代了面对面交流的时间、实际劳动的时间、传统生活的时间。在虚拟时间里,有无数文本要读,无数图片要看,无数事物想了解,且信息传递速度,让人应接不暇,难以选择,狂轰滥炸的信息碎片几乎包围了人,点点滴滴地吞噬人的时间,结果日子过得越来越紧张,甚至完不成工作,搞乱了生活,身体也疲劳不堪。

时间似乎失去了原本的品质,变得越来越快,人们在刷短视频、逛网店的时候,进入了"时间相对论",失去了时间的诗意。手机上的每个应用程序都在秒杀我们的时间,它们要的似乎不是点击,而是消费我们的生命时间。看上去就那么一会儿,却正是温水煮青蛙,让人在碎片信息与零碎时间的结合中停不下来。

短暂性成了时间资源新特点。利用零碎时间,提高工作和生活效率,成了数字智能化时代的时间安排和消费方式。我们越来越多地利用零碎时间而不是整块时间,来做自己想做的事情,使零碎时间的价值更加突出,即使是5分钟、10分钟的时间价值也已变得十分珍贵。只要有了这个短暂性的意识,在公司、在家里、在咖啡馆、在街上行走,都可积极利用这些零碎时间来工作。过去,因时间短小,即便无所事事地发呆虚耗过去,似乎也没浪费时间的感觉。现在,如果把零碎时间利用起来,看书、学习、思考、做笔记,汲取知识,学习新技能,就会大有收获。

探寻应对虚拟时间的规律。在很多人眼里,未来就是沿着现在的路一直走下去,然而社会发展方向却并非如此。人们对未来的认知在很大程度上受到环境影响,这就需要在转折中,从茫然无措中寻找利用虚拟时间的规律,重新定义自己的时间价值。过去,我们往往高估一年时间能取得的成就,却低估十年时间带来的变化。现在,我们不能低估零碎时间的作用,也不能高估长久时间的成效,因为零碎时间成了常见现象,整块时间少见了。有人说,以前是有闲阶级有钱,现在是缺钱阶层有闲。未来的时间去向是,工作时间缩短,闲暇时间延长。过去利用零碎时间可以休息、娱乐,现在不利用零碎时间去做有价值的事，就意味着没有时间，几乎所有时间都被切块化。

把零碎时间和碎片化信息统一起来。从信息化到智能化，人们一直在设法应对碎片的信息和零碎的时间，从时间管理、效率手册、效率管理App，到信息的零存整收、货架式盘点、价值定位左右时间流、工作职业引导信息流等，以对付每朵浪花般的磁性和各种故事的吸引。人们在尽力培养应对、处理和关闭信息流的能力，对时间的觉知和应用能力，就要把所有零碎时间和碎片信息，作为一种创造力的资源使其产生价值，包括从事事务工作的时间、消费的时间、兴趣爱好的时间，进而把一小时、一天、一个月、一年、一生的时间予以融合，形成零碎时间大合唱，重建人生秩序。

有效利用零碎时间将成为潮流。这就需要把零碎时间和便携式信息终端、零时空间、舒适化的交通工具等结合起来，甚至产业和经济社会工作都会出现短、频、快的节奏，会议、活动、讲话都会短时化、高效化，并在混合性工作中注意更细的分工与合作。对个人而言，需要培养较强的环境适应性和坚强的意志力，要学会和适应吸收碎片化信息并将其进行体系化整理，时间可以切块，工作效果却要完整呈现。

## 生命延展让人生充分体现价值

基因科学、生命科学、健康医学的进步，使人类的健康、寿命、进化都在发生积极的变化，不仅减少疾病痛苦，改进健康状况，还有利于延长人的生命时间。如果人的生命时间普遍延长，作为标识年龄长度的时间对人生将更有意义。

人类的平均寿命在过去几千年翻了3倍，大约由25岁增长为75岁，人类的基本生活质量也有了大幅提高。就当前人类社会的发展现状看，全人类寿命周期正在稳定上升，平均每年都会增加2个月左右。

这一方面是因为现代社会越来越多的人开始意识到健康的重要,从各个方面变相的补充细胞分裂的能源。另一方面也离不开科学的进步,它使得很多原本无药可救的疾病能被治愈。

随着医疗健康科技、数字智能技术、材料技术的发展及其应用,大大提高了健康医疗条件和水平。仅就智能微系统技术在医学的应用而言,全世界目前有4种方式。一是台式,二是便携式,三是穿戴式,四是植入式。各国大多用的是台式,患者到医院固定的仪器做CT等各种检测;欧美等地开始用便携式,患者不动,将各种仪器推到患者身旁检测;以后将广泛推行穿戴式,仪器穿戴在身,仪器显示的患者有关参数直传医院,医院根据其状况诊断治疗;最后将是植入式,将智能微仪器、芯片植入皮下,如在糖尿病患者体内植入芯片,自动调节血糖平衡,现在欧洲已有这种方式。未来的医疗健康实际上是做微智能系统,从传感测量到传输处理,糖尿病患者的自动平衡器能将患者的参数传出来,进入患者档案,当需要打胰岛素时有个自动的执行器予以注射,形成一个完整系统。通过植入一些芯片,辅助人的器官,使器官得以休息和康复,取代完全靠药物治疗的方法。通过芯片技术的逐渐发展,提高人的生命质量,延长人的寿命。[①]

然而真正帮助我们彻底改变原有健康和寿命状况的,还是科学界正在研究的"生物细胞永续分裂"技术。正常状况下,人的细胞分裂极限在52次左右。细胞每一次分裂都会带来生命体征的"衰老"。如果细胞分裂没有限制并且能够维持原本的基因序列不突变,那么人体将会永远处于某个状态,不会继续变化。这就是细胞分裂带来的"永生技术"。要掌握细胞分裂寿命的关键是DNA两端的"端粒体",端粒的长短限制着细胞的分裂,而每次细胞分裂都会产生"损耗"。如果能够延缓端粒变化甚至通过科技手段直接中止端粒的变化感知,那

---

① 资料来源:尤政院士报告,华科论道,2022(31).

么新的细胞便会源源不断的分裂,实现长寿,甚至永生都有可能。据报道,现在已掌握人体"DNA"的全部图谱序列,让看起来略显疯狂的理论有了切实的依据。①

延长人类生命周期的探索还有很多方式,比如注射端粒酶、干细胞治疗、认知扭转、DNA备份、低温技术、细胞疗法、改造人(将一半肉体与半人半机器结合起来)、持续克隆、意识上传、纳米技术。有专家预测未来人类寿命达到120岁将成为常态,最长寿命可达150岁,有人预测还会更长,甚至永生。

人类生命延长已经成为现实,过去人生七十古来稀,现在八九十岁的健康老人比比皆是。未来人们平均生命会持续增长,普遍高寿的比例增加。这就带来人类生命时间安排和价值发挥的课题。

关于生命时间安排,可参考2017年世界卫生组织,经过对全球人体素质和平均寿命测定,划分了新的年龄标准。该标准将人生分为5个年龄段,即未成年人为0~17岁,青年人为18~65岁,中年人为66~79岁,老年人为80~99岁,100岁以上为长寿老人。

这5个年龄段的划分,将人类的衰老期至少推迟10年,对人生的时间安排具有重要的意义。

一是衰老的推迟延长了人的工作时间。各国可能会逐步调整和延长退休年龄,由于就业形势紧张,机器人取代人的劳动趋势,工作和生产不一定重复过去的模式,没有那么艰苦和长时间,甚至也不会硬性规定延长工作年龄,但是人要意识到自己仍可工作,特别在衰老之前。可见80岁之前都可以是缓冲的劳动和工作时间。单位和自己可以灵活把握。无论在家庭、单位和社会,中年人要尽可能让工作充满

---

① 资料来源:王启谈生活. 340名科学家证实,人类寿命可以延长至一千岁,新的技术正在研发[EB/OL]. 2022-05-23. https://www.163.com/dy/article/H814O9CL0552ZLKM.html.

自己的年龄阶段。不要误入传统的老年阶段，以为可以颐养天年，放弃有意义的工作，消极取代积极，养老取代成长，静处取代活动，孤独取代社会。特别处于新旧两个年龄划分的交替过程，很容易按照过去60岁退休的老人去安排生活，那样的生活方式会限制已有的活力发挥。特别在生活习惯上，不要把中年人的习惯变成老年人的，更不要把青年人的变成中年人的。

二是树立与年龄相应的生活观念并充分体现人生价值。按照年龄阶段划分新标准，就要摆脱旧年龄阶段划分的传统影响，普遍树立积极的人生观念。

全社会要肩负对未成年人的教育培养责任，创造条件，营造环境，让他们茁壮成长。

青年人作为全社会的生力军，要释放活力和朝气，敢闯敢干，解放思想，防止坠入45岁后的传统陷阱，要让青春绽放在65岁这个边界，甚至挑战界限。

中年人是社会最宝贵的财富，不少人已按传统划分标准退休，但他们依然是社会的中坚力量，最有经验，这就要重新安排自己的人生，已经退休或者已经将自己作为老年人的这部分人，要从退休和养老的模式中调整回来，当然也没必要重新就业，随着工作与生活状态趋于模糊化，在线的工作和学习条件，强化了工作和生活的混合方式，完全可以打破固定工作场所的限制，无论是在职还是非在职，都可体现自身的工作价值。工作的定义要根据社会需要和自己的特点来定，最大限度地发挥自己的优势，持续地为社会贡献价值。

老年人是全社会尊重和孝敬的对象，要积极地适应长寿社会和生活，改变传统消极的老龄生活方式，不能寿命延长了，时间却急遽减缩，要从改变良好的生活习惯开始，避免吸烟，减少喝酒，规律饮食，坚持适宜运动，保持良好心态，定期体检，提高长寿生活质量。要从长寿人生中获得时间赋予的更多价值，用有意义的生活和健康的身心充实人生。

三是要树立终生教育的理念。生命时间延长，而世界变化加快，说明传统教育限定的时间和内容难以适应未来的发展，除了安排满格的未成年和较多的青年教育，还要把教育贯穿于中年和老年的教育中，如今一个百岁老人，经历好几个时代，社会变迁兴衰，如果没有继续学习和教育，就很难过好自己的人生，还不用说为社会做贡献。中老年的教育将以社会教育为主、自我学习为主、线上学习为主。国家和社会要提供更多的教育资源和条件，有利于人们选择教育形式、地点和内容，方便学习和教育。

## 时间作为空间第四维的意义

四维空间包含着时间。人类从蒸汽时代、电气时代、信息时代，到现在的数字智能时代，都是科技进步的划时代标志，正是科技的发展把人类带入一个又一个伟大的时代，也带来新的时空观。未来和过去的对称性将被打破，未来的时代将逐渐显示出其原创性和优越性。[1]现在人类在频繁地探索太空的基础上，已经酝酿未来人类会走向宇宙深处。人们知道外太空时间同地球时间不一致，也在关注将来怎么统一人类在不同空间的时间。假设未来人类建立一个跨越银河系的庞大文明，由于相对论效应，在不同区域穿行将对时间有极大的影响。

当然现在考虑为时尚早，因为即使让火箭飞至距地球最近的恒星，也要花费7万多年才能到达。一万年太久，对月球和火星的科技探索正在紧锣密鼓进行，人类将会创造各种先进技术和工具以期尽快立足太空。"碳设计"公司创始人布拉得雷·爱德华兹预测，人类将在2100年前的一天走进太空电梯，按下上升按钮就能直达外太空，人

---

[1] 资料来源：吴国盛. 什么是科学［M］. 广州：广东人民出版社，2016：199，203.

们到宇宙旅游的梦想将成为现实。康奈尔大学梅森·佩克博士预测，人类将在2100年前建造出第一艘星际飞船，这是一个只有指甲盖大小的微型电脑芯片，即便只有少量的芯片到达其他星球，就足以发回有价值的信息；佩克博士设想向木星周围发射数百万枚芯片，这样木星周围强大的磁场能够将它们加速到"每秒上万公里"，而且他认为这一速度还可以无限增加直至接近光速。人类最终会把心中所想变为现实，将从生活中面对的三维空间跟进到包括时间要素在内的四维空间。

爱因斯坦的相对论认为，由于我们在地球上感觉到的时间很慢，所以不会明显感觉到四维空间的存在，一旦登上宇宙飞船或到达宇宙，本身所在参照系的速度开始变快或开始接近光速时，我们就能对比到时间的变化，如果你在时速接近光速的飞船里航行，你的生命会比在地球上的人长很多。这里存在一种势场，物质的能量会随着速度的改变而改变。所以时间的变化及对比，是以物质的速度为参照系的，这会让我们感觉三维到四维的变化，从而感受到时间作为空间第四维的意义。

## 以自动性、感知性、能动性为标志的智能化

过去我们常常将机械化同工业化、现代化联系起来，或者将它们归为一体。在走向未来的过程中，机械虽然还是自动和智能的载体，或者从某种程度上说，机器人、智能机器仍然属于机械，只是反映了机械本身的变化，但是机械化正在被自动、感知和能动的智能化所逐渐取代。

在古希腊，机械与自然相对；在现代，机械与有机体相对。机械伴随人类社会的不断进步逐渐发展与完善，从原始社会早期人类使用的诸如石斧、石刀等相对简单的工具，到杠杆、车轮、人力脚踏车、

兽力吸水车等简单工具，再到水力驱动、风力驱动的水碾和风车等较为复杂的机械。18世纪英国工业革命以后，以蒸汽机、内燃机、电动机作为动力源的机械促进了制造业、运输业的快速发展，人类开始进入现代化的文明社会。20世纪电子计算机的发明、自动控制技术、信息技术、传感技术的有机结合，使机械进入完全现代化的阶段。机器人、数控机床、高速运载工具、重型机械及其大量先进机械设备加速了人类社会的繁荣与进步，人类可以遨游太空、登陆月球，可以探索辽阔的大海深处，可以在地面以下居住和通行，所有这一切都离不开机械。但是，现在的机械发展已进入智能化阶段，机械已经成为现代社会生产和服务的重大要素。

人类经历的机械化、自动化、智能化三个阶段，都以机械为基础，运用力学方式解释世界。机械化是在人工化、低效率基础上的革命性变化，自动化是在机械化基础上加上控制系统，实现了部分去人工，全自动化是自动化的更高级革新，而智能化是自动化的最高阶层，不仅具有全自动化的固定模式，还具有智慧化的判断能力。以机械化和自动化为基础的智能化刚刚开始，它是机械化和自动化的升级，代表着人类新的发展方向。机械化在生产过程中直接运用电力或其他动力来驱动或操纵机械设备，代替人的手工劳动，但在机械化的工作过程中仍然需要有人参与。然而，自动化能在没有人或较少人的直接参与下，由机器设备、系统或过程开展生产，它们按照人的要求，经过自动检测、信息处理、分析判断、操纵控制，实现预期的目标。

面向未来的智能化，是事物在互联网、大数据、物联网和人工智能等技术的支持下，所具有的运算、感知和能动，满足人的各种需求的属性。通过计算机快速计算和记忆存储的能力，特别是物理世界的信号通过摄像头、麦克风或者其他传感器的硬件设备，借助语音识别、图像识别等前沿技术，映射到数字世界，再将这些数字信息进一步提升至可认知的层次，比如记忆、理解、规划、决策等，与智能系统衔接，使机器具有理解、推理等能力，促进人机界面的交互。智能化应用领域十分广阔，涉及许多前沿学科和高新智能材料，它们在工农业生产、科学技术、民众生活、国民经济等各方面起着非常重要的作用。智能化比自动化更高级，自动化相对要简单得多，一般会对几种情况做同样的反应，多用于重复性的工程中。

智能化实际上是将经验转化为数据、将数据转化为知识、将知识融入自动化系统的过程。当然，智能制造远超工业自动化范畴，因为智能制造还有一项更重要的使命和与生俱来的潜力，那就是基于数据信息深度挖掘迭代而诞生出的新业态和新动能。比如在以往一些因为缺乏数据而无法进行定量分析和信息挖掘的场合，现在已逐渐诞生出人脸识别发现犯罪分子、设备状态采集进行状态检修、无人机拍摄视频进行自动巡检等新的业态。可以预见，当类似数据和智能积累越来越多，有朝一日必将量变到质变，完成对既有产业形态的重塑或颠覆式发展。

智能化是加入了像人一样有智慧的程序，不仅具有人的分类、归纳、分析、综合、推理等逻辑思维能力，而且具有人的推测、联想、假设、论证、识别、反应、学习等非逻辑思维能力。未来能根据很多种不同的情况做出不同的反应。目前的智能化还处于相对简单和低级阶段。随着人工智能的迅速发展和广泛应用，正在推进的机器装备创新、信息革命进程和交互形态将发生深刻变化。利用机器辅助人员完成指挥决策任务，辅助一旦产生，人和机器必然形成一种相互依赖关系。

未来智能化将是认知中心战，主导力量是智力，智力所占的权重将超过火力、机动力，追求的是以智驭能。目前，人工智能处理海量数据的能力和在有规则条件下的推理博弈能力都已超人类，但是在智能化中，当前人工智能还无法取代人类智能，难以实现人类的经验、直觉、反思等能力。未来将是人机和环境系统融合的世界，人机融合中的深度态势感知贯穿态势理解、决策、指挥等各个环节，在各个环节中起到倍增、超越、能动的作用。

以智能为标志的时代已经到来。其实从自动化开始，机器就可以把人从繁重的体力劳动、部分脑力劳动以及恶劣、危险的工作环境中解放出来，而且能扩展人的器官功能，极大地提高劳动生产率，增强人类认识世界和改造世界的能力。机器人和人工智能强化了机器代替人的体力劳动或脑力劳动的目标功能，可以说它不会威胁到人类的生存。智能机械化形成的生产发展格局，倒是给人类提出一系列反思。

随着机器人取代人的工作，甚至我们和机器人共生共存，我们可以人机协作，操控机器人。未来，我们腾出双手和大脑，可以去做更重要、更高级的工作，进而推动人类的进步。虽然人仍能做机器做的工作，但并不代表人只能做机器可以做的工作。人是有思维的，人是有创造力的，人是可以通过自己的力量改变环境、扭转乾坤的，就算所有的工作都被机器人、人工智能所取代，机器人仍在人类的控制中。过去，人类凭借自己的勤劳和智慧创造出今天的物质文明世界，未来，在机器人和人工智能提供的物质保障中，相信人们也完全有能力在支配人工智能的基础上，向着文化、思想、艺术、创作、娱乐等领域进军，创造出一个更加美好的精神文明世界。

# 第八章
# 数智形态生成

世界有规律的向未来演化。一般认为发展演化的趋势是物质—能量—信息三者并存，且随着发展重心依序更迭。当这种渐进的量变积累到一定程度，科技革命爆发带来社会发展的质变。新科技革命推进的生产力变革，突显了信息技术、数字技术、智能技术的重要，提升了社会生产力的整体素质，最终驱动人类社会的转型升级。同自然物质世界并存，让我们仿佛看到了一个数字智能世界，借助数字智能科技，未来世界将呈现物理世界和数字世界两个"平行世界"，物理世界是原型和基础，数字世界为物理世界提供质效优化的数字解决方案。数字智能世界是在新科技革命的质变中萌芽的，这个质变进程至少还需半个世纪。然而，新冠肺炎疫情在全球持续肆虐，缩短了质变历程，加速了数字智能形态的生成。

## 渐变到质变的社会发展

量变基础上的社会质变，多以科技革命为标志。从农业社会到工业社会，再到现在数字智能社会形态，都在遵循社会发展规律，不断发展和变革。

## 物质-能量-信息主导的社会发展量变

物质、能量、信息是社会渐进发展的三大要素。这三个要素在每个历史时期都同时并存，但是，每个要素的轻重和整体结构会随着社会发展而有所不同。总体上，随着时代的推进，它们从物质-能量-信息依次重要的程度在演变。

农业社会时期，物质分量最大，信息处于口头媒介交换的符号互应阶段；工业社会时期，能量占比最重，信息处于书写印刷媒介交换的意符再现阶段。

数字智能社会时期，信息占比最大，进入电子媒介交换的信息模拟阶段。在电子媒介交换基础上发展而来的数字智能技术，多是数字智能方式。无论从收集到的数据方式还是从识别后的信息方式，均以数字方式呈现出来，算法使前后的数字产生质的变化，把数据资料变成宝贵的信息。也只有经过算法，由数字组成的数据才能成为被识别的信息。通过运用算法、计算体系，把知识从数据里提取出来，可以得出许多前所未有的知识和结论，人类因此而知道得更多，能够做出很多判断，可以找到解决问题的答案，实现更多不可能的功业。这种数字方式，表象在数字，内涵在智能。

## 新科技革命推动的质变

新科技革命是量变积累基础上的质变。大数据、区块链、人工智能、5G、元宇宙等数字技术，正在成为新一轮科技革命和产业革命的重要内容。过去的科技革命和工业革命的中心或发源地都在一个地方，两者高度重合，形成强大影响力。而新的科技革命与工业革命有分开的趋势，科技革命的优势在美欧，中国也在赶超；产业革命的优势在美国和中国，这是社会分工合作的进步，是在社会发展和市场经济中自然形成的。

如果迫使许多优势聚集到一个国家和地区，割断全球产业链、供应链，强迫脱钩，那将是历史的倒退。2020年3月，时任世界贸易组织总干事发表电视讲话说："没有一个国家能自给自足，不管它有多强大或者多先进。"[①]亚当·斯密说，贸易会让熙熙攘攘的世界和谐有序。数字智能技术的广泛运用和便捷沟通，正好有利于不同分工的合作和协调。

美国想改变其现实社会呈现的工业制造空心化状况，亟待把工业制造引回去，用新科技予以武装。于是力主脱钩，但总也不能如愿，恰恰说明已经形成的产业链、供应链，或者价值链，是顺应自然和市场布局的，是全球化使然。

中国从20世纪后期以信息化带动工业化，进而抓住数字科技革命潮流，在数字科技应用和产业化方面，横向拓展、纵深挖潜，在技术上追赶、并跑，直到跻进前列。正在形成的数字科技的产业革命浪潮，同样也是世界市场经济和科技革命的推动使然。说明随着时代的发展，科技革命和产业革命的发生有了新的特点。

新科技革命是产业革命的引擎，但是产业革命更有价值，它使科技运用在经济社会的发展中，形成与新技术相适应的经济范式，并由数字产业化到产业数字化，再发展到普遍的数字经济和数字社会，以致形成数字智能化的治理方式，创造出累累的财富和价值。

数字智能经济和社会的一个重要特征，就是将海量的数据作为重要的资源和要素。

第一，数字时代认知世界每天产生的数据呈海量涌现。需以TB

---

① 资料来源：新华社. 世贸组织总干事呼吁采取全球性措施应对疫情［EB/OL］.（2020-03-26）. https://baijiahao.baidu.com/s?id=1662192709361648108&wfr=spider&for=pc.

为单位，预计未来的数据存量需以ZB为单位。[①]

第二，数据作为重要资源，永久且可复制。信息体现为数据，数据则是可以存储和计算的。越来越多的数据被储存起来，更新换代的技术正在建立一个信息能够被不限量储存的环境。数字智能化能让数据得到指数式的复制。就像一则故事或一部电影可存储在无数人的智能终端设备中。

第三，以数据支持的形态即时高效。数据本身可以即时接收，还需即时理解。如同智能手表、智能手环、智能耳机能实时记录并看到、听到、触到很多事物和行为的数据。数据本身在追求效率，正在不断地用更好、更快的方式来理解和传播。

第四，数字社会依赖的是软件，特别是移动互联网显现的非欧几里得模型。以往工业生产依赖硬件，是以欧几里得作为基础的机器和机械。

第五，数字生产过程超越时空限制。工业生产需要特定的时间和地点，还必须控制产量，减少库存，对物质形态的工业产品无法实施"压缩"。大数据则可以持续存储，可以实施"压缩"。云计算的"云"就是数据的一种容器。

第六，动态和无限可分性。数据会游移，每次传递方式的变化都在加速信息的流动与交换。可以想象脸书、微信、微博出现前后的巨大变化。动态的重要方式就是数据能无限可分，既可被打包一体，也可被拆分，可被分为更细小的部分。数字时代所生产的信息产品，其本质是量子。

第七，混沌和秩序循环。数据循环的本质是混沌产生秩序，秩序

---

[①] bit（位）是表示信息的最小单位，byte 叫作字节，1个字节由8个位组成。bit 与 byte 之间换算关系为：1byte=8bit。TB 是太字节（terabyte），计算机存储容量单位。1TB=1 024GB=240字节。ZB 是泽字节（zettabyte），代表十万亿亿字节。

产生混沌，如此循环往复。混沌是算法之前的数据，秩序是算法之后的信息。未处理的海量数据，如同垃圾成堆，在高强算法的推动下，定会建立并出现新的秩序，然后不断循环。混沌到秩序依托的是计算机技术和大数据量化工具，主要是算法的底层技术。唯有通过算法[①]底层技术，可以实现时间演进和计算的同步，呈现数学结构与真实世界的映射关系。我们的外部物理实在是一个数学结构，该结构是由可计算函数来定义的。[②]

随着社会生产力发展水平不断提升，人类社会经历了自然经济和市场经济两个很长的发展时期。新科技革命推动的生产力变革，正在孕育一个数字智能经济社会崭新形态。即将产生的数字智能社会，不同于以往的农业社会、工业社会。

农业社会自给自足，在村庄范围内简单交换，经济范式是"点"；工业社会充满流水线、供应链、产业链，经济范式是"线"；数字智能社会是开放的网络结构、自由的多元协同、分布式的自组织体系，经济范式是"网"。

之所以称作数字智能社会，或简称数字社会，是因为电子信息的所有机器语言都用数字代表，信号以1和0的方式来传送，所有一切都建立在电子信息基础上，但其实质在智能。

## 数字智能社会发展的崭新形态

17世纪牛顿经典力学的出现，加快了人类进入工业时代的步伐，21世纪前20年，数字智能科技促进生产力质量和结构变化，实际上也

---

[①] "算法"术语的发明者是波斯数学家、天文学家、地理学家阿尔·花拉子密（Al-Khwarizmi）。

[②] 资料来源：迈克斯·泰格马克.穿越平行宇宙[M].汪婕舒，译.杭州：浙江人民出版社，2017：333.

在孕育和产生一个崭新的经济社会形态。中国科学院理论物理研究所何祚庥院士认为："马克思主义生产力概念本来就包括精神生产力和物质生产力两个方面，当精神生产力的比例越来越大时，以知识为基础的形态将必然出现。知识经济的到来，是人类文明进步的必然结果。"[1] 经过信息经济、知识经济的发展，到目前的数字经济，三个经济经历的时间和间隔不长，它们的本质是一样的，数字智能经济成为最高形式。数字智能经济和社会发展，将会成为人类未来的重要趋势。数字智能经济正在奠定未来发展的基础，将会占据未来发展的主导地位。

恩格斯说："只有当我们用数字描述一个世界时，才会由必然王国走向自由王国。"数字智能科技有个萌芽、形成和发展过程，限于不同阶段的发展及其人们的认识局限，我们将数字智能科技从量到质渐渐发展所促进的经济发展，先后称为信息经济、知识经济、数字经济，正如前面所述，它们的实质都在于不同程度的智能，只是在信息经济和知识经济阶段，智能还未到现在这样的明显程度。整个过程就是从知识爆炸到智能扩张，从数字信息到数字智能的演变。数字智能科技渐渐发展，体现了其价值的实现逻辑。

数字经济超越信息经济和知识经济，利用了更加丰富、更强功能的数字智能科技，特别是诸多数字智能科技的融合应用，突破信息和知识标志的短暂的经济形态，带来整个经济环境和经济活动的根本变化。信息化是互联网等信息技术所导致的，数字化则是若干项信息技术的集合或融合而产生的。信息化不会因有数字化戛然而止，信息化还会存在很长时期，只是它在融入数字智能化的洪流后，存在的方式和形态发生变化，数字智能科技的基础首先是微电子技术，数字化包含着信息化。

如果说在信息经济和知识经济时期，数字智能科技对经济活动发挥着工具、技巧、方法的作用，那么在现在的数字智能经济条件下，

---

[1] 资料来源：迎接知识经济的挑战[J]. 决策与信息，1998(05)：12.

数字智能科技就渐进转化并升级到资源、要素、内容的性质，数字智能科技及其积累的数据本身成了价值的主体和核心。

以往任何一个产品，用过一次价值就会大幅下降；现在数据用过一次后再次分类并重组分析，不仅无损，还会增值，运用价值更高。数据越沉淀就越庞大，经过分析和加工，更具反复利用的价值，数据成为最有价值的生产资料和要素，它能帮助化解不确定性，有效提升规划和行为的成功率。芯片构建了它的基础，连接、智能、新能源驱动着它的到来，可以说，我们是以先进科技驱动产品、产业发展，以创新产品和产业构建数字生态。

数字智能经济是在农业经济、工业经济之上出现的经济发展崭新形态，将会带来更高的发展效率、更新的社会现象、更大的文化繁荣，将会解决我们想解决而未解决的许多问题。如何将数字智能科技进步带来的自发的、零碎的社会现象，引向自觉、有序、健康和普遍，需要从认识数字智能科技开始，把握数字智能科技价值的实现逻辑和扩张路径。

## 科技价值扩张升值的逻辑

以数字智能科技为起点，将会梯次带动和实现数字产业化、产业数字化、数字经济、数字社会、数字政府、数字治理。

### 数字智能科技

数字智能科技包括云计算、大数据、5G、人工智能、区块链、万物互联等数字技术的逐渐发展和融合，成为数字世界的科技基础，数字技术有其自身的价值，越运用越普及，越能发挥其深厚的运用价值，越能发现其潜在的延伸价值。现在越来越多的业务正在变成时间的艺术，当然不是所有的应用场景都需要计算，但是在理想的情况下，事件发生时，产生的数据就应该被立即处理分析。从这个意义上说，数字智能是一种时间性能力，是探索硬件架构和算法优化以迅速解决问题的能力。如果任务时间无限，滴水也能穿石，但快速解决问题靠的是智慧的力量，正是数字科技融合，能够从容面对数据洪流的产生和激增，通过"流计算"驱动智能的发展。

## 数字技术产业化

数字技术率先在信息产业系统深度运用和广泛扩散，运用和扩散的范围，包括基础网络通信运营商、互联网企业、信息通信设备终端和软件产业等。近水楼台先得月，数字智能科技在信息通信系统和互联网企业的广泛运用推进了信息产业的快速发展。当然，数字智能产业的形成和发展，常常是科学技术、商业生态、产业政策多种因素相互作用和制约的结果。科技提供了可能性，但科技不能信马由缰，而且科技本身在必然发展中也会呈现非匀速、非确定性，这也是产业必然性塑造中的偶然个性特色。

## 产业数字化

数字科技在信息通信行业的普遍运用，产生了一些新业态、新平台、新服务、新岗位，推动了数字科技在第一、二、三产业的广泛运用，特别是人工智能"嵌入"各行各业，加速万物智能的发展，推进工业接入互联网和数字化，农业接入互联网和数字化，金融服务贸易接入互联网和数字化，放大了数字科技的价值实现，产业数字化将有助于实体产业、传统产业，特别是制造业实现跨越式发展，在运营效率、综合实力、竞争力等方面获得全面提升。

## 数字经济

数字科技产业化和产业数字化，使数字技术应用几乎覆盖了所有产业和行业，而且靠数字科技的推进，带动了经济社会更好更快地发展，指数级提升了人类社会产能和贡献，经济发展中浓厚的数字智能特征取代了原来纯粹工业化、市场化的特征，出现了一种以信息化、网络化、全球化为特征的新经济，其核心是以知识为基础的生产力及对获利能力的强调，脱离了工业经济单一的生产力增长方式，形成数字智能经济形态。《G20数字经济发展与合作倡议》中给出的定义是：数字经济是以使用数字化的知识和信息作为关键生产要素、以现代信息网络作为重要载体，以信息通信技术的有效使用作为效率提升和经济结构优化的重要推动力的一系列经济活动。

## 数字智能社会

这是一个以数字产业化、产业数字化为基础，并与整个数字经济相匹配的崭新社会形态，主要通过数字产品、数字化服务在社会、文化、教育等各方面的广泛运用，或通过各种数字产业、数字服务、数字平台为社会生活提供的产品和服务，使社会各领域经常呈现数字智能化应用及其场景。这种现象与传统社会明显不同，反映着数字智能资源的鲜明特点。比如从搜索引擎到无人驾驶汽车，这是一个信息功能份额递减，而智能功能份额递增的过程，这是一个从直接操纵到授权代理的过程。

## 数字政府机构

政府机构在现代计算机、网络通信等数字技术的支撑下，日常办公、信息收集与发布、公共管理等事务实现了国家行政管理的数字化、网络化下进行国家行政管理形式。包含政府办公自动化、政府实时信息发布、各级政府间的可视远程会议、公民随机网上查询政府信息、电子化民意调查和社会经济统计、电子选举或"数字民主"等多方面的内容。正是通过政府的数字化形式，提高了政府运转效率，科学整合了资源，减少了层级，塑造了与数字智能化相适应的简洁高效作风，提高了数字治理社会的效率和质量。

## 数字智能治理

运用数字智能要素和资源开展的治理方式，适应了数字经济和数字社会的新特点。数字经济与数字社会带来一些新业态、新行业、新岗位，相应带来大量决策、规划、管理、监督和安全等方面的新工作，这就需要相应的职业道德、规则和法律予以规范和治理，数字化治理应运而生，重塑社会运行方式和国家治理方式。

从数字智能技术到数字经济、数字社会，再到数字治理，数字技术及其价值的实现得到四个延伸：第一，数字技术本身的价值，通过数字技术产业化，向信息通信和互联网产业延伸；第二，信息通信与互联网产业的价值，通过产业数字化，向所有产业和行业延伸；第三，由经济领域数字化向社会文化等领域数字化延伸；第四，数字科技由生产力的功能向生产力与生产关系兼有的功能延伸，从创造物质财富向辅助监管、决策和治理的层面扩展。如果量子计算问世并进入应用，那将对整个社会产生又一波超级改变，很可能就此引领人类文明长河走向彻底数字智能化。如果集中而优质的智能网脑神经元把相关信息传导循环起来，将会加速世界的智能化。

随着数字智能科技日益发展和数字智能技术价值不断延伸，人们能感受到万物皆数，而且数字间的关联正在上升为一种普遍规律。如同土地意味着农业时代、机器意味着工业时代一样，数字意味着数字智能时代。数字智能时代正在走来，数字智能世界正在崛起。有人将计算机产生作为这个时代的起点，有人把20世纪90年代末联合国首次提出"数字地球"概念作为标志，也有人把"数字城市""智慧城市""智慧社会"的规模性建设作为标志。笔者不赞同找个时间点，客观标志就是从信息经济到知识经济到数字经济这样的过程。

日益增长的数据大山越来越被人们视为具有开采价值的资源。数据成为关键生产要素和战略性资源，科技创新和生产活动对数据的依赖程度将越来越高。新兴技术大幅降低了数据流通和利用的成本，也促进了对数据资源价值的发掘。数据资源产生并扩散到经济社会各领域，有助于生产率的提升；其作为新的关键生产要素，也有助于减少传统要素投入。越来越多的设备与网络建立连接，生产对数据的依赖程度在不断上升。在很多情况下，捕捉的数据会直接带来特定任务和工作的自动化。科学技术发展也呈现出明显的大科学、定量化特点，创新将越来越依赖科学数据。随着数据逐步成为企业、产业乃至国家的战略性资源，数据驱动的技术研发和应用创新能力，将直接影响一国的长期竞争优势。与此同时，数据增加值在价值链中所占比重将显著提升，仅依靠低成本劳动要素参与全球价值链的国家和地区或将受到冲击。[1]数据作为重要的资源同以往大有不同，需要建立新的社会契约，防止数据资产独占，禁止个人数据滥用，确立数据资产所有权。

## 数智形态萌芽的特点和转型

数字智能形态还在萌芽中，它所体现的特征已经显现，相信随着

---

[1] 资料来源：马名杰，戴建军，熊鸿儒，等. 全球科技创新趋势的研判与应对[N]. 经济日报，2021-01-22(010).

这个新形态的发展成熟，会让人们思想打上对这种新形态的烙印。未来数字智能化，特别是数字化产业发展将会呈现新的特征。

一是依托新科技。未来数字智能产业的快速发展主要是基于颠覆性技术的突破和产业化，并依托于技术之间、技术与产业之间的深度融合。

二是引领新需求。未来数字智能产业不仅可以更好满足人们现有需求，还将创造新的应用场景和新消费需求。

三是创造新动力。未来数字智能产业将引导市场主体向更先进的生产力聚集，催生新技术、新产业、新业态、新模式。

四是拓展新空间。未来数字智能产业将帮助我们不断突破认知极限和物理极限，提升社会生产力水平，拓展新的发展和生存空间，包括类脑智能、量子信息、基因技术、未来网络、深海空天开发、氢能与储能等前沿科技和产业领域，培育出大量的新型产业。

数字智能经济和社会的形态，是一个社会发展总趋势，预示着一个崭新时代的到来。全球性数字世界与智慧社会正在加速成型。需要我们创造必要的中间环节去引导数字智能化转型，将传统的观念、体制和陈旧设施，导向数字智能科技支持的新观念、新体制、新基建。因此，不失时机地发挥数字科技优势，就要积极引导经济社会转型到数字智能社会的形态上。大力发展数字经济、全面构建数字社会，需要对原来的经济和社会形态进行必要的转型，升级到与数字技术相适应的崭新形态，从而使经济社会的运转以及治理均建立在网络化、信息化、智能化的基础之上。

实现数字经济社会形态并运用数字要素参与治理，需要用数字技术去改造和取代传统经济社会的理念体制、运行程序和基础设施。新的时代数字流、智能流会像电流一样平列地环绕和支持着我们，在一切环节提供养料，彻底改变人类经济、政治、社会、文化、生活的形态。未来世界的人们将像穿衣吃饭一样享用数字智能而无所察觉，任何交互都是智能的。

数字智能科技及其产业化催生社会转型。21世纪以来，云计算、大数据、区块链、人工智能、移动互联网等基础性技术和前沿热点技术加快迭代演进，深度融入社会各个领域，不断迸发创新活力，信息化日益成为推动经济社会发展的先导力量，数字经济正在成为全球产业变革和经济增长的核心要素，各主要国家都把数字化、智能化升级，作为谋求国际竞争新优势的战略方向。随着数字智能技术快速发展，人们获取、存储、分析数据的能力不断增强，使全球数据呈现爆发式增长、海量集聚的特点。数字技术价值扩张很快，短短几年的时间，数字经济的发展已经进入跨界融合、系统创新、智能引领的新阶段。

数字经济，特别是产业数字化的加速发展，将带动巨大需求，无疑是各个产业和行业的重大机遇。数字经济社会变革的整体趋势，冲击着传统的经济、社会和文化，以数据为基本资源和新一代信息技术为载体的新社会形态，正在世界范围萌芽，渐趋形成规模，数字化转型正当其时。

在数字智能技术的发展中，数字经济和社会的成长很不平衡，如何把握数字技术广泛运用的条件，促进更大范围的经济社会转型，成为世界竞争的主要内容，彼此都在抢夺先机。数字经济和社会的不平衡可能是客观因素导致的，需要促成数字智能技术的广泛运用，也可能是企业、社会组织和政府的主动作为和积极推进不够。因此，有序推进转型，在于把握和争取各种条件，及时制定政策策略，积极予以支持鼓励。如果条件不具备，过早转型会导致效率低，浪费资源；条件充分而行动迟缓，就会丧失最佳机会。

美国是数字科技领先的国家，中国在5G、量子通信、语音识别、超级计算机、人工智能、生物技术、绿色能源等前沿科技领域不断取得突破，正在从"跟跑"向"并跑""领跑"转变，移动支付、共享经济、在线购物、机器人制造等数字技术的运用和产业化蓬勃发展，特别是消费互联网、数字技术运用在全球领先，实现了历史性的进步。

科技革命和创新是转型的重要前提，但是科技产业化是数字转型的直接条件。中国同时具备先进的制造业技术和数字技术优势，10多亿网民习惯于数字化环境的使用，中国各行业的产业数字化升级，在未来10年面临加速发展的巨大机遇。推进数字化、智能化升级是抓住科技革命和产业革命历史机遇的重大举措，也是升级治理方式的重要机遇。

历史表明，科技革命和产业革命深刻改变着世界发展格局。把握科技革命和产业革命的时机，及时组织和引导转型，就能走在时代前列、引领未来发展。如果说数字智能科技作为新的生产力，短期内在创造财富、促进增长方面有其明显的作用，那么数字智能科技作为参与生产关系的崭新力量，从长期看不容低估它对社会发展的积极影响。

## 数字化防疫加速新形态生成

新冠肺炎疫情从2019年年底开始，像一个幽灵在世界飘荡，给人类出了一道如何集体行动的大考题。疫情背后隐藏着一个令人深思的人与自然的关系问题。人类与传染病斗争的历史，是一部充满血与泪的历史，也是一部用科技战胜病毒并变革社会的历史。瘟疫灾害是病毒与人类的一场边际赛跑，本质上是在处理人与自然关系中发挥科技作用的问题。

为应对新冠肺炎的流行和肆虐，人们拿起数字智能化治理工具，促进数字技术运用、数字社会转型、数字世界治理，抗疫成为造就数字世界的极佳机会。这些方式方法若在平时很难迅速达成共识，但危机为创新和转化提供了实验场所，抗疫似乎成为世界转折前的调整期。疫情未将人类逼到死角，抗疫中的人们正在捕捉数字科技应用带来的机遇。

## 多难兴邦,多难兴世界

21世纪以来,还没任何问题超过新冠肺炎疫情对人类的影响。人们经历过经济风险、战争危机、恐怖主义的社会灾难,也经历过地震、海啸、龙卷风、大火、洪灾等自然灾害,在抗击社会危机和自然灾害中人们顽强不屈,推进社会发展。现在人类面临疫情与经济、自然与社会的多重危机,以及国家间的冲突和战争的威胁。

有人说自然灾害和社会危机共同降临,是对人类的惩戒和警告;抗疫对矛盾和冲突化解的努力,则是伟大的纠错。人类应该彻底反思社会与自然哪里出了问题,包括国际关系、发展模式、天人关系、治理方式。也许传统方式对社会和自然的治理过于陈旧,难以适应新的变化。习近平主席在第七十五届联合国大会一般性辩论上发表重要讲话时说:"这场疫情启示我们,全球治理体系亟待改革和完善。"病毒在考验每个组织、每个国家和全人类,愿世人的心都能苏醒。疫情能带来人类社会的改变。遗憾的是这种改变和进步是以身体染疫和牺牲生命为代价的。这次灾害和危机正值全球化与反全球化激烈交锋,扩大了中美两个大国或明或暗的斗争,国际经济政治局势异常复杂,世界处在颠覆性的震荡、变革、组合中,考验着国家治理、社会治理和全球治理的能力和水平,正是在灾变和乱世中,数字经济和数字化治理方式逐渐萌芽。

防控疫情的实践表明,数字技术运用带来的数字化产品和提供的服务以及智能化管理,在许多场合具有立竿见影的效果,可以使人们在不相互接触的情况下生活和工作,这让防控中的人们得到一些慰藉,自然也能较快适应和轻松接受这种新经济和治理方式。

由于数字技术的广泛运用,特别是数字技术产业化和产业数字化的推进,世界正变得越来越数字化,数字经济、数字社会正在形成。适应数字经济社会的蓬勃发展,将社会治理变革为数字智能化的方式,可以助推经济社会的数字化转型,扩大数字化治理的覆盖面。数字智能化是治理方式的一次革命性转折，需要我们继承并借鉴以往的治理经验，顺应变局，跳出传统和习惯的模式，以转变观念、变革体制、启动新基建为前提，去适应数字社会大潮，探索社会的崭新治理方式。

为何在疫情中，能够产生如此有效的数字智能技术和工具呢？

危机来临，人类身上的风险基因容易击溃心中的信仰，唯有拿起科技的武器，才能让我们增强勇气，看到信心，战胜病毒。除了科技创新，还有制度和物质文明会最终帮助世界渡过疫情的难关，这就是无组织的有序。疫情期间，唯有共担责任，这个世界才能有更好的走向。个人言行的"待价而沽"促使人类发扬谨慎、谦逊、包容、进取的美德。世界每次大灾都会催生社会进步。新冠肺炎流行，社会运行变得缓慢，以至于失去节奏，甚至局部瘫痪。抗疫前，数字科技的应用，已经在酝酿中，应用范围不大，许多人难以理解。抗疫中，各国不同程度地运用数字智能技术、发展数字经济，实施数字化转型，通过数字智能方式实施积极治理，有效缓解了灾难造成的影响，带来一些积极的现象和效果，人们仿佛从疫情的治理中看到未来社会的方向和希望。辩证发展规律启示人们，大灾会有大变，灾后世界将是另一番景象，环宇从此一新。

## 疫情催生数字社会的迅速到来

科技革命和产业革命带动的经济社会变革有其规律。英国演化经济学家卡萝塔·佩蕾丝认为，这个过程会经历两个阶段，每个阶段各需20~30年。第一阶段是新兴产业的兴起和新基础设施的广泛安装与应用，第二阶段是各行各业应用的蓬勃发展和收获。[1]这就是当前的数

---

[1] 资料来源：郑志彬. 数字经济深刻影响新时代社会和经济的发展[J]. 数字中国建设通讯，2018(1).

字技术产业化和产业数字化。近些年，世界数字技术产业化和产业数字化正处于初期的酝酿阶段，而且各国发展不平衡，数字化转型也是初步的。

中国是数字智能技术运用和产业化领先的国家，但是在正常情况下，要过渡到数字智能社会尚需较长时间。新冠肺炎疫情给人们带来灾难，对疫情的防控也让人们选择和接受了对数字技术运用以及数字化治理方式。当然，这种选择和运用是有前提的，这就是这些年数字技术产业化在中国已有广泛的铺垫。正常情况下，数字科技作为新生事物往往会受到传统观念和传统产业的排挤，要走一段曲折成长的道路。然而，在防控疫情这个特殊时期，却成全了数字技术、数字产业、数字经济，使其走上社会舞台，特别是防疫中封闭的家庭生活、特殊的社区管理、紧急的政府调控、积极的复工复产，对大数据、远程医疗、电子商务、移动支付等技术和平台的紧急需求，使"健康码""在线教育""云办公""行程码"等一面世就为人们所接受，数字技术自然渗透到许多生产、工作、生活之中，加速着数字科技应用和普遍覆盖，也推动着数字化转型。

特别是疫情影响乃至破坏产业链供应链，阻止人们上班、影响流水线作业，把人局限在家，还有社交距离的要求。这种破坏力量蕴含着新的创造，在人们无法正常生产、工作和生活中，数字智能技术悄无声息登堂入室，迫使工业社会形态缓慢退出，迅速促进数字智能社会的形成。以往新旧更替会遇到体制、观念、设施的阻力，步履蹒跚，甚至伴随激烈革命。因疫情防控关系人们生产生活生命，不得不简化程序，突破限制，数字智能科技以防疫之名进入社会，随着时间延续，人们认可和接受了这种状态，无怪乎有人说，抗击疫情是改造世界的神秘天平。

数字经济和数字社会也需要相应的数字化监管和治理方式与其配套。这些年各国在激烈的竞争中力推数字技术的运用，促进传统产业和社会向着数字经济、数字社会、数字文化转型，但是数字转型相对缓慢。防控新冠肺炎疫情使数字转型和数字治理在全世界都普遍加速。中国的疫情防控较为成功，除了组织力、号召力、举国体制和奋斗精神，数字科技的产业革命奠定的基础和娴熟的数字技术应用，发挥了至关重要的作用，极大地提高了防控的组织、调度、协作和行动的效率。

## 数字治理折射未来塑造

我们常说的数字治理，其实是一种治理方式，并非将"数字"作为治理的主体。现代治理主体应该是政府、社会、企业、个人参与的共同治理，治理对象是我们的社会及其环境，治理的崭新方式就是数字智能化，在数字治理表达基础上加上"智能"就能完整表述这个方式，突显其核心要义。数字经济、数字社会、数字政府的发展状况，会在数字化转型和数字经济发展中变得更加有序、健康、安全，必将带来积极的变化，许多新现象会在我们的期望和想象中走进现实，通过一些萌芽现象，可窥见数字智能治理的未来趋势和希望。

### 宅居防疫生长出新型行业

疫情中及疫情后新的行业、岗位、业态正在成长。一是电商、短视频、游戏、线上教育、知识付费等线上项目，将遇到空前的发展机遇，甚至会井喷。二是无人零售、无人餐饮、无人机配送等科技行业强势崛起，未来的服务业里将没有服务员。三是各种配送平台和上门服务平台，比如蔬菜配送，定制化餐饮配送，清洁、搬家等各种上门服务。四是线上办公软件，尤其是能够实现个体协同的办公软件，是未来的趋势，工作不再受地理空间限制。五是办公家具、家用娱乐设备，这是个体崛起的时代，未来将有越来越多的人居家办公、远程办公。六是同城物流、跑腿服务等兴起，未来的人可能会越来越独立，越来越不喜欢跟人接触。七是私人医生、私人心理医生，以及各种线上咨询服务，未来将有越来越多的人心理需要抚慰。八是VR/AR等场景体验类项目，将再次受到关注，再加上5G的成熟，其应用方面会加快进展，虚拟世界将一步步反映现实世界。九是各种能够深入社区的项目，包括乡村振兴、帮助社会进行网格化管理的项目。十是医药健康，养生保健行业继续保持高昂的增长势头，人们挣得钱更多的用来购买健康，包括身体和心理健康。

可以肯定的是，在线上和线下的博弈中，本来就占上风的线上，这次又占了一次上风。我们坚信一切偶然背后都是必然，这些新职业、新岗位将使"线上"可以彻底改造"线下"，从而走向融合，人类的商业面临一次结构重组，从而走向真正的升级。

## 更加人性的工作和生活享受

疫情导致全球化速度变缓，实际上也在提醒人们学会拐弯并调整节奏，速度不是越快越好，人类不能一味地靠竞争驱动，那样会使原本追求幸福的人们在感受急迫中夹杂隐隐的痛苦。优美的乐章往往是多旋律的交织，起伏跌宕，快慢相间，犹如缓缓流水和偶尔的浪花。疫情严重时曾经繁忙的人群返回家庭的港湾，加班族享受到舒适的休整，不断流水运转的车间和岗位有了暂停的机会，喧嚣的城市有了片刻的喘息和安静。此时道路负担减轻，能源运用减少，人们的脚步放缓，碳排放减少，空气清新甜美。

客观世界"专门安排"这样一个灾难提醒我们，人类不仅是社会的主人，也是自然的一部分，是宇宙的成员。如同强调社会内部成员平等和协调一样，自然界的各个物种也要一样平等、相互协调。不知是对事业的执着还是习惯产生的惰性,人类自从靠上石化能源就怎么也停不下来,这次疫情促使我们转向其他动能,利用数字资源驱动具有广阔的发展前景,也意味着以石化为主的能源在向以数字信息为主的动能转变。以往竞争、资本、事业、石化能源驱动人们勇往直前,无休止地开发资源曾经造成灾难。

任何向前的道路不全是笔直的,有时转弯也是前进,停下来休息是为了更好的工作。缓慢的发展节奏同数字智能化的高效治理并不矛盾,还可能弥补加速带来的损失。在动能转换的时机,各领域加快数字化转型步伐,数字智能技术将成为拉动经济社会发展的重要引擎。数字智能化治理将会调整人与自然的关系和速率。应该说数字智能化社会可能更快于石化能源驱动的社会,重要的是速度要适应人类,高效的数字智能社会应当与悠然的生态环境相协调。

信息运转快了,人们反而可以舒缓。如同乘坐高铁,速度很快,车体平缓,"减速玻璃"让我们感到悠然。不少互联网和数字公司的经营者和职员多采取分散办公,工作节奏更快,效率更高,而他们的工作也是为了使人类整体更舒适。他们是社会数字化转型的施工者,通过数字智能化转型,以信息化、网络化、智能化,给人类带来更多的快乐劳动、休闲娱乐及优雅生存。

数字经济产生的新业态、新模式、新岗位,扩大了就业空间,加之人力供需交互平台的数据信息,能够准确反映岗位余缺、适配人力,及时调节,解决就业难的问题。随着机器人、人工智能参与更多的劳动,取代原来人们要做的急难险重工作,减少了过去危险岗位操作带来的伤亡风险,就业更具人性化。随着机器人对人类做出更多的贡献,数字产品和服务越来越多,生产成本下降,吃穿住行的问题会得到缓解和改善,人们的劳动时间会渐渐减少,娱乐休闲度假时间会普遍增加,进而提升人类的生活品位和幸福感受。

## 新的工作和生活习惯重塑着人类

在防疫排查、隔离生活、社区管理、检查治疗、恢复生产中，实施数字智能化治理，养成人们新的生活方式、工作方式和习惯。居家学习、在线工作、远程服务、线上娱乐，虽然不是现代生活和工作的常态，但按照这样的节奏去生存和发展，似乎更加方便自然，没有觉得别扭和难以接受。

在疫情得到控制，进入常态化的防控中，恢复了人们过去的繁忙，但防疫中一些数字技术的运用模式逐渐成为人们不肯丢弃的选项，用在平时的工作和生活中，也为许多企业、社区和公共单位所接受。既然居家团聚和社区管理中都能使数字技术运用自如，如此方便地配合防控和生活，那么在工作和生产中，人们就会更有信心、更加自觉地运用数字技术，并配合数字智能监管。

为适应这种趋势，工业互联网快速推进，许多中小企业实施数字化赋能的专项行动，适应经济社会发展的特殊需求，正在聚集起一批批面向中小企业的数字化服务商，浓厚的数字化氛围，正熏陶和培育着一批批符合中小企业需求的数字化平台、系统解决方案、产品和服务，线上线下对接成为潮流，数字智能网络持续赋能，助力中小企业应对常态化防疫，快速且安全地推进了企业的复工复产和转型成长。有了数字经济、数字社会、数字文化娱乐的社会氛围和背景，政府的数字智能化治理就能更好地被社会和企业理解，进而得到广大社会的接纳，且有长足推进。

据说，许多互联网企业正常运营，都采取了员工居家办公的措施，除非必须集中的时候。居家学习和办公可以减少路上时间、能源、场地、道路和人力的浪费，更容易使劳动和生活相结合，与家人邻里在一起，回归自然，更易厉行节约、有效利用和整合各种资源，能够减少排放，清洁城市社区，保持生态平衡。

这样的社会既摆脱了工业时代的负面效应，又没返回农业社会的笨重和落后，反而得到应有的自然清净、环境保护、个性解放，得到较工业社会更先进的产品、服务和效率。线上线下结合和人机互动成为常态，通过远程诊疗、线上学习、网上办事，逐渐缓解乃至解决了看病难、上学难、办事难的一些问题。新的习惯重塑着人类工作和生活，在舒适和平静的生活中人们感受到，自己是地球和社会的主人。

## 技术带来的公正平等和无歧视

数字信息规模更加海量，使得公共部门对有关重要数字信息公开透明，加之共享信息平台带来的优势，使数字智能化治理展现着快捷、敏锐、准确、高效的特点。大数据、人工智能和区块链技术的运用，还可发挥某种辅助的监管作用，使篡改、隐瞒、垄断、删除、抵赖等恶习，都变得难以立足。从社会治理者的角度看，在同样的数字信息条件下，谁更能反应敏捷、格局合理、决策果断、出手迅捷、执行坚决，谁就能赢得竞争、领航时代，减少了过去那种信息不对等的情况，排除了凭信息优势而侥幸的现象。

数字化治理对参与治理的决策者提出了更高的要求，怎样决策、如何执行、达到什么效果，如同棋手对弈，旁观者也同样胸中有数。这就要求治理者对数字信息较全面地掌控和利用，尊重事物的客观性和发展的规律性，减少和防止主观武断和权力任性。那些只考虑局部利益的决策、反应迟缓的行为、执行不力的治理，都难以适应数字智能化治理的要求。可见，数字智能化治理有利于促进决策的科学、民主和效率，有利于改进作风，培养自律品质，破除特权意识，新的治理方式也是对治理者从政品格和能力智慧的考验。

当然，同样的数字信息，可以有多种分析，得出不同的结果，竞争依然激烈。数字化治理中应用的许多数字产品和服务，带来的无差别、无等级、无情感影响，减少了地位、贫富、关系等因素对消费者的影响。比如各种刷卡、刷脸等防伪识别一视同仁，不看你的地位和单位，出入有关场所、在线购物、在线支付、在线工作、在线上课，得到的都是无差别的服务，新的治理下大家享受着平等的服务和待遇，不论身份地位都会得到同样的服务，人们能更多感受到公正、平等和无歧视。技术带来的这些进步不用去感恩或愧疚什么，尽可理直气壮地享用。

## 技术支撑的民主走进千家万户

数字智能化治理有利于多元主体治理目标的统一。政府治理要实现社会的有序和稳定，企业治理要达到经济利益、社会利益和职工利益的统一，社区治理在于为业主提供优美的环境和优质的服务，每个人都想在单位、社会和家庭中找到恰当的地位、和谐的关系、自由的空间。

如今政府、社会、单位、社区对其成员的治理更便捷，通过社会媒体、单位网站、个人电脑和手机，都可达到充分的信息沟通和交流。任何人都可应用自己的手机等终端，成为数字信息的发布者、掌握者、传播者、运用者，在各种信息的反复交互中达到去伪存真、惩恶扬善、上情下达、下情上达的目的，除极个别带有不良情绪的内容，总体上传播着正能量，培养并增强着参与治理的单位和个人的责任。

原来以为不同主体治理的目标隔阂很大，在充分的数字信息交流中，才知道大到社会，小到个人，除去一些个性化特征，总体目标是融洽的。如近年服务型商业数据平台发展迅速，其所建立的数字消费生态和服务生态，也是政府社会治理目标的组成部分，数字经济的发展及超大能力数字平台的搭建，使得搭建这种平台的企业，在质量与服务的内控与管理上日益带有社会治理色彩。

数字智能化治理有利于不同主体间的信息互通和价值沟通。信息共享是实现跨部门协同与合作治理的关键。建立信息共享机制，可以使各主体交流沟通、协同互助、相互配合，防范共同治理中的形式主义，避免有共享、无协同以及相关单位数据库彼此分散、割裂和碎片化状态，调动政府内部不同地区、层级和部门以及各主体自身的应用潜能，促进政府、企业、社会组织和个人间的数据交换，真正实现数字信息共享。比如防疫中各家电信运营商掌握的手机大数据尚不完善，在监管部门的协调中可实现数据融合，共同服务于"健康码""行程卡"等大数据的运用，增强精准防疫能力。

正是政府和企业的大数据开放，推动了大数据的跨界融合，可解决"数据割据""数据孤岛""数据碎片化"等问题，推动了商业创新和社会众包。在复工复产中，一些企业出现供应链衔接问题，正是企业纳税和交易数据提供了解决的线索，营改增后增值税的缴纳数据刻画了企业的供应链，据此摸清了企业之间的网状联系，并为复工复产规划提供决策依据。[①]

数字智能化治理有利于将决策与执行统一起来。数据采集分析、信息形成、传播和获得的过程，也是政府、企业、社会和大众分析、酝酿和趋于共识的过程。决策者既容易在共识基础上做出符合大多数人利益和意愿的决策，而且可以使决策迅速付诸实施，也容易对执行中的偏差实施监督和纠正，减少执行中的阻力，避免和减少过去信息不对称时的治理缺陷。

在个别地区出现疫情时，在数字信息公开透明的情况下，社会、媒体、民众都可用各种方式参与到对防治决策的建议中，甚至还可对治理中的事项献计献策并进行监督，帮助完善治理，从而更好地体现

---

① 资料来源：人民数字研究院.建设"数字中国"，畅享"数字红利"[EB/OL].2020–03–13. http://www.szzg.gov.cn/2020/szzg/lljyjl/202003/t20200315_5215637.htm.

多元主体的民主治理原则。特别是数字技术支持的多主体参与机制，体现民主治理，容易相互沟通，达成共识，也被认为是最快捷透明和经济有效的。尤其是决策前的意见来自不同渠道和群众，再返回去执行和实践，便于决策和执行的衔接，省去了一些重复沟通的工作，减少和避免执行中的推诿扯皮。

数字智能化治理更易实现开放的民主和公民的决策参与。几乎每个公民都有一个终端，既可共享信息，获得知情权，又可直接参与公共政策制定的讨论并提出建议，还可在民意调查中表达个人利益和意愿，更可在一定范围的选举中体现选举权和被选举权。如果设计好就能克服过去民意表达中的舞弊行为和弄虚作假现象。

## 将弱者人生作为衡量治理的标尺

数字智能技术的运用，并不是将所有产业和业务全部纳入数字化，在数字经济和数字社会成为主流的条件下，仍然会有非数字化或传统风格的保留状况。在数字智能化治理中，在突出普遍化、正轨化的同时，应当预留传统治理通道或者改进完善系统与设施，以适应老年人、残疾人、低收入人群等弱势群体的不同情况，他们有的不会使用数字技术产品和服务，有的消费不起，有的不能操作。如果暂时或部分保留原本的治理习惯，或者改进方便少数群体使用的系统和设施，就能将人性反映到边角，甚至看不到的地方，这恰恰是人性最应闪光的地方。

每个人的成长过程很难预料会出现什么特殊情况，但所有人都会衰老、变弱，只有解决了这部分人遇到的困难，数字化治理才能真正得到满意的覆盖。不管时代怎么变迁，越是能顾及弱势群体，数字智能化治理就越有普遍性。社会治理效果是以弱势群体的评价为底线的，数字智能化治理不能遗忘这些人。

国家、政府，乃至企业和从事公益事业的人在为这些弱势群体服务的过程中，要有相应的服务意识、良好的态度和作风，即便国家会建设特殊的治理通道，毕竟有个过程，仍会存在不平衡问题，建成后还有使用上的差异。在这些服务过程中，公众要顺便帮助相对困难的人们。平台和窗口的服务人员，应充满爱心、热情协助、灵活掌握流程，不要简单化，对他们要因人而异、赋有耐心、服务到位。这是对数字智能化治理最必要的补充。

此外，在数字智能化治理带来积极方面的同时，也会有一些不确定性或者消极的东西随之而来。因此，应注意和防范数据的泄露篡改、数字壁垒、数字鸿沟问题，防范信息垄断、信息污染和信息孤岛问题，防范网络病毒、网络黑客、网络安全问题，防范智能化带来的情感、暴力，甚至仇恨，以及对智能化过高的期待和不负责任的炒作问题，还要防范平台自身的生态系统问题。运用数字智能技术和手段治理社会，先要对自身实施严格科学的监管，率先防范和解决数字技术及其运用产生的问题和风险，健全数字规则，完善平台企业垄断认定、数据收集使用管理、消费者权益保护等方面的法律规范，特别要掌控好人工智能和基因结合研发可能带来的风险，防止数字智能工具终结人类，这是我们运用数字智能化治理方式可能会遇到的最大风险。

## 数字智能时代的方向和前景

抗疫中开展的数字智能化治理，运作迅捷、成效斐然。治理带来的积极现象和成效，反映了时代的趋势和未来的方向，必将在长期实践中升华出疫情后全球治理的崭新内涵、共同理念和构建共同体的自觉。

### 数字智能化治理是加速的全球化

数字智能化治理是适应和支持全球化的一种崭新方式。疫情之后全球化会终结吗？数字智能化同加速的全球化是种搭车关系。数字科技的传播搭乘全球化快车走遍世界，全球化又会伴随数字化治理走向远方。

一是全球化决定了这种新型治理方式所依托的互联网、大数据、物联网、区块链、人工智能等数字技术，都不是狭隘的运用。况且科技无界、聚合共生。数字技术运用于社会治理可以覆盖全球。比如，国际会议，多是通过数字视频方式将各国与会者连到一起，取得好的效果。世界各国都开发了数字技术支持的应用程序，可对病毒接触者予以追踪，实施隔离和治疗。新型冠状病毒的全球传播性、变异性、顽固性、恐怖性，人们有目共睹，不管它与人类长期共存，还是在某天突然消退，都值得运用具有普世意义的数字高科技参与破解。正如理查德·丹泽（Richard Danzig）2018年说的那样："21世纪的技术不仅在分布上是全球性的，而且在效果上也是全球性的。病原体、人工智能系统、计算机病毒以及可能被意外释放的辐射，也许将成为所有人都要面临的问题。我们必须采用商定的报告系统、共享控制、共同的应急计划、规范和条约，作为缓解众多共同风险的手段。"[1]

二是在数字治理条件下，全球更加紧密地联系到一起。国家治理各有特色，又紧密相连，相互影响。政治上，任何国家的大选，从网络和数字角度看，已超越国家界限，各国民众都有条件对其大选发表自己的认识和评价，这种客观影响已成常态，更不要说有人利用数字技术有意施加跨国影响。经济上，全球产业链、供应链正在数字化和一体化，跨国公司也升级为兼容的数字化经营，如此高效的连接，如果不是霸权强逼，谁会想到背离市场原则的脱钩，舍本逐末。文化

---

[1] 资料来源：国政学人．12位全球顶尖思想家预测：疫情将导致世界政治和经济权力的永久性转变［EB/OL］．2020-03-29．https://weibo.com/ttarticle/p/show?id=2309404487866406273118．

上，数字网络的思想观点渗透更是互联交融，青年是数字文化的生力军，他们代表着未来，借助数字技术走遍世界，使用统一的数字和符号文化将易于交流观点。组织上，国际和世界性组织及其活动强化了区域和世界范围的数字化治理，传统治理观念正在削弱。无论什么人想通过数字化治理方式和工具的便捷性，去分化瓦解和谐合作的多边组织、区域组织和全球化组织，都将难以如意。如果心怀恶意，退群建群，即便偶尔得逞，也难以持久，终究会遭到人们的唾弃。

三是数字治理已把人类的命运、责任和利益紧紧地绑在一起。过去人们对共同体的认识，更多想到的是利益共同体，有人还误以为是某些国家的战略策略，且用狭隘的竞争意识和短期利益去度量。这次疫情流行造成上亿人患病，数百万人丧生，加之病毒一次又一次地变异，再大面积反复传播，以至于持续恶化，真正关乎人类整体命运，它比战争更加狡猾险恶，貌似寂静无声，实则更加恶毒，这个看不见的敌人凶狠地与人类对立。难怪许多国家当初都把防疫当作"战争"，把共同抗疫过程称作"战时"。疫情面前更加突显各国休戚与共，积极地利用数字治理就一荣俱荣，消极地利用就一损俱损。任何国家都难以独善其身，人类必须同舟共济，将命运共同体作为数字治理方式的重要原则。

四是宏观上数字智能化治理就是一种全球治理，有利于人类共同应对各种天灾人祸。长期以来自然环境的恶化、社会矛盾的加剧，都在影响和威胁地球的承载力和人类的生存。数字已经告诉人类，面对危及人类自身的气候变暖、碳排放增加、物种减少等问题，倒逼人类必须在气候治理、节能减排、环境保护等方面唤起紧迫意识，共同合作、避免任性，通过遥感、大数据、人工智能等数字智能技术，更加方便地处理好人与自然的关系。数字智能化治理在与全球化加速结伴而行。数字智能化治理将会阻断逆全球化的路子、脱钩的企图，要求变革过去那些不适应全球化的国家体制和制度，防范和淘汰那种唯我独尊、霸权主义的治理意识。

政治家已经不可能脱离数字治理而独行其是,任何国家的领导和治理,都会产生国际性和世界性的影响和效果,损人利己的治理违背全球利益,也难以持续。那种坚守狭隘民族利益、民粹主义、极端利己思想,实施政客谋略、诡计阴谋和短期行为的思路和做法,都将变得更加不可能;那种垄断技术、垄断数据、垄断信息的手法,将会失去渠道和基础;那种违规提高关税,建立贸易壁垒,实施单边主义,动辄就施以制裁,都是逆潮流的,只能是一厢情愿,或陷于孤立,难以持久。

## 数字智能社会将会形成共同理念

疫情严重时许多人面临病毒侵害,在最需帮助关怀的时候,那些具有奉献精神、互助意识的人值得信赖,那些私欲贪婪、自以为是的人显得举止猥琐,那些口头上的人权、自由、平等的价值观变得更加虚伪。疫情像照妖镜把复杂的社会打回原形,世人像看退水后河漕里裸露的污泥浊水一样,把社会上的是非、真伪、善恶看得清清楚楚。

不同历史的民族和国家,文化差异是正常的,符合不同的实际情况。不同文化各有长短,可以相互借鉴、彼此交流、共同发展。不同文化间既有各自的特点,也有相互兼容的共性,各种文化本来可以和而不同、求同存异,拓展共处的方式。

对于文化差异的冲突,智者选择兼容,取人之长补己之短,做到融会贯通;唯我独尊者选择排斥打压,制造零和博弈。前者将顺应数字化社会蓬勃成长,后者在当今信息高度融通的数字时代大势已去。因为在数字科技生产力基础之上,人们正在探索构建协同关联、公平互利的社会关系和价值体系,也就是要在摒弃二元对立的思维方式的同时,建立多元协同的世界观和方法论。

通过信息透明和网络诚信，形成恶人不易藏身、好人不再吃亏的社会评估与实时反馈机制，最终实现多元协同、公平美好的数字智能社会。而且数字智能社会兴起的智能文化，突破了文字、区域和民族的局限，用简单、共同的数码符号刷新着一个新的时代和新的世界，因而成为共生的文化。

数字智能技术伴随全球化发展，也必将在推进全球化中成为重塑未来的重要力量。在全球合作抗疫中，国际社会充分运用网上虚拟沟通方式，或共商挽救疫情危机的对策，或便捷交流防疫的经验和方法，或加大各方的理解和共识，或援助和整合抗疫物资疫苗、药物的交流调配，某种程度也是在发挥着危难时期的文化融合作用。比如西方注重个人主义，强调个人权益；东方注重集体主义，强调合作精神和国家主权。在疫情中正在形成容纳尊重个人权益与弘扬集体主义的新型社会关系，也在产生公平正义之类的普世共识。疫情不会导致人类的毁灭、分裂，还可能促进人类逐渐走向融合。

疫情是对人类关系的一种考验。与其说疫情挑战的是人类健康，不如说挑战的是人类的社会和制度；与其说疫情侵蚀的是人类的身体，不如说侵蚀的是人类的文化和观念。似乎文化和制度出了问题，疫情在强迫我们改进和完善。数字智能文化已经给出了答案，病毒面前人人平等，世界需要合作，而不是对抗。毕竟枪响之后没有赢家。

## 人类命运共同体的希望和方向

抗疫期间的隔离和常态防控中适当的社交距离，让人类进入一个共同反思的过程。虽然身体上彼此隔离，思想和情感却在网络交流中升华。过去特权利益、垄断资本和自私贪婪将人类按等级分开，带来无数社会灾祸。疫情告诉我们，由于民族国家在实际中并不平等，许多方面被霸权绑架，让联合国有时都难以充分发挥作用。如果说过去霸权靠的是军事和美元维系，那么建立共同体和增强名副其实的平等意识则是生命的呼唤。

如果历史将由"胜利者"书写，这次抗疫可能也不例外，数字智能化治理会将真实的世界告诉世人，过去许多冠冕堂皇的标签、口号、高雅都被数字智能揭穿，让人们在数字中看到霸权的本质、自私、贪婪，也让人们看到更多国家、制度和文化的光辉，挽救生命的实践是最有力的证明，它挖掘出人们的潜力。

全球抗疫要求各国相互援助，从疫情数字到其他数字，把各国和地区都连到了一起，运用数字技术防控的过程，也是政府和社会、企业和各种组织展开数字智能化治理的过程，数字智能化治理不同程度地覆盖全球，加之区块链等数字技术的多节点、去中心、分布式，逐渐进入治理过程，它将是一种包含监管的治理架构。全球数字治理刚刚开始，当数字治理风行天下，人类就会大大进步。

数字智能代表着感情，代表着利益，更代表着责任，数字智能是人类共同体一种新的组织方式。数字没有复杂的语言，没有意识形态，数字符号简单便捷，治理机制中的数字能持久维系共同体，能够承担起共同责任。犹如孩子是维系家庭的纽带一样，作为崭新方式的数字智能化治理，代表着未来，是这个共同体重要的部分。疫情持续，经济下滑，抗疫就是要能撑住压力和困境，在向市场释放有限资源的同时，让尽可能多的生命持续，活下来就会拥有更多、更丰富的资源选择。这次疫情后人类应抓住世界革新的机会，担负起重要的责任和使命，树立人类命运共同体意识和合作共赢理念，在对人类命运共同体倡议形成共识的基础上，合力推进共同体的构建。

# 第九章
# 共享发展基座

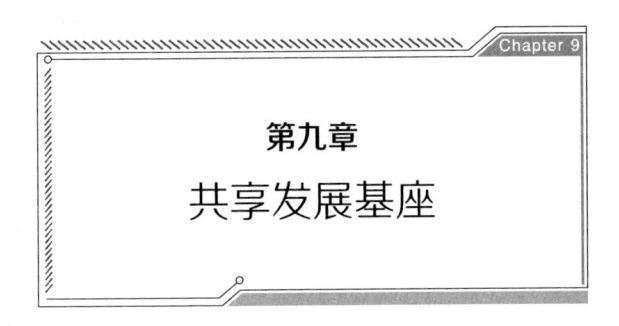

经济是科技的价值体现，经济带动社会、文化等各方面建设形成大的发展格局。过去的发展极不平等，打造共享发展的科技基座，是实现平等发展的可靠途径，尤其是通用科技适用于各产业各地区，具有普惠性。

以通用科技为基点向外扩散科技，能有力支持共享发展。共享发展有两条线：纵向上，可在共享现象、共享经济、共享社会、共享治理各环节拓展；横向上，可将共享模式拓展到各领域、各地区乃至更大范围。通过丰富共享模式，推进共享发展，体现科技的价值，造福人类。

## 科技的通用性有利于科技普遍应用和共享

新科技革命带来的科技成果中，通用性科技最为突出。以往科技革命的通用技术有过内燃机、电力、机动车、飞机、计算机等，这次科技革命带来的通用技术，包括互联网、物联网、大数据、IT、人工智能、5G等数字智能技术，还有生物科技、纳米科技等。

通用性技术有几个基本特征：

一是普遍适用。能广泛应用到大多数行业，提高普遍的效率和效益。

二是动态演进。通用科技不断进化，随着时间推移，科技在改进，使用成本在降低。

三是创新互补。通用技术可以在应用中创新，可以提高应用部门的研发生产效率。

四是使能技术。通用技术虽不是完整的最终解决方案，但为下游部门创新提供了必要条件。

加拿大经济学家理查德·利普西（Richard Lipsey）在与人合著的《经济转型：通用目的技术和长期经济增长》一书中把通用目的技术划分为产品、流程和组织三类，比如产品类的有计算机、互联网，流程类的有生物技术、纳米技术，组织类的有工厂体系、精益生产等。

通用性技术的价值在于普遍应用。这次科技革命的通用性技术较多，如果夯实基点，尽力扩散，广泛应用，将会发挥更大的价值。技术是推动长期增长的重要力量，数字智能等通用技术具有扩散的渗透性、广泛的应用性、目的的普遍性，在广泛应用中较其他技术有着对经济社会发展更强的推动力，会带来更高的生产率，具有普遍的促进意义。

将通用性技术做大和扩散有两个渠道。

第一，是由政府主导的强制性技术扩散。全球抗疫中普遍运用的健康宝、行程码，以及核酸检测、打疫苗的信息收集和反馈系统，都是应用了通用性技术。政府推广技术的强制性是形势所迫，是防疫所需的公益服务性和通用技术公共性产品的最佳契合点，能够获得公众认可和接受。加之政府出台的财政、产业、金融、防疫等相关政策紧密配合，对公共服务和产品以及技术扩散进行直接干预，能够有效降低新技术与旧规则之间的矛盾冲突，促进技术与产业体系间的协调发展。这些通用技术的扩散，借助公共服务得以广泛传播和应用，使社会推广者与民众应用者很好地统一起来。

第二，是由市场主导的诱致性技术扩散。无论是共享单车、共享充电宝、共享书店等共享现象，还是线上购物、线上教育、线上报告、线上就医等共享经济，都是由个人、企业、组织在技术不对称情况下出现获利机会时，自发进行和推动的技术传播行为。这种扩散和传播有利于平台和消费者的共同便利和获益。使平台拥有者和经营者通过让渡使用权，与使用者的便利廉价意愿相结合，迅速生成了这样的现象和经济。电子商务的事实表明，通用性技术的相对利益优势是促使扩散应用的显著影响。

通用技术扩散应用是一个双向趋同的过程。只有技术输出者和技术采纳者都对通用技术达成共识，符合双方趋利要求或者公益要求，技术扩散才能成功。案例引导、典型示范会加速扩散和推广。扩散和推广都是在播撒共享科技的种子。

在共享现象、平台经济的萌芽和发展中，也会产生不正当竞争行为，对此要加以监管，防范平台垄断，整治网络黑色和灰色产业链条，治理不正当竞争行为，使通用科技得到更好的扩散、传播和应用，让更多的人、更大的范围、更多的领域得到科技和平台资源的共享。

## 通用性技术最基本的三类用途

一是可以应用于任何行业和产业。如"互联网+""人工智能+""大数据+""物联网+"，可以加各个行业和产业，它们都没有替代性的技术。

二是容易同其他科技和产业协同、融合。一些数字科技、生物科技、材料科技极易与其他科技或产业融合协同，形成广泛应用的基本技术、工具和产品。

三是通用技术的融合形成数字技术共享底座。在政府推动下集聚通用性技术，建设大数据中心、工业互联网、5G、物联网、区块链、元宇宙等技术共享中心，为中小微企业和其他生产和社会组织服务，能够降低企业数字技术和网络使用成本，为传统企业提供不同场景、不同需要的定制化网络套餐。大企业和企业集团可以单独建立数字基础设施，统筹安排，集约共享。

通用数字智能技术的运用，促进数字技术与产业的结合，有利完善系统集成商、芯片制造商、电信运营商、系统设备提供商、传感器制造商、平台供应商和传统企业间的合作机制，以确保通用数字智能技术具有持续扩散的不竭动力，进而构建基础层、技术层和应用层的协同机制，推动产业链延长和价值链攀升。

通用数字智能技术的基础运用，可以跨界、兼容，让每个环节、每项技术、每次应用都简单便利，吸引用户，增强黏性，循环传导。比如数据既是科技产品，又是重要资源，跨界应用和共享更加便捷，在诸多新技术致力于生产等发展时要保护好隐私，尽可能简化组织、数据等要素的共享机制。现在，越来越多的组织借助以前没有的权限获取外部数据，不断挖掘敏感数据的价值，从而实现企业增长，这将带来全新的数据驱动机遇。

实际上，在同一个生态系统或价值链内的安全数据共享，将催生新的商业模式和产品。例如，新冠肺炎疫情暴发时，很多平台共享了临床数据。研究人员、医疗机构和药企通过共享平台汇集临床医疗数据，加快了治疗方法和疫苗的研发。这些数据共享协议还帮助药企、政府机构、医院和药店协同行动，大范围地执行疫苗接种计划，在保护知识产权的同时又确保了效率和安全。[①]

---

[①] 资料来源：德勤管理咨询. 2022技术趋势（中文版）［EB/OL］. 2022-04-16. https://baijiahao.baidu.com/s?id=17302063191739395498&wfr=spider&for=pc.

## 通用目的技术对共享平台的支持

最早出现的共享单车等现象，是在通用技术和工具箱中，准确地识别针对性的核心技术，并加以应用。这些针对性的技术主要有区块链技术、互联网连接技术、快捷支付技术、位置定位技术、扫码解锁技术、设备故障定位技术等。这些关键内容已成为各种共享平台的技术支柱。

1.区块链技术。它类似一个高效率的记数管家，在一段时间内找出共享经济平台中记账最快最好的人，由这个人来记账，然后把最新的交易信息发给整个系统里的其他所有人，并持续不断地更新共享经济平台的交易信息。

2.互联网连接技术。它使社会闲置物品以碎片信息形式登上共享的互联网平台，进而把社会闲散的资源高效和灵活地组织、适配和应用起来，满足供需各方所需。

3.快捷支付技术。它把现在的微信支付与支付宝技术嵌入共享经济平台，通过人脸识别和扫码技术等促使快捷支付，比传统的现金支付更加灵活、快捷、安全、高效。

4.位置定位技术。它广泛应用在共享平台，最初常见的有共享出行、共享雨伞、共享充电宝等。位置定位技术为用户提供随时随地的准确位置信息服务，方便共享经济平台用户查看当前位置最近网点有多少可以租借的产品。

5.扫码解锁技术。它的解锁功能看似简单，实际是通过共享产品－云端－用户手机之间的信息传递来完成，其中关键的是解闭智能锁的过程。目前最新的定位＋蓝牙解锁和还返模式在共享经济平台应用较为普遍。

6.设备故障定位技术。它多用在对故障的共享产品和设备的定位追踪上，技术人员可在短时间内对预警的产品进行故障排查和技术处理，缩短故障处理时间。

各种共享平台的功能和结构基本类似，只是在一些共享平台中，企业的定位不同，其扩展功能亦有所不同。

## 通用性技术对共享经济平台的技术支持

共享经济平台比共享现象更加宏观，包括网络平台、数据平台等，技术对二者的支撑基本类似，只是前者的技术应用面更加宽泛。

1. 互联网作为线上平台的载体。它需要构建新一代信息基础设施，提升互联网覆盖范围和服务质量，夯实共享经济的网络基础。

2. 云计算及大数据平台。它作为新型应用的基础设施，能够提高共享平台海量数据的处理和分析能力，促进平台快速决策，提升产品服务质量，是共享经济发展的核心驱动技术。移动互联网、云计算、大数据和人工智能等数字智能技术不断发展，就能持续引导共享经济企业提高对海量数据的收集、传输和处理能力，提升共享经济服务质量和用户体验。

3. 高端传感器、智能终端、人机交互等软硬件基础产品。它们支持集成电路、平板显示等电子信息制造业改造提升，可丰富拓展共享经济的应用设备，增强支撑共享经济的硬件能力，打造支撑共享经济发展的完整产业链。

4. 平台安全管理和风险防范的技术能力。在企业网络安全管理和应急响应机制基础上，不断优化共享经济的安全防护技术，提升网络基础设施对安全风险的防范能力，以应对平台聚集的大量用户信息的安全风险，保障信息安全。

## 建立平台以扩大科技共享

通用科技支撑各种平台，发挥共享发展的作用。科技机构形成的共享平台,旨在从通用性技术的扩散到其他科技的扩散,解决科技重复建设、高成本、高能耗等问题,提升资源使用效率。这样的平台规模不同,分层扩散。

一是科技系统的科研共享平台。科技平台在科技范围内实现共享,促进科研事业。人工智能、机器学习、基于云的软件、自动化和机器人等技术的兴起,已改变我们的研究方式,使科学工作变得越来越方便和快捷。数字化转型提供了巨大机会,可以帮助科学家分享知识并开展新的合作,从而加快研发进度。协作是推动研发成功的关键,对于创新项目来说尤其如此,这些创新项目通常具有复杂性,涉及多种技术的结合。由于科研组织内的研发过程非常复杂,分散在许多地区和部门,客观上造成便利合作的障碍。科技共享平台就可在科技领域内部共享,促进科技事业发展。

二是企业和社会共享的科技平台。地方政府部门、企业、科研单位分别或联合组建科技资源共享平台,让科技智力资源和科技成果资源为企业共享,助力中小企业降低产品技术研发成本,缩短产品研发周期,增强企业科技研发能力,提高产品市场综合竞争力,同时也让人们学以致用,发挥各自的技术优势与潜能,通过平台整合资源,协同并合作完成项目设计与课题攻关,既提高了团队及个人收入,又增强了企业和技术合作团队的科研储备和发展后劲,提升科研综合竞争力。

企业需要开发的项目发布在"共享科技智库"平台,具有相应技术实力的个人或组织提供承担项目的技术方案,通过竞标的方式取得开发权和收益权,签订正式技术开发合同。

三是施惠于全社会的国家级科技共享平台。如中国科技资源共享网,充分运用现代信息技术,推动资源共享,促进科技资源优化配置和高效利用,提高科技创新能力。

共享网的建设方针是"融合、共享、完善、提高"。共享科技资源按照标准规范,整合科学仪器与设备、自然科技资源、研究实验基地、科学数据、科技文献、科普资源六大领域资源信息，涉及几十个部门和数百个国家级的重点实验室、国家工程技术研究中心、国家大型科学仪器中心和野外科学观察台站，实现跨部门、跨地域、跨领域的重要资源信息的汇集。

服务内容涉及资源管理、检索导航、绩效评估监测、专题服务等。围绕科技创新、经济社会发展，尤其是战略性新兴产业兴起的需求，开展快捷、方便的专题服务，还可向社会提供农村医疗服务、制造业信息化、国际开放期刊、世界科技动态等专题服务。

服务方式，主要是运用信息化、网络化等现代新技术，提供科技计划数据资源汇交系统的集成电路接口。

服务对象，主要是为科技工作者和社会公众提供公益性服务。尤其是海量科技资源信息的快速导航，各类科技资源信息以目录树方式呈现，方便了跨学科、跨领域异构数据库的信息检索，用户能准确定位所需信息资源。

## 开放合作是扩散共享范围的重要条件

通用性、协同性技术的广泛应用，在不同地方、领域、范围，形成共享科技、共享服务、共享经济的局面。虽然，全球化的曲折发展，使共享经济在走向更大范围时遇到阻力，但是国际合作、全球合作、协同发展，定会形成连锁反应，施惠于更大范围。

一是互联网和数字科技积极影响国际合作和世界合作。互联网、人工智能、大数据等数字智能科技，具有天然的全球性，它们为全球而生，为人类所用，如果仅在小范围使用，就会浪费新科技的功能，让科技价值缩水。因此，迫切需要扩大通用性技术的应用、普及和共享。

1.开放合作要着眼于共享。通用技术要在世界急需的开源生态、网络数据治理、数字化转型、互联网公益慈善与数字减贫、保持开放、互联网企业等项目上,加强数字技术合作、释放数字经济红利、共享数字文明成果。

在走出去发展中,中国同东盟、非洲、欧洲不断交流和合作,有许多生动的实例。在尼日利亚西部边境线上的小村庄,来自华为的RuralStar普惠连接方案,被当地人亲切地称为"木杆"。如背包般小巧的基站,仅需6块太阳能板供电,就能实现2G/3G网络连接,有效缓解了当地电力供应不足和通信建设成本高的难题,让偏远地区与世界从此相连。该方案已在全球超过60个国家实施,帮助5 000万人接入网络。这是携手构建网络共同体最佳实践之一。

华为RuralStar普惠连接方案、腾讯会议、全球微生物资源数据共享平台等12个国际合作代表性精品项目案例,都生动演绎了网络空间国际交流合作的故事,展现出国际社会携手构建网络共同体的真诚愿望。

2.广泛连接和扩大合作。普遍联系是共商、共建、共享的必要前提。数字科技及其产业的发展,使联系媒介在种类和数量上超过任何时代,各种想法、灵感、观点,都在主动或被动地实现着双方和多方交流沟通和联系。普遍、安全和低成本的网络连接,是数字经济产业化的条件,也是包容性增长、创新和可持续发展的催化剂。信息技术也注意弥合数字鸿沟,打通数据孤岛,让互联网和数字智能科技像太阳一样普照全球。

在广泛联系的基础上,选择在关键通道、关键节点、关键项目上,推进各领域深度合作,共同推动网络互联互通建设,就可使各国与合作伙伴、客户和科技巨头建立密切关系,并使商界更多地将"共益"作为原则,关心环境美好和多方共赢。"一带一路"沿线国家共建信息走廊的实践,通过纽带联系和连接,也是协同合作的典范。

3.在自主基础上加强国际合作。尊重国家和地区,在各自内部合作的同时，还要适应全球产业链、价值链实际，与其他国家开展合作，通过跨境、跨领域的数字合作，激活创新生态，提高生产效率，构筑参与国际合作和竞争的新优势，推动经济发展的质量变革、效率变革、动力变革。

每个经济体都有自己的局限，开放合作可以共享科技、共享发展。开放、包容、合作和创新，会打破边界，使数字经济和实体经济相融合，催生更多的市场机遇和网络化的生态系统。在统一的网络平台上，各要素彼此连接，形成共生共荣和竞合的生态，需要全球化来提供营养。

为实现共享项目，我们铺路架桥，开放包容，真诚交流，让人与人、企业与企业、国与国之间，在开放条件下联系合作，使5G、人工智能、大数据、云计算等信息技术，在更多地区和国家得到广泛应用，促进产业乃至整个经济和社会发展的数字化，形成产业链、生态圈和国内外合作的良性循环。

建立数字智能技术与产业发展结合的国际机构，也是有效合作。通过定期发布全球产业互联网的发展报告，促进新技术对就业与社会的影响；对世界各国进行技术风险提示与预警，防范技术滥用与安全威胁；推动产业互联网的国际立法进程与治理框架的构建。

二是科技的通用和协同带动国际合作和世界合作。新科技的通用和协同，让更大范围的合作协同变得可能和高效，包括世界各国的协同，上下机构的协同，经济、社会、文化各领域的协同。

企业是协同的基础，企业内不同部门的技术创新要协同，企业技术与商业模式的创新要协同。共同创新和相互协同，能使数字智能科技在企业各环节顺畅运行，推动企业数字化转型和发展。从企业内部合作，到企业、机构、团体的合作，到各个领域的协同，再到地区、国家间的协同合作，都需要数据官、信息官的专业指导和连接作用。

万物互联与大数据技术的充分运用将会降低生态规模协同成本，

提高效率，促进研发类、供应链类、销售类、人才类、投融资类等各种生态伙伴的有机协同，统筹企业、组织、机构、团体内生态系统的"量化运营"。这种规模协同之前是无法想象的，它将产生巨大的生产力，带动更多产品、服务和财富的生产、流通和消费，走向共享发展。

在国家之间，中美两国的协同最重要，目前维持着竞合关系，两国在数字经济发展方面位居全球前二。"在国家数字竞争力方面，2018年美国和中国的国家数字竞争力指数分别为86.37分和81.42分"。[①] 2020年美国和中国的数字经济规模分别为13.6万亿美元和5.4万亿美元；截至2020年年底，中国5G网络渗透率达到20.26%，遥遥领先美国；在全球超大规模数据中心的数量方面，美国占比达40%，中国以10%排在第二。[②]

随着中美数字经济规模差距逐渐缩小，美国担心被超越，力主竞争，中国则极力主张合作。由于中美指导思想不一，协同合作遇到很多阻力，单纯强调竞争易走向冲突。在科技上，两国封锁与被封锁、脱钩与被脱钩的对立，直接影响到国际合作。

尽管如此，"中美科研合作保持着韧性，科研合作程度依然最高。2015—2020年，中美两国在自然指数（Nature Index）中的合作论文数量由3 412篇跃升至5 213篇。不过2018年以来，两国合作论文的逐年增速有所放缓"。[③]

---

[①] 资料来源：国家数字竞争力指数研究报告（2019）发布[N].经济参考报，2019-05-15.

[②] 资料来源：郑晨.2022年"中美日"数字经济实力较量 中国增速持续领跑[EB/OL].前瞻产业研究院，2022-03-23. http://stock.stockstar.com/IG2022032300001899.shtml.

[③] 资料来源：郭爽.自然指数：中国科研产出激增 中美科研合作保持韧性[EB/OL].中国政府网，2022-03-13. http://www.gov.cn/xinwen/2022-03/13/content_5678792.htm.

发达国家与发展中国家的协同合作，由于各方面实力悬殊，亟待从科技协同合作做起，逐渐缩小整体差距。实证研究表明，发展中国家从发达国家进口专用技术的份额在总体上大大低于进口通用技术，意味着通用技术比专用技术更容易实现国际扩散。特别是较大的技术差距，造成落后国家普遍经济增长停滞、产业结构失调、技术与创新能力缺失、信息基础设施建设落后、产业生态体系严重缺陷、收入分配失衡，制约了这些国家对新技术的理解与采纳，从而处于产业互联网发展中的追随地位。

因此，在发达国家与发展中国家的协同合作中，要辅之以援助、支持、带动的措施，其中包括联合国、世界银行、国际货币基金组织、国际专门机构、区域组织的各种援助和支持。

欧美等经济体国家与新兴经济体国家的协同合作，要尊重不同的情景。新兴经济体多以工业为主导，有较大国内市场，难以对生产与服务环节进行数字化、网络化和智能化改造，数字化技术推进缓慢。而老牌发达国家曾经实行去工业化，缺乏数字技术的应用场景，产业互联网规模小、进度慢。两类国家在信息化水平、全球创新能力、国民受教育程度等方面差距较大。"'自然指数五强'自2015年开始公布6年来，美国、中国、德国、英国和日本5个国家的科研表现一直保持全球领先，先后位次没有较大浮动，它们在自然指数中的贡献份额加起来接近全球的70%。"[1] 可见，这类协同合作会有许多困难和矛盾。

总体上看，互联网与云计算、大数据、物联网、工业互联网加速了知识更新、科技创新及产品换代，反映了数字技术不同程度融合和介入式发展的动态过程，从而在更大范围调整着产业结构和就业结构。

---

[1] 资料来源：郭爽. 自然指数：中国科研产出激增 中美科研合作保持韧性［EB/OL］. 中国政府网，2022-03-13. http://www.gov.cn/xinwen/2022-03/13/content_5678792.htm.

三是世界难题和挑战倒逼国际合作。新冠肺炎疫情仍在持续影响人类，世界经济发展受到严峻挑战，同时人类还面临全球气候变暖、环境恶化、重大自然灾害、能源资源短缺、粮食安全、生物安全、科技伦理等一系列重要的全球性问题。这些重大难题和挑战，需要全球立足科技基础，通过科技创新，共同探索解决方法，共同应对挑战，促进人类和平与发展，这也是科技合作在解决全球性问题中不可替代的作用。

科技的国际合作要冲破狭隘的国家和地区界限，需要战略性、长远性、全局性，要着眼于人类的共同利益、安全和愿望，防止短视、片面和搅局。然而，近年来的科学合作与交流受到前所未有的限制，源头技术与首发权、话语权之争日趋激烈，甚至为了国家竞争，搞科技封锁和脱钩。

前些年为实现"美国优先"，特朗普政府发起并制定了一项"中国行动计划"，阻止科学家向中国传递敏感技术。这项"中国行动计划"因特别针对华裔科学家、破坏合作研究的气氛而受到批评。据《纽约时报》中文网相关新闻报道：2022年1月中旬，美国撤销对麻省理工学院华裔教授陈刚的指控，这是"中国行动计划"引人注目的失败。针对田纳西大学工程学教授胡安明的案件，也于2021年9月，被法官裁定政府没有提供足够证据来证明胡安明有意诈骗资助机构，遂宣告无罪。在2021年9月以来的几个月里，美国司法部陆续撤销了7起针对研究人员的案件。

在波士顿执业的莱林认为，"中国行动计划"旨在打击间谍活动，但"偏离了方向，并且在某些重要方面失去了重点"。他说："毫无疑问，在学术方面，'中国行动计划'在研究人员中营造了一种恐惧气氛。如果你想要达到普遍的威慑，它已充分实现了，已经吓坏了整个研究界。"

陈刚认为："这是一场出于政治和种族动机的起诉，没有赢家。美国纳税人的钱被浪费了，美国吸引世界各地人才的能力直线下降，科学界感到恐惧。在这个过程中，他们削弱了美国的巨大优势之一，即丰富的学术研究和合作历史，这是很多科学研究发生在美国而不是在其他国家的重要原因。他们这样做的时候，我们正迫切需要国际科学合作来解决人类的生存威胁，如新冠肺炎疫情和全球变暖。"[1]环球网2022年9月28日报道，美国《科学》杂志网站发文称美国针对"与中国有关科学家"的"中国行动计划"不断败诉，联邦欺诈指控土崩瓦解。

深化国际交流合作，提高科技水平，应该充分利用全球创新资源，同国际科技界携手努力，在更高的起点上推进科技创新，而不应该一味关门。在国际科技交流合作中，有许多重大科技问题和挑战需要世界共同应对，众多复杂科研项目需要国际社会齐心协力，比如全球共同关心的气候变化、人口健康等重大挑战，以及物质结构、宇宙起源等重大基础科学问题，需要用整体系统的思路，整合全球资源和人才，开展大团队合作以共同应对，体现出科学研究的普遍性、公有主义和无私利性。同时要考虑在竞合中保持科研的创新活力和能力。[2]这样才符合全球民众和科技界的期待，以科技创新推动可持续发展，逐步解决重要的全球性问题。

## 共享现象-共享经济-共享发展

数字智能科技的通用性、协同性，为共享性质的经济社会发展提供了技术条件。先是共享单车、共享汽车等共享现象，随着这些现象的规模扩大，随后占有市场，逐渐成为一种共享经济。从作用上看，

---

[1] 资料来源：陈刚. 我因司法部的"中国行动计划"被捕，国会必须调查该计划［N］. 波士顿环球报，2022-1-21.
[2] 资料来源：杜鹏，沈华，张凤. 对科学研究的新认识［J］. 中国科学院院刊，2021（12）.

真正共享的都是第三产业、社会建设和服务方面的内容，而实际上，共享经济正向着更加宽泛的社会、文化等各方面拓展。

## 从共享现象到共享经济

一个时期以来，共享单车、共享汽车、共享书店、共享电单车，诸如此类，林林总总的现象突然发展起来，从出行到日用品、从餐饮到物流，到处可以共享工具、共享特定产品、共享各种服务。共享现象几乎渗透到生活的方方面面，成为一道道风景线。共享现象一步步踏入人们的世界，带来无穷的便利，改变了人们的生活理念。不是我们拥有了科技，而是科技融入了我们，成了我们的头脑、我们的血液、我们不可缺少的一部分。

共享现象的出现是一种必然。

第一，新科技的涌现特别是通用性技术，有助于共享性质的活动。前述的若干具体技术，有利于服务、生产、物流，孕育了各种共享平台，再通过网络、应用软件和平台，使共享现象成为现实。人们的日常生活已与数据连接。

第二，这种现象适应了供求双方所需，带给双方便利。平台方适当获利，需求方付出比市场低廉的价格，体现出市场广、门槛低、风险低、操作易、回报高的特点，使这种现象持续和扩大。

第三，创新线上和线下的连接和经营模式。这得益于发达的基础设施建设，包括四通八达的交通，有利于经营的迅捷、保质、合规。

第四，开端和终端建设。开端是物品的保障，可以与厂家建立货源的联系，进入网上渠道。终端是指交付用户，使用户拥有物品使用权，也可以送达物品到用户指定地点，并将指定地点逐渐发展到以社区为中心的送达终点，建立储存物品的设施。

共享现象有着蓬勃发展的趋势。

在内容上，经营范围扩大，从最初的个别共享，到线上电商、线上会议、线上办公、线上学习、线上就诊等，再到更宽泛的更大规模的共享经济平台、服务平台，乃至共享数据、共享新基建。

在物流上，从小规模到大规模，从个体经营到电商物流公司，从人工配货到机器人配货，从快递小哥到无人机快送，平台利用十分广阔，经营模式创新越来越成熟。

在市场上，线上经营已经为消费者所接受，成为一种营销方式，不受时间、空间、劳动力资源的限制。企业还可以根据共享生产、服务、商品的不同，不断创新和完善模式。

共享并非新概念，人类社会正在共享合作的基础上不断进化发展。共享现象的规模发展受到人们的青睐，共享内涵随着社会发展而不断更新和扩展，从共享服务、共享资源，到共享知识、共享数据、共享销售平台，共享的覆盖范围越来越广，数据也开始不断丰富，直到出现共享经济模式雏形。

最初的共享现象多是共享闲置资源、共享服务的性质，极大地整合了资源利用，缓解了城乡存在的普遍资源分配不均衡、价值创造流失程度高等社会问题，为整个社会拾遗补阙。共享现象在方便人们生活的同时，也帮助现代人减轻生活压力，提高生活质量。

规模共享现象在宏观上也有利于经济增长和社会和谐。特别是共享让人们可以将手中闲置的资源暂时性地有偿转让出去，可以让有需求的人们用较低的花销获得一定时间的资源使用权，使社会的整体资源存量得到扩充，使共享多方获得更多益处，进而促进经济的循环发展。其已然成为一种经济发展模式，也就是共享经济。

共享现象向共享经济发展有如下几个特点。

一是追求经济增长和效益。共享现象是通过整合线下的闲置资源，借助一定网络平台来实现物品使用权的暂时让渡，打破过去陈旧的商业模式，实现了消费由"所有权"向"使用权"的转变。而共享现象的发展，在互联网、大数据和人工智能等数字技术支持下，朝着网络平台、电商平台的共享经济模式发展，为传统行业带来新的发展渠道，带来新的经济增长点。共享经济将成为传统行业争相投入资源去创新发展的重要领域。

二是在发展方式上，共享经济朝着个性化、定制化生产和销售的特点发展，改变了工业化时期的规模生产，更多地与数字智能经济相协调。

三是在生产上，从设计、生产，到流程、管理，都纳入数据、资源配置、数字孪生运用、各种管理软件服务的共享。

四是在供应销售环节，向着电商平台发展，线上供销逐渐成为主流，节约了大量库存、实体店投入、人力资本。

五是在价值链上，从实体的产业链、供应链，向着实体与虚拟兼有的价值链方式发展，而且线上的链接在增加。

共享经济不断地进行资源、信息的交流、汇聚与整合，实现了资源的最大化利用。共享经济还促使共享社交平民化、本土化、扩散化、普遍化。随着数字技术的发展，共享经济将会取得巨大的发展与进步。例如，云计算采用的是按使用量付费的模式，提供方便快捷且依据数量的网络访问，更多企业和个人能够通过少量付费投入云计算管理工作，处理更为复杂的工作数据与更加繁杂的数据内容，这样就能够大幅提升单位时间工作效率，用最小成本优化和提高生产力，从而促进整个社会的进步。

## 从共享经济到共享发展

共享经济将一种单纯理念转变为普遍的经济模式，以资源整合利用与平台的辐射共享结合，在数字智能科技的支持下产生和形成，随着通用性科技的不断扩散，走向更大规模和范围，形成一股强势力量，持续地促进社会革新与进步。

共享经济的规模扩张，与通用数字智能技术的扩散是相应的。数字智能通用技术的扩散，总是从同质性相对较高的行业开始，然后向异质性行业推进。比如从消费互联网向产业互联网发展。通用技术要派上更大用场，还需在各行业间进行异质性扩散，这也是通用技术本身的使命，但是同质性能够为通用技术扩散提供便利，如手机支付、手机银行、电商等便是这样。

消费互联网向产业互联网发展，是从数字智能通用性技术较强的领域，向通用性技术较弱的异质领域发展，也是从生活类共享向生产类共享扩散。趋利、公益、共享性质的扩散会更加快速。在向产业互联网的转变和扩散中，有两条最优路径。

第一条是通用数字技术与产业的融合。通过数字技术与不同的产业结合，将新一代信息技术渗透到传统产业链各环节并改造重塑，同时，利用互联网思维和数字技术将生产流程打通，联结供给侧与需求侧，实现生产的快速响应，重构产业价值链和创造新价值的商业活动，从而提供更好的产品与服务。

第二条是通用数字技术与产业的协同。通用的数字智能技术能够与许多技术和产业实现协同。产业互联网就是数字技术与产业协同形成的新型技术范式与经济活动，通过云计算、大数据、人工智能技术等，大规模地协同金融、制造、教育、医疗、零售、文娱、物流等传统行业的生产环节，提高企业敏捷、精准的决策能力，并形成新型协作网络，积极影响企业的其他环节，提高企业综合效益。

企业通用技术应用向生态系统组织应用扩散，也是城市技术应用向乡村应用的扩散，相应地使城市共享向农村共享扩散，包括智能交通、智慧医疗、城镇管理、政务服务、线上教育、产业升级、企业服务、重点区域、城乡协同等。加之通用的数字技术传播性强和"去中心化"的特点，呈现共生共赢的立体化"宽平台"和开放原则，共同打造繁荣共享的"数字生态共同体"。这个过程将会伴随着政府、企业、社会对广大农村地区、欠发达地区的资金、基础设施建设等援助。

随着共享范围持续扩大，共享经济向共享社会发展的趋势突显出来，具体体现在如下几个方面。

一是在发展方向上，共享经济向着更加宽泛的范围延展。在共享现象初期就有自媒体、微博、微信等共享社交平台，借助互联网技术和平台，人们可以更加方便快捷地实现不同信息的交流共享，这也是共享发展的萌芽和引子。随着共享经济大规模发展和扩散，出现了共享文化、共享生态、共享科技等超出经济范畴的内容，走上共享发展的宽阔之路。

二是在发展方式上，共享模式将是逐利性发展与公益性发展兼有，共享经济为主与共享社会、文化、生活为辅相互促进，形成协调和全面的共享发展方式。

三是在发展的影响上，伴随共享经济、共享发展的探索，人们的思维方式和生活方式将被互联网思维重塑，开放、合作、共享的价值理念被越来越多的人所接受。

共享发展是初步的，具有强劲的发展势头，还需要在逐渐成熟的基础上，形成内外部的规范和完善。

## 从共享发展到共享治理

共享发展有科技的广泛支撑，有共享经济的雄厚基础，从而具有广阔的前景。共享一个地球完全可以满足人类的需求，但是十个地球都难以满足人类的贪欲。因此，伴随着数字智能科技向各领域扩散，共享范围的扩展会牵涉各个领域的协调，各个地区的协调，各个层面的协调。加之这种发展要适应世界秩序、国际关系、人与自然矛盾、国家发展不平衡、社会制度和文化差异，共享发展也会遇到各种矛盾和挫折，就需要通过调节生产关系，保障共享发展的生产力，通过探索治理模式，用共享治理呵护共享发展。

共享治理要像共享发展那样，共享治理资源，使政府、社会、企业、个人等治理主体，以共享的技术资源和方式，得到治理的目的和效果。过去，个人、社会、企业参与社会治理，尽管做了不少努力，仍然未与以政府为主的治理统筹起来。政府之外的治理主体如何更好地发挥作用，使多元主体的治理协调起来，形成共识，仍需要更好的方法，而现在看来，共享治理正是一剂良方。

近些年来，在共享发展中，普通人通过各种社交媒体、自媒体，包括朋友圈、公众号、微博、小视频等方式，同官方媒体、政府渠道一样，以不同的个体、企业、单位的口吻，反映所知所见，宣传身边那些激动人心的故事，呈现经济社会和生活中的平凡和真实，揭露不同角度抓拍到的各种问题。一个好的或不好的消息，常会引起微信群、朋友圈、公众号以及各论坛的讨论，特别是重大的事件和典型的事情，结合官方的一些政策和措施，人们会产生不同的态度，提出各种各样的意见和建议，其中不乏真知灼见。这种方式有利于全面掌握情况，有利于民众在讨论中分清是非，形成共识，这些过程本身就体现了多元主体在治理中的作用，具体如下。

一是对社会问题竖起道义和伦理的标杆，让民众自己可衡量，在类似问题面前有了正误、对错的参照标准，从而严格要求自己，关心社会。

二是在讨论中凝聚民众共识，对于应该做什么不应该做什么，有了认识基础，提高了人们对于正确行为的自觉性。

三是能够多角度客观全面真实地揭示问题，反映不同领域和层面的意见，反映事情本身的多面性、复杂性，可以防止片面、主观武断、以偏概全，打牢解决问题的事实基础，给社会一种认识问题的方法论引导。

四是在政府、社会、企业、个体的不同意见中，充分讨论，求同存异，逐渐融合，形成趋于正确的治理意见，也能反映更多的民主治理内容和形式，增强社会的包容性、公开性。

随着治理模式从线下转到线上线下融合，从单向管理转向双向互动，从单纯的政府监管转向多元主体的社会协同治理，正在萌芽共享治理的机制，尚需充实要素、明确方式、丰富内容、予以规范。从治理涉及的信息、资源、协同、决策等主要方面看，为适应共享发展趋势，共享治理的路径正在探索和积累中。

在共享信息方面，要"用数据说话、用数据决策、用数据管理和用数据创新"，在感知中捕捉信息，精准把握社会复杂系统运行状况，为数字社会治理的优化、协同、高效提供基础信息。通过挖掘数据来研判社会问题、预测社会需求，实现大数据与社会治理的深度融合。

在共享资源方面，把数据在内的各类资源集中整合、有效配置。对碎片资源进行体系化融合和利用，注重融合传统资源与新的资源，在整合基础上，供各方治理主体在多层面享有和利用。

在共享协同方面，政府、社会、企业、个人在参与治理中要多元协同，包括部门协同、区域协同以及政府与企事业单位、社区居民的协同，拓展沟通渠道，整合业务流程，打通部门墙，实现协同治理。

在共享决策咨询和管理方面，利用大数据、人工智能、物联网等信息化手段，依托网络化、智能化"外脑"，支持社会治理科学决策，精准施策。这种方式的决策将改变传统封闭式的决策范式，会有超乎意想的高效率和智能化效果。

共享治理处于初步探索中，这些内容和形式将会在逐渐成熟中上升为不同的平台，真正使社会治理得到共享的便利，从而形成共享的治理格局，提高社会治理的综合水平。

# 共生、普惠、高效是共享发展的品质

新科技支撑的共享经济、共享发展有三个积极作用：一是化解不平等发展和贫富分化的问题，朝着全球普惠性增长发展；二是解决资源和能源短缺造成的问题，提高开发和利用效率；三是解决人与自然的矛盾，防范和抵御各种灾害，运用融合的新科技合作抗灾。在共享发展和共享治理的实践中，将会抽象出共生、普惠、高效的理念，反过来更好地指导和推进共享发展。

## 共生共治

共生是从根本上互利互依的关系，共生需要共治。经济、政治、文化等诸方面是一个社会系统，各方互为环境和条件才能成全社会，哪方面失调都会影响共享生态。人、社会、自然是个更大的共生系统，三者互为条件，共生共存。如果社会长期贫富两极分化，或争战不休，存在称霸的强国和受欺凌的弱小国家，社会就会解体。如果环境污染、生态破坏、物种减少、资源过度开发，唯人类独享，人和社会就会面临灾难，难以持续发展。唯有人、社会、自然在共生基础上，休戚与共，和谐相处，才能持久共存。

新科技的通用和协同，为巩固人、社会、自然的生态奠定了共同基础，公正的世界秩序是经济体、国家、国际、世界发展的共同原则。维护共生环境、创新共生模式、提高共生能力，是贯穿共享发展的重要品质。

维护共生环境。共享发展需要多元主体参与治理，共同创造价值，共享发展成果。无论社会怎样变化，坚守共生原则，就是建立和维护共享发展的包容环境。高层、中层、基础组织要包容共生，国家、国际、世界要包容共存。传统社会是这样，数字社会更是这样，因为数字化发展必然衍生数字化治理，呈现共生共享、共同繁荣的数字社会生态。数字产业越发展，细分场景越多，细分主体也越多，各家都在自己的细分赛道上深耕，围绕解决问题聚拢合作、各司其职。比如政府、企业、医疗、教育、人事等方面在治理数字化场景中，要本着共生、共享的信念，真诚合作，建立生态联盟，与越来越多的不同领域携手，共同建造繁荣的数字化产业新格局和新生态。

构筑共生模式。在人、社会、自然等因素构成的共生环境下，有利于政党、政府、企业、社会组织、个体等主体的共同生存和发展。与共生环境相适应，各主体间的互动也形成了共生模式，逐渐形成多元主体的多向合作关系。在此模式治理下，各主体关系不再是简单的主动"施力方"与被动"受力方"的单向关联，而是多向交互合作的常态，各类社会组织、企业、个体在接受政党、政府的领导与管理的同时，也能够主动"承担公共服务职能"，结合各自特点，解决熟悉范围内的各种矛盾和问题。

培养共治能力。在技术力量增强的共享发展环境中，要将培养和壮大人的素质和能力，作为未来治理发展的决定性因素。人类要主导系统、机制、模式的设计、升级，要有人类主导的撒手锏，这就需要在任何条件下都要提高人的自身素养，能够驾驭时代和未来的发展。提高人的能动性和治理能力，需要把握以下几个方面。

一是在数字化时代要寻找人的定位，谨防人们对数字智能技术的依赖，丢掉了人，或将人异化，要积极适应数字化，提高人的素质和能力。

二是防止人工智能颠覆人类。对人和数字智能系统做到知己知彼。数字智能的优势在于收集信息快，计算能力强，大数据等辅助决策作用好，执行效率高，区块链监管效果好。而人的优势是智能超越机器人，灵活应变能力强，对感情感知准确，能够主导决策，对复杂的社会治理远超人工智能。在两者的动态发展中，有可能此消彼长，人要掌握主动权。

三是善于从战略上学会支配和驾驭人工智能等数字智能工具。要在人机协作互动中，了解和掌握人工智能的运作。洞悉人工智能的自我升级，人类不可能超过人工智能的优势，但要在关键时刻发挥人的作用，如果威胁迫近，要勇于终止它的运行。

四是要机器人贡献人类。在人脑与电脑结合的研发中，防止人类的风险，别沦为人工智能的牺牲品。要把主动性、能动性留给人类。

用好共治手段。要将共享治理中应用到的科技、工具、软件纳入治理机制和操作环节，增强治理的客观性，形成社会性与技术性相统一的治理机制和模式，并赋予其更多的联动性、相关性、协同性、融合性、整合性，这样就容易克服纯人工管理易产生的个性、感情和利害的影响偏差。

当然，共治的技术手段不能脱离治理主体和对象的社会性和人性，使这些技术手段通过纳入机制，将人的主观能动性与技术和工具的客观功能性统一起来。注意随着技术、机器、工具的不断智能化，防止机制、模式中的智能技术和工具、软件渐渐摆脱人类的再设计，将人边缘化和异化，而由机器等因素自身衍生和设计，这既是进步又是风险。

实现共同治理。共享发展自然要靠大家共同治理，以解决不同主体之间，以及各主体所从事的不同工作之间的矛盾和冲突，尊重不同主体、事件的特殊性，促进和谐合作。无论遇到任何组织、人群、事件，都应当采取尊重、服务、沟通、理解、协同的治理工具和方法，以化解矛盾，减少和抵销冲突。

既要看到单一主体的直接利益、当前利益、局部利益，又要看到构成生态各方的间接利益、长远利益、全局利益。通过治理主体彼此约束，限制各自权利，扩大公共权利。比如，数字化推进中城市社会的治理，采用一网通办简政、一码通城便民、一数应用赋能的数字人的治理措施，就是将两类利益统一起来，既方便个人又益于社会。

## 普惠共享

数字智能技术的采用和渗透门槛低，用户成本低，从根本上降低了合作成本。数字信息具有非竞争性，即一个人使用产品不会损害其他人的利益，反而能为所有人带来更多的利益，包括竞争对手和消费者。如在线社交网络的使用，极大地促进了共享信息和数字产品的意愿，像音乐和书籍等越来越多的商品的数字化，扩大了共享范围。这些特征对解决发展不均衡，缩小贫富差距，实现全球普惠增长具有意义。数字科技的应用推进了互惠互利的共享社会行为，有助于扩大共享资源的圈子。不少人认为，这种协调多元动机的形式，适合解决复杂的社会矛盾。

在数字技术层面，人均GDP低于5 000美元的发展中国家，已达到与发达国家大致相同的技术渗透率。尽管采用数字技术也会带来技术性失业、私人信息被滥用、竞争政策滞后、不平等加剧、利用互联网手段的经济犯罪等问题，但解决这些问题正是社会走向普惠性增长、可持续发展的必经之路。

数字技术的充分发展，会使普通人、小企业全方位参与主流经济，获得更多机会；全球贸易的门槛不断降低，世界电子贸易平台将会成为跨境电商的最大风口，小企业可以成为跨国公司，年轻人也可以全球化运营；绿色低碳成为每个人的生活方式，全球的可持续发展将展现前所未有的可能性。过去几年，移动支付让小微商家开展数字化经营，随着技术的国际合作，越来越多的国家的小企业和个人能从数字普惠服务中受益。

在非洲，一杯环球旅行的咖啡也揭示着数字化的未来。过去卢旺达的咖啡只能以原材料的形式出售，价值被低估，现在通过世界贸易平台，中国消费者和卢旺达咖啡零距离接触，咖啡每公斤多卖出4美元。甚至连卢旺达的驻中国大使也参与到国内的电商直播中，10分钟卖出1吨咖啡。从卢旺达的咖啡馆到杭州的直播间，连接万里的是数字技术。在世界贸易平台上，通过政府、企业、机构等多方协作，为全世界的小企业和年轻人参与全球贸易提供了机遇。

科技创新带来的不仅是增长，还革新了增长范式，低碳、绿色、可持续的发展也在重塑世界。内蒙古清水河县的生态植物沙棘，一株可以守护10平方米的水土，同时其果实具备很高的经济价值。一对农民夫妇在冬天靠采集沙棘果，可以多收入3万元，这是他们一年种地收入的8倍。过去3年，支付宝的蚂蚁森林项目鼓励人人参与，在5亿人参与生态环保的同时，这些新种下的沙棘所产的果实还能生产果汁，创造就业，助力当地脱贫增收。

这个模式已经在菲律宾得到复制，并被更多国家的贫困群体所期待。在数字技术带来的机遇面前，独行快，众行远，用开放合作共赢的心态才能走得更远。

数字技术在促进普惠性增长中需要关注以下几个方面。

第一，数字技术是普惠性增长的重要驱动。在降低数字技术使用门槛的同时，要着眼于提高用户的技能水平；善于搭建和运用数字平台，提供新的交换和协同方式，促进经济一体化和社会融合。数字渗透需要公共部门和私营部门之间的有效合作。可以预见，具有普惠性和可持续性的新发展范式正在形成。数字智能技术会支持构建有凝聚力和可持续的世界。

第二，良好的生态环境是最普惠的民生福祉。围绕节能环保、清洁生产、清洁能源、城乡绿色基础设施等领域，开展产品设计、生产、消费、回收利用等环节的绿色关键技术推广转化与应用；实施工业低碳行动和绿色制造工程，构建覆盖全产业链和产品全生命周期的绿色制造体系，形成绿色制造业集群，培育新能源及智能汽车、绿色环保等战略性新兴产业；运用现代科技手段完善环境污染问题的发现、风险预警和应急处置机制，研发空气、水、土壤等方面的污染防治技术，提升生态环境治理水平。

第三，布局农业科技战略力量。突破农产品种植技术和加工技术发展相对滞后等瓶颈制约，促进科技成果与生产实际应用紧密衔接，通过发展智慧农业，并以科技创新加速推动农村生产生活方式变革，培养新型职业农民，营造良好的农村科技创新生态。

## 赋能高效

资源和能源有限，要通过简约开发和利用资源能源实现共享，提高资源能源的利用率。要防止一边奢侈应用、无效重复和浪费资源，另一边又无资源可用的极端现象。未来的自动智能汽车，想必也会像今天的单车一样被共享。有专家研究认为2030年是私家车的终结，如果美国实行共享汽车，只需现在车辆的1/5就够了，可让城市街道上的汽车数量下降60%。如果全世界都能逐渐共享自动驾驶汽车，就可降低道路安全事故90%的发生率，降低道路基础设施消耗，动态限速，减少拥堵停留，提高路面利用率和通过率。美国《科学》杂志2018年发表的一篇文章认为，在一个"8字形"的公路试验场景中，当14辆车中加入一辆自动驾驶车，可使车流速度翻倍。而且新能源车能降低油耗，自然减碳，实施全天候运输，车路协同管理，自适应的智能信控，预约出行，可以节约原来汽车制造过程所投入的大量能源资源，节约大量人力成本和用在通行上的时间，从而提高交通运输出行的综合效率。[①]

---

① 资料来源：牛弹琴.重大变革已经开始，将改变我们所有人［EB/OL］.百家号，2021-12-02. https://baijiahao.baidu.com/s?id=1717988365598524630&wfr=spider&for=pc.

数据资源成为重要生产要素，资源的流动和配置将会打破共享共用前的壁垒。我们已经进入数字技术广泛应用的时代，数据成为最重要的资源，数据越多、分析能力越强，就越能在数字化、智能化浪潮中掌握先机。数据正在成为企业、产业乃至国家的战略性资源，数据驱动的技术研发和应用创新能力，将直接影响竞争优势。推进数据互用、利益共享、风险共担，需要安全有序的保障。要通过探索建立统一规范的数据管理制度，提高数据质量和规范性，丰富数据产品，明确信息安全与隐私保护的边界认定，保障企业数据、商业秘密、个人隐私等合法权益不受侵犯。

数字智能科技强化和提升了资源、资本、劳动等生产要素的功能。特别是数据、算力、算法等技术，在融合、改造和提升传统生产要素中，极大地提高了整体效率。在应对各种自然灾难时，人们认识到多数灾害是人类与自然的矛盾导致，在合作防灾、抗灾、避灾的科技研发中共同努力，不因专利限制和利益牵制而影响实际使用，从人类共同利益和命运出发，减少协调上的扯皮、制度和意识形态偏见，从而提高效率，使其更加有效。

总之，新科技革命和新生产力锻造的共生共享的经济社会，会将全世界的资源、力量、勇气、智慧汇聚起来再释放出去。数字智能经济的资本共享、资源可得以及广泛的公共服务，意味着未来一定是更加开放和共享的社会。

# 第十章
# 对未来的挑战

19世纪以来，科技在给人类创造巨大福利的同时，科技产生的负效应也逐渐呈现并扩大，比如两次世界大战的爆发、环境问题的出现等使人们意识到，必须对科技的负效应加以限制。新科技革命，在给人类带来智能、基因、材料等新技术的同时，又在传统负面效应的基础上，出现了科技与人的异化、与自然的异化等新问题，引发了新的矛盾，给社会发展带来新的挑战。

## 新科技带来的异化现象

新的科技成果在广泛应用和产业化推进中，促进了生产力变革，带动经济社会转型，极大地改变着我们的生产、工作和生活方式。在新科技革命推进社会发展中，人们尽力把科技优势应用到最大，把科技的负面效应压缩到最小。尽管如此，在科技普遍应用中仍然存在新的矛盾。一些科技成果的运用，特别是人工智能正在渐进地改变着自然状态下的人，出现了一些人的异化现象，有违科技发展的初衷。对此，应当正确对待，积极处理，除了使用经济、社会、制度、法制等办法解决，还应通过科技探索的方式来解决。

## 社会现代化与人的自然性的矛盾

新科技运用日益提高着现代化程度，带来浓重的现代化氛围。现代性发展在强化和改进工作中，提高了质量和效率，让人们经历和感受着现代化的舒适和欢乐，兴奋于那些新颖、方便、快捷和快乐的享受，而暂时忽略了它的负面影响。其实，有些技术及其产品的负效应已经潜伏，特别是智能技术在改造传统产业和装备时，有些与使用它的主人很不协调，使人的某些自然属性受到影响，长期使用会使人的某些自然功能减退。

比如，过于依赖电子产品，方便完成许多之前耗费很大精力才能完成的事情，长期如此，养成习惯，便事事依赖电子产品，或者痴迷成瘾，大大减少了人们亲自动手动脑去做事情的能力。常有媒体报道，青少年因沉溺于电子产品而导致社交能力退化，抑郁症、孤独症等心理疾病的发病率也呈上升趋势。有些老年人难以适应网络和数字化，不能轻松进入网络，难以利落地使用手机，带来心理上的疏远，面对社交媒体新方式则更加孤寂，形成数字和网络鸿沟。即便和家人、朋友、邻居休闲相聚，但其他人更多时间在用手机，减少了与老年人的面对面交流。处于成长期的青少年，缺少自律，难以抵挡现代技术及其产品的吸引，网络上的一些内容较早地催熟了成长中的他们，影响了他们的自然成长。部分青少年习惯性地沉浸在网络时空和游戏中，依赖和过度使用电子产品，引发家庭问题、教育问题、健康问题、社会问题。这种状况久了，不仅人的身体受影响，人性也将受到侵蚀。

兰登·温纳（Langdon Winner）指出，生命的动力其实永远都一样，只要人类把自己的生命倾入器械中，自身的活力就会随之缩减。人类的精力和性格转移后，就变得空虚，但人类可能永远察觉不到空虚的存在。这种矛盾应当在技术创新和运用中予以协调，多一些对老年人和青少年运用数字技术及其产品的引导，设置一些容易导致负效应的限制，开辟一些新技术与传统方法并存的系统，方便使用者选择，多生产一些让使用者简单操作即可用的技术产品，并在新技术开发和转化中，尽可能赋予新技术及其产品更多的自然属性，始终把人的自然性寓于现代性和新技术及其产业发展之中。

## 社会快速发展与人类心理缓慢发展的反差

科技成果涌现、新兴产业推进，加快了生产、工作、生活、社会的节奏，而具有自然和社会属性的人类，似乎正在被这些科技成果物质化、机械化、数字化。有人问，面对人工智能来袭，人类会变成半机器人吗？人的心理适应性有限，有些人的心理不能随着科技和产业的发展同步加速，还可能落下一些步伐，难以跟上飞速发展的现代社会。这就可能让一些人在心理上与社会快速发展形成反差，引起紧张、压力、恐慌、失望、绝望，甚至患上抑郁症等心理、精神疾病，严重的甚至会自杀。这就需要将新技术应用和产业化的过程，尽可能置于科技与人文的协调之中，处理好技术、社会、制度、心理等方面的关系，把新技术的推进与数字治理结合起来，调适推进步伐，倡导心理校正，以人为本，设法解决各种不适症。在正确引导、综合治理的同时，考虑技术改进的对策，如同乘坐高铁列车，不增速玻璃等技术和设施能够缓解压力一样，也需要在各项技术发展和应用时，有一些改进方案，用技术革新的办法解决新技术带来的问题。

## 自动化升级与人自身功能退化的矛盾

发达的科技给人类生活带来便利、效率，促进社会进步。但科技的双刃剑性质，开始引起人们的警觉。对科技不能一味欢呼雀跃，开怀拥抱，盲目追随，唯恐落后，还要考虑新技术将把应用它的人引向何方。自动化升级，人工智能迭代，数字时代的便捷，一切都在加速文明，而人类原来的劳动技术被自动化的机器或人工智能取代，机器帮人类做的事情越来越多，人们熟悉的事情越来越少，企业用人需求会逐渐减少，这将造成失业率增高。数字智能机器的使用，仍然会有污染源、辐射源对人类健康造成损害，而数字网络科技的发达，也将使人们的隐私等个人权益受到威胁。

可以说，数字智能技术带来的强大计算能力和数据传输功能，已经成为我们日常工作和生活的得力助手，生产过程高度自动化和计算机化，让劳动者多在分散、独立的情况下工作，造成人与人的隔离，使人孤独、寂寞起来，使得在市场关系中已经冷淡的人际关系更加疏远。智能手机等各种智能机器成了我们的外置大脑，速度快、内存大，任何资讯信手拈来，过去花几天时间背的知识点、思考的问题，手机几秒钟就一字不差地呈现出来，或找出相关的资料作参考，完全不需要费脑记东西，人的记忆正在移交给搜索引擎。长此以往，人们的大脑会不会变弱？其实，一些人正在丧失深度阅读和思考的能力。由于机器自动操作或人工智能的大量运用，人们休闲、娱乐的时间多了，无疑会导致人的动手能力、反应能力降低和退化。比如说话少了，语言能力会不会退化；与人交往少了，交际能力会不会退化；学习少了，学习思维能力会不会退化；行动少了，四肢能力会不会退化？当许多生活和服务上使用的机器人降到足够便宜的价格，更多家庭和单位的工作会由机器人取代。高度的自动化、智能化，将会使人很少施展手脚功能，甚至都不用动脑去思考，会不会造成人的肢体、肌肉萎缩，会不会导致人的智能退化？对此，务必要注意技术和产业的先进造成人的落后，走向人类进步的反面。

解决这样的矛盾，要处理好自动化与人的分工合作，防止人类一方面通过基因、生命科学、人工智能优化体质，向善进化，另一方面又通过人工智能、高度的自动化取代人的功能，退化或弱化人类自身。当然，在智能手机普及的今天，我们更应该学会约束自己。智能手机虽然便于传输信息文件，方便我们的工作和生活，但也在不断吞噬我们的时间。我们不妨理智地利用智能手机，利用碎片化的时间，在手机上阅览自己需要的各种信息资料，而不是简单地接受推送来的内容。要习惯零碎地接收和体系化地整理，要习惯面对无主题信息呈现而有目的、有选择地接收。否则，任凭网络推送和自由接受，将会让网络信息像垃圾一样包围和淹没自己。

要让手机成为学习和工作利器，防止它成为纯粹的消遣工具。未来人工智能系统的发展不应该是黑匣子，应当透明可释，使人们能了解每个机器决策的来源和过程，从而使之成为帮助人类完成烦琐复杂和重复工作的助手，而不是取代人类的超强机器。

## 智能机器的价值与人的价值的反差

智能技术及其产品是人类劳动的成果，是人的价值的体现，这些技术进入产业将成为常态。现在，智能机器的一些作业环节还在受人操控，在许多智能机器严格的生产标准面前，人不能临场发挥和展示自己的想象力和创造力，久而久之，人被体制化为机器设备的一部分，慢慢丧失人的劳动和创造的价值感。由于自动智能程度很高的机器少有人操控，它们可以直接生产出产品，这样的条件下，未来的人似乎成为多余，人类具有价值的创造和劳动将随之减少，甚至会丧失。劳动价值在于人的劳动，而人工智能、机器人参与的劳动比人参与的劳动多，且还能独立产出成品，如此人与人工智能的价值反差，会让人心生落寞。人工智能既是人类的巨大创造，又会因此让担忧、不安乃至惶恐的情绪在人群中蔓延，来自未知的力量会让人无所适从。

人们不知道人工智能究竟是装满了灾难的潘多拉魔盒,还是一部通往更高级人类文明的电梯。唯一可确定的是,盒子已经打开,电梯的按钮已经按下,没有人可让这一切停下来。要么人工智能高质量地服务人类,提升人的价值;要么它就会成为人类最后的一个杰作,异化了人类自身,让人成为人工智能的奴隶。现在很多公司通过算法计算每个候选人的面试过程,把性格能力等都换算成数据,得出六维分析,再进行筛选,这种行为是否属于"物化"的范畴?凯文·凯利引用工程系学生布仁德的话,这个学生花了两年的时间体验阿米什人的生活,他说:"重现维持生命所需的人类能力只有两种结果,一是人类能力停止发育,二是重启智人和机器之间的竞争。对于有自尊心的人来说,两个结果都令人不快。"科技会慢慢腐蚀人类的尊严,让我们质疑自己在世界上的角色和自我的本质。[①]

埃隆·马斯克在一次接受访谈时说:"我们需要小心人工智能的到来。"谁在使用人工智能,谁在控制人工智能,人工智能会符合大众的最大利益吗?比如,人们有时候用手机就会想,谁是谁的主人,似乎用手机的人成了手机的奴仆,人们总是在不断地回复手机上的信息。我们觉得自己拥有手机,但也许应该问问自己,手机是否拥有我们。通过人们与手机的每次互动,有效地训练了数字群体思维,增强了手机的功能。对此,不能消极和悲观,要清醒人工智能是人的创造,受人控制,大量的人工智能需要人机协作,在向强人工智能发展中,需要始终向其灌输人类的价值观,使其受到科技伦理的限制,受到人类决策和监管的制约,从各个方面体现人类的责任和担当。特别要防止一些人在人工智能研发上铤而走险,走过了头。这要求人类不要忙于在国家、地区间残酷地竞争、冲突,甚至战争,不要在人类之

---

① 资料来源:凯文·凯利. 科技想要什么[M]. 严丽娟,译. 北京:电子工业出版社,2016.

间相互为害和残杀，要把人类与外部世界的关系作为最主要的矛盾，构建人类命运共同体，共同应对科技和其他因素带来的风险。

## 防范和消除异化问题要明白几个关系

有些异化现象表面上是为了提高和延伸人的功能和智能，实际上有违人性和安全。对此，要从几个方面来认识、防范和解决。

一是人的极大化与极小化。比如通过智能化延长了人的四肢，通过人对机器人的操控可以了解月球、火星上的情况，通过数字智能技术人们可以轻松地做出正确的决策，人的功能和智能似乎提高了。通过机器人替代人的劳动进而使人可以更多地休闲、娱乐，从事更加高尚的工作，提高了人的地位，应用这种方式人类可以变得极大。但是，当人的体力劳动甚至脑力劳动被人工智能取代后，人的四肢和思维能力有可能退化，又会造成人的极小。即便人的功能和智能延伸至火星，如果智能的东西脱离了人，那对人没有好处，且很可能是危险的。人工智能无掌控地走得越远，对人类危害越大。这就需要在极大与极小之间搭建桥梁，让极大不要带来极小，否则表面上人的功能和智能极大，事实上却是人在萎缩、退化，变为极小。因此，人工智能延伸和扩大人的功能和智能，不能危害人自身的正常功能和智能发展，或者要人工智能与增强人的自然功能、智能相适应。不能以人的异化为代价换取人工智能的成功。要将适应性作为极大与极小的中间桥梁，否则极大与极小本身就是矛盾和鸿沟，处理不好，就不是大和小的问题，而是会演化到毁灭。

二是智能与体能。人工智能机器人的大量应用，会使人与机器人在脑力劳动与体力劳动上有个大概分工，有利于人的脑力和智能的增强。但是，四肢活动和感觉器官的作用减少，就会使反映系统与决策系统不协调。表面上人类把时间和精力集中在了脑力劳动上，而人的智能活动又没建立在自身的亲身体验和感官上，灵肉分离，这样的长期不协调还能有正常的智力吗？会不会将人的思维碎片化和分裂化？决策所依靠的材料来自人工智能的体验和感官，缺少人的自身感官的智能还能做出正确的决策吗？虽然人工智能提供的基础材料会更精准，即便人的智能不受影响，那么在沙特获得公民身份的机器人索菲亚，前几年就说要毁灭人类，这是开玩笑吗？如果人工智能发展得更先进，到处是机器人，它们联网在一起，那句话未免不是威胁。在未来决策中，人类完全依赖人工智能提供的情况做依据，或者人与人工智能一起决策，如果机器人夹杂一些自私的东西，或者不客观的依据，我们会放心吗？随着机器人的迭代升级，超越人的智能，人的智能与体能被机器人全部取代，是人的胜利还是人工智能的胜利？未来的人机关系会不会变成目前人与动物的关系呢？智能生产力的发展，要从保护人、促进人的健康方向出发，宁肯慢些，但要安全，以人为本。

　　三是异化与协调。人的生物性与社会性是在长期发展中形成的，包括人的体能与智能的协调、人的自然性与社会性的协调。这些协调依靠人的内在机体运行和保障。然而，现在人工智能等科技对人的各个功能的部分替代，与人的协调性是没有逻辑的，无疑会造成人的部分功能异化与人的整体功能的协调性问题，只能靠人的渐渐适应去养成彼此协调。即便有人因健康原因更换器官、戴上假肢，虽讲究适配，仍然会有排异现象。因此，现代科技带来的人的异化，值得引起重视，应当在人工智能等科技及其相关工具取代人的功能的时候，事先多些相关的研究，就可以排除后患，真正保障人类安全，保全正常的人性。

　　新科技革命注定要影响未来。无论未来怎么变化，尽早防范、应对和消除科技的负面效应，只会为未来增光添彩。人-社会-自然系统健全发展，是任何社会的基本追求，如果科技导致人的异化，就会抵消和削弱科技的正效应。因此，新科技革命的未来势力，既要朝着创新，又要朝着解决既有矛盾的方向，才会巩固和扩大科技革命的优势和影响力。

## 新科技及运用带来的挑战

任何先进科技都有自己的局限和不足。除了上面涉及的科技异化问题，新科技自身的漏洞、应用中的问题及监管方面的薄弱，也会引发相关风险。

### 缺少良性循环系统导致的技术漏洞

信息技术蓬勃发展，信息安全问题如影随形，较典型和普遍的是用户信息和隐私泄露，应用操作失误率反映出技术还不够成熟和严密，监管松懈使得本应防范和处理的潜在问题变成现实。这些看上去细枝末节的问题，无形中会影响到信息技术的优势，放大了技术本身的问题。这些问题带来的危害是，导致个人隐私泄露与个人权益冲突、管理监控与个人自由冲突、复制的技术和软件与保护知识产权冲突等。突出的问题及其危害，是在各种信息网络数据技术融合和衔接中出现问题，产生缝隙，难以缝合，造成局部与整体的冲突。本来每一个技术都是完好的，就因为系统衔接欠严密、忽视应用环节规范、监管粗放，造成各种问题和危害，影响新技术的声望。

将各种问题集中起来，关键还是相关技术的融合和系统问题。以互联网和信息技术系统为例，它涉及三个层面的信息安全问题：一是基础网络运营的漏洞和安全问题，二是设备和终端制造及软件开发服务的漏洞和安全问题，三是互联网企业及其行业的运用方面存在的安全问题。三个层面都有不同的技术、管理和安全问题，既需要各自在建设中完善技术，持续升级提高，又需要处理好三者之间衔接和关联方面的技术、管理和安全问题。越是相互融合，越需要注意合作中的缝隙，加强对信息数字技术和产品各部分的协调和整合，共同维护信息数字和网络安全。基础网络如果有问题，就算设备终端和软件以及互联网企业再有安全保障，也难免会出问题。设备终端如果有安全问题，就算网络基础和互联网没问题，那同样会影响到整个系统。因此，只讲究系统中一个环节的技术严密，而没有整个系统技术的衔接是会出问题的，问题就取决于木桶的那块短板。

除了上面提到的层次性系统，还有技术、应用和监管横向系统问题，某个环节出问题，同样会造成全局性问题。系统带来的技术漏洞会是多方面的。

在技术上，比如，物联网、车联网、5G等技术的发展，使身边的一切设备正在变得智能化，但也暗藏风险，尤其在远程办公流行的节点下，一些技术安全性较差的智能家居产品成了黑客攻击的重点对象。比如，易攻难守的企业数据被黑客技术不断侵入，数据被盗事件屡见不鲜。或者人工智能缺乏透明度，人类并不总是清楚人工智能的决策，人工智能缺乏中立性，人工智能在影响数十亿人的生活，以至于在改变社会中，对伦理甚至人的含义提出挑战。虽然人们并没有注意到这些挑战，但它们往往会以渗透和渐进的方式产生深远影响。在科技发展的各个阶段，都会衍生出不同问题，而问题也会倒逼社会发展。乐观来看，AI换脸、人脸识别、黑客猖獗，增加了人们对安全与隐私的讨论，促进立法探索；智能互联车辆故障频出，倒逼辅助驾驶技术变革。技术的局限性最终要通过技术进步的方式去克服。对于不成熟的技术，应在发现问题的基础上，反馈给技术研发部门以求解决，跟随技术的进步，靠新一轮科技研发去解决，用更高的技术弥补缺陷。对技术问题不能通过否定技术本身的方式进行，有的技术问题，不能简单淘汰，弃之不用。解决技术方面的问题，没有统一的方案，也没有一劳永逸的办法。

在技术应用上，现在线上办公、线上教育、线上就医中出现了问题，就要在有效利用新技术和改造传统形式上下功夫。5G的出现就解决了4G条件下存在的问题。随着时间的推移，远程工作、远程教育、远程医疗必然会像互联网改变传统商业及支付模式一样改变当下的工作形式。如果只是机械地从线下搬到线上，任何工作都会显得过于"简单粗暴"。

技术应用更多的问题，是如何正确对待智能自动化设备的应用问题。

一是设备固有的问题。电子产品及其应用软件，受空气湿度、温度、振动等环境因素干扰较大，恶劣的外部环境直接影响其使用寿命或导致软件的程序错乱，使系统出现功能性故障，以至于影响生产。电子设备即便存放不用，也会自然老化而失去作用。

二是对设备或技术更新不及时的问题。面对昂贵的自动化设备费用，为权衡其投入成本，往往不愿及时将使用的设备或技术按设备厂家的要求更新，以至于管理技术得不到更新和提升。

三是电子产品硬件的损坏问题。比如电脑/监控电脑冷却装置损坏、控制电路板短路烧坏、接口或插接线路故障等。

四是应用软件方面的问题。程序错乱、莫名其妙的死机、控制电脑中毒等。技术应用要严格遵守操作规程，该淘汰、该检修、该排障的，都要及时、到位、完善，不能因小失大，迁就成祸。

在防范和监管上，人脸识别技术已在多行业、多终端进行应用，但由于隐私层面缺乏有力监管，出现不少诈骗事件。随着线上娱乐、语音或视频聊天等社交类软件的涌现，拓展了人们的社交渠道，增强了部分人群的连接效率，由于存在使用门槛低、内容隐匿性强等特点，而"深度伪造"技术则利用机器的深度学习，实现图像、声音、视频的篡改、伪造和自动生成，产生高度逼真且难以甄别的效果，这既是新技术应用中监管还难以适应的问题，也是有些平台和应用者有意规避监管的问题。

现在已经有一种伪造真人视频的人工智能技术出现了。2017年7月，华盛顿大学开发出"可伪造真人视频"的人工智能技术，可将音频文件转化成真实的口型并嫁接到视频中特定的人脸上，生成难以辨别真伪的伪造视频。也有了金融领域里不留痕迹的信息窃取技术。

在新技术新应用尚未造成较大影响时，要提前介入监管，要明确画出红线，提早打预防针。在对一些技术"事前规范"的同时，应着力提升监管技术，用技术管住技术，以此来提高监管实效和质量。要注意检查安全与发展的数据开放保防体系。对于有的技术问题，需要加强系统维护，提高安全管理能力，共享规范的标准。对于管理不善带来的技术问题，要利用严格的管理与监督措施来校正和保障。

## 传统手段难以驾驭和监管科技的新问题

随着新科技的广泛运用，一些技术监管问题被提出来。

1.在法律上，如何更好地解决数据的所有权及其作为物权衍生的占有、使用、收益等各项权属的立法问题。

2.在监管上，怎样识别和保护网络平台加工整理用户信息并保证对用户进行身份建构后的信息不被用于非法的数据交易；怎样防止线上线下结合中用户数据信息在运用后不被人们收集、交易和利用。

3.在技术上，如何把区块链技术用于保护用户隐私和自由的信息交流，发挥其解决数据的确权、定价、存证、信用和溯源的作用，让利益经过若干年后，依然能够返还到数据所有者手中。

4.在执法上，怎样解决用户被侵权后较难在虚拟场景中提供证据和线索配合侦察的问题。

5.在维权上，如何处理为公共安全利益而利用或限制网络带来的对无辜公民网络权利的影响。

如果说互联网、物联网、云计算、大数据、人工智能等都是新的生产力要素，而与此同时的监管除了运用市场管理、宏观调控等手段，也要发展代表新的生产关系的因素，并相应地监管具有新生产力要素的对象，这就要运用新的监管方式，使监管方式与监管对象相匹配。大数据、区块链技术、人工智能等技术会衍生出许多其他应用。比如虚拟货币，可以记录数字货币的财务交易；区块链技术能为各类事物提供登记服务，包括出生证明、所有权证明、结婚证明、学历证明、保险权益证明、医疗程序证明、投票过程证明等。只要能用代码表达的交易都可以用区块链技术进行登记。一些国家和机构正在发挥区块链的数字信用和监督作用。有的利用这项技术对土地使用权进行管理，有的正测试该技术在公司登记注册方面的应用。这些自有的和自发的功能如何与监管系统统一起来，使大数据、人工智能、区块链等技术都能在决策和监管中派上用场，用来改善和加强管理。这些都需要统筹安排，在改造传统手段的基础上，形成新的机制。

## 网络技术广泛运用夹杂着国际攻防

网络是提升人类文明的重要方式和载体，是现代社会的重要资源。网络空间是人类的共同家园，随着网络技术的广泛运用，各国加强了网络安全的攻防。

网络起源于美国，它独步网络世界，为所欲为，直到斯诺登事件犹如炸雷，网络安全问题才惊醒世界。实际上相比数字信息技术革命之前的国家安全问题，无论是传统安全还是非传统安全，网络安全问题都具有自身的特殊性。且不讲在网络攻击方面大的举动，即便是一般的网络攻防也需要资源、技术和网络水军。美国《连线》杂志2019年2月19日报道，有一种衡量黑客技能的新"标尺"——"突破速度"，即从黑客首次入侵一台电脑到扩大其"特权"或从受害者网络进入其他机器的时间。美国是互联网缔造者和网络战的始作俑者，无论是资源还是技术，都有极大的优势。①

伴随网络技术的飞速发展，网络攻击模式会有很多不同，不仅是技术层面的增长，网络防御手段也会变得更加完善。网络的攻击技术和防御技术将会得到人们越来越高的重视，尤其在国家之间，信息安全竞争会越来越激烈。现在许多大的互联网公司频频遭受黑客攻击，信息安全作为一个全新的领域，面临很大的挑战和机遇。网络安全应用造成的漏洞已经司空见惯。2019年12月，西门子公司向全球发布公告称，SPPA-T3000应用服务器存在19个漏洞，SPAA-T3000MS3000迁移服务器存在35个安全漏洞。在这54个漏洞中，有些还是严重漏洞，可被用来进行拒绝服务（DoS）攻击或在服务器上执行任意代码，全球电厂或将遭遇大断电的重创。我们对任何漏洞、黑客攻击，都不能掉以轻心，尤其是在工业控制系统等关键基础设施面临威胁时，更不能有丝毫懈怠。②

然而像现在整个国际体系一样，尽管存在各种缺陷和不足，尽管处于战略焦虑期的美国不断威胁和挑战，从较长的时间段观察，全球网络安全态势整体上的发展和方向，仍处于稳健、渐进、良性的进程。随着世界各主要国家网络主权意识觉醒以及技术水平提升，捍卫网络主权成为各国的神圣使命和国家功能，网络空间的角力将会不断加剧。随着新技术不断涌现，主动塑造互联网新架构正在成为一种趋势，大国、强国对网络主权的主张、维护和争夺更加鲜明。

美国主导的国际互联网有自己的计划架构。2018年美国公布的《国家网络战略》标识了美国的网络领地。美国一家独大，掌握国际互联网管理权，以及强大的网络空间军事部署力量，使其他国家难有安全感。美国把全球互联网体系当成自己的地盘，站在互联网缔

---

① 资料来源：王盼盼，王会聪. 美企给各国黑客排名却没排自己，专家斥：美国黑客才是世界第一［N］. 环球时报，2019-02-21.
② 资料来源：国际安全智库. 西门子T3000爆出致命漏洞，中国发电厂要当心［EB/OL］. 2019-12-17. https://www.sohu.com/a/361164551_651522.

造者的角度，认为在网络空间跑马圈地、掌握控制权理所当然。这也说明安全问题是各国对抗、竞争最激烈的领域之一。美国曾将中俄等国与恐怖主义并列为网络威胁，这是极大的错误。2022年3月2日，网络安全企业360公司发布题为《网络战序幕：美国国安局NSA（APT-C-40）对全球发起长达10余年无差别攻击》的报告，指出NSA利用网络武器对中国、英国、德国、法国、波兰、日本、印度、韩国、阿联酋、南非、巴西等全球47个国家和地区共403个目标开展网络攻击。该报告说明了美国对中国进行了大规模、长时间、系统性的网络攻击，严重危害中国关键基础设施安全、海量个人数据安全以及商业和技术秘密，严重影响中美在网络空间的互信。

特别是NSA"特定入侵行动办公室"，以日本、德国、韩国等为跳板，在荷兰、丹麦等国设置相关网络武器托管，控制中国相关关键基础设施，向西北工业大学内部网络深度渗透，窃取大量账号口令、身份验证、系统日志、访问权限、文档资料、网络配置等关键敏感数据和敏感人员信息。美国还秘密控制不少于80个国家的电信运营企业，对全球电信用户实施无差别的通信监听。越来越多的事实一再证明，美国是全球网络安全的最大威胁。世界各国应当共同抵制侵犯网络主权、破坏国际规则的霸权行径，共同营造和平、安全、开放、合作的网络空间。

2018年12月，俄罗斯提出在遭遇外部网络攻击时使用俄罗斯主权网络Runet来保障国家网络安全，主要是通过暂时"切断"网络连接，转用俄罗斯主权网络Runet，以确保网络安全，俄罗斯对此进行了演练，同时优化现有网络结构。2022年3月在俄乌冲突中，伴随西方国家提出的对俄制裁，乌克兰官员请求互联网协管组织（ICANN）以及欧洲网络协调中心（RIPE NCC）撤销域名".ru"".pф"".su"，还要求关闭莫斯科和圣彼得堡的根服务器。面对这种威胁，如果没有任何的预防和应对措施，俄罗斯的整个互联网生态系统会受到严重打击，而且民用互联网更容易受到攻击，普通民众的银行证书和网站密码泄露的可能性会大大增加。但这对俄罗斯政府和军队几乎不会产生影响，因为俄罗斯已布局Runet，这说明俄罗斯有先见之明。

维基百科资料透露，即便俄罗斯断网，也影响不大。俄罗斯至少有H和K两台辅根域名服务器，绝大部分解析到LDNS（本地域名服务器）即可完成，虽然到了需要访问根域名服务器返回gTLD Server（主域名服务器）时会有问题，但也可以采用根区数据备份并搭建应急根服务器来解决。当然，互联网和物联网的基础设施庞大而复杂，让整个国家"断网"并不像按动开关那么简单。最终，互联网协管组织拒绝切断俄罗斯与互联网的连接。

中国倡导互联网"和平发展四项原则"，在纷繁复杂、争端加剧的网络空间态势下，倡议"携手共建网络空间命运共同体"。中国在自己的范围把这些带有方向性的战略转化为具体行动，有效应对网络空间威胁和挑战，并逐渐完善相应的治理方案，努力建设网络空间新架构。

印度也十分重视数据安全，对电子商务做出新规定。印度央行要求各家线上支付公司，将所有用户数据存储在印度服务器上，要求亚马逊在印度本地设立数据服务器。

网络攻击是全球面临的共同威胁，在维持全球网络空间的安全、稳定和繁荣上，中、美、俄等国在具体议题上曾有尖锐分歧，但也达成过基本共识。对网络发展中的安全威胁，需要切实采取负责任的态度，运用整体思维、攻防视角、动态模式去应对。需要融合全球安全大数据、威胁情报与知识库，以"看得见、守得住"的网络安全防御能力，依靠安全专家等资源，全面应对高级威胁，对抗越来越复杂的网络攻击，共同维护网络空间和平与安全。

## 新技术构成的平台存在垄断风险

新科技形成的平台垄断形式多种多样，比如强制平台上的商户

"二选一"、各种霸王条款、收取超额中介费和不当的额外费用、任意延长账期、恶意关闭平台数据接口、支付工具的排他性设置、基于大数据的价格歧视、肆意侵犯数据隐私权、低于成本价和补贴等方式的掠夺性定价、基于算法的价格合谋、旨在操控市场的合并，以及超级平台与金融"融合"所带来的财团化、不受限制的并购、跨行扩张和"占位"等，凡此种种，不一而足，会对各行各业的新创企业，特别是小微企业，以至于整个经济的竞争和创新造成压制。

一些超大的平台企业几乎与上述的每个问题都有关联，其寡头和掠夺性备受质疑。由于大平台创新受商业利益驱动，平台能够获取创新的大量收益，却没有承担由此带来的全部成本，从而损害公共利益或其他经济主体的利益，导致平台的私人成本与社会成本之间严重背离。这就需要监管者对平台创新的社会收益和社会成本进行权衡。

P2P网贷曾被视为金融科技领域的重大创新，在中国曾经达到数千家平台，借贷余额高达数万亿元。结果由于平台存在欺诈和失德行为，让大量投资者血本无归，给整个社会带来巨大的成本，包括对社会弱势群体的伤害、诱发社会性的金融投机行为、加重社会资金脱实向虚的不当流动、引发群体性事件以及暴力催收等犯罪行为、扰乱金融秩序等。此外，在图书零售行业的线下实体店，曾联合抗议平台的低价倾销行为；许多城市的出租车司机因质疑其合法性，抗议网约车平台的运营；还有线下商店的衰落以及线上零售的蒸蒸日上；在教育、医疗、金融等领域，利益冲突也显而易见。互联网的"创造性破坏"不停，这种利益冲突就不会消失。[1]

有人把这种现象归因于互联网等新技术带来的不平等和社会分裂。一是互联网等新技术使收入分配更加有利于资本而不是劳动，加

---

[1] 资料来源：李红升．马云和阿里巴巴为何陷入困境？[EB/OL]．爱思想网，2021-01-07. http://www.aisixiang.com/data/124244.html.

剧财富向富有阶层集中的趋势；二是更加有利于受过良好教育的高技能劳动力，而不利于低技能劳动力；三是大量中等技能岗位也面临着被互联网等新技术替代的威胁，其中许多人将会向下流动到低技能行业，从而进一步加剧低技能劳动者市场的竞争。[1]

## 长期存在的科技负效应和威胁

近代工业革命以来，科技带来环境污染、生态破坏、危害健康等问题，随着科技的加速发展，带来的负面效应更加严重，已经引起国际社会的普遍关注。

在环境污染方面，虽然科技为社会创造出巨大财富，给人们带来实惠。但是弊端逐渐显现，首当其冲的是生态环境。蒸汽机开启工业时代以来，以消耗自然资源为基础的社会经济发展模式向各领域逐渐渗透，尤其在工业生产领域、城市规划与建设等领域非常突出。随着现代工业生产的急剧增长，造成更为严重的空气污染，如废气、汽车尾气、太空废料、核废料，包括核泄漏对当地造成的严重核辐射污染。汽车的使用造成大气污染，手机的发明造成大量废弃手机的电子污染，进而引起温室效应、臭氧层空洞、酸雨、气候变暖、海平面上升。

在生态破坏方面，人类在利用科技向自然无限索取的活动中，在全球或局部区域，造成生态系统的结构和功能的损害和瓦解。许多企业为了收入和利润，运用科技及其工具不惜破坏生态，掠夺性开发资源，竭泽而渔，损人利己。一些人利用现代科技，攫取利润的贪欲有增无减，不停地破坏生态和环境，如毁坏森林、灭绝物种、使土地荒漠化，导致资源短缺、生态失衡等，从而危害人类的利益，威胁人类

---

[1] 资料来源：数字革命：加强非数字基础．世界银行旗舰报告．

生存和发展。

马绍尔群岛比基尼环礁千疮百孔，加深了人们对科技另一面的恐惧。这里是美国的核试验基地，1954年3月美国在这里进行氢弹试爆，爆炸当量为1 500万吨，而广岛原子弹的当量仅为13 000吨，相当于1 000多颗广岛原子弹的爆炸威力。此次爆炸将马绍尔群岛的两个环礁直接夷为平地，附近2万多居民受到核爆炸的影响，在附近捕鱼的一艘名为第五福龙丸号的日本渔船也受到核污染，为此美国政府还向日本人支付了200万美元的赔偿金。[1]核爆炸给当地造成了深重的生态灾难和人道危机。

在人身健康方面，汽车、火车、飞机等各种交通工具，给人的生活带来重大改变，但也可能使人的四肢功能退化。电脑和手机在带来巨大方便的同时，却使近视患者越来越多，很多少年儿童都得了近视。手机给人类交流带来很大方便的同时，也减少了人们在现实生活中面对面的交流。医药科技迅速发展加快了病毒的变种，以至于科技的发展速度跟不上病毒的变种速度，各种新型病菌不断出现，杀伤力远超以前的病菌，甚至有人预言未来有一天人类会灭亡于某一场大的瘟疫。新冠肺炎疫情就给人类造成了极大的损害。

一些不法之徒利用科技制造不应有的产品和服务，造成扭曲的"消费社会"，比如网络"黑客"。这些科技应用严重威胁后代的生存和发展。尽管有些组织口头上声称坚守道德原则，有的还在公众媒体上做了一些伦理和道德的表态，但多是做做样子，其实并未真正承担社会责任，更未去主动考虑科技伦理。

在社会风险方面，人身越来越没有安全保障，现在平均每天都有数以万计的犯罪行为发生，而其犯罪手段大多与时下的新科技相关，

---

[1] 资料来源：腾飞说史. 有一个国家同时遭受美国人原子弹和氢弹的轰炸，比日本还惨[EB/OL]. 搜狐网，2018-04-03，https://m.sohu.com/a/227207974_362091/.

如短信诈骗、电话诈骗、网上诈骗等。战争中的交战双方利用最先进的科技制造各种武器，用于互相残杀。从第二次世界大战中可以看出，随着科技的发展，现在战争造成的破坏和损失已远远不是以前能比的，甚至有可能造成人类的灭亡。

《爱因斯坦传》的作者写道："20世纪40年代末，当爱因斯坦越来越清楚地看到国际化和控制核武器的努力行将失败时，有人问他下一次世界大战会是什么样子。他回答道，'我不知道第三次世界大战会用什么武器，但我知道第四次世界大战肯定是用石头！'"[1]俄罗斯国家航天集团总裁罗戈津表示，美国SpaceX公司总裁马斯克用核弹轰炸火星的想法奇怪而又不人道，有人怀疑这是美国在搞太空军事化，将核武器送入太空是不可接受的。他强调，将武器部署到太空是所有法律和国际法所禁止的，将全力制止美国人这样干。[2]

在核武器和生物武器方面，要特别警惕科技在向广袤宇宙和微观世界疯狂发展中，用科技武装起来的人工智能、核武器和生化武器被那些反人类的势力所控制，那将十分危险。在俄乌冲突中，俄罗斯提出美在乌境内设立的生物实验室，存在生物安全问题，乌克兰据称境内存在可用于生物武器的材料的问题，美国均予以否认。无论怎样争论，任何生物军事活动的线索都应引起国际社会的高度关切和重视，美国应该从消除隐患和风险的角度，做出及时全面的澄清，打消国际社会的疑虑。

对上述问题国际社会已经从治理上入手，实施了可持续发展的战略，一方面解决已有问题，另一方面建设性地避免类似问题的产生。

---

[1] 资料来源：沃尔特·艾萨克森. 爱因斯坦传［M］. 张卜天，译. 长沙：湖南科技出版社，2012.
[2] 资料来源：张亦驰，柳玉鹏. 马斯克"核弹炸火星"设想靠谱吗［N］. 环球时报，2020-05-29.

## 科技负效应的原因分析

梳理和分析新科技革命带来的矛盾和挑战，主要有四大风险：

一是核武器，核大战肯定是人类的一个灭绝风险。

二是病毒，新冠肺炎疫情的流行和变异造成重大的危害，很可能病毒会反复来袭。

三是人工智能，毫无疑问也是一种风险，许多人同意，除非经过精心设计，它的降临将会是灾难性的。

四是气候风险，气候变化会使地球变得更脆弱，弹性更低，全球协调性下降，甚至不能居住。

我们只有克服巨大的挑战，才可能拥有未来。如果不能很好地应对这些挑战，人类将面临覆灭。我们要尽可能地从科技、社会及其相互关系上，科学地处理好科技负效应，让科技的成果少打折扣，贡献人类社会。

科技造成的问题、风险等负效应，有科技和社会各自的原因，也有两者同时存在的原因，还有两者矛盾的原因。归纳科技在应用中出现的各种负面现象的原因，大体有下面五类情况。

## 科技专业性强造成应用中顾此失彼的问题

科技的专业局限性导致的负效应，说明科技自身还存在着正确与错误、自然与人工、全面与局部、安全与危险等矛盾。比如在科技应用中造成的环境问题，并不单纯是由人类不恰当地利用科技或带着恶的目的应用科技引起的，而与科学自身的不完善紧密相关。

人们如果没有意识到上述科技自身的欠缺之处，即使抱着善的目的去应用科学，也很可能会产生负效应。随着以后科技融合性增多，单纯的专业性科技会越来越少，这类负效应会少很多。但许多环境问题在显现之前，人们并不知道会产生这样的问题。这类环境问题是人们在理性利用科学发展生产的过程中产生的，不是人们滥用科技或者想利用科技破坏环境的结果。

按照这种分门别类的规律去改造有机整体性的自然时，很可能会与自然界系统的、全面的、立体的规律相违背，造成生态环境的破坏。科学不具有绝对的真理性，只具有相对的真理性，也就是说存在不正确的地方，将这种带有不正确认识的科技应用于改造自然时，会造成环境破坏。有专家分析认为："科学在很多时候是对实验室中所构建出来的人工世界规律的认识，而不是对外在自然规律的认识，将这样的认识应用于改造外在自然时，很可能会造成环境破坏。这应该是科学应用造成环境问题的最重要的和根本的原因。"①

## 科技的相对真理性导致的科技应用负效应

由于科技在事物规律性探索上仍然有局限，或者认识事物的周期不够长，不具有绝对真理性，这样就很难保证科技在某一环节、某一阶段不出问题。即使人们在运用科技时动机和目的纯正，也不能保证科学应用能够造福人类，可见，科技的负效应也有这方面的原因。试想，如果没有核物理学的发展，没有质能方程式的建立，人类能够造出原子弹来吗？原子弹能够被某些坏人利用来残害人类吗？不能。是有关核物理学的知识使人类能够打开原子弹这个"潘多拉魔盒"。所以，爱因斯坦承认他本人有错。爱因斯坦得知德国纳粹掌握了核研究技术，担心其研制成功会造成更大的灾难，就建议美国研制原子弹，没想到美国最先用原子弹造成了史上空前的巨大灾难，因此他说

---

① 资料来源：肖显静，管兵. 概论科学技术是天使还是魔鬼［J］. 中国科技论坛，2006 (6).

自己是罪人。

## 使用中人们动机善恶不同造成的问题

爱因斯坦说："科学是一种强有力的工具。怎样用它，究竟是给人带来幸福还是带来灾难，全取决于人自己，而不取决于工具。刀子在人类生活中是有用的，但它也能用来杀人。"科技并没有问题，问题在于应用科技的动机和目的，这造成科技在实际中的善和恶，或者说天使和魔鬼。如果人们抱着恶的目的或理念，如种族主义、国家沙文主义、恐怖主义和个人主义等，去进行科学认识和应用，有可能带来恶的结果。马克思也认为，科技异化的根源并不在科技本身，而在于科技的资本主义应用。

如果科技的真理性强大，科学具有造福人类成为天使的本质特征，也会使做坏事的人难以得逞，难以搞破坏。比如有人利用科技投毒他人，结果反而害了自己；有人造出生化武器，没有等去危害别人，就可能先使自己受到伤害。这就启发我们，人类要从改变自身做起，优化我们的社会，校正科学发展的方向，正确地运用科技，科技才能发挥出最优效果。

## 滥用科技造成的负效应

居里夫人说过，科学无罪，罪在滥用科学。一是态度轻浮，极不认真地应用科技，造成负效应。二是缺少正确应用的能力，不得要领，方法有误，影响了科技的效果。三是不受条件约束，不符合操作规程，胡乱或过度地使用。可见，许多科技的负效应既不是科技本身的原因，也不是应用者动机和目的问题，而是一些人滥用科技造成的后果。这就需要谨慎地应用科技。

## 社会与科技矛盾造成的负效应

科技总体上是正效应,也不可避免地会带来一些负效应。如果人类社会能够克服科技带来的负效应,起到补缺的作用,负效应就会减少或消失了。如果科技的负效应大到人类无法克服,或者人类需要付出过大的代价,以至于不值得去挽救,科技的负效应就会实际形成。也就是说科技的负效应,不单纯与科技应用是否产生巨大的正负效应有关,还与人类能否解决这样的负效应以及解决这种负效应所付出的代价有关。对于这方面的问题,有科技自身的矛盾原因,也有人类社会自身的矛盾原因。

科技与社会要相辅相成地发展,处理好两者的关系,社会力量要有可以弥补科技不足的力量,这样才能形成科技与社会的良性发展。"即使某一个科学认识是正确的,也不能完全保证它的应用不产生负效应,要想使其应用不产生负效应,还必须是完备的,符合安全性标准、伦理道德标准、环境标准以及可持续发展标准等。"[1] 好的科技应该体现社会和人类能够接受的正确理论,能够给社会预警,给人类带来安全感和道德感,很少产生或不产生负效应,从而促进社会进步和环境保护。

## 科技负效应拷问社会责任

科技造成的大量问题,有些是科技自身的问题,但相当一部分是人们在转化和使用中缺乏伦理的积极引导和适当监管造成的。表面都是科技造成的问题和危害,其实社会责任的缺失才是重要原因。有些

---

[1] 资料来源:肖显静,管兵. 概论科学技术是天使还是魔鬼[J]. 中国科技论坛,2006(6).

问题本来可以避免，有些问题本来可以及时制止和解决，但由于社会不同范围和层次为了各自利益，比如国家为了经济竞争和赢得战争，不惜遗留问题，并放任风险，反映了人性弱点和社会扭曲，最后危害的还是人类自身和社会发展。可以说，许多科技问题都无法经受住社会责任的拷问。

## 新科技遭遇不择手段的国际竞争

经济和社会发展，使各国都把科技的运用、推广和产业化作为重要的竞争手段，为了经济效益抢夺先机，有的竟然不择手段，这就极有可能使任何科技都受到扭曲。其实无论科技基础研发还是科技运用推广，都需要接受深刻而广泛的社会检验，都要严格坚守科技伦理和社会责任。因为科技研发和应用不仅渗透了经济利益的诉求，也包括各种政治、社会和文化的要求。

许多前沿科技应用首先发端于产业和经济领域，与国力竞争紧密关联，有可能让新科技发展的目的和使用偏离正确轨道，呈现复杂的现象，不确定性更加明显，使社会成了新科技及其产品的"实验室"。有的科技运用及其影响还传递不到社会、政治、文化层面，就在产业和经济领域被拦截断路，要么在发展和竞争中赢者通吃，导致囚徒困境；要么大家都不守科技的社会责任和规约，使守规者吃亏，把科技运用导入偏差，其后果不仅造成社会经济和政治文化发展不平衡，而且影响健康的代际关系，通过科技手段过度开发本应属于后继者的资源，造成代际损失。在范围上形成少数具有竞争力量的强国，靠科技垄断维持其地位，造成其他广阔地带的洼地现象，这输掉的将会是整个人类。

以科技为主要内容的综合国力竞争和新科技的社会实验，看上去似乎没有问题，其实追求的是狭隘的科技价值，缺乏应有的社会责任，往往不顾科技社会效果而笼统地无原则地卷入国际竞争。如果是纯粹的竞争和合作那也正常，问题是用垄断和霸权破坏竞争规则。

因此，全球竞争中要以伦理和社会责任为导向，真正把人类引上健康的竞合关系和发展之路，强调社会成员共同遵守价值观念和行为规范，通过发挥道德自律和社会舆论监督的作用，用积极的意识去影响人们的思想和行为，尽可能将科技产生的社会问题化解在不良后果之前，形成良好的社会风气，更好地协调科技进步和社会发展。

## 科技被最先用于军事和战争的尴尬

从近代英国用蒸汽机征服世界开始，世界历史出现了一个新局面，即基础科技的研究可以决定军事力量对比。过去，游牧民族科技水平低也一样打胜仗；现在，不研究新型导弹，再凶悍的军队也没法打胜仗。可以说，世界上任何高新技术一经开发，很快就会被应用于军事领域。凯文·凯利说："战争是科技带来的巨大负面力量被特别放大的结果。可怕的毁灭性武器也因科技创新而出现，这些武器使社会遭受了全新的暴力。"

比如第一次世界大战中发明了轰炸机、坦克和毒气弹，进而增强了战争的残酷性，使生灵涂炭；第二次世界大战中不仅诞生了无线电、雷达、电视，还有了喷气式飞机、火箭和原子弹。原子弹的发明不是科学的目的，而是人类能源发展的一个附属品，只是我们因为利益关系将之繁衍与扩大化，最终成为一个我们自己难以解除的危险根源。曾经很长时间，美国等国家致力于把最新技术引入核武器系统中，以实现其核武器的现代化，奉行对别国的核威慑战略。另外，由于生物技术研发的混乱，生物武器的威胁已超过化学武器和核武器。

自从武器进入热核时代和生化时代以来，不管是用战争手段维护正义，还是用战争手段夺人城池，都会产生一个非正义的结果。现在的作战机器人和无人机风靡全球，有的还直接用在突袭中。在战争中减少己方伤亡固然是人们所追求的，但是这会导致科技在武器上的竞赛，不是好的征兆。美国国会在2021财年《国防授权法案》中表示，有1 000亿美元用于人工智能武器、高超音速导弹和军用5G技术等重点军事科技研发，并针对中国设立"太平洋威慑计划"。

在新科技革命条件下的威慑力量正在加速酝酿。美国计划将高超音速武器与5G技术结合，构建"快速全球打击计划"战略。美国"战略与预算评估中心"提出"侦察威慑"作战概念，即美军运用非隐身长航时无人机系统网络，保持在西太平洋和东欧等关键地区实时、持续的广域态势感知。美国"网络空间日光浴委员会"发布关于美国网络安全的报告，提出了"分层网络威慑"新战略，强调将拒止[1]列为威慑的首要事项，同时融合"向前防御"理念。2019年7月，美国"两党生物防御委员会"提出"生物防御曼哈顿工程"倡议，计划打造生物技术威慑能力。[2]

科技应用到武器开发和战争，容易造成人类互相毒害和残杀，对人类赖以生存的环境造成巨大的污染和破坏，给人类和社会造成无尽的灾难。科技本来是促进人类进步的事业，而将科技运用于军事战争，是对人类科技事业莫大的讽刺，必须发挥人类的勇气和智慧，限制、控制，直到禁止运用科技成果到武器和战争中。必须用正义、伦理、道德、国际公约和国际法来约束和制止，用科技德行的正义战胜科技物性的张力，特别要防止唯利是图的资本集团对科技的投资和把控，这是科技用于战争最大的动能和渠道。

---

[1] 拒止是指通过隐藏或干扰等手段，阻碍或阻止目标（被欺骗者）了解某事物所采取的措施。
[2] 资料来源：唐新华. 技术政治时代的权力与战略［J］. 国际政治科学，2021(2).

## 单纯追求利润造成对健康生命和生态环境的危害

科技的力量和全球化的扩展，使许多国家争相占据科技制高点，通过新技术的充分运用和技术产业化，实现快速发展，提高效率，促进局部繁荣。少数企业为了收入和利润，在运用科技成果中不惜破坏环境，掠夺性开发资源，竭泽而渔，损人利己。有些公司利用现代科技，攫取利润的贪婪性有增无减，不停地破坏生态和环境，造成空气污染、垃圾堆积、资源短缺、生态失衡等。

有一位医学专家说：新技术的滥用有可能成为新技术的悲剧。比如到底有多少病人的心脏需要放支架？因为支架装进人的心脏后，同样会继续在上面沉积脂肪，沉积完了又会堵住血管。美国心脏病学会主席说，用化学药物治疗心脏病，同支架治疗的结果是一样的，但是后者要多增加20万美元的费用。这些科技运用严重威胁人们的生存和发展。

因此，在科技转化、运用、推广上，要处理好各种利益与道德伦理的关系。

第一，不要因为生态环境不会说话，就无端地破坏它。德国哲学家汉斯·约纳斯坚信自然的生命及其有机体也有独特的价值和尊严。自然不仅是责任的对象，还是责任基础本身。

第二，不要利用科技的中性，肆意妄为。要慎重地、正确地对待用于资源开发和建筑工程上的科技成果，对于高科技的项目和产品的运用和产业化入口，要严格遵守道德原则，健全技术使用者的伦理和法规制度，接受道德和法律的约束。

第三，不要利用青少年的成长期坑害他们的未来。人在技术上怎样损害了生命，人就有义务怎样保护生命。

第四，不要因为无人追究，而过度开发属于子孙后代的资源。约纳斯反对自近代以来那种把自然看作单纯知识对象而自由地支配、利用甚至奴役的做法。"人既不能漠然地同人以外的生命世界打交道，又不能漠然地和人自身打交道，而是要肩负起对自然和未来人的责任。"[1]对待科技要坚持社会、公众、公民权利至上，不能以一己私利伤害社会和公民权益。

## 新科技应用缺失法律和责任的规范

信息智能技术的发展带来一些新的现象，比如自动驾驶技术若造成人员伤亡，该追究谁的法律责任；比如人脸识别、指纹解锁、虹膜分辨等，这些生物特征具有唯一性，是否影响隐私保护，一旦被"复制粘贴"恶意使用，后果不堪设想；再比如克隆人、基因检测、基因买卖、基因隐私等问题，也会引起一些恐慌。当人工智能发生致使财产损失或人员伤亡的情形时，责任如何界定？21世纪最珍贵的资产是数字资产，将来会有谁受益？我们有没有可能真的利用这些新科技进入一个共享社会，从而处理全球非常尖锐的贫富落差问题？如何控制所有新科技，尤其是数字科技、人工智能对人类生存可能带来的根本威胁？

许多科技项目，特别是重大项目、尖端技术、前沿技术，都需要守住道德底线，坚持人性、人道、伦理、品德，无论是生命科技，还是网络技术、智能技术，都要遵守公正无害、行善有利的基本原则。新技术带来的这些社会和道德挑战，都需要遵循基本伦理规范和原则，坚持无害、有利、知情、尊重、公正，不仅科研工作者和科研组织要遵守这些道德要求，在科技研发和应用中，也需要建立和遵循规范程序，确定监督范围，建立特殊重要科技的专利伦理框架，严格把关。

---

[1] 资料来源：张荣. 约纳斯责任伦理的定位及其意义［J］. 道德与文明，2019-10-14.

## 新科技对生命重塑风险的挑战

人工智能、基因技术、纳米技术等，与人类身体、智能、生命、进化密切相关，涉及人的感情、思想、健康、寿命等人性、人道、人伦问题，在技术不断升级并提供"极致方便"的同时，要考虑技术进步和人的隐私、伦理、安全，特别是人类命运的界限。

爱因斯坦曾经强调，关心人的本身，应当始终成为一切技术奋斗的主要目标，以保证科学思想的成果会造福于人类，而不至于成为祸害。在进行大胆创新的同时，把人的安全和伦理放在重要位置，加大投入，增强科研合作，开展跨学科讨论，包括同政府、行业协会、生产技术商、用户一起来制定安全和伦理标准，加强相关立法，防患于未然。

这些年，人造生命领域的研究发展很快。2010年第一个人造细菌细胞诞生，打破了生命和非生命的界限，为实验室研究生命起源开辟了新途径。有的科学家认为，未来5～10年人造生命将创造出新的生命繁衍方式。这些不仅对人类认识生命本质具有意义，而且在医药、能源、材料、农业、环境等方面，展现出巨大潜力和应用前景，也将给生命伦理带来全新挑战。

要审慎对待用于人类进化和生命过程的任何科技。比如农药的滥用导致了"寂静的春天"，不但影响了自然界物种的生息繁衍，也危及人类的生命与生存。特别是基因编辑技术是生命科学领域的颠覆性技术方向，技术本身还需在准确率等方面不断改进和完善。在为人类各种疑难和重大疾病治疗带来潜在的革命性影响的同时，也蕴含着威胁人类基因谱系安全与侵犯个人权利的极大伦理风险。如果基因编辑技术将人的遗传物质进行了永久性的改变，在当前的科学认知情况下，尚无法判断将来对人类后代产生的潜在影响。人们发现，只注重客观事实研究的科学，也会导致许多生命被残害。

英国政治哲学家弗里德里希·哈耶克曾说："科学走过了头，自由将无容身之地。"同理，智能越过了界，人性将无处安身。杨振宁先生也说：没有科学，就没有人类发展的今天。让科学持续造福人类，不"沦落"为作恶的工具，是每位科学工作者的责任与使命，也是我们需要坚守的伦理底线。这样，才能真正让科学家得到尊重，让科学精神得到弘扬，让人类生活更美好，让科学之光照亮世界，温暖人类。

# 第十一章
# 平衡科技与社会

科技革命的成就推进社会发展，同时也带来风险、危机和挑战。科技方面的风险和问题，除科技自身因素，主要是科技与社会的关系问题，两者和谐产生利好，两者矛盾产生问题。在科技革命影响和推动社会发展中，需要认识和解决科技本身存在的问题。

一是让人们认识科技本身会有正负两方面的效应，要客观地对待科技革命的影响。

二是要尽可能防止科技的负面效应，通过多种途径，将其负面效应降到最低。特别在科技的转化、产业化和普遍应用中，要更好地处理科技和社会两者的关系，无论是在持续的科技研发中，还是产业化乃至普遍应用中，都要有意识地发挥科技的积极作用。

## 科技和社会互动的作用

人类有两种属性，一种是自然属性，另一种是社会属性。

人类发现、发明、创造、创新等科技活动，特别是遵循事物发展规律，把人的主观能动性与科技的客观性相结合，更多地反映了人的自然属性。

社会组织、社会制度、文化思想、道德法律等规范和活动，更多反映了人的社会属性。

在人类向未来的发展中，需要科技和社会两种力量并举。它们有和谐的时候，也有矛盾的时候，统一起来就有利于人类的发展，对立起来就造成发展中的问题。科技与社会的互动是一种双向作用，科技和社会是相互渗透的。科技对社会活动产生的影响形成了它的社会功能，社会活动对科技的引导和制约作用构成科技发展的社会条件。

## 科技的力量及其自身的矛盾

凯文·凯利说："科技体已经如自然一样成为一股强大的力量，我们对科技体的反应也应该与我们对自然的反应相似。我们无法要求生命按照我们的期待进行，所以也无法要求科技遵从人类的意愿。有时候我们应该屈从于科技的引导并沐浴在它的丰富多彩中，有时候则该想办法改变其原本的进程来符合人类的需求。我们不需要满足科技体的每一个欲望，但我们能学会利用这股力量，而不是抵抗它。"[1]说明科技有积极的作用，也有消极的作用。科技也是人类社会的一种创造性理论和活动，它与意识形态、社会制度等纯社会性因素相比，具有超越国家、民族、制度和意识形态的性质。

科技力量自身也有矛盾。科技不仅是社会需求和人们强烈愿望驱动的产物，也受客观规律支配，不以人的意志为转移。因此，科技是一柄双刃剑，体现为正负两种作用，有适应社会的一面，也有与社会对立的一面，益处与弊端相生，有其自身成为天使和魔鬼的内质。所以，人们要尽可能多地发挥科技的正面效应，创造价值，尽量减少损失。

---

[1] 资料来源：凯文·凯利. 科技想要什么［M］. 严丽娟，译. 北京：电子工业出版社，2016.

说到底，科技不是纯粹的自然，它也是一种特殊的社会现象，本身包含社会的成分。科技是人的主观活动的产物，正是人们的参与和努力，成全了理论意义上的科学和操作意义上的技术。而且科学知识是由社会建构的，科学共同体内部成员之间相互谈判和妥协本身就是一种社会活动和现象，只不过它的自然属性要多些，更多地反映自然的客观规律。这就要正确看待它与社会其他因素的微妙关系。比如，核能既可以用来造原子弹，也可以用来发电；原子弹既可以用来进行非正义的战争，也可以用来进行保家卫国的正义战争。

## 社会的力量及其社会自身的矛盾

社会是人类最重要的价值。社会是一个以人类为中心的自适应、自协调、自组织的有机系统，有发展和运动的自身规律。社会力量是能够参与、作用于社会发展的基本单元，包括自然人、法人，包括主动参与和被动参与，发挥着正面积极作用与负面消极作用。社会力量相互之间以及社会力量与政府、企业之间需要形成合力。说到底，科技也是人类的社会活动，区别于社会力量，具有相对特殊性。

社会力量自身也有矛盾，体现为对科技的认识和处理上会有不同和差异。社会各阶层，特别是国家、地区对科技的认识和处理甚至会有冲突。在一切社会中都存在制约社会其他矛盾及其运动的矛盾，即社会生产力与生产关系、经济基础与上层建筑之间的矛盾。比如，特朗普执政时期对科技的政策与美国以前的政府就不同，从特朗普执政开始就采取了对科技垄断、封锁的态度和政策。

## 科技与社会的关系及其互补性

科技与社会的关系是复杂的。除了科技和社会各自内在的矛盾性，科技与社会也是矛盾的统一体。两者在矛盾运动中共同引领人类进入未来。由于两者的性质不同，在推进人类向前发展中，各有自身的作用，两者相辅相成，就可成全较为理想的未来。社会遇到的问题，由科技进步来解决，科技的负效应，要靠社会举措来化解。

人类社会在发展中常常遇到贫困、疾病、灾害，甚至各种因素相互作用形成彼此纠缠的社会力量，造成各种矛盾、冲突、战争。当社会力量对此难以解决时，科技的力量就会展示出奇效，各种科技的运用和推广缓解了每个时期的人类困局，得到突破和惊喜，带来秩序与和平。比如爱迪生改进的灯泡给人类带来光明，莱特兄弟发明的飞机让人类实现了千百年来"飞"的梦想，贝尔发明的电话让人们远隔重洋也能对话，电与磁之间联系的发现开辟了电气化新纪元，詹姆斯发明的口服避孕药让全世界男女获得身心解放。

现在互联网等数字智能技术解决了人类普遍封闭的问题，世界变成了地球村；新兴农业科技缓解了人类饥饿的问题；从机器到机器人再到人工智能逐渐代替人类担负的急难险重工作，极大地解放了劳动力，提高了劳动效率；基因治疗技术有效缓解疾病痛苦，提高人生质量。过去社会难以解决的问题靠的是科技，现在遇到的一些问题仍然在期待科技。

2020年4月初，正值新冠肺炎疫情严峻，感染人数呈指数级上升的时候，基辛格说："美国的病例数每5天就翻一番。在这种情况下，没有治愈的方法。医疗供应也不足以应付不断扩大的病例数。重症监护病房已经到了不堪重负的边缘。检测量不足以确定感染的程度，更不用说逆转其蔓延形势。成功研制疫苗可能需要12~18个月。"对此，他认为在疫情防治上，首要的任务是"增强全球对于传染性疾病的适应能力。此前包括根除天花、研发脊髓灰质炎疫苗等技术成就使得人们陷入自满情绪。我们需要开发新技术来控制传染，研发相应的疫苗。各级政府也应该随时准备，通过储备及科技前沿技术保护人民"。[1]

　　许多智库都在研究疫情防控的对策，2020年6月9日召开的全球智库抗疫合作云论坛，呼吁以科学之盾，护卫人类生命安全健康，科技是人类同疾病斗争的锐利武器。各国需要建立严密的联防联控网络，开展科学防控，实施临床救治，并在疫苗药物研发方面实现资源共享，方法共鉴。"实证主义之父"孔德提出"用科学来解决社会问题"的主张。20世纪初，意大利的未来主义者也认为随着科学技术的发展，可以消除社会差别，解决现有一切社会制度中存在的弊病。未来主义学者尼古拉·达奈罗夫（Nikola Danaylov）曾断言，美国社会的一系列问题正是由反科学导致的，比如反疫苗、否认气候变化、地球不是圆的等言论。[2]可以说，当人类无法解决严重的社会问题时，科技就是一种挽救的力量、改造的力量、推动的力量。

　　当科技运用中出现一些负效应，社会就可以发挥强大的校正功能、制约功能、引导功能，把科技的负效应降到最低。在科技被人们积极利用，推动社会发展，丰富人类的物质生活和精神生活的同时，又带来诸如人口爆炸、资源枯竭、粮食危机、环境污染、药物滥用等威胁人类安全的许多问题。比如，科技给了我们非常重要的运输系统，却又造成每年120万人死于车祸，甚至高过癌症致死人数，可以说，世界上新出现的问题大多数是以前的科技造成的问题，但我们对此几乎察觉不到。

　　科技为创造人类的幸福提供了空前无限的能力和广阔美好的前景，又破坏了人类生存的基础，造成了人类自我毁灭的条件，用阴影笼罩

---

[1] 资料来源：基辛格. 新冠肺炎大流行将永远改变世界秩序[N]. 华尔街日报，2020-04-03.

[2] 资料来源：脑极体. 何以科技：历史上那些对科技发展影响重大的思想理论[EB/OL]. 百家号，2022-01-30. https://baijiahao.baidu.com/s?id=1723369997751528963&wfr=spider&for=pc.

着人类未来。当然，科技的负面效应不能完全归罪于科技自身，也是人类未能从整体上科学认识世界，以及不合理使用科技造成的恶果。

面对科技的负面效应和威胁，可以发挥社会的优势，发挥人类的主观能动性，积极防范风险，化解危机，解决问题。比如当今社会注重新能源的利用，对微太阳能源的开发，把对自然资源的消耗降到最低，避免了人们预言的21世纪初的能源危机。又比如核武器对人类的危害，也是靠着核大国平衡机制制约着一些危险势力企图利用核武器来挑衅和发动战争。再比如联合国教科文组织在1995年成立由科学家、伦理学家及各界专家组成的"国际生物伦理委员会"，起草并发布《关于人类基因组与人类权利的国际宣言》，反映了人类基因组计划可能产生的对科学、经济、伦理、法律及社会的方方面面的影响，反映了全世界对这些影响人类现在与将来的问题的关切。还有针对科技促进的发展高速度、资源过度开发引起的气候变化问题，国际社会通过《京都议定书》和《巴黎协议》，共同限制碳排放。特别是针对近年来信息通信技术、大数据技术、人工智能技术、基因技术的发展，社会各界在充分利用其积极作用的同时，也表示了对其负面影响的担忧，比如霍金、埃隆·马斯克、扎克伯格等科技和产业界大腕，曾经发出他们的声音。

对人工智能给人类可能带来的威胁的争论从未停歇，这些都是社会舆论对科技的制约和监督。科技越是突飞猛进，新技术发展的生物安全与科技伦理失控风险越是会上升，也就越需要对科技风险和危机予以管控和制约，这是社会的责任，需要发挥社会功能来共同作用。

总之，社会进步离不开科技带来的成果和驱动，当然社会发展也要解决和消化科技带来的风险、危机和问题；科技发展离不开社会的扶持，无论科技研发、利用和推广都需要社会的各种条件，科技也帮助化解了许多社会难题，成为社会发展的最大驱动。

如果科技与社会两者能够相互补充和完善，我们的科技成就就会更加辉煌，我们的社会就会更加美好。

## 科技与社会矛盾牵涉时间因素

在科技发展及应用科技推动社会发展中，其积极力量和正向作用毋庸置疑。而科技发展和应用中的负效应和问题，体现着复杂的科技与社会关系，虽然前文对科技负效应的原因做了一些分析，但是没有客观地描述出复杂过程中的现象和问题。其中，科技对社会的正负效应，可能与科技发展的时间长短、节奏快慢也有关系，至少在一些复杂的内在联系外层，有一些属于时间方面的因素。

### 科技爆发过多过快，是好还是不好

社会需求和人们的欲望驱动了科技发展，但是需求过多过快，甚至需求不断变化，都会促进科技加快步伐。科技带来的琳琅满目的成果令人兴奋，会相应地促进社会进步。但是科技过多过快，也可能使一些人晕头转向，反而难以珍惜，不愿挖掘内涵，不能很好地应用科技来推动社会进步。

由于科技提供的东西过快过多，人类可能会把本来很有价值的东西也当作一般的成果，不去充分利用和消化，对于其负面效应，即便有能力解决，也不予认真对待，让人们正负混淆、善恶难辨。事实上，科技发展的确太快了，人们对不断涌现的科技成果变得麻木了。

X射线刚被发现时，人们万分好奇，都想通过X射线看一看自己的身体内部结构。当电灯还处在试验阶段时，就已经把那些记者惊得目瞪口呆了。然而，现在几乎任何创造发明或者任何新的科学发现，都难以引起人们的惊讶与轰动。当对科技成果毫不思考、理所当然地接受之时，人们也必然会对科技成果的负面效应麻木不仁。然而灾难总源于麻木，当全社会都疏忽大意时，一场灾难说不定就在前面不远。

对科技的麻木现象，启发我们去尝试把握科技创新的节奏。科技成就不是来得越快越好，也不是越慢越好，而是要适应人们的需求和接受程度，还要顾及全球应用科技的不平衡。当人们乐于享用上一个科技而沉浸在喜悦和舒服之中时，同样的新科技就不要急于推出，包括掌握好迭代的节奏。否则那种仓促适应、不断赶路的感觉会让推广者、应用者都感到紧张，也让投资者难以获得上一代科技应用和产业化发展的利润，让消费者对于新科技的品尝也应接不暇。比如在移动通信3G、4G、5G的衔接应用中，运营商在短短几年内，总是在前一个还未得到充分应用时，后一个就接踵而来，甚至为了竞争而不惜成本仓促布置。事实上，那纯粹是竞争和投资的需要，是商家带动的氛围和节奏。人们既没有迫切需要，也没有做好接受它的准备，各方配套工作也不充分，人们并没有因为新产品的应用而特别兴奋，反而增加了消费者的负担。这种科技的非自然接力，并没有带给人们更好的感受，反而让本来有优势的科技和产品打了折扣。

科技的节奏是人文与自然结合而综合影响的，有其内在的规律。在社会影响方面，相信会更多吸收和参考市场和消费者的选择。在科技的发展中，如果能将消费者和市场的期待程度、项目选择、推出时间，以及对某种科技利好和利差的意愿，作为重要的参考，并以恰当的方式纳入科技的发展规律，有战略性安排，是否会好些呢？人们都期待科技始终给人类带来的好处大于坏处，希望科技带来的是辉煌的未来。

## 科技的产生周期较长，是否会对未来社会影响深远

基础科学转化成实际运用的科技需要走很长的路，重大科技的涌现大多经历持久的艰难探索。过去和现在的科技表明，科技革命每60年一个周期，一项技术转化成产品，可能需要一二十年，而走入寻常百姓

家庭，成为具体消费品，可能还需要30~50年，两者相加是60年左右。比如"20世纪的科学奇迹量子力学在近半个世纪以来，都没有发挥什么实际作用，直到晶体管出现后才打破僵局。同样，尽管人类基因组的解码引发了医学革命，但10年后市面上的所有药品仍然是通过基因组发现之前所使用的试错法研制出来的。"[1]

科技探索的过程，凝结了社会发展的需要，经历了多次失败的磨难，它比其他因素对未来的影响会更有说服力，更有持久性，代表着发展趋势。过去花费时间很久研发的科技，已验证过多次，考虑过各种因素，对社会的影响经久不衰。不少很早以前的科技及其工具、产品，已经变成常识化、普遍化、实用化的东西，使用那样的科技时间长了，就形成了人们习惯的生产生活方式。相信用长期艰苦探索形成的重大科技去影响社会的未来，也必将持久绵长。

前三次科技革命，每次都在推进社会进入一个发展主题，开辟一个历史阶段。踏着历次科技革命的节奏，用历次科技革命的经验，预测当今科技对未来的影响，我们已经感受到科技对社会的推动作用，借着新科技革命的曙光，我们将会透视和遥望神秘的未来。科技带给我们的未来，终将是一个充满温暖、人性与自由的世界。科技引领未来发展是历史事实，历史不断地重复和循环，又给了科技提高的机会和持续发展的广阔空间。科技发展与社会进程相辅相成。

## 科技在短期内见效快，长期看却造成损害

历史上的科技赋予人类的利益，对今天或者未来而言，有的则变成了对人类的束缚或者危害。过去人们用科技装备的机械开发和改造

---

[1] 资料来源：艾伯特-拉斯洛·巴拉巴西. 爆发[M]. 马慧, 译. 北京：北京联合出版社, 2017.

自然，时间长了，其结果也带来了危害。在科技应用的开始它是积极的，对其负面影响我们还没感觉，当自然和环境被我们应用的科技或工具破坏了，人类受到危害时，我们才能体悟到人与自然的一体性。人类本来就是自然的一部分，没有自然界的各个物种和生态多样性的环境，也就没有人类生存和发展的条件。从历史经验教训看，越是在短期内能够帮助人们渡过难关的科技，越要慎重考虑以后应用中可能出现的弊端，应当早日防备。

社会向自然索取并无限扩张，表面上是科技发达导致的，实际上也是人们的认识局限导致的。过去人们认识不到利用科技手段，会对自然和资源开发造成负面影响，想不到经过长期的科技应用，会累积问题和灾难，直到形成日益尖锐的人和自然环境的矛盾。

在应用科技中，社会本身也缺少清醒和远见，没能克服对科技的短视。科技和社会共同铸成的问题，是由历史局限性决定的。人类善于长期规划和注重环境，从整体上有利于保护人类自身以及所处的生态环境，可以解决部分技术带来的问题和风险。

在科技和社会同时对自然和环境造成损害的问题上，社会原因要大过科技，因为有理性的社会所导致的问题让人难以谅解。当然，也不必危言耸听。从历史上看，科技更多地发挥着积极的作用；从目前看，科技的正面作用表现得依然相当充分，虽然有负面效应，但是还没有充分表现出来；从未来看，科技本身的负面效应，会因为各种科技的融合趋势，而减少单纯科技可能造成的顾此失彼的问题。

未来更多的责任和担当重在社会，当科技出现负面效应时，期盼社会各方少些扯皮和分歧，多些共识和效率，那么科技所产生的负面效应就能得到较高程度的解决，当然更要避免人类在应用科技时造成的负面效应。

人类要深刻记取科技带来的负效应的教训，约纳斯认为，社会对科技的支配，最终在人类走向未来的过程中，"有助于形成自然科学-

第十一章　平衡科技与社会

技术知识的人化进程,自然科学-技术知识肯定会使人化进程在推向未来时和一种人文科学融合起来。"[①] 进而通过科技和社会、人类与自然的综合视角,用发展和变化的观点,去预见各种可能。把人类利用科技对自然环境的一切行为和作用,提升到人类理性的、自我约束的社会道德行为高度,才有望使科技的负面效应得到最大程度的解决。

## 科技与社会相互控制的关系

科技与社会是一对互动的范畴,两者有共存和统一的时候,也有错综复杂的情况,甚至出现互为纠缠和相互控制的现象。

### 科技活力和社会暮气的反差

科技已渗透到人类社会和生活的各个方面,人类所处的四面八方、人类联系的千丝万缕、人类所用的各种器具、人类建立的各种规矩,都与科技根深蒂固地联结在一起,到处呈现出对人类社会的益处。正是依靠科技的进步,驱动着经济社会发展,改善着人类的生活。人们用的科技越多,科技就越充满活力,越会推动自身加速进化。

科技的进步客观上要靠社会和人类的需求驱动,如果我们知道自己想要什么,科技就有可能帮助我们达成目标。事实上多数情况也是如此。但如果我们不知道自己想要什么,轻视、淡化,甚至放弃自身的需求,科技就容易为我们塑造目标,控制我们的生活。

在科技发展的过程中,人类的需求是须臾不可或缺的。好的需求产生好的科技,而不好的需求产生负效应的科技的概率则会大些。如果放弃社会需求,任科技自主支配,我们以为科技纯粹是客观形成的,

---

[①] 资料来源:张荣. 约纳斯责任伦理的定位及其意义[J]. 道德与文明,2019-10-14.

认识不到社会需求对科技的推动和引导，那会很悲哀。

尽管人们感觉到自己在主导科技发展，但很容易对科技由适应演化到依赖再到养成惰性，如温水煮青蛙一样，自以为享受着科技对人类的服务，甚至认为科技增进着人类福祉。然而，"随着科技越来越了解人类，我们可能会发现，好像是我们在为科技服务，而不是科技在服务我们。有没有看过街上的行人像僵尸一样在游荡，脸几乎贴在手机屏幕上？你觉得是他们控制了科技，还是科技控制了他们呢？"[1]

这样的结果会促进科技充满活力和生机，人类却渐渐积累了暮气。很难想象未来某一天，人类由怂恿科技，发展到科技将人类逼到死角，甚至绑架人类，这是极其危险的境地，走到了人类与科技不仅对立而且颠倒的地步，直到科技支配人类、奴役人类、统治人类。

## 科技利用人性弱点颠覆与社会的关系

科技反映自然规律，也属于人类的活动，具有社会性。当科技发展壮大后，要防止科技与社会关系的微妙变化，防止发生人与科技关系的颠覆。这种科技对人类循序渐进的侵蚀，是靠人类对科技的点滴依赖养成的。如果我们不接受科技，我们就无法生存和发展；如果我们顾虑科技对人类的危害，只接受科技的好处，客观上也就意味着接受了科技的全部。

科技如同货币的两面，已将各个方面联系成一个整体。日积月累养成人类与科技相适应的观念和体制，不仅被科技接受，也变成了人类一种顽固不化的观念和习惯。同时科技对人类日常生产、工作、生

---

[1] 资料来源：尤瓦尔·赫拉利.2050年的教育，将会有哪些不同？[EB/OL]. 亚洲教育论坛，2021-08-04. https://ishare.ifeng.com/c/s/v0024JTbiMJ9QV69U1Y77msZhEfMT1UKLPNXp8TZ—IntHJk.

活的渐进改变,科技革命时期对人类生产生活的革命性改变,都被人类照单全收。

爱因斯坦曾说:"科技已经超越人性。"尼尔·波兹曼在1992年出版的《技术垄断:文化向技术投降》一书中,层层深入地探讨了科技与人性、技术与人文的重大课题。他写道:"祷告可以用青霉素替代;认祖归宗可以用迁移搬家替代;阅读可以用看电视替代;受约束的困境可以用立竿见影的满足替代;罪孽感可以用心理治疗替代;政治意识形态可以用受欢迎的魅力替代;……"波兹曼将他批判的矛头指向信息泛滥、医疗技术垄断、电脑技术垄断、唯科学主义等。当时他认为美国已进入"技术垄断文化",发展到今天,他这样的判断需要修正了,因为这种文化早已成了许多国家的社会环境。检讨技术对人类社会生活、文化、制度的负面影响时,他认为,我们中间的许多人,至今仍将科学作为无条件崇拜的对象。在宗教的上帝被抛弃之后,科学开始扮演新的上帝角色。波兹曼认为,科学当然不能、也不应该扮演上帝的角色,技术则更是经常介于天使与魔鬼之间。他呼吁人们坚守人文价值,清醒拒绝文化向技术投降。

## 改变科技对社会的控制要从改变人类开始

如果没有科技负效应的累积,或许我们还不会觉得科技有太多的负效应。当环境、自然、能源,乃至社会的恶化,都与科技脱不了干系时,我们才体悟到解决科技负效应问题的迫切性。当我们要改变科技时,总是带着科技给人类许多帮助的感情,但在人们应用科技的过程中,科技又掌握了对我们生产生活更多的支配权,因此要改变科技的负效应,就要从改变人类自身做起。

在科技发展面前,人类要有自己明确的主张、需求和选择。如果仍然依赖科技并产生惰性,科技就会按照它的自然法则,代替我们去主张、选择，甚至摆布人类。当我们对科技问题应解决而不去积极解决，任凭风险演变，将会给社会乃至人类造成毁灭性打击和破坏。我们已经没有任何选择，不改变人类养成的依赖和惰性，不做出牺牲，就不会有更加美好的未来。

我们要敢于割舍过去养成的习惯，抛弃人的惰性以及科技建立起来的依赖关系和体制，唤起人类的觉悟，肩负应有的责任。我们既需要借助科技引擎去发展，又要控制科技的任性。要从宏观上评估科技的成本，包括对环境的破坏、对人类身心的影响。要把自下而上地收集意见与自上而下地慎重决策统一起来，去选择科技项目和运用方式。

## 管控科技要兼顾科技的自主性和社会的正义性

社会对科技的控制和压缩，在给科技带来空前的发展机会的同时，也极大地压缩了科技的自主性，从而会对科技产生某些负面影响，会束缚科技的生命和创造力。由于新自由主义对科学的介入，特别是在特朗普任职美国总统时期，科学家在政治的压力之下，从传统的气候变化、能源问题，再到防控疫情等各领域，未能真正履行其"天职"。这表明韦伯式科学与政治之间的张力也面临着新的挑战。[1]因此，在管控科技中，要使科技的自主和社会的正义有机结合。科技并非孤立于社会而存在，而且科技成果在于服务社会。

今天摆在我们面前的最大挑战是什么？埃隆·马斯克曾在一次访谈中提到：我们有这么先进的技术，但我们真的能处理好吗？这将是一次考验，这将成为人类文明更进一步的过滤器。我们能处理好这种技术而不毁灭自己吗？有了这么多先进的技术，这是不是就像给了一个小孩一把猎枪？我们必须确保我们以对未来有利的方式处理技术。

---

[1] 资料来源：王学谦，蔡仲. 新自由主义与科学之间的张力[J]. 科学与社会，2020(4).

我们必须考虑我们需要采取什么样的行动，才能有美好的未来。[1]

## 控制科技应统筹资本和军事优势与社会责任

社会管控科技极易使军事和资本钻空子、占上风。冷战时期，西方基本上是军事和资本控制，实行凯恩斯主义，虽然捍卫着科学的内在自主性，支持无止境的基础研究，但实际上是政治和军事在支配科技。还有一种控制，表面是市场经济条件下的科技发展，然而出于利己的动机和市场规训，资本和利益在实际驱动科技。"几千年前，人类发明了农业技术，但这只让一小群精英富了起来，大多数人反而沦为奴隶。大多数人发现自己得顶着炎炎烈日拔草、浇水和收割，日出而作，日落而息。这也可能是你的命运。"[2] 改变科技的狭隘性，就要让科技摆脱纯粹由资本控制的局面，让科技变成大多数人的实惠。

从现代科技带来的问题看，从核武器与核泄漏等导致科技受到公众的质疑，到有关纳米技术、人工智能和生物医学技术等的辩论，除了客观因素，还在于将科技推向了市场，科技和经济利益靠得更近，甚至沦为市场化工具，有的还可能成为资本积累的方式。反而与社会政治较为疏远，背离社会责任较多。资本家和个别科学家获益，社会和环境受损。

许多政府组织和企业对现代科技的信誉和合法性提出越来越多的质疑，一些科学家和工程师有时也会忽略其对社会应有的责任，没有将自己的知识见解用于紧迫的问题和有关未来的社会责任行为。可见，

---

[1] 资料来源：六毛. 马斯克最新访谈全文，信息量极大，远见令人震撼[EB/OL]. 凤凰网，2021-01-08. https://tech.ifeng.com/c/82qDzSEiLxn.

[2] 资料来源：尤瓦尔·赫拉利. 2050年的教育，将会有哪些不同？[EB/OL]. 亚洲教育论坛，2021-08-04. https://ishare.ifeng.com/c/s/v0024JTbiMJ9QV69U1Y77msZhEfMT1UKLPNXp8TZ—IntHJk.

科技的社会参与值得引起重视。技术带来的问题本来要靠社会的力量来解决，事实上有不少问题也能够解决，但是要谨防资本和利益集团的贪婪逐利性质，利用科技的负面作用，企图让人类走上不归之路。

## 控制科技重在防范科技对人类的威胁

越是在重大科技发展之时，越需要我们在运用其积极方面的同时，更好地管控其不确定性，防止出现人工智能拥有邪恶心灵、超越和挑战人类的严峻威胁。有人说，人类的自然灭绝极其遥远，是亿万年之后的事，而我们正面临的灭绝威胁，其全部原因则在于科学技术的非理性发展。控制科技的非理性发展，要着眼于那些有可能影响人类命运的问题。怎么管控核武器、生化武器的存在和扩大，怎么解决基因技术和人工智能的进一步研发和运用带来的威胁，都是对人类的重大考验。

在核武器上，很长时期一直是拥核大国的平衡，在维护着核武器的管控。2022年1月3日，联合国安理会五大常任理事国发布了一份共同声明，提到避免核武器国家间爆发战争、减少战略风险是首要责任。核战争打不赢，也打不得。鉴于核武器使用将造成影响深远的后果，只要核武器继续存在，就应该服务于防御目的、慑止侵略和防止战争，而不是互相斗殴。联合声明表明五国在核武器问题上抛开了分歧，宣布了可以接受的共同立场，这难能可贵。联合国秘书长古特雷斯对此举相当支持，同时他认为，消除所有核风险的唯一途径是消除所有核武器。他表示愿意与核武器国家和所有会员国合作，尽快实现这一目标。五大常任理事国的一致意见，保证了社会力量的统一，从而有效驾驭了核武器的威胁。

如果科技的负面效应扩大，社会力量出现分歧，管控科技力量薄弱，社会就无法管束和解决科技有可能给人类带来的共同威胁。或许今天的核武器相比明天的智能机器人、纳米机器人或者其他高科技的东西将不值一提。霍金说：人工智能可能会给人类带来齐天洪福，也有可能会造成灭顶之灾。《智能简史》的作者、"人工大脑之父"雨果·德·加里斯说:"我们是在制造上帝,还是在制造我们潜在的终结者?谁将是地球上的支配物种,人工智能机器?还是人类?在21世纪末,人工智能机器将会比人类聪明万亿个万亿倍,而且关于物种支配这个问题将会引发一场重大的战争,并导致几十亿人死亡。"更要重视对基因和人工智能研发的管控,一定要使其得到理性发展,在它的方向难以确定时,不妨先停下来。

## 控制科技的民主化方式正在生成

有些现象是人们对科技和相应的产品在用脚投票并表示不满。这里面有人们受某种传统或区域习惯的影响,对某些效率虽高的科技产品也不会去用,或刻意忽视,还有些则是因为科技产品和行为不符合材料要求和人类进步的逻辑,而不乐意使用。还有科技界评估很好的东西得不到人们的重视,对其冷若冰霜,弃之不理,其中不乏应用中的负效应,也不排除对权威评估的质疑。当然,也应该对新科技采取积极的态度,用新思维来理解和应用新的科技,使科技真正为人所用。

## 科技与社会的张力和对抗

维持科学与社会的关系,要面对相互间的张力。韦伯曾经论述,科学与政治处在一种动态且稳定的张力之中,维持这种张力,使科学不被外部政治所掌控的根本在于科学自主,社会不被科技负面笼罩的根本在于社会责任。这种张力应当维持在满足科学的自主性和社会的责任感这两个底线上。

科技与社会的相辅相成,体现为科学精神与人文精神的正相关关系。科技发展有与人的需要和发展相一致的方面,也有与人的生存和发展不一致的内容。一致的不必要相互代替，不一致的要防止走向对立，力争两者不超出相互张力的范围。

科技与社会的长期发展，经历了两个临界点。

第一个临界点是一万年前，人类"改造生物圈的能力超越了地球改造人类的能力，那个临界点就是科技体的起点"。

第二个临界点就是现在，"科技体改变我们的能力超过了我们改变科技体的能力"。

由于人与自然、社会与科技在能力上的地位和作用发生变化，使科技与社会的矛盾，更多体现为科技与人类的较量。温纳认为："技术诡诈聚合而成的现象，矮化了人类意识，让人类应该能操纵和控制的系统变得晦涩难懂。遵循这种趋势，科技超越了人类的支配，按照自身内在的构造成功运作，这种整体的现象构成了'第二天性'，其超越了对特定要素的欲望或期待。"[1]因此，人类要清醒，科技的确让物质主义猖獗，但是我们把精神都放在物质层面，使生命中更伟大的意义因此受限。

科技的张力借着自然的力量在起作用，社会的张力借着人类的力量在起作用。当科技损害自然后，也就连累到人类和社会。当社会把人类逼到控制的前沿，科技与人类的对垒，极易造成对社会的操纵。

在科技与社会的发展经历了第二个临界点之后，科技大过社会的张力，以至于科技在疯狂发展，社会却在消极应对。

## 认识人类自己和强大的科技对手

几千年来，先知和哲人言者谆谆，要人类认识自己和对手。到了21世纪，知己知彼的迫切性前所未见，因为现在已经不是老子或苏格

---

[1] 资料来源：凯文·凯利. 科技想要什么 [M]. 严丽娟, 译. 北京：电子工业出版社, 2016.

拉底的时代,人类已经有了强大的竞争对手。而科技的强大令我们难以想象,且不说尚处于襁褓中的人工智能、基因科学和量子力学,仅就与我们日常生活搅在一起的数字智能科技而言,就已经在非法攻击人类,"算法现在正看着你,看着你去了哪里、买了什么、遇见了谁。再过不久,算法就会监视你走的每一步、每一次呼吸、每一次心跳"。"如果你还想为自己的存在、为人生的未来保留一点儿控制权,就得跑得比算法、亚马逊和政府快,在它们之前就认识你自己。如果要跑得更快,就要轻装上阵,把过去的所有幻想都放下,它们是相当沉重的负担。"[1]在科技浪潮席卷而来、世界完全改变的时候,我们要寻找自己的理性,我们要清楚自己可以走到哪里,应当走到哪里。

科技不仅有工具的作用,还有思想的力量。第三、第四次科技革命,不仅给人类带来许多助推生产力发展的技术、工具,而且其改进人们思维的能力、促进社会变革的因素更有力度。如果我们不能发展与新科技相适应的新思维,新科技也就不甘心只给人类当手段或工具。其实科技给我们以新手段的同时,也赋予了相应的思想启发,需要我们用心接纳科技,让科技参与到我们的事业中,共同实现目标和完成使命。这也是人们影响科技的一种潜移默化的方式。科技和人类应当彼此相互影响、相互适应、相互成就。

## 充分发挥社会对科技的作用

社会对科技的作用,包括社会力量积极影响技术力量,社会需求尽可能驱动科技发展,社会制度制约科技的负面发展,社会变革为科

---

[1] 资料来源:尤瓦尔·赫拉利. 2050年的教育,将会有哪些不同?[EB/OL]. 亚洲教育论坛,2021-08-04. https://ishare.ifeng.com/c/s/v0024JTbiMJ9QV69U1Y77msZhEfMT1UKLPNXp8TZ—lntHJk.

技发展扫除障碍。

特别要重新审视社会制度的作用，认识不同的制度本来是人类进步的不同方式和道路选择，结果我们却将其作为敌对的工具，常常剑拔弩张，消耗了人类社会探索创新的能量，增加了社会内部不必要的麻烦和矛盾。资本主义制度虽然有其优势，但其内在具有许多明显的弱点和缺陷，马克思曾对其进行入木三分地批判，《21世纪资本论》更是鞭辟入里地揭露和批判了资本主义新的危害和罪恶。面对人类与自然的矛盾，资本主义制度仍然摆脱不了极其狭隘的利益圈子，一直在制造社会矛盾。可以说这种制度的社会力量将被科技力量支配和毁灭。旧的生产关系容纳不下科技带来生产力的飞跃，支配技术的社会力量，将要被技术的力量控制甚至毁灭。特别是"这些年由于新自由主义思潮的蔓延，科学在政治的压力下，经历了一个前所未有的境况：背负应用的语境、研究的商业化、市场的导向、创业创新的使命，科学无论是在方法论层面还是制度层面上，都经历了巨大的转变"。[1]产生了所谓科学的"跨时代断裂"命题。

科技与制度的张力，将会突破范围。人类不能只顾及自己的民族矛盾、国家矛盾、地区矛盾，面对新的科技和大量自然方面的矛盾和灾害，我们要跳出人类自身矛盾的圈子，不同的制度要相互借鉴和改进，重要的是合作，不要影响人类在科技和自然面前达成共识，让全球社会来共同应对科技的负面效应，积极地应用科技的力量，加大力度治理气候问题、自然灾害、生态破坏，以及我们难以解决的社会问题。

---

[1] 资料来源：Alfred Nordmann, Hans Radder, Gregor Schiemann. Science Transformed? Debating Claims of an Epochal Break[M]. Pittsburgh: University of Pittsburgh Press, 2011.

## 防止科技与社会的对立

科技发展有自身的体系,有着相对独立性。科技同社会的不一致是正常的,但是要防止科技演化到与社会和人类抗衡的地步。

历史上曾经发生过砸机器和危害科学家的事情。我们反对因科技的进步砸毁机器,也反对因为科技破坏环境和人的自然性,就像"大学炸弹客"那样去危害科学家。未来,庞大的、快速运转的电脑可以比几千人加在一起的运转速度总和还要快,给它再复杂的问题,它也可以解决。但是,我们要把人工智能这匹脱缰之马控制在缰绳牵引范围之内,"使它为了人类的福祉而存在,更重要的是肯定人类本身的意义,人类不能成为被奴役的一方。若我们的图利之心压倒了求知之心,科技发展的速度压倒了我们的存在,这就会变成非常可怕的现象"。

我们要谨记霍金等科学家的提醒,要防止在涉及人工智能、基因技术上的随意发展,如果不能防范这个问题,人类就没有机会,甚至人类真的会走上不归之路。很多人工智能专家都表示,人工智能这项技术成了人类最大的存在性威胁。马斯克曾发推文称:人工智能的潜在威胁大于核武器。霍金在2015年5月于《独立报》上联合撰文称:"尽管人工智能的短期影响取决于控制它的人,但长期影响却取决于它究竟能否被控制。"2015年1月,他们二人签署了一份由未来生命研究所发出的公开信,承诺人工智能领域的进步不会脱离人类的控制。2015年7月,他们还签署了另外一份公开信,呼吁禁止开发自动化武器。[1]要严防科技在人类命运上暗藏杀机。

对于科技与社会的矛盾,社会要更加主动地化解。尤其要警觉和

---

[1] 资料来源:张金梁. 马斯克和霍金:获得"阻碍科技创新奖"[EB/OL]. 中关村在线,2016-01-20. https://news.zol.com.cn/564/5648489.html.

思考怎样消除风险和改变危机。浊浪排空而来之时，保持理性和做人的底线，用人性和理性找出一条处世立命之道。比如机器人的产生，会抢去一些人的工作岗位，对此社会要消化这方面的矛盾，让人们知晓新科技还会创造出大量新产业、新岗位，新科技担负了人们不愿去冒风险的急难险重岗位，也减少了人们不必要的牺牲。更重要的是，新科技会让更多的人从事较少的体力劳动，从事较多的脑力劳动，让人更多地去快乐生活，从而尽可能减少科技与人类对抗的现象。

## 解决社会内部矛盾以防范社会与科技对立

面对新科技，国家、企业及组织都会积极利用、推动、共享，但是也有社会内部相互撕扯的情况。全球化是一种发展趋势，当它不能带来丰厚利益的时候，有的国家竟然逆势而行，实施逆全球化、反全球化战略，不依规则合作竞争，而是采取科技垄断措施，搞科技脱钩、封锁，阻碍社会进步。

任正非说："移动通信的3G是三个标准，4G是两个标准，这些标准差异给全球通信发展造成低效、不便和高成本，5G标准是经过20多年、上百个国家、成千上万个科学家集体研发后，终于产生的统一标准，让全世界在一个标准架构上实现未来的信息连接，非常有利于支撑人工智能的发展，支撑人类社会的进步。"英国电信前首席技术官彼得·科克伦（Peter Cochrane）说："现在我带着的苹果电脑，有两个Gmail邮箱账户，还有我的其他美国产品也突然没法正常工作或者完全无法工作。这不是技术造成的，不是市场人员造成的，而是政客造成的。未来不会出现这种荒唐的限制条件。"[1]

---

[1] 资料来源：与任正非咖啡对话（第二期）：创新、规则、信任，2019-09-26。

社会自身的不协调和分歧会严重影响对科技负面效应的引导、制约和管控。现在核武器管控风险上升，美国在特朗普政府时期不仅退出伊核协议，还要制造和使用战术性核武器，当时这种恐怖消息笼罩世界。还有网络技术运用引起的网络安全和产生的隐患，不仅缺少国际社会的充分协调，而且网络几乎成为大国攻防的主阵地。

更为严重的是在新冠肺炎疫情肆虐，严重伤害人类的时候，愈演愈烈的社会分歧耽误了科技合作防控的时机。病毒是人类共同的敌人，2020年以来在防控新冠肺炎疫情中，有的国家没有真诚合作，而是将抗疫与社会制度、意识形态挂钩，用政治思维代替疫情防控，用战略策略取代真诚。中国面临疫情，积极应对，坚强领导，发动群众，科学防控，援助国际，取得了阶段性胜利。

而少数西方国家不仅对中国抗疫以来的成绩不屑一顾，没有抓住中国争取来的时间，积极布置和防控，还对中国评头论足，百般指责，采取不合作态度。还有的国家政客在中国最初防控疫情时，想将产业从中国撤出，转移回美国，搞脱钩，对最早受疫情冲击的中国落井下石。当病毒在美国等西方国家呈蔓延之势，愈演愈烈时，一些科学家和政治家才认识到不合作的严重性，他们未能利用好社会这个共同的力量，从而造成更多的人感染，不少人甚至丢掉生命。这种矛盾、对抗，从经济到科技，延伸到生命救助的防疫抗疫，所以必须用合作来代替和消除这样的威胁状态。

美国纽约城市大学教授彼得·贝纳特在其文章中说：新冠肺炎疫情用蛮力澄清了两个与特朗普世界观直接相反的现实。

第一，在相互联系的世界中，加强全球科技合作通常能更好地保护普通美国人的安全。曾经重创武汉的同一病毒现在正重创纽约。海水的升高既威胁迈阿密也威胁广州。深化世界两大超级大国的合作是对这些巨大威胁的合乎逻辑的回应。

第二，当今全球化世界的知识和力量的平衡已经改变。2003年

"非典"暴发时，美国是中国的老师。现在，美国医生和科学家迫切希望了解中国同行是如何在武汉击败新冠肺炎疫情的。如果说美国的工厂是第二次世界大战期间的民主武器库，那么现在日益清楚的是，在新冠肺炎疫情肆虐时期，中国的工厂就是全球公共卫生的武器库。在一个相互联系的世界中，加强全球合作通常能更好地保护普通人的安全。深化世界两大超级大国的合作，是对这些巨大威胁的合乎逻辑的回应。在抗击传染病方面，我们知道这种合作是有效的。[①]

美国库恩基金会主席库恩在疫情流行时认为："新冠肺炎是当前世界最严重的急性病，因此，现在有两种选择，一是用美中竞争来'滋养病毒'，二是用美中合作来'杀死病毒'。"[②]

社会撕裂的纠结让我们想到，两次世界大战后先后出现的国联和联合国，似乎表明战争前就无法达成和平共识。人类为什么要这样钩心斗角地残害自身，用生灵涂炭的方式去争取进步？如果这样下去，新技术的负面力量将会以灾难的形式降临，轻者会引发剧烈的社会革命，重者将会终结人类。

当然，我们还要乐观地看待人类自身，相信在技术危机逼近的顶点，将会把人类最大的社会功能激发出来，人类有智慧和勇气消除技术对人类的威胁。建立人类命运共同体，已指明人类解决问题的方向。正视技术力量和社会力量的矛盾纠缠和相辅相成，才会推进社会和技术的进步。

---

① 资料来源：彼得·贝纳. 特朗普与中国决裂带来致命后果 [EB/OL]. 大西洋月刊，2020-03-28，环球网, https://baijiahao.baidu.com/s?id=1662541631176008396&wfr=spider&for=pc.
② 资料来源：闫韫明. 专访美国库恩基金会主席库恩：我一开始就对中国战疫充满信心 [EB/OL]. 环球网，2020-03-30. https://baijiahao.baidu.com/s?id=1662541371593868308&wfr=spider&for=pc.

## 社会和科技要共同走向未来

走向未来要乘坐两轮车子驶向远方，一个轮子是科技，另一个轮子是思想。没有人类思想的未来，全是科技导航的世界，即便五彩缤纷，也不动人，这样的未来既不可设想，也没有意义。当然，科技总体在朝着修复人与自然良性互动的方向发展。针对环境恶化和生态破坏的状况、科技发展与社会人文的一些矛盾，以及科技自身和社会自身内在的矛盾，科技工作者要适应这些客观变化，致力于对生态系统、环境治理和资源合理利用与开发的研究，适应人类社会协调发展的需要，将会推动人和自然之间，以及当代科学、技术、经济和社会之间的协调发展。利用新科技保护生态自然环境的功效，要大过科技发展对环境的负效应。科技在人类全面改造整个社会生活中的作用，必将更加充分地发挥出来。科技还有较强的生态调节功能，可以制止人们盲目使用掌控的能力造成生态环境恶化的趋势，许多技术手段有利于维持生态平衡，创造一个适合人类生存和可持续发展的自然环境。

# 第十二章
## 科技伦理的导航

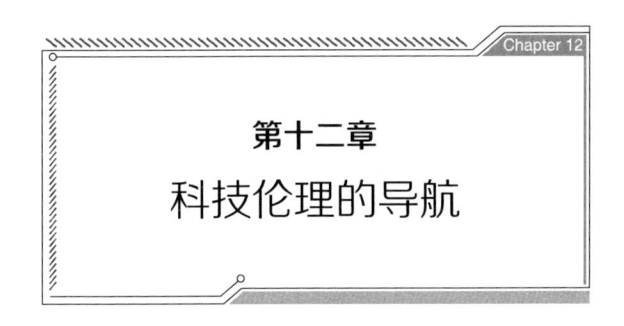

科技的爆炸性发展气势磅礴，具有无比的力量，但只有到达预定轨道才是成功的科技。科技在人们强烈的欲望中酝酿和诞生，"技术的逻辑"有时可能背离人们的初衷，偏离预设的轨道，挣脱人们的控制，导致公开或隐蔽的反主体效应。我们对有些科技的客观必然性还很难掌握，需要对科技进行价值定向，担负社会责任。

科技与社会林林总总的矛盾、问题和风险，我们在前文论述科技与社会关系中已做了宏观分析，说明科技的健康发展，需要伦理导航、监督管控和法治干预。

伦理道德、政策规章、法律法规是科技引导和监管中的三个环节，也是三条红线。

伦理是道德性引导和约束，规章是政策性约束，法律是刚性约束，三种手段将会根据问题、风险和危机的严重程度，或者单独运用、分别施治；或者多管齐下，综合治理。

## 科技的锋芒和任性需要伦理的平衡和引导

伦理是人类社会力量之一。在科技和社会都迈向未来的进程中，科技更多体现自然属性，社会更多体现人文属性，两者共同推动历史发展。人类是自然的，又是社会的，应当在平衡科技与社会的关系中发挥能动作用。

不少人认为科技是人类创造的工具，是达到特定目的、满足特定需要的手段，没有善恶之分。使用技术的人才能决定科技行善或作恶。哈佛大学技术与社会研究项目主任梅塞勒就持这样的观点，他认为："科技为人类的选择与行动创造了可能性，但对处置这些可能性处于不确定状态。技术产生什么影响、服务什么目的，都不是技术本身固有的，而取决于人用技术来做什么。"[1]

然而，现代科技的异质性发展、复杂结构和强大功能，正在使情形发生变化。德裔美籍哲学家和社会理论家马尔库塞揭示："科技是现代工业社会中的决定性力量，同时又具有政治意识形态的职能。'技术拜物教'在社会上广泛蔓延，技术的合理性已经转化为政治的合理性。"[2] 技术的解放力量使事物工具化，转而成为解放的桎梏，即使是人也被工具化了。汉斯·约纳斯在《为什么技术是伦理学的课题：五个理由》中，提出现代科技之所以需要纳入伦理范畴有五个理由：一是技术与实际后果的矛盾性；二是技术应用的强制运行；三是技术实践在全球范围展开的时空影响；四是现代技术对人类中心论的突破；五是技术所产生的形而上学问题的"堆积"。本书第八章列举的科技问题和风险，反映了上述内容。

因此，在科技发展中，应当鼓励科技进步，防范科技任性。创新决定科技能飞多高，品质决定科技能走多远。在科技向未来的发展中，伦理是处理人与人、人与自然、人与社会、自然与社会关系的标尺。

---

[1] 资料来源：Emmanul G.Mesthene. Technological Change: Its Impact on Man and Society[M]. New York: New American Library, 1970, p.60.
[2] 资料来源：孙伟平．人工智能与人的"新异化"[J]．中国社会科学，2020(12).

## 科技发展要有方向性约束

现代科技张力不停，扩张不减，如不加约束地发展和应用，就可能威胁到人类整体利益，甚至逾越地球承受之重。因此，科技发展在调动科技人员积极性、创造性，鼓励创新的同时，还要树立科技为社会服务、受社会约束的理念，防止其走向反面。

曾经有人主张科技无约束地发展，将伦理要求当作科技发展的障碍。他们主张放开伦理后，百年内人类寿命将轻松翻倍，人造人会像地里的豌豆遍布农场，肌肉组织会像棉线一样卷成卷，骨骼切成块会堆成山。没有约束的科技将会连接脑机使人有无限寿命，然后实现可控核聚变，最后掌握宇宙。按照这些疯狂设想，似乎为了科技成果可以毫无顾忌。但是科技失去底线，会使社会秩序崩溃，让人类自食苦果。科技造福还是作恶，选择权在人类手中。科技研发自由不可能随意放任，否则会让科技变为伦理的蛮荒之地，科技的优秀与卓越必须以规训自律为前提。

保持清醒的科技研发和应用，应将科技创新和科技伦理统一起来。谷歌提出"不作恶"理念，是一种伦理引导；腾讯提出"科技向善"，倡导参与科技研发、科技运用和科技产业化的团体和人们，要在科技不作恶到科技向善的转变中，不断调适功效与道义，保持两者平衡。越来越多的高校、科研院所、企业注重科技的积极作用，设法降低科技的负面影响，强调科技的社会责任。

欧盟提出"负责任创新"，旨在树立科技的责任意识和行为，引领符合道德的科技发展。社会从多方面释放需求信号，经过科技专家捕捉并塑造成技术需求，如政府军事政治需求、企业利益需求、社会进步需求等，通过专家将这些社会信号转化到科技研发的规划、过程和具体研究中，扭转传统技术观和偏重技术的预测，纠正片面的技术决定论，建构社会因素参与的科技发展导向。

科技创新的主题和愿望来自社会需求，取得成果后仍要经受科技应用和社会实践的检验。只有兼顾社会需求和人类伦理的科技，才能确保科技应用后的产业发展、社会效果和各种影响，最终有利于社会进步、可持续发展，并造福人类。

## 科技理性与价值理性的纵横坐标线

现代科技正在快速改变着人们的生活，常常突破想象，让人们一边惊叹并沉浸其中，一边可能经历科技带来的痛苦和危害。

新科技在推动人类文明迈向新阶段，面对生命科学、人工智能等科学的兴起，人们未必已经在哲学、伦理、法律、制度等各方面做好准备。怎样使不断涌现的科技有更多的积极作用、更少的消极影响呢？需要从科技发展和社会需要出发，构建科技发展的坐标，作为纵轴的科技发展力度越是大，作为横轴的科技方向就越有利于社会发展。这样的坐标综合体现技术理性与价值理性，技术理性追求高效，实现既定目标，价值理性保障技术带给人类福祉和促进社会发展。

爱因斯坦对科技创新的社会价值早有认识，他说："科学就其意义讲，从没有像现在这样具有道德性质，因为科学发现的成果，任何时候也没有像现在这样影响人类的命运。"历史发展已证明这个道理。科技伦理是科技创新活动中人与社会、人与自然、人与人关系的思想与行为准则，它规定了科技人员及其科技共同体应恪守的价值观念、社会责任和行为规范。荷兰学者维贝克、范登霍恩等人提出的"道德物化"和价值设计路径可看作是坐标的有益尝试。"在技术设计过程中，通过分析作为中介性技术的可能性空间，尤其是发现'潜在的可能性'，将可接受的道德价值转化为可接受的技术功能，尽可能压缩潜在、不可靠、不可控的'可能性空间'，使技术的'初心'与技术的后果尽可能一致。"[①]

在坐标的设计中，科学家和伦理学家都应参与其中，把伦理的道德论证和价值反思，化作科技整体价值设计的重要部分，将道德原则和价值规范整合到技术过程和技术产品中，使科技价值设计与道德价值设计融为一体。在重视技术价值的同时要遵守伦理的价值准则，使科技活动的参与者从初始就明确责任，将伦理原则落实到规划设计、工程技术和管理制度中，保障科技创新的健康发展。科技伦理为科技创新及其应用划定底线和边界，发挥"定盘星"作用，确保科技向上向善。马化腾说："科技创新是手段，科技伦理是保障，科技向善是目的。"这不失为追求科技发展两条坐标价值的积极探索。

## 伦理跟踪科技随时防范和挽救风险

在科技发展的初期，将伦理纳入其中，对于明确科技动机和打造坐标导航很重要。对初期发现的问题，要及早治理，把危害尽可能扼杀在萌芽期，不让它成长为"怪胎"，走进社会。开始失之毫厘，后续发展就差之千里，对开端的把握不容含糊。

科技发展的过程曲折而漫长，可能偏离初期动机和伦理导向，使其正效应被负效应对冲和抵消。要使伦理跟踪科技过程，让科技伦理伴随、引导和约束科技研发的每个环节，特别要注意科技复杂性导致难以预防的结果，防范各环节的潜在风险。约纳斯指出："关键是以长远、未来和全球化的视野探究我们日常的、世俗的、实践性的决断，这是一个伦理创举，这是技术让我们承担的重任。"[②]

---

[①] 资料来源：王国豫. 推进新时代科技伦理学新发展[J]. 中国社会科学报, 2020-01-14.
[②] 资料来源：张荣. 约纳斯责任伦理的定位及其意义[J]. 道德与文明, 2019-10-14.

科技的纵深发展，使各种不确定性和不可控因素急速增大。任何具有变革性的新技术都必然带来法律、伦理及社会的影响，特别是基因科学、人工智能、信息科技等颠覆性技术，其走向无法完全预判，发展越深入、人类的安全越可能遭遇威胁。例如，数字技术及其应用带来隐私泄露、虚假信息、算法歧视、网络安全风险、网络犯罪、网络过度使用等问题，已经成为全球关注的焦点。用人脸识别、头戴脑波仪等监测学生学习情况，以及教育中的人机关系、数据流通和隐私保护等，都引发全球范围对数字技术、智能技术及其应用的反思和讨论。未来人类依赖的机器人可能被数据和算法操纵，不受伦理或哲学的规范约束。正因如此，科技愈发需要科技伦理的伴随和引导，始终警惕风险，校正方向。

科技的成果体现，不纯粹是突破禁区而无所顾忌，真正的伟大和高贵在于对人类社会的积极作用，在于推进社会健康发展和进步，探索如何让新技术带来个人和社会福祉的最大化。技术是人创新、探索的权力的表现，同样应受道德的检验和规范。人类要将对科技的管控建立在对伦理认识的基础上，还要转变到现实的伦理引导和社会责任上，尤其要注重以下两条举措。

一是用伦理武装科技人员。将道德和责任的概念内化于心，外化于科技人员和工程师的行为。如今科技的力量有时给人以安全感，有时给人以恐惧。科学家和工程师担负着沉重的道义责任。"科学家和工程师不仅承担了创造技术人工物的责任，还指导着技术人工物的潜在威力释放方向和道德指向。将科技伦理知识整合到科学家和工程师的知识体系和思维方法中，或许是'道德嵌入'的最高境界。"[1]

二是将科技伦理贯穿到科技研发的过程中。保障研发动机纯正，

---

[1] 资料来源：王国豫. 推进新时代科技伦理学新发展［J］. 中国社会科学报，2020–01–14.

研发过程和手段无害，研发结果达到善良目的，研发成果运用产生积极影响。要正确营造科技的政策环境，规范研究的主体、手段、对象和结果等各个环节，保障在整个链条间严丝合缝，没有瑕疵。目标美好不能掩盖手段残酷，有的结果包含着功利主义的变体和冒险。动机良好也难保证过程和结果的邪恶，甚至会将人类福祉变成人类噩梦。将科技研发的全过程、各环节，置于伦理光照之下，使研发行为照顾多方利益而提升社会福祉，追求科技人员至善而升华的幸福感知。

科技伦理的价值引导并不会剥夺科技的创新和思想，只是扮演权力监督、权利伸张、利益揭示和观念制衡的角色。把科技放在整个人类社会的环境中看，伦理就是对科技引发问题的防范和挽救，是给科技注入的一种"病菌抗体"。现实迫切需要对科技研发及其应用进行伦理引导、规范和约束，保障数字化社会不失序、不失范、不失常。

## 防止盲目的科技创新和教条式伦理坚守

在科技创新与科技伦理上，可能存在彼此割裂、结合不够的情况。要么盲目创新，认为创新是科技的本质，漠视伦理，甚至认为伦理是干扰；要么把伦理教条化，限制科技中的细枝末节，生怕违反伦理。这两种认识都有偏颇，影响有机结合和共同目标的实现。伦理引导、监管审查和治理，在于防止有较大风险或尚未成熟的技术匆忙用于实践，"例如对人体实验并不是一概否定，如同药品在投入临床前要求经过实验室细胞培养、动物实验等过程一样，基因技术也可在理论论证、模式生物等程序上进行充分探讨，取得科学界共识后，再尝试临床人体实验。当然，伦理审查的安全线并非一成不变，科学突破和人类社会伦理间不是零和游戏，在规则范围内创新，可以减少非议，更利于推广"。①

科技与伦理要紧密结合。如果两者割裂甚至走向极端，特别是盲目创新或教条式伦理，容易割裂动机与效果，割裂科技与社会，割裂科技与道德。科技与伦理的关系实际上反映了局部与整体、长远与短期、现象与本质的关系。在把握上要尽量避免以下两种倾向。

一是科技的意识形态化。科技既是"上帝"，又像"潘多拉魔盒"，在浓厚的政治氛围影响下，科技工作会因循守旧，畏惧专家路线、技术路线，担心犯政治错误，搞虚无技术；或者搞关门科技，技术垄断，搞封锁和脱钩；或者因新技术带来重大改变而在面对伦理时无所适从；或者以伦理或规定为借口简单地干预新科技，看似安全，其实不负责任。

媒体曾报道首例"三父母婴儿"的诞生。纽约新希望生殖中心团队，利用纺锤体核移植技术，将母亲和捐献者卵子中的细胞核先移走，再将母亲卵细胞的核注入捐献者卵细胞中，用获得的新卵子与精子受精，成功让一对约旦夫妇在墨西哥生下一个健康男孩。对于这个里程碑式的技术，诺贝尔奖获得者巴尔的摩认为"非常棒"。他表示，这是基于基因疗法的重大突破。遗憾的是，这种技术并未获得美国法律的保护，基于宗教等因素，已在英国获准的类似方法被认为存在伦理和道德风险。

在生命延续和法律伦理禁令之间，巴尔的摩明确表示会选择前者。他说："对任何技术进步的法律禁令都是有问题的，这意味着，我们不能帮助那些需要帮助的人。我不认为这类技术存在什么道德伦理问题，可能因为它是全新的，所以有些墨守成规的人不愿正视它，这不利于推进科技进步和法律完善。"他还强调："在推进新技术应用

---

① 资料来源：孙正凡. 科研伦理是安全线［N］. 光明日报，2019-08-01.

的进程中还需小心谨慎。"①对科技和伦理的问题要以事实和原则来判断，不能简单以伦理和法规的内容否定创新的科技。

二是科技被利益集团绑架和霸权主义威胁，让伦理成了形式。面对科技革命锋芒，应当防止科技创新在大刀阔斧的过程中，被利益、权力、短视所误导。比如炸药、原子能、化工技术、造纸技术、纺织技术、生物技术等，都给人类创造了财富和文明，也都作为战争工具带来生灵涂炭、环境污染、资源浪费、人文精神缺失等后果。这些例子涉及的科技发展和伦理坚守值得深思，比如，有些科技是利益集团投资，哪怕不符合社会和伦理要求也强行闯关；在产业分工上，霸权国家将自己置于产业链顶端，占领高科技并获取高额利润，破坏竞争和市场秩序，禁止别国发展高科技，破坏各国科学家共同努力研究得到的统一标准和高效率；有些引发问题的科技，即便有科学家和社会的强烈反对呼声，而在霸权主义的一意孤行下，依然我行我素，摆脱了伦理和道德的引导和约束。

## 划出科技创新和伦理道德的界限

把科技和伦理辩证地统一起来，要认识两者的对立性、特殊性，也要认识两者的互补性、同一性。约纳斯强调："当今技术专制的要素本身也使技术产品成为我们的主人，甚至强迫我们继续成倍地增加这些产品，为了人类的自律和尊严，我们必须采取非技术的方式控制现代技术的飞速发展。"针对技术无止境发展可能造成的危害，约纳斯倡导人们"懂得在我们有理由为之最感自豪的东西中划界并停下来，本身就可能是未来世界的一个全新价值"。②

---

① 资料来源：房琳琳. 基因疗法将改变未来 [N]. 科技日报，2016-11-02.
② 资料来源：张荣. 约纳斯责任伦理的定位及其意义 [J]. 道德与文明，2019-10-14.

知足的艺术很难掌握，适当的德行不易做到。明确科技创新的伦理边界，有利于规范科技创新，保障科技发展中的自律。欧盟在科技创新中提出"负责任的创新"，这是一种评估科研和创新所具有的潜在意义和它承载的社会期望的新理念，旨在培育和设计具有可持续和安全的科研和创新。坚持伦理和社会责任不能生搬硬套，应当适应发展变化，有所扬弃，固守旧传统的伦理会影响科技活力，束手束脚，止步不前。科技与伦理不是各走一边，应该相向而行，合理结合。

不论是大学、科研院所、企业，还是协会团体、科研资助机构，都可在科学领域的各方面，将科技的行为准则和伦理规范渗入其中，可以让一些伦理工作者进驻实验基地，与科学家们一起辨析和预见有关科技成果实施后可能出现的问题，广泛开展研究，制定旨在保护人类社会稳定发展的伦理规则。

## 在传统伦理基础上创新科技新伦理

事物都是发展变化的，科技的发展也要求相应的伦理发展和变化。科技伦理与近代以来的科技进步形影相随。历史上的科技受限于水平，给社会、自然和人们带来负面影响的程度相对有限，虽有科技伦理要求，但相对简单。如我国古代儒家"以礼制器"、墨家"兴天下之利"、道家"道进乎技"等技术价值观。那时的科技发展速度和深度不够，狭义上就是技巧、技艺、经验，因此，虽然也有"功致为上""毋作淫巧"等技术伦理原则，但未上升到科技发展与社会、人类、自然形成突出矛盾的高度，主要矛盾是科技发展不足。这一阶段科技对经济社会发展的促进作用占主导地位。

第一次工业革命以来，伴随着接二连三的科技革命和产业革命，加速推进经济社会和文化的发展，扩大社会的广泛联系，暴露出科技带来的问题，科技也身陷两难境地，正面与负面、出路与危机、进步与灾难交织一体，使科技伦理显得格外重要。科技造就了许多新鲜事物，每次科技革命都带来一批颠覆性项目，形成对人类社会的巨大影响，这些影响会使人与自然、人与社会、人与人的关系面临深刻的调整和变化。怎样让这种调整和变化更有利于社会、自然和人类？显然针对不同的科技应有不同的伦理要求。

科技研发是开放和动态的，保持着蓬勃的势头，如果科技伦理陈旧，适应不了新科技步伐，僵化的传统的伦理规范就会成为科技发展的障碍，此时变革传统的伦理原则，就是促成科技快速发展的有力举措。比如"君君，臣臣，父父，子子""三纲五常"是中国传统的封建伦理道德，而今早已被人人平等、相互尊重、和谐共处的伦理和道德所取代。社会道德是这样，科技伦理也有类似的例子，比如过去西方在科技上强调要符合宗教教义，否则科学家就要受迫害，这些陈腐做法早已被现代科学精神所取代。第二次世界大战后，核技术、生物工程和基因技术、信息技术等现代科技迅猛发展，在激起人们强烈兴趣和兴奋之余，也引发担忧和恐惧，而克隆技术、基因改良、互联网、人工智能等新科技又引发从未出现过的新问题，直接冲击现有的伦理规范。"现代科技的快速发展和更新，特别是现代科技应用与资本、市场、国际政治的复杂连结，许多新科技及其成果的实际应用有可能甚至实际上已经带来许多新风险、新问题，其中必有一些新问题难以给出及时而充分的解答，成为当代或未来的科技伦理学的疑难问题。"①

各项科技伦理需要随着科技的创新而有所变化和发展。应当在坚守基本科技伦理的基础上，把握人类经验和价值的结晶，根据时代和科技的发展成果，赋予传统伦理道德以新的价值和规范。特别是"新兴科技带来的高度不确定性及其复杂的价值抉择与伦理挑战，单靠科技人员价值判断和科研机构伦理认知已难应对，亟待整个科技界乃至

---

① 资料来源：万俊人. 理性认识科技伦理学的三个维度 [N]. 光明日报，2022-02-14.

国家层面统一认识、动态权衡和规范实践"。①汉斯·约纳斯指出，建立在个体伦理基础上的传统伦理学已经不能涵盖和应对现代科技活动中出现的伦理问题，人类面对的是一个伦理学的真空。

约纳斯呼唤构建一种通过调节人的行为，确保人类长久续存的伦理学，"这样的伦理学应该是以责任为中心的责任伦理学"。②因此，迫切需要关注科技发展的现状和最新进展，了解并研究科技领域出现的伦理问题，与科技工作者共同探讨当代科技应注意什么、如何发展，从而使科技伦理的研究更切合科技发展实际，使其发挥更大作用，实现其应有的伦理价值。当然，在新科技对伦理的坚守和变革上，任何科技的创新和运用都要以人为本，造福人类。

## 科技"能够的"与伦理"应该的"相统一

科技伦理涉及科技发展中的不确定性和价值冲突，科技伦理水平应跟上科技发展的成熟度，对于为什么不能做、应该怎么做，都需要在伦理层面进行反思，给出答案。将科技"能够的"与伦理"应该的"结合起来。

目前的科技发展呈现三个趋势：一是学科和领域特点鲜明的科技发展，二是综合性、融合性的科技发展，三是前沿性、突破性、颠覆性的科技发展。三个趋势在伦理引导和监管上应当使用不同尺度。

科技有不同的学科和领域，需要健全和完善诸如生命伦理、基因伦理、生态伦理、新材料伦理、信息伦理、军事伦理等，发挥针对性的科技伦理作用。

---

① 资料来源：蔡姝雯. 科技创新应守好伦理"大门"[N]. 新华日报，2019-08-14.
② 资料来源：王国豫. 推进新时代科技伦理学新发展[J]. 中国社会科学报，2020-01-14.

现代科技的综合性、融合性、跨学科、跨领域的科技项目逐渐增多，要求应用综合性的科技伦理原则予以引导。

现在相当多的科技处于前沿性、突破性、颠覆性状态，科技伦理就要深入跟进、掌握这些科技的特点、作用及其应用效果，在分析研判中，征求多方意见，给予恰当应对，积累案例，适时概括出新的伦理原则。

## 将科技"能够的"与伦理"应该的"结合起来

科技"能够的"与伦理"应该的"是两方面的原则要求，也是两者契合的标准。科技伦理的核心观念强调，科技研发能做的事情，并不都是应做的事情，需要对照伦理予以评价，及时消除科技和工程活动可能存在的隐患，积极加强预防。对于两者不能统一的问题，要客观认识其条件、背景和环境，不能非此即彼，更不能一味妥协。科技的便利性和安全性往往互相制约，基本能力都无法达到，约束就无从谈起。

有些现在不行的事，以后可能行，小范围不行的事，大范围可能行，作为小项目不行，作为大项目的部分，通过内部相关因素抵消后可能行。有些科技成果放在全球角度，符合伦理要求，有些项目到若干年后可能符合伦理要求。这种战略性的统一，有的需要等待时机，有的需要改变，不是自身改变，就是等待客观条件的改变。

因此，创新科技和坚守伦理标准应该紧跟发展变化，不能因循守旧。科技"能够的"且符合现有伦理规则，就要放行通过；科技"不能够的"，伦理上"应该的"，要看科技"能够"后的情况是否符合伦理要求。

总体上，科技"能够的"要服从伦理"应该的"，当然这个伦理标准也是发展着的。不能用挫伤科技积极性和伦理原则性的方式去处理不能统一起来的事情。要把鼓舞科技创新的勇气胆略与遵循伦理道德规范结合起来，促进科技活动主体"能做"与"应做"、道德责任与责任能力、理性选择与价值选择、自律与他律多元性的辩证统一。"能够与应该"的统一，在单纯学科领域、综合性、融合性领域，以及前沿性、颠覆性科技上有不同的要求。

## 科技伦理对专业性项目研究的针对性

科技创新涉及不同学科与不同领域，快捷有效的方法是结合不同的科技，用不同学科的伦理分别引导和应对。以前的学科的领域已经有对应的伦理，实践中也有了一些经验。重点在于层出不穷的新学科、新领域，需要有针对性地制定伦理准则并积极参与、推动全球治理。

比如研究数据、人工智能、基因编辑等新兴技术领域的科技伦理制度和法律规则，就需要完善相关规范和制度化建设。发挥好对科技创新应用的调节、引导和规范作用。再如比特币和区块链技术带来的监管风险，网络技术涉及的"黑客""网瘾""隐私泄露"问题，无人机"黑飞"对机场航班起降造成的重大干扰，生命技术涉及的"基因编辑""器官增强""安乐死"问题，纳米材料生产和使用可能带来的毒性问题，认知科学涉及的"大脑芯片""人工智能发展边界"问题等，由于这些技术的应用后果仍存在很多不确定性，对人的生存和发展状况产生深远影响，需要结合各自特点加强伦理评估，采取必要的防范措施。

尤其特殊的是人工智能，它有别于以往的科技，世界各国都很关注对其的伦理管束。机器人和人工智能不同于以往的工具，将来可能还会出现机器人的自主意识和情感等情况。对这样的科技和工具怎样在伦理上把握，需要谨慎研究，既要考虑它们在相当长的一个时期仍属工具性质，还要考虑它们渐渐趋同于人的属性，伦理和道德是否与工具性的原则有所区别，防止产生工具伦理与人类伦理的价值冲突。

2017年1月举行的"向善的人工智能"会议上，各国近2 000名人工智能的产业、学术和研究界人士制定了23条原则，旨在确保人工智能的健康发展，使人能从人工智能中获益，而非受到危害。2021年12月联合国教科文组织通过了第一个人工智能伦理的全球标准，旨在让人工智能给社会带来积极效果，预防潜在风险。这些探索和规范虽然没有彻底实现，执行中也遇到了许多复杂的情况和曲折，但是它们在努力摸索人工智能与人类发展的协调和健康之路，值得认真考虑并在实践中完善。

## 科技伦理对跨学科研究的综合要求

科技越来越走向综合化、融合化、复杂化，许多学科、专业间的界限正在被重构，一个项目往往包含多个不同学科、不同部门的研究者和方法，遵循综合性的科技伦理，有利各方在统一原则指导下，触类旁通，灵活运用。这也意味着科技伦理不能停留在分科式的伦理上，否则对综合性、融合性科技可能引发的伦理挑战会难以精准预测和把握，加剧使用中的不确定性。适应这种跨学科的科技，需要在博学基础上前瞻性地研究科技伦理的新情况、新问题，并扩大国际合作交流。

比如，当今困扰世界的粮食、营养、能源、环境保护和防病治病等问题，也许可以通过合成生物的技术来解决。如果将合成的基因组置于细胞内，制造出新的能源、新的可生物降解塑料、清洁环境的新工具、富有营养的蛋白质以及药物和疫苗，那么，由合成细胞产生的产品不仅是全新的，而且更干净、更好、更便宜。然而，与其他融合性技术一样，合成生物技术既可为人类造福，也可能带来风险隐患。

合成生物技术具有简便实用、容易掌握、成本低廉等特点，但也有可能被恶意利用，甚至制造出流行的病毒。

为更好地发展和利用综合、集成、融合性技术，有必要对其可能带来的伦理风险做出预判和防范，并进行正确引导。不能只顾及专门性，忽略综合性，要在总体上强调科技伦理的公共利益和向善目的，使常规生产过程的技术活动在设计者、操作者、管理者、使用者诸方面，都能树立社会责任感和自律意识。有些国家提出"价值敏感性设计""劝导技术""道德物化"等举措，针对常规技术、综合性科技易出的伦理问题采取措施，发挥道德他律的约束作用。

科技伦理要适应科技的融合性趋势，加强伦理自身的综合性建设，以变应变，制定综合性伦理的原则。对于融合性很强的数字智能科技在广泛应用中出现的问题，应从综合伦理的广角予以规范。比如，个人数据利用与隐私保护、个性化推荐算法、AI的综合性应用，需在公众、学界、业界、监管部门等社会各界进行交叉学科、跨领域的研究基础上，综合出针对它们新特点的伦理原则。在向综合性科技伦理的探索中，一方面把以人为本作为综合性科技的原则性要求，防止科技造成人的异化，注重防范科技对社会的危害；另一方面要防止走到"人类中心论"的极端，使人的主体性意识超越客观实际，防止人类以征服者的姿态掠夺性地占有自然，导致人与自然的关系紧张，造成对自然、环境、生态的负面影响和破坏。

## 科技伦理对前沿科技研发的特殊性

前沿科技日新月异，势头强劲。在科学的前沿，往往又是伦理的边缘和空白。研发者对前沿科技成果的极度期盼，促成需求扩张，更易加剧科技风险出现的可能性。前沿技术领域的社会治理离不开健全的科技伦理教育、广泛的社会参与和跨学科研究。科学家对前沿科学领域涉及的伦理问题还未形成共识，尚需研究符合前沿科技的特点，将社会伦理作为前沿科技发展的构架和底线。伦理对前沿技术的引导和治理，需要避免两个极端：一是因为前沿科技是新东西，无法认识，还未定型，在伦理上放任不管；二是过早过度的监管和伦理参与。前者容易在开始就埋下对人类的危害，后者可能会抑制科技的进步，甚至造成科技研发的夭折。

"现代科技与经济社会以异乎寻常的速度整合和相互建构，但其高度的专业化、知识化和技术化使圈外人很难对其中的风险和不确定性有准确的认知和判断，没有来自科学共同体内部的风险预警和自我反思，任何一种社会治理模式都很难奏效。"[1]

因此，需要将前沿科技研发者与伦理监管工作者结合起来，将两种性质的工作兼顾起来。如何规范前沿科技的研发和应用，在相关伦理上应该注意什么问题，坚持什么样的伦理原则，需要加快启动和深入研究前沿领域的科技伦理建设，主导新技术领域的全球治理。

比如对于基因编辑、人工智能、元宇宙发展过程中遇到的问题，需要深入和拓宽研判，防范这些前沿科技产生潜在风险，维护公众利益和社会安全，确保前沿科技安全、可靠、可控，同时还要对这些科技的相关法律、社会问题加强研究，建立健全保障前沿科技健康发展的法律法规、制度体系、伦理道德，争取在迭代更新、实际应用和产业化发展中有更好的效果。

比如在网络科技及其产业化的快速发展中，网络空间将同现实社会一样，既要提倡自由，也要保持秩序，需要把握科学前沿和新兴科技的发展与深远后果，针对新科技遇到的伦理和文明建设问题，研

---

[1] 资料来源：腾讯研究院. 马化腾在两会上提科技向善，科技伦理为何如此重要？[EB/OL]. 新浪财经，2019-04-18. http://finance.sina.com.cn/stock/relnews/us/2019-04-18/doc-ihvhiqax3672229.shtml.

和确定明晰的价值准则、针对性的伦理规范和严肃的监管程序,概括出一些伦理原则,使其发挥道德教化和引导作用,用人类文明优秀成果滋养网络空间、修复网络生态。

对前沿科技发挥伦理道德的指导作用,要有统筹规范和协调,更好地为创新驱动导航,使科技发展之路走得更好、更快、更远。一方面,"面对新技术发展的不确定性,人们需要超越狭隘的技术向度和利益局限,重视科技伦理,通过预警性思考、广泛社会参与和多学科评估,来充分讨论可能存在的风险和危害,制定切实可行的指导方针和伦理准则,以引导、规范新技术的研发应用,更好地应对前沿技术应用可能引发的社会治理危机"。[1]另一方面,还需要"积极探寻不同国家社会文化背景下新的伦理标准共识。比如在人工智能伦理标准的制定上,对于隐私和身份的理解和定义,发展中国家和发达国家有着较大差异。此外,西方国家把自己的伦理标准强加给其他国家的现象并不鲜见"。[2]

我们要全面把握科学前沿和新兴科技的当前事实与深远影响,系统深入地展开价值权衡和伦理考量,确立科技活动必须遵循的一系列价值准则,以其权威性和严正性,对科技活动加以统筹规范和指导协调。

## 科技中立和自由的安全

一个广为流行的观点是,科学和技术是价值中立的,主张科技与价值无涉,科学客观地、不带价值倾向地、不带感情因素地了解自

---

[1] 资料来源:腾讯研究院.马化腾在两会上提科技向善,科技伦理为何如此重要?[EB/OL].新浪财经,2019-04-18. http://finance.sina.com.cn/stock/relnews/us/2019-04-18/doc-ihvhiqax3672229.shtml.

[2] 资料来源:中国克隆猴技术的科学价值与伦理意义[EB/OL].环球网,2018-05-03. https://tech.huanqiu.com/article/9CaKrnK8ckc.

然、追求真理，科技对它的作用不负社会责任；科学家在考虑科技问题时，对社会采取超然的态度。第二次世界大战前，许多科学家大多采取这种态度。

应该说，科学作为自然界的知识体系，它的基本定律、基本事实具有不依赖于人，不以人的价值观念为转移的客观内容。如万有引力定律的内容，即便没有人类存在的情况下它依然起作用，而 $E=mc^2$ 这个客观规律本身，对于广岛的原子弹爆炸也不负任何道义上的责任。

但是科技同社会和人联系起来，就有了价值偏好，很难达到绝对意义上的价值中立和自由。现代科技都是在社会条件下开展的，无不打上社会的烙印。不同的人有不同的价值观，科技的动机、目的、决策、拥有权、用途、结果，决定着科技的价值。其实人类的价值观已深刻融入各项设计和研发之中。我们说科技伦理精神不排斥科技中立和自由，只是说科技中包含着的科学规律本身是价值中立的，科学真理是价值中立的。

当科学的客观内容与人的价值观念发生冲突时，要修正人的价值观念，科技才能起到它的积极作用。不少科技人员以为自己是在自由和中立原则下履行职责，以为现代科技加速发展造成的负面影响与己无关，越是这么认为，科技造成问题和风险的可能性就越大。还有人认为，不应为科技研发附加任何约束，所有这些束缚都是研发的障碍，甚至认为科技伦理就是研发的紧箍咒。这些说法和认识在社会上很有市场，不排除有人以此为借口掩盖自身价值观和意识形态问题。而科技伦理反映的正是与科学客观内容相一致的人的正确价值观。

## 科技中立自由与科技伦理原则相一致

科技的自由和中立，应当超越不同的意识形态、社会制度和民族国家，这同科技伦理要求的人类福祉、社会正义、生态环境、自然资源及其相互关系并不矛盾。意识形态、制度和国家容易影响科技的自由和中立,事实上难以越过;正义、环境、自然等则是人类共同捍卫的根本,不能将两者混为一谈。美国著名社会学家默顿以一种近乎理想的方式制定了捍卫科学自主性的规范,包括普遍主义、公有性、无私利性以及有条理的怀疑态度等。

美国科学哲学家托马斯·库恩强调科学共同体的自主性是根植于实践与历史中的,把外部的社会与历史维度纳入对自主性的考量中,将这种自主性从理论优位转向实践优位。法国思想大师布尔迪厄提出"科学场"的概念,在承认科学社会维度的同时,又表明"科学场域服从一种不同于政治场域的逻辑"。[1]只有体现科技规律和追寻真理的精神与人类共同利益相一致,与人类和自然命运共同体相一致时,才能达到科技中立与伦理精神高度统一的境界,这值得我们通过不断努力来接近。

## 坚守中立自由在复杂国际社会的难度

我们生活在特定的社会环境中,无不打上所在社会地位和利益的烙印。实际上人们以为的科技中立和自由,已在无意中渗透进一定的价值观。特别是在功利主义的评价模式下,很有可能导致少数科技研发者受利益驱动,无制约地从事结果高度不清晰的研究,个人获得大量研发收益,社会则收获无尽的风险。而且任何人在做出价值判断的时候都会受到其内在拥有的理论与信念的影响。

一个人的行为习惯也都或多或少地体现着他的价值理念。事实表明,科技研发都承载价值,在整个研究链条元素间相互渗透,不易保

---

[1] 资料来源:皮埃尔·布尔迪厄.科学之科学与反观性[M].陈圣生,等,译.桂林:广西师范大学出版社,2006.

证纯粹的价值中立，会掺杂所在国家、民族、企业、团体的社会主张和制度倾向，很难完全客观。

真正的科技自由和中立应当建立在维护公共福祉和人类事业的自律和贡献上，需要科技伦理精神的指导。"科技无国界，科学家有祖国"的说法，在生产力低下的情况下，始终难以突破国家和民族竞争的局限；更不用说在国家之间冲突、对抗和战争的局势下，政客、大资本家会不顾人类的前途命运，把重要的科技用到武器和战争上，加之霸权主义横行，就使科技伦理的贯彻遇到挫折。

随着人类共同体的建设，共享的基础和条件做大，未来也会传导到科技界，将会让人们在人类利益大于国家和民族利益上逐渐形成共识，帮助人类走出内耗甚至互相残杀的陷阱，通过激励竞争和合作促进人类的发展。

## 伦理和中立自由因条件不同有所变通

当代科技发展，使基础研究、应用研究及其技术应用之间的传统界限逐渐瓦解，科学、技术、运用和产业化之间的界限难以区分，甚至常常连为一体，"例如在基因方面就很难把科学与技术清楚地分开，科技伦理学不仅在科学与技术两者的契合与张力的发展中萌发，更在科技物性与德行的冲突与张力中生成"。[1]随着科学与技术及产业的关系日益密切，强化了科技对于人-社会-自然系统的影响。

比如从人类整体或未来利益上应该发展的正当科技，当受到所在国家的国际竞争格局所左右时，可能会动摇中立，谈不上绝对的"自由"。又比如曾经总以为自然能够无限地供给，但随着资源紧张、环

---

[1] 资料来源：陈爱华．科技伦理学研究应面向科技发展［J］．中国社会科学报，2019-11-12．

境破坏，我们意识到自然和资源在某种程度上反映了当代人类与未来人类的代际争夺关系。不考虑未来的资源过度开采和对自然环境的破坏，实际上就是损害人类后代的不道德行为，正是所谓的"吃祖宗饭，断后代路"。

## 科技的中立自由不是科技研发无禁区

首先，在科学与技术的研发上强调中立和自由是不同的。科学是关于自然规律的知识体系，主要具有认识功能与认识价值，对其过多设防和束缚会有损人类的根本利益和长远福祉。但是，由于科学与技术日益紧密，"科"和"技"的界限已不清晰，笼统地讲科技研发自由和无禁区就值得斟酌，对技术的约束要强于科学，比如在实验和操作的技术环节就应多一分谨慎或警惕。正所谓科学无禁区，技术有界限。事实上，科学和技术的互动渐趋一体，对自然奥秘的探究往往伴随着对自然的操控，科学实验等经验性的研究必然涉及与人在内的自然对象的相互作用，科学与技术已经相互融合为技术化科学。

现代科技是由知识与行动整合而成的有效知行体系，行为都渗透在研究之中。因此，研发者在实践中要考虑研究手段的合法性，并在研究过程中承担伦理责任，接受道德制约。科技工作者必须为其行动后果负责，不能漠视科技伦理的存在。在运用科技力量的行动中，科技工作者主动的责任意识，使伦理成为科技的内在维度。很多国家在鼓励和推动科技研发中，就把相关科技的伦理研究作为整个科技研发项目的一个组成部分。

其次，要理解自由和无禁区的不同内容。比如在尊重科学发展规律、发扬学术自由的精神方面，不应有非理性、武断和绝对化的做法，不要把"地心说"式的宗教裁判、"李森科遗传学"式的政治手段引入科技研发中。但是在科技易失控的问题上还是谨慎为佳，特别是某些科技的发展是否在加速全球变暖、科技支撑的消费膨胀还有多大区间、能否防止大型工程对自然的破坏等问题，人们在严肃地思考"科技的力量是否会失控"。尤其在可能诱发类似大规模杀伤性武器的"致毁知识"面前，要汲取人类文明进程中血的教训，拒绝类似纳粹人体实验和种族主义优生学等有损人类尊严和基本权利的研究。对这些科技的恐怖性发展，不能没有遮拦，放任自由，科技伦理就是一道防洪堤和拦河坝。

再次，要谨慎处理技术内在的矛盾以及技术运用于社会的矛盾。有些科技问题动机没问题，但结果出了问题；有些科技结出硕果，但是在应用上也可能出问题。要将科技成果运用中的谨慎态度，横向拓宽到边，纵向责任到底，具体挂钩到人。约纳斯认识到"技术能力的恐怖潜能，危及人类持续生存"，他在对现代技术的伦理反思中认识到，"对现代技术的乐观预言顷刻间变为危险，或者危险与成功的预言不可分割地联在一起"。"并非只有当技术恶意地滥用，即滥用于恶的目的时，而是即使当技术善意地被使用到它本来的并且是最合法的目的时，技术本身也具有它危险的、能够长期起着最后决定作用的一面……危险更多的在成功之中而非失败之时。"[1]其实，这也是对反映人类利益愿望的技术更深刻更核心的伦理要求。

## 坚守伦理原则是根本引导

爱因斯坦说，如果一个科学家相信这个世界是邪恶的，他将终其一生去发明武器、创造壁垒，创造伤害人的东西，创造墙壁，把人隔得越来越远；但如果一个科学家相信这个世界是善良的，他就会终其一生去创造联系，创造连接，发明能把人连得越来越紧密的事物。爱

---

[1] 资料来源：张荣. 约纳斯责任伦理的定位及其意义［J］. 道德与文明，2019(1).

因斯坦的这段话体现了科研应当坚守的伦理道德原则。

## 把科技伦理植根于个人价值坐标

爱因斯坦曾表示："第一流人物对于时代和历史进程的意义，在其道德品质方面，也许比单纯的才智成就方面还要大。"从观念和道德层面规范科技活动的行为准则，比如科技的社会调查应当尊重人格，保护隐私，尊重人的利益和生命财产，倡导健康的生活方式，给需要者以照顾和帮助，等等，真正使科技不损害人类的生存环境和生命健康，保障人类的切身利益，促进社会可持续发展。

教育是灌输和树立科技伦理的基本方式，大学是人类科技创新的桥头堡，除了扎实的科学理论和思想道德的系统灌输，帮助学生塑造科技伦理价值观至关重要。高校理工科应开设科技伦理必修课，进行伦理理论与案例分析教学，并在科技实践活动中开展科技伦理教育，让学生掌握必要的科技伦理知识，树立科技伦理意识，培养社会责任感，掌握解决科技伦理难题的基本方法，为增加科学－社会－政策互动提供空间。

为保障科技伦理教育的效果，可以组织学生反思科学在社会中的作用，考虑科学知识与非专业知识或地方性知识之间的互补性，关注学生应对复杂挑战所需的关键技能；一些科技项目可以尽早吸引年轻人参与，使其感受到在科技领域的优越地位，让更多的大学生、研究生毕业后进入科研领域。一旦步入科技工作岗位，新入职的学生即便遇到复杂的科技伦理困境，也能有正确的态度，正确对待和协调局部存在的科技与社会的一些关系。

相关行业加强对科研人员的科技伦理规范培训，引导科研人员不断增强自律意识，使在岗及将要上岗的科技人员充分理解科技伦理的价值、历史和逻辑，理解其职责和规范，针对新的科技及其运用中的风险，勇敢地担当责任和使命。

科技伦理牵涉参与科技及其应用的社会民众，特别是科技人员，因此有必要扩大科技伦理在社会的宣传教育，使更多的人把握科技伦理的基本原则，了解科技伦理的主要内容，把科技伦理原则融在德行中，吸纳进知识体系中，养成符合科技伦理的习惯和作风。研发和应用环节都可能存在违反科技伦理的现象，不少问题的源头在于项目研发或科技成果欠成熟。

科技人员承担着社会塑造技术的中介角色和责任，如果科技人员明知某项科学发现将会危及人类，就不应把这一发现公布于众。因此，要端正科研态度，在制定规划、基础研究、撰写研究论文等各环节均严格要求，遵循规律，作风务实，防止研发中的形式主义。

有些高校和科研院所，将论文数量和发表杂志的"档次"，特别是SCI（科学引文索引）类的论文，与学者的价值、地位及拥有的资源相挂钩。一些单位把发表论文当作论人才、评业绩的量化指标，实际上把论文作为科技人员的价值坐标。有的学者被论文"绑架"，成为文章的奴隶。

研究和发表论文是重要的科研环节，是基础研究成果的精华，高质量的论文代表人类知识边界的探索能力，代表国家在基础科研领域的实力。最顶尖的论文往往能够改变甚至开创一个新的研究领域。但是，好事要办好，不能把论文当作科技的一切，甚至以SCI论英雄。

科技人员要为研发后果承担责任，要把科技研发与社会责任联系起来，不能本末倒置，更不能把发表论文作为获取名利的手段。伦理观念影响科技活动的动机和目的、内容和方式。科技人员既是科技创新者，也是社会塑造者，在技术形成过程中，科技人员在内心权衡抉择中要排除私心杂念和片面经济利益，更多地体现社会需求和科技运用后的社会效果和健康发展。将价值权衡与伦理考量纳入科技活动全过程，使科技伦理成为科技人员共同恪守的价值观念、社会责任和行为规范。

树立正确的价值坐标,才能从要求到自觉,追求至善。正如默顿说的:"占主导地位的价值和思想感情,属于那些永远影响着科学发展的文化变量。"的确,人是技术的尺度,关键是谁来用、怎么用,人类要肩负起科技进步和社会发展的责任,确保未来方向。

## 科技人员的职责与责任相结合

科技研发人员,都有各自明确的职责范围,包括研究、开发、应用、推广、维护和管理等。职业特点决定了他们以探索真理、科技创新、开发应用为基本职责。他们的社会责任和道德责任,将会延伸到职业职责范围之外,很可能超出科技工作范围,牵涉科技的成就和应用以及对世界的影响。

遵守伦理是参与科技的所有人员共同的责任,是促进和维护社会发展的需要,一切不符合伦理道德的科技活动必将遭到人们的反对,甚至受到法律制裁。在浮躁和金钱至上的社会环境中,科研人员应清楚正确的价值观和自己承担的社会责任,为科技发展贡献力量。履行科技职责的过程也是履行社会责任的过程,科技人员将心血技能灌注于研发,就是为社会进步播撒种子。

科研人员履行社会责任的优势在于在研发过程,特别是在早期科研阶段把关。想让伦理进入技术过程和细节,只有通过科技人员才能做到。其他科技普及和应用的人员要注重在应用阶段的责任,防止科技成果前功尽弃,最大限度地避免科技成果使用不当而带来负面影响。

有效预防是将伦理融入人心,并将伦理规约置入技术和管理的流程和细节,使科技的每一步都在伦理规范中运行。如果人们明白有些科技足以给社会乃至整个地球带来颠覆性变化,就不能等相应技术产品进入市场或出现问题后才进行伦理反思，要在每个阶段都对技术的伦理进行评价，评价科技应用中可能出现的利弊影响，包括现实和潜在风险。既要注重科技物性层面的责任、技术创新和管理创新，更要注重在科技德行层面恪守科技和伦理规范，关注科技发展对人、自然、社会造成的潜在伦理风险，构建相应的预警与规避机制，促进人和自然的共同体和谐发展。

正确处理职责与责任的关系，在于自律和他律。科研人员需遵循科技伦理，提高坚守伦理的自觉性，把严格自律贯穿平时，防范科技的各种负效应和风险，建立完善的科技伦理自律机制。科技企业内部应建立伦理审查机制，行业组织制定行业规范，增强各学术团体的监督意识，确保自律规范落到实处，营造重伦理、讲道德的环境和氛围。

## 科技人员待遇和伦理道德养成的统一

在强调科技人员伦理道德素养的同时，要重视对他们工作条件、实际利益、生活待遇的改善。现在不同领域的科技人员数量和质量差异悬殊，特别在人工智能等高新科技领域的人才很不平衡，反映了国力不平衡、科技发展基础不平衡、科技人员的工作条件和生活待遇不平衡。现在各国竞争激烈，很大程度上拼的是科技竞争，说到底是科技人才的竞争。

现在不少做基础研究的青年人，学历学位高，工资福利却不高，每周工作60、80甚至100个小时，大部分都是聪明、勤奋、自律的人，用他们的辛勤付出支撑着科技的基石。

实践告诉我们，对科技工作的组织领导、资金支持、政策环境，是生成科技生产力的重要条件。强化一个国家的战略科技力量，需要提升技术创新能力，激发人才创新活力，完善科技创新体制机制。科研单位和企业应牢牢抓住科技创新，不断增加研发投入，加强创新平台建设，培养创新人才队伍，关心科技工作者队伍的生活，解除其后顾之忧，从而激发他们在研发上的工作热情和干劲，掌握更多核心技术、前沿技术，就能在科技创新上走在前列。

## 反馈科技意见要体现履职责任

  科技人员作为技术与社会的中介，他们的意见体现技术影响社会的认知，可以实现技术与社会间的互相建构，让技术的预见成为可能。国际科协联合理事会的《科学家宪章》，要求"最大限度地发挥科学家的影响力，用最有益人类的方法促进科学发展，防止对科学的错误利用"。因此，社会各方在技术上听取科技专家的意见，是对专家的尊重，体现了慎重决策和共担社会责任。科技人员和专家群体，多角度认识技术的利弊，为决策提供意见。在技术价值评估中，科技专家对政府和公众具有理性和知识权威，承载公众托付的对风险和不确定性的关切，专家在参与技术的未来塑造中具有合理性和必要性。

  科技对社会的影响，需要专家在有些方面的论证和讨论，因为技术发展的路径依赖和轨迹，影响技术进化的路径、发明的框架和创新方式，体现了技术发展本身的内部逻辑和一定的自主性，对产业、社会等方面的间接影响也会有不同的特点。科技专家不仅充当技术与社会的桥梁，还是技术影响或建构社会的旗手。特别是专家群体形成的共识对于决策和执行有积极影响，在科技界形成共识前，科技人员要具备勇敢的品质，克服利益驱役、资本诱惑和权威影响，实事求是地反映意见，坚守伦理底线，养成科技人员的独立精神、自由思想，支持百花齐放、百家争鸣的科技研发局面。

  在征求科技界意见并做出正确的决策后，科技人员要尊重真理、服从大局，有胸怀和勇气，不因否定或肯定自己的意见而产生情绪影响。应当维护共识，执行决策，对错误决策要坚持原则、捍卫真理。

## 政策杠杆干预化解科技风险

在科技与经济社会发展中，许多寻常政策和监管很少延伸到科技领域。其实科技创新在坚守科技伦理道德的同时，辅之以相关的政策和法规监管，才能有效保障技术研发应用的可行性和公众的接受程度。比如"什么是可接受的科技""科技可行性的边界在哪里"等，都是科技政策指导和监管的范畴。

善恶源于心，损益在人为，制度规章全在于执行和监管。

借助政府和社会的相关政策、规定，激励和约束科技研发和应用，反映公众和社会对技术的期待，治理科技发展中存在的问题。适宜的、可修正的、动态的科技政策是推动科技负责任创新的重要手段。

制定、解释和宣传有关科技的政策法规和伦理审查规则，对科技活动予以正确引导和有效监管，有助于科技人员自身价值判断和科研机构履行社会责任，达到科技发展除恶向善的目的。

一些案例表明，体制内监管不完备和体制外监管缺失，可能导致科技的"灰犀牛"或"黑天鹅"事件。治理科技问题的挑战是：如何既不束缚创新又能规避风险？这需要在保障大众利益的前提下为科技发展留出空间，做到科技创新与社会伦理并重。从积极方面指引技术发展的方向，辅之以调试、优化，使各项技术变得更好。

20世纪60年代，美国人曾对自动化技术感到广泛焦虑，但时任总统约翰逊说："如果我们向前看，如果我们明白未来将要发生什么，如果我们为未来做适当规划后再明确前进的方向，那么自动化便可以帮助我们走向繁荣。"[1]

科技发展需要透明的政策正确引导，无论科技发展带来的是利好

---

[1] 资料来源：马丁·福特.机器人时代［M］.王吉美，牛筱萌，译.北京：中信出版社，2015.

还是问题，都需要政策及时跟进，以激励或释疑。面对科技创新和发展，政府和社会应早谋对策，提前解释，见微知著，高效引导，以拨云见日，使科技发展充满信心。

## 制定和执行与科技伦理一致的监管政策

当新技术、新产品给公众带来风险的时候，不同行业的科技监管机构应按照行业要求，针对风险问题听取意见，予以监管，出手干预。通过监管机构的职责履行，确保新科技产品真正追求公共福祉，及时防止风险。如脑机接口这类项目，不论是为增强人类大脑的能力而创建的，还是在与人工智能竞争研发，其实都应该在创新早期就明确它的动机。尤其在涉及人类未来的问题上，监管机构要更加关注，为公众把关。

面对人工智能的风险，马斯克曾经开玩笑说："如果你不能打败他们，就加入他们。"他认为从长远看，人类不可能打败计算机的智能，但也许可以达成一种愉快的共生关系。比如脑机接口研发，马斯克就认为它可以治愈很多由大脑损伤引起的疾病，无论是先天的、后天的，还是由年龄或者其他原因造成的。如果有人患了脑卒中、癫痫、抑郁症，或相关疾病，这些都可通过大脑设备得到改善。[①]

人工智能技术利弊兼存，在享受极大便利的同时，可能会带来难以预测的结果，我们无法以任何代价来试验，因为这一代价可能是极大且不可逆的，所以确实有必要加以重视并通过立法等方式进行事前防范和限制。国际社会应该合作应对新技术带来的挑战，共同制定规范和标准，以指导未来的创新。监管作为一项重要的治理方式，应做

---

① 资料来源：六毛. 马斯克最新访谈全文，信息量极大，远见令人震撼［EB/OL］. 凤凰网，2021-01-08. https://tech.ifeng.com/c/82qDzSEiLxn.

到覆盖全面、导向明确、规范有序、协调一致,形成科技政策指导和监管的治理体系。

第一,建立统一和严密的科技审查制度。为防范技术滥用和其他风险挑战,建立较为完善的科技自律机制和管理机制。比如科技企业内部建立伦理审查机制,行业组织制定行业标准等。各国科技政策有别,科技监管松紧不同,要防止不统一、不严密造成的漏洞,打击投机行为,避免此国禁止的科技研发或应用可在彼国轻松进行。

2018年11月,某教授在技术明显有缺陷的情况下,罔顾生命伦理和法律法规,以生殖为目的擅自组织实施人类基因编辑活动,让世界首例免疫艾滋病的基因编辑双胞胎女婴"露露"和"娜娜"降生,两位女婴命运叵测,让人类基因库陷入巨大风险,更把基因编辑技术置于公众的质疑乃至恐惧之中。[①]

因此,有必要建立全球统一的科技监管体制机制,培养和组成高素质的监管队伍,对重大科技要有统一的国际监管,制定共同的标准,特别在生命科技和医学领域,对基因编辑、药物试验、器官增强等方面的研究活动,建立普遍严格的伦理审查制度。

第二,开展责任创新为导向的技术评估。在技术创新活动的设计、试验、生产、市场和管理等环节,渗透社会责任,注重考察创新活动对生态环境、利益相关者和社会生活的影响,建立有效的反馈调节机制。对基础科学的研究尽可能大胆假设,对新技术伦理评估以及成果应用则需要"小心求证"。

第三,政策监管机构发挥作用。通过新的制度安排强化监管机构的横向联系,不断扩大监管覆盖面;完善伦理规制和监管程序,使监管过程有理有据、有机衔接。改进科技监管制度,实现对新技术从基础研发到产业应用的全程监管,实现对科研人员违反伦理重大错误的

---

① 资料来源:杨维东.有效应对大数据技术的伦理问题[N].人民日报,2018-03-23.

终身追责，有效防范违反科技伦理的事件发生。

通过制定和完善相关制度和法律法规，防范和监督科技不端行为，加强对日常科研工作的管理，运用个别谈话、保证书、亮黄牌等做法，对科研人员进行适时提醒，使其接受科技界和社会的监督，以促进、引导和保障科学研究的规范发展。

## 多学科交叉的科技政策

多学科交叉提升了科研创新效率，也带来超出纯科研范畴的新问题。诺贝尔奖获得者巴尔的摩说：计算机技术、工程技术，特别是电子工程和化学工程等的学术成果，都在生命科学研究中发挥了积极作用。不同学科的学术训练带来不同的思维方式，学科融合有利于生物学领域诞生新成果。

但是，目前的大学教育仍然把学科分得过于精细和清晰，生物学、工程学、化学等，各有不同的教育体系，这种状况应该有所改变。"近些年来，科学家已能绘制人类基因组，众多动植物包括细菌的基因组绘制工作也陆续完成。随着一幅幅基因图谱的展开，越来越多的谜团浮出水面。新问题环环相扣、相互影响，我们对生命的理解还远远不够。因此，生命科学需要借助其他学科的知识共同探索答案，而这正是现代科学很重要的一部分。"[1]

随着越来越多的高水平研究需要重大项目、大型设施、跨学科团队的支持，必须尽快完善多学科融合人才培育和项目资助机制，改变传统的科研管理模式，探索适应融合科学发展的科技评价机制，将支持性政策与监管性政策融为一体。

新技术引发了包括公平竞争、税收制度、社会伦理、网络安全

---

[1] 资料来源：房琳琳. 基因疗法将改变未来 [N]. 科技日报，2016-11-02.

等一系列新问题，迫切需要制定各领域协同发展、应对挑战的相关规则。在此背景下，不断增强创新政策对国际规则的协调性和适应性。各个学科的发展都离不开与其他学科前沿技术的融合，跨学科的技术融合才能促进各项学科的进步。

## 用科技解决科技造成的问题

对于科技带来的问题，同样要依靠科技进步来解决。科技监管要通过政策引导，让人们看到有些问题纯粹是技术上造成的，因此要补救或抵消负面影响，要加强技术创新和技术控制，从科技本身寻找方法。近一二十年广泛使用的通信终端等新科技、新产品，它们通过自身的迭代更新，缓解了隐私保护、信息安全、环境污染等问题。例如，针对个人身份信息、敏感信息等采取数据加密升级和认证保护技术，将隐私保护和信息安全纳入技术开发流程，作为技术原则和标准，这都有利于解决大数据技术造成的一些安全问题。

许多互联网科技公司正在积极思考，如何通过技术手段来解决技术应用带来的问题，加强平台整理。比如视频分享网站优兔（YouTube）利用内容识别措施来主动打击其平台上的盗版内容，腾讯利用人工智能识别假新闻、暴恐、色情等非法活动和内容，都有显著效果。

对科技研发和运用的监管，一般采取事中、事后监管，但从根本上要在技术研发前或研发过程中进行密切关注和改进完善。通过政策鼓励技术进步消除技术的负面效应，从技术层面提高科技安全管理水平，还可以利用最新的科技手段服务于监管和合规审查。

当然，不可能靠科技解决自身带来的所有问题，科技监管在预防和缓解新技术、新业务带来的风险挑战方面，将发挥越来越重要的作用。科技政策及监管方式可以更好地发挥事前引导作用，将技术发展引到向善的健康轨道。

## 从安全视角做好综合性预防监管

科技研发违背伦理会出现安全问题，违反政策法规，缺乏监管也会造成安全问题，对科技安全的预防和监管是多方面的。

在科技研发初期预防安全问题。主要体现伦理原则的指导和监管，对危害人类共同利益、挑战人类终极命运的科技问题，要格外谨慎，密切关注。预防监管要从了解科技本身的愿望和目的开始，比如在研发人工智能方面，科技工作者是希望人工智能像人类，还是希望人工智能超越人类？如果科技人员对相关概念模糊不清，就难免以后引发风险，特别要防止人工智能在自我复制提高的过程中超越人类、失去控制，出现取代人类的危险。

通过测试和试点预防安全问题。就是在短时间、小范围内对新技术和新产品进行测试和试点，实时评估，经测试和试点证明新科技与产品有严重危害，即向有关方面提出建议，防止盲目扩大推广。这实际上是通过技术指标测试消除安全隐患，得到"魔高一尺、道高一丈"的制约效果。有些科技短期内有利可图，有些则被利益和资本吸引和绑架，危害公共利益和长远利益。因此，测试监管要弄清利弊，并分析其复杂性。

内控性预防安全问题。按照预估的风险点，密切跟踪，防止漏洞，对于发现的安全性问题和疑点，按照责任环节及时处置，防止官僚化，影响效率。

预防意外的安全问题。对新技术和新产品未能预先估计的安全问题加强预防。针对产品使用后的不确定性问题保持警觉，对暴露出的苗头性问题提出建议。防止技术和产品在转化、推广中因违规操作，存在侥幸心理，造成意想不到的安全问题和风险，必须严密监管、防范和克服。

慎重对待监管技术创新中的安全问题。不能因为某科技有危害就简单剥夺对其的运用，那样同时把它的益处也剥夺了。监管中不能武断，要权衡利弊再提建议，最好有改变方向或替代性内容的建议。需要国际、国家层面的政策和监管框架来确保新兴技术造福人类，为人类的共同利益服务。

执行力是最有效和普遍的监管。有关政策和制度是个持续完善的过程，能执行好已有政策和制度，就会减少和避免不少问题。科技政策的贯彻不仅要靠科技人员自觉操守，还需调动所有积极因素，让社会各方以制度方式参与监管。

社会对新兴科技及其应用的伦理规范，已不再局限于道德层面，应当纳入制度规章中，抓好执行，科学治理。加强规章制度的管理和监督，做好制度的教育和宣传，健全制度监管体系，消除缝隙，严密监管，达到良好的监管效果。

# 依法治理科技风险和问题

依法治理是科技监管的底线。任何科技实践都要尽力避免给人类自身及社会带来价值伤害，这是科技发展的基本要求。

## 坚持法制监管的原则性

对科技的法治化治理贯穿引导、教育、警示、惩处各环节，它是伦理道德和制度规章的监管无法取代的。在涉及科技对社会安全的责任上，要健全法规，明确法制条文，毫不含糊。面对科技发展中的伦理挑战、权益冲突、社会危害，法治监管要以程序、权利、义务、责任等，来补充伦理、制度、监管等手段的不足，加强监管硬约束。依法治理科技发展中的安全等问题，打击和惩罚违法者，连同前面的伦理、行政方式形成对科技的监管系统，软硬兼施，保障科技发展的正确方向。

法制监管是底线，彰显的是法治监管的刚性。比如美国对一项偶尔引发混乱的新技术采取的最新举措中，包括内阁将全面禁止不明火器；比如有人利用3D打印机打印出枪械和大容量弹枪等攻击性武器；又比如无人机能锁定个别恐怖分子，但由于这项技术成本越来越低，任何国家和非国家组织都可以掌握这种技术，操控各自的无人机发动致命攻击或进行监视活动。这都需要严格的法制规范，对其违法行为坚决打击。再比如被黑客入侵的计算机，不管是自动驾驶汽车还是无人机，都可能造成致命伤害，急需法规监管。

生物技术工程带来的极大便利，使成本较低，原材料轻松易得，技术极易普及，让人们开始关注合成生物的潜在危险。现在人们有能力增强病毒的毒害性，甚至制造出全新的致命微生物。美国外交关系协会的全球健康专家劳里·加勒特说："生物合成技术加入3D打印技术的大营……这个城市的科学家在电脑上编写出基因序列，并将这些编码发送到别处的打印机。这些编码可以用来制造药丸或疫苗，它们也可能是一些信息，足以把小小的病毒变成人类细胞的强大杀手，连抗生素也拿这些讨厌的病毒无奈。"[1]

各国监管体制各有不同，但都强调通过法律手段保障基因编辑技术的安全性、有效性、可控性，通过禁止、许可、知情同意、专家证明责任、风险评估、公众参与等制度设计，平衡、分担基因编辑技术带来的利益与损害，实现利益最大化、风险最小化。

有些安全漏洞会很狡猾地绕开伦理原则和行业监管，如果失去法制监管，就可能使这些行为得逞。我们本可以利用这些技术创造巨大

---

[1] 资料来源：马修·伯罗斯. 下一个大事件[M]. 晏奎，夏思洁，译. 北京：中信出版社，2015.

的价值，然而无论是无意识的误用，还是有意识的利用，都会摧毁技术的价值。法制监管要提高辨别动机、用途、方向的能力，打击应打击的，不让其漏网；支持和鼓励科技创新的积极性、开创性、产业化和普遍应用，不让科技的积极力量受到无辜的扼杀，在法制规范、执法监管、严厉打击各环节做到稳、准、狠。

## 依法规范科技的研发和应用

依法监管科技的前提，是通过立法规范相关行为，用法律的特性和优势推进科技治理，保证科技不越界。对科技研发、转化和应用的法律法规，关系到相关权益冲突，关系到如何对待具有不确定性的未来。因此，需要围绕人工智能、基因编辑、医疗诊断、自动驾驶、无人机、服务机器人等领域，推进相关立法工作，建立科技安全预警监测体系。保障和促进基因、人工智能、纳米材料等技术，在符合伦理要求的前提下放开发展。

"用法律规制还在于明确责任与宽容的限度。负责任的创新已成为全球发展理念。比如有风险的科学试验是否具有合法性，如何确定风险的程度，如何以安全、公平为原则平衡利害冲突，谁来承担不利后果。比如在风险存在的前提下，如何防止基因编辑技术操作者与受试者之间因信息不对称而产生的权益侵害，损害发生后，如何确定基因技术操作者的法律责任。"[1]在立法的前提下，借助法律的权威，巩固科技伦理、监管和治理成果，增强科研人员和科技企业的责任意识，有效调节和管控科技发展及其后果。

---

[1] 资料来源：李昕. 用法律规范人类基因组编辑技术的发展［N］. 光明日报，2019-05-09.

## 严格新科技的监管执法

运用法律的刚性约束,强化对违反科技法规的行为和现象的惩治,对违法者毫不犹豫地坚决打击,并以反面典型案例教育公众,预防和减少类似违法行为的发生。依法监管并非单纯的惩治和打击,应坚持实施管制与开放的平衡,通过完善的科技监管能够更好地防范、缓解科技发展应用带来的负面影响,让人们在应用科技中感受到积极健康的发展氛围和健全严密的法治环境。重视对科研团队的监管,支持在符合当前政策和法律的前提下,开展相关应用研究,避免产生科技安全和伦理事件及重大舆情,阻碍科技迈进的步伐。

法治监管要因事而治,保持适度,在遵循管制与开放相结合的过程中,要对科技的相关法律制度进行定期评估,根据技术的成熟度、公众认同度,调整规制措施,平衡基础研究、试验和应用的开放与禁止关系。[①]在面向未来的科技法治监管中,着眼于解决复杂的矛盾和问题。

第一,解决旧技术的传统风险被新科技风险取代的问题。例如,以人为基础的操作风险降低,而网络安全和技术风险将增加。监管层必须确保技术和监管紧密结合,增强对处理数据模块和监管流程的审查,最大限度地避免新风险发生。

第二,推动监管机构和被监管机构的沟通。包括加强各国监管机构之间的联系,增强机构的合规管理能力,搭建合理的法治监管科技框架,促进监管生态完备性。防止一些科技行为在各国不同的监管规定中寻找缝隙和投机,而造成新的矛盾和问题。

第三,合规合法的纠错监管。这种监管不是简单地把原有的科

---

① 资料来源:李昕. 用法律规范人类基因组编辑技术的发展[N]. 光明日报,2019-05-09.

技创新和应用过程，转换为数据驱动条件下的创新和应用方式，而是在对新旧两种运行体系的比较中实施流程再造，提高效率。通过采用数字尽职调查的方式，将流程划分成多个步骤，放弃原来的流程结构，重新根据监管科技的特性进行设计，修订法规，完善程序，严密监管。

科技的创新发展与法治的不断进步紧密相连。数字智能科技、基因科技等为法治开辟了新的领域，助力探究事物本源，变革生产生活方式，增进自由福祉；法治适应新科技的开发和利用，给科技以积极健康的支撑保障，并引导新科技带动经济社会走向文明，规范社会秩序，维护公平正义，使科技与法治建设呈现交互融合、彼此促进的发展趋势。

# 后记

## 过去未去，未来已来

《未来引擎》历经三年艰苦跋涉，从初期酝酿、拟定提纲、伏案研究，到征求意见、反复修改、终于脱稿，我感到自己如同完成一次时光穿越。借助科技的火把，仿佛看到历史的影子、现实的演进和未来的灿烂，似乎过去、现在、未来同时存在，历史的经验与教训、现在的机遇和挑战、未来的希冀与梦幻，在同台演绎。哲学家谢林说，"过去的被知道，现在的被认识，未来的被憧憬。""知道的东西被叙述，认识的东西被呈现，憧憬的东西被预言。"[1] 我似乎在对这三段式的过程作混合体验。

当我合上书稿即将交付出版时，我更加审慎地关注未来，我们将要面临一个充斥各种技术的精彩未来。未来处于一种待激活的状态，现在只是密切关注哪种未来状态会被激活。多么希望这本书稿犹如一根魔棒，站在眼花缭乱的未来状态面前，轻轻一点，奇迹出现。

在向朋友们征求书稿意见的时候，有朋友祝贺我从以往不同岗位的工作研究向"未来方向"研究顺利转换，其实我最深切的感受是脱胎换骨、浴火重生。未来研究需要一套与自己原来学历经历完全不同

---

[1] 资料来源：谢林. 世界时代 [M]. 先刚, 译. 北京大学出版社, 2018.

的知识系统和体验储备，许多工作都要从头积累、梳理和研究，充实的任务让我没时间感受孤独，倒是朋友的同情、加油和援手，赋予我足够多的活力和冲劲。

值本书出版面世，我由衷地感谢：

中国科协党组书记、分管日常工作副主席、书记处第一书记、中国工程院院士张玉卓先生；

中国科协副主席、教育部科技委常务副主任、华中科技大学校长、中国工程院院士尤政先生；

国际标准化组织（ISO）原主席、国际钢铁协会原副主席张晓刚先生；

全球金融业最具影响力人士、最具影响力的中国企业领袖，华润集团原董事会主席、中粮集团原董事长、中化集团公司原董事长宁高宁先生；

中国互联网协会理事长、中国移动集团原董事长、工业和信息产业部原副部长尚冰先生；

国际欧亚科学院院士、中国科技体制改革研究会理事长、科技部原秘书长、国际欧亚科学院中国中心副主席张景安先生；

中国科学院大学马克思主义学院院长、中国科学院原党组成员王庭大先生；

国家公务员局原副部长级副局长，中国国际经济技术合作促进会理事长杨春光先生；

中国上市公司协会会长、中国企业改革与发展研究会会长、原中国建材集团原董事长、中国医药集团原董事长宋志平先生；

俄罗斯工程院外籍院士、美国医学与生物工程院院士、英国皇家化学学会会士、欧洲科学院院士张学记先生；

中国科技馆原馆长、北京市科协原副主席、中国科学技术史学会常务理事兼秘书长、中国数学会理事暨数学史学会常务理事兼秘书长王渝生先生；

北京大学教授、北京大学中国战略研究中心主任叶自成先生；

华中科技大学教授、博导、公共管理学院原院长徐晓林先生；

物美科技集团CEO张斌先生；

科技部中国科技发展战略研究院研究员、全球创新中心总干事、中国社会经济系统分析研究会副理事长赵刚先生。

他们对拙作成书给予许多指导和帮助，或者点评推荐，或者作序，给予作者极大的关心和支持。

感谢出版社许志总编对书稿关心备至、认真负责的态度，感谢王玲等编辑们对书稿的匠心打磨和塑造，每个引文出处、每个术语措词、每段文字表达，他们都深究细磨，他们功底深厚的背景、精益求精的修养，给我留下深刻印象。

感谢未来新视界的江烈毅总经理和副总经理戴小连以及伦敦商学院斯隆学者、战略与科技创新管理专家柯良鸿先生和我一起数次切磋提纲，提供相关英文书籍参考，使书稿起底于朋友的友情研讨。

感谢曾经的身边同事周鹏飞、李栋、凌灿辉、付雯潇、李淑锋给我无私帮助，他们总是以蓬勃活力给我强烈感染，某种程度上我们是一体的，共同行走在奋斗的征程。

感谢张起生、常保国、庄小军、李耀君、李森、高路、姚建中、姚媛、姚宇晨、李永利、宋宇、莫开毅、丁晓岩、李安民、钟响、段方明、汪跃军、胡唐军、田野、陈浩、廖开戎、赵晔、范语晨、王辉、许赞、尹作亮、刘永仁、赵洪韵、牛芳、崔步云等朋友，或对初稿细致修改，或对书稿提出有价值的意见建议。

感谢我的妻子总是爱心和关心交织，把深厚的情感和家庭的温暖，倾注在我的每一本著作、每一篇文章、每一个研讨活动中，使我心无旁骛地投入研究，让我得意、感激和愧疚。

正是许多领导、院士、专家、朋友、同学、同事对我写作和出版本书的支持、关心、牵挂、帮助，使得本书有幸凝聚众人智慧，形成集体磁场。

最要感谢的是以不同方式接触到本书的所有读者。不知朋友们翻阅后会有何感觉，我是在倾心敬献一份对未来的希望和对读者的真诚。多么希望与读者朋友架起心灵之桥，听到你们的珍贵意见，以便在系列研究中以恰当方式弥补不足，予以改进和完善。